D1663759

PROverbis | Imprint

Thomas Köhler / Christian Mertens (Hg.)

JAHRBUCH FÜR POLITISCHE BERATUNG

2017/2018

Zeit und Geist in Mitteleuropa

edition mezzogiorno

Die Herausgeber,

mezzogiorno,

und PROverbis
danken besonders für die finanzielle Unterstützung durch:

Kulturabteilung der Stadt Wien – Wissenschafts- und Forschungsförderung

Zukunftsfonds der Republik Österreich

Wirtschaftskammer Österreich

Modern Society

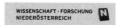

Land Niederösterreich

Impressum

Thomas Köhler / Christian Mertens (Hg.):
Jahrbuch für politische Beratung
2017/2018
Zeit und Geist in Mitteleuropa

© 2018 edition mezzogiorno, PROverbis e.U., Wien
alle Rechte vorbehalten

ISBN 978-3-902838-38-4

Satz und Gestaltung: PROverbis e.U., Wien

Autorenporträts © privat, ausgenommen: Aldrax (N. Aghakhani), A&W (P. Filzmaier), democracy.research/
J. Benedikt (F. Perlot), FASresearch (C. Gulas, H. Katzmair), Marco Prenninger (R. Pfaller), ÖVP/Glaser
(S. Walpitscheker)

Druck: Alket, Wien

Inhaltsverzeichnis

Vom politischen Rat zur politischen Tat

Vorwort der Herausgeber

Seit dem (erstmaligen) Erscheinen des Jahrbuchs für politische Beratung im Herbst 2011 wurde unser damaliger als pointierte Anfrage formulierter Befund, ja Rat*schlag* – »*Wie politisch ist Politik heutzutage eigentlich noch?*« – mehrfach bestätigt. Philosophen wie Politologen etc. konstatieren eine fortschreitende Erosion wahrgenommener Legitimität konventioneller bzw. traditioneller politischer Akteure. Das Fehlen weitblickender, in die Zukunft reichender Projekte, die bisweilen zögerliche Umsetzung anstehender politischer Reformen oder der Austausch von Inhalten durch Marketing lassen die Politik oft *ratlos* erscheinen und als Träger eigen- und wesentlich politischer Botschaften mehr und mehr an Glaub*würdig*keit verlieren.

An deren Stelle tritt eine manchmal mehr, manchmal weniger profunde Expertise von Intellektuellen und Kreativen, aus Wissen und Kunst oder von den Spitzen der öffentlichen Verwaltung sowie Vertreterinnen und Vertretern der Zivilgesellschaft. Es ist ein Dilemma, dass sich Politikerinnen und Politiker meist erst dann mit nachhaltigem und leidenschaftlichem Engagement in eine politische Debatte einbringen, wenn sie nicht mehr an ein offizielles Amt gebunden sind.

Das bedeutet: Sollen wichtige *politische Botschaften* heutzutage verbreitet und vertieft werden, verlieren Politik bzw. Politikerinnen und Politiker zu deren Vermittlung anscheinend immer mehr an Bedeutung. Das Vertrauen der Zuhörenden wächst im Ausmaß des Abstands der (politisch interessanten) Vortragenden zur Politik selbst: Umso größer die Entfernung davon, desto näher das Herz des (politisch interessierten) Publikums an ihnen – so unsere Hypothese.

Geht es um Grundsätzliches sowie Längerfristiges (und nicht um Tagespolitik und Kurzfristiges), um tiefgreifende Reflexion sowie strategische Entwürfe weiter Linien (und nicht um aus seichter Taktik geschlagene Haken), in Summe: um Profundes (und nicht Profanes), steht man vor einem *paradoxen* Phänomen wesentlicher *Entfremdung* zwischen eigentlich *politischem Anspruch* einerseits sowie ritueller Politik bzw. sich um solches Ritual drehenden Politikerinnen und Politikern andererseits! Es bleibt die Frage im Raum stehen: Wie *politisch* ist Politik bzw. sind deren Funktionsträgerinnen und -träger noch?

Bezogen auf den Aspekt der *Beratung* bedeutet die dargestellte Differenz zwischen ›Politischem‹ und Politik: Je ratloser Politik (im engeren Sinn) auftritt, umso mehr gewinnt (im weiteren Sinn) politischer Rat an Bedeutung. *Politische Beratung* geht – nach unserer Lesart – zwar nicht unbedingt von (Alltags-)Politik aus, richtet sich aber zumindest bedingt an sie. Sie reicht vom abstrakten zum konkreten, vom idealistischen zum realistischen bzw. vom theoretischen zum praktischen Rat.

Als *Diskursfelder* politischer Beratung unterscheiden wir bewusst zwischen den Feldern ›Agorá‹, ›Forum‹ und ›Market‹:

- Die *Agorá*, der Platz im Zentrum der Athener Polis, wo einst die Philosophen und Politiker auftraten und um ihre Vorstellungen warben, stellt als Abschnitt die geistigen Grundlagen des Politischen ins Zentrum der Betrachtung: Welche Anforderungen beeinflussen den politischen Diskurs heute im Prinzip und welche Traditionen gibt es? Welche Ratschläge können politisch Denkende etwa aus Philosophie, Theologie, Politologie, Psychologie oder den Wirtschaftswissenschaften der Politik erteilen?

- Kreativitäts- und Innovationsquellen von Politischem *und* Politik werden im Abschnitt *Forum* ebenso behandelt wie Netzwerke und Akteure im Hintergrund. Wo liegen die Berührungspunkte zwischen Wissenschaft, Zivilgesellschaft, Kultur oder Medien einerseits sowie Politik andererseits? Wie funktionieren die Drehscheiben politischer Kommunikation, auch an unkonventionellen Orten?

- Der Abschnitt *Market* schließlich wendet sich vor allem Aspekten des kommerziellen und nicht-kommerziellen Lobbyings und Consultings zu: Welchen konkreten Einfluss üben Consulter und Lobbyisten tatsächlich auf Politik aus? Können sich auch Non-Profit-Organisationen erfolgreich in der Politik einbringen? Welche Auswirkungen hat das auf deren Selbstverständnis und Arbeitsweise?

Nach dem 2017 erschienenen *Sonderband* des Jahrbuchs ›Manifest – Zu Österreichs Dritter Republik‹ setzt der aktuelle Band – nicht zufällig zeitgleich mit der österreichischen Ratspräsidentschaft im zweiten Halbjahr 2018 – einen Fokus auf historisch entwickelte Identität und politische Performanz in *Mitteleuropa*, dessen Wahrnehmung in toto oder in partibus vielfach noch immer von Stereotypen und Vereinfachungen überlagert ist. Ausgewiesene Kennerinnen und Kenner der jeweiligen Länder analysieren Hintergründe des politischen Systems in den Visegrád-Staaten, ergänzt um einen beherzten Kommentar zur Staatsbürgerschaftsdebatte betreffend Südtirol, einen Beitrag zur österreichisch-italienischen Mitteleuropa-Politik vor und nach dem Ersten Weltkrieg (alle im Abschnitt Agorá) sowie zu Anspruch und Praxis zweier mitteleuropäischer Organisationen (im Abschnitt Market).

Weitere inhaltliche Schwerpunkte gelten dem virulenten Themenkomplex *Populismus/Verschwörungsmythen* sowie der Rolle von *Eliten/Intellektuellen* als Beratende wie Agierende in der Politik.

So spannt sich ein weiter Bogen der Beiträge von der abstrakten Philosophie und Politologie über Kunst, Wissenschaft und Medien als direkte oder indirekte Beraterinnen bis hin zum konkreten Spiel von Angebot und Nachfrage in der Gestalt von Consulting und Lobbying. Als Wegweiser dienen Einführungen jeweils am Beginn der drei Abschnitte.

Unser herzlicher Dank gilt allen *Autorinnen und Autoren*, die in jeder Hinsicht ein breites Spektrum repräsentieren und sich mit viel Engagement in das ambitionierte Projekt eingebracht haben, dem *Verlag PROverbis*, in dessen Rahmen die *edition mezzogiorno* erscheint, sowie jenen Stellen, die die Drucklegung des Bandes finanziell unterstützt haben.

Das Jahrbuch für politische Beratung war und ist der erste Versuch seiner Art für Österreich und will sich bewusst nicht mit Jahrbüchern ähnlichen Namens vergleichen, die sich eher der Abbildung des Faktischen denn der Beleuchtung des Hintergrunds – eben der Metaebene politischen Denkens und Handelns – ehrenwert verpflichtet haben. Das Projekt wird mit dem Jahrbuch für politische Beratung 2019/2020 fortgesetzt werden.

Thomas Köhler   Christian Mertens

Wien, Herbst 2018

Agorá

Agorá

Als zentraler Versammlungsort der antiken Polis war die Agorá lebendiger Ursprung nicht zuletzt philosophischen und politischen Dialogs. Auf der Suche nach Wahrheit und Wahrheiten gaben sich die Protagonisten der Agorá der passionierten Debatte und der kritischen Reflexion neuer Impulse zur Gestaltung von Staat und Kultur hin. Von Ämtern der Politik hielten sie in der Regel selbst jedoch Abstand.

Dieser Abschnitt stellt die Frage nach dem *Was*, den geistigen Grundlagen des Politischen – gerade auch im Unterschied zum Ritual der Politik –, ins Zentrum der Betrachtung: Welche Anforderungen stellen sich an den politischen Diskurs heute und welche Traditionen gibt es? Welche Ratschläge können politisch Denkende aus Philosophie, Theologie, Psychologie oder den Geistes- und Sozialwissenschaften der Politik erteilen? Wie viel Platz räumen Politikerinnen und Politiker ethischen Überlegungen, nachhaltigen Perspektiven und längerfristigen Strategien überhaupt (noch) ein?

Aus Gründen der thematischen Stringenz sowie der besseren Übersichtlichkeit gliedert sich dieser Abschnitt in einen *Allgemeinen Teil* und in einen *Besonderen Teil*, der dem *Mitteleuropa*-Schwerpunkt dieses Bandes gewidmet ist.

Allgemeiner Teil

Die immer stärker im alltäglichen Leben spürbar werdenden Megatrends unserer Zeit wie Ökonomisierung oder Digitalisierung, aber auch das Verwischen der Grenzen zwischen Technik und Leben haben mit zur Krise der Ideologien sowie zur Konjunktur vereinfachender Erklärungsversuche (Populismus, Verschwörungstheorien etc.) beigetragen. In diesem Abschnitt werden aus unterschiedlichsten Perspektiven Streiflichter auf die erwähnten Phänomene geworfen, aber auch unkonventionelle Lösungsansätze zur Diskussion gestellt.

Robert Pfaller, Philosoph an der an der Universität für künstlerische und industrielle Gestaltung in Linz, widmet sich dem Phänomen des Genusses als politische Kategorie. Lustverzicht erfolge heute nicht aus Disziplin, sondern im Gegenteil aus Hedonismus, der uns alles ›Bedrohliche‹ meiden lasse. ›Positive Kulte‹ werden zunehmend durch ›negative Kulte‹, Verbote, Normierungen etc. ersetzt. Er plädiert für mehr Gelassenheit und Souveränität, die zu erleben nur möglich sei, wenn dem Genuss auch etwas ›Ungutes‹ anhafte.

Ulrich H.J. Körtner, Ordinarius für Systematische Theologie an der Evangelisch-Theologischen Fakultät der Universität Wien, weist auf die ethischen Herausforderungen durch heutige Möglichkeiten synthetischer Biologie, ›Converging Technologies‹ oder der Gentechnik hin. Die Grenzen zwischen belebter und unbelebter Materie wie zwischen Heilung und Optimierung (›Designer-Mensch‹) verfließen zunehmend. Umso wichtiger sei in diesem Kontext Beratung in biopolitischen Fragen durch Kirchen und NGOs.

Michael Amon, Dramatiker und Essayist in Wien und Gmunden, bescheinigt den sozialdemokratischen Parteien eine schwere Krise, nachdem sie die Interessen des Wirtschaftsliberalismus leichtfertig mitgetragen haben (Hartz IV, EU-Grundfreiheiten etc.). Sie müssten sich wieder klarer als Bewegung des linken Spektrums definieren, um auf Fragen der Zeit adäquate Antworten geben zu können. Statt dem Kampf um das Binnen-I sollten sie wieder »ins Zentrum der Lebensprobleme« wie die Beseitigung von Ungleichheit vorstoßen.

Marco Buschmann, Parlamentarische Geschäftsführer der FDP-Fraktion im Deutschen Bundestag, beschreibt den Liberalismus als »das modernste und effektivste Innovationskraftwerk« der Menschengeschichte. Liberale Institutionen wie Grundrechte, Parlament oder anreizfördernde Marktstrukturen stimulierten Innovation durch die Möglichkeit zum Querdenken, zur Irritation oder Provokation und minimierten die Kosten politischer Korrekturen.

Jan Söffner, Ordinarius für Kulturtheorie und Kulturanalyse an der Universität Friedrichshafen, befasst sich – ausgehend von Fukuyamas ›Ende der Geschichte‹ und den dort verwendeten Schlüsselbegriffen ›accountability‹ und ›thymos‹ – mit dem Politikstil des Populismus, der vom Streben nach Authentizität sowie der Suche nach Aufmerksamkeit und Anerkennung geprägt sei. Besonders weist er auf die Gefahren einer ›Bewertokratie‹ hin, wie wir sie in den kapitalistischen ›Fünf Sternen‹ oder im kommunistischen ›Social Credit System‹ beobachten können.

Karl Aiginger, Professor für Volkswirtschaft und Leiter der ›Querdenkerplattform: Wien-Europa‹, vermisst angesichts des »Problemdrucks« durch Globalisierung und Finanzkrise eine zukunftsweisende Vision der EU. Er will den grassierenden Populismus mit einer »neuen Sozialpolitik« und steigender Lebensqualität bekämpfen, die an wirtschaftlicher Dynamik, der Verringerung von Ungleichheit und Arbeitslosigkeit sowie ökologischen Investitionen (Pionierfunktion bei erneuerbaren Energien) zu messen wäre.

Michael Blume, Religionswissenschaftler in Filderstadt, weist auf den engen Zusammenhang zwischen Medienrevolutionen und der Verbreitung von Verschwörungsmythen hin. So ging auch die Verbreitung des Internets mit dem Entstehen neuer Verschwörungstheorien einher. Deren besondere Gefahr liege im Untergraben des Vertrauens in Demokratie, Wissenschaften etc., was die Menschen empfänglicher für Populismus und Extremismus mache.

Katharina von Schnurbein, Koordinatorin der Europäischen Kommission zur Bekämpfung des Antisemitismus, geht in ihrem Text auf die Aktivitäten der EU im Hinblick auf die Bekämpfung des Antisemitismus ein. Die steigende Zahl einschlägiger Vorfälle belege die aktuelle Brisanz des Themas. Es gelte insbesondere, alle Formen von Antisemitismus, die sich auch hinter Antizionismus und Israel-Hass sowie Verschwörungstheorien verbergen können, als solche zu erkennen und zu bekämpfen.

Catarina Katzer, Cyberpsychologin in Köln, beschreibt, in welcher bisher zu wenig erkannten Weise der Prozess der Digitalisierung unsere Art Mensch sein beeinflusst – von der Entwicklung der individuellen Persönlichkeit bis zur Gestaltung unseres Lebens, vom systemimmanenten »Zwang zur Transparenz« bis zum massenhaften Ankauf traditioneller Unternehmen durch IT-Konzerne. Abschließend geht sie auf die daraus resultierenden Anforderungen an die Politik in rechtlicher und sozialer Hinsicht ein.

Peter Filzmaier, Politikwissenschaftler in Graz, Krems und Wien, analysiert gemeinsam mit seinem Mitarbeiter *Flooh Perlot* auf Basis mehrerer demoskopischer Erhebungen, ob es in Österreich eine Sehnsucht nach dem ›starken Mann‹ in der Politik gäbe. Demnach existiere nur eine kleine Gruppe deklarierter Demokratiegegner, allerdings sei in den letzten Jahren eine gewisse Verschiebung von einer uneingeschränkten Befürwortung der Demokratie hin zu einer differenzierten Bejahung nachweisbar.

Die Wiener Dirigentin und Pädagogin *Nazanin Aghakhani* beschreibt in einem spielerischen Beitrag die vielschichtige Wechselwirkung von Dirigat und Orchester anhand politischer Termini wie ›Diktatur‹, ›Demokratie‹ oder ›Anarchie‹. Abschließend wirft sie die provokante Frage auf, ob nicht unser heutiges politisches System von der innovativen Betrachtungsweise des Gemeinsamen in einem Orchester sowie dem verantwortungsvollen Leiten und Agieren auf Augenhöhe profitieren könne.

Philosophie

Robert Pfaller

GENUSS IST POLITISCH

Wer die Frage des Genusses als politische Frage betrachtet, gerät schnell in den Verdacht, keine anderen Sorgen zu haben. Ist denn das nicht eine Frage, die ausschließlich Eliten betrifft – also Menschen, die von den elementaren Nöten des Lebens unabhängig (oder wie man heute gerne sagt: ›schmerzbefreit‹) sind? Ist das nicht nur etwas für Gourmets und Snobs, denen die Lustbarkeiten niemals verfeinert genug sein können? Und was soll das bitte mit Politik zu tun haben (es sei denn allenfalls mit Elitenpolitik, ihrem Streben nach ›Distinktionskapital‹[1], mithin ihrem Klassenkampf nach unten)?

Wenn man die Geschichte des Hedonismus in der Philosophie ein wenig studiert, erkennt man allerdings schnell, dass alle drei dieser Fragen zu verneinen sind: Nein, die Frage des Genusses betrifft nicht nur Eliten – denn sie wurde von Leuten aufgeworfen, die (wenigstens in bestimmten Abschnitten ihres Lebens) zu den Underdogs ihrer jeweiligen Gesellschaft zählten: vom Stoiker Epiktet zum Beispiel, der der Sklave eines Sklaven war; oder von Bertolt Brecht, der nicht ohne Grund das Lied ›Vom armen B. B.‹ singen konnte. Die Frage betrifft auch keineswegs nur Liebhaber verfeinerter Genüsse, denn sie wurde von Philosophen wie Epikur betont, der im Abstand von den Mächtigen, »verborgen lebend«, mit Wasser, Brot und ein wenig Käse, vielleicht etwas Wein, hochzufrieden sein konnte.[2] Und schließlich ist es keine Frage des Distinktionsgewinns, sondern eine Frage, an der sich entscheidet, ob Unterdrückte sich wehren oder nicht. So wurde sie übereinstimmend von Bertolt Brecht wie Georges Bataille begriffen.

1. Leben ohne Leben

Über Menschen, deren Leben ohne Genuss und ohne jegliche Freude zu verlaufen scheint, sagen wir manchmal: »Das ist doch kein Leben.« Aber das sagen wir bezeichnenderweise nicht von etwas Totem oder Leblosem, sondern nur von etwas Lebendigem. Gerade von etwas, das unzweifelhaft Leben hat, stellen wir uns sinnvollerweise manchmal die Frage, ob denn das, was es hat, wirklich ein Leben sei. Es verhält sich hier nicht anders als zum Beispiel beim Fußball:

---

1 S. zu diesem Begriff Pierre BOURDIEU, *Die feinen Unterschiede* – Kritik der gesellschaftlichen Urteilskraft. 6. Aufl. (Frankfurt am Main 1996).
2 S. EPIKUR, *Briefe, Sprüche, Werkfragmente* (Stuttgart 2005), S. 49, 53; vgl. Ludwig MARCUSE, *Philosophie des Glücks* – Von Hiob bis Freud (Zürich 1972), S. 58.

Auch nur in Bezug auf etwas, das unzweifelhaft ein Fußballspiel ist, bemerken Zuschauer manchmal, das sei doch kein Spiel; oder Trainer erklären, ihre Mannschaft habe heute auf das Fußballspielen vergessen. Leben und Fußball sind offenbar nicht nur einfache Tatbestände. Vielmehr bringen sie auch Normen mit sich. Darum kann es sein, dass zwar Leben oder Fußball vorliegt (als Tatbestand), dass es aber doch nicht dem entspricht, was es sein soll (als Norm).

Diese Unterscheidung zwischen dem nackten Leben als Tatbestand und dem guten Leben als dem, was ein Leben seiner eigenen Norm nach sein soll, spielt eine zentrale Rolle in der ›Politik‹ des Aristoteles. Der Staat, schreibt Aristoteles, ist »um des Lebens willen entstanden«; aber er besteht »um des vollkommenen Lebens willen«.[3] Diese Unterscheidung hat gravierende Folgen für das, was für das eine wie für das andere getan werden muss. Die Erhaltung des bloßen Lebens ist eine Aufgabe ohne Ende: Die Heilkunst geht auf »Gesundheit ohne Schranke«, bemerkt Aristoteles,[4] und er vergleicht sie darin mit der Kunst des Gelderwerbs (der Chremastik), die ebenfalls auf Reichtum ohne Ende und Schranke abzielt. Hingegen besitzt die Aufgabe der Haushaltungskunst (der Ökonomik) eine Schranke: Sie dient der Erhaltung des Haushalts und nicht dem unbegrenzten Gelderwerb. Ebenso gibt es eine Staats- und Lebenskunst (Politik und Ethik), die eine Schranke in der Herstellung und Erhaltung des guten Lebens hat.

Die Verwechslung, gegen die Aristoteles mit seiner Unterscheidung argumentiert, kann man gegenwärtig wohl im Bereich der Wirtschaft ebenso deutlich beobachten wie im Bereich der Gesundheit. Die grassierenden Sehnsüchte nach gesunder Ernährung und selbstoptimierter Fitness, die oft geradezu ›gesundheitsreligiöse‹, fanatische Züge annehmen, rühren (ebenso wie die neoliberalen Bereicherungen, die selbst noch den Reichen das gute Leben verderben) daher, dass auf den Unterschied zwischen dem Leben und dem guten Leben vergessen wird. Der Fehler dieser Denkweise liegt, wie Aristoteles erkennt, darin »daß sie leben wollen und sich um ein gutes Leben nicht bekümmern. Und da nun dieses Verlangen keine Schranken hat, so verlangen sie auch nach unbeschränkten Mitteln, um es befriedigen zu können.«[5]

Das gute Leben vom bloßen Leben zu unterscheiden, bedeutet demgegenüber, die Erwerbskunst und die Heilkunst nicht zu unendlichen Selbstzwecken werden zu lassen, sondern sie dem Ziel (›Ende‹) des guten Lebens unterzuordnen und ihnen im Ziel des guten Lebens ihre Schranke zuzuweisen. Das hat Folgen sowohl für das, was die Gesundheit betrifft, wie auch für die Politik. Denn wenn die Gesundheit nicht dem Ziel des guten Lebens untergeordnet wird, dann ist sie nicht mehr für die Menschen da. Vielmehr verhält es sich, wie sich unter den gegenwärtigen, neoliberalen Verhältnissen gut beobachten lässt, plötzlich umgekehrt: Dann sind die Menschen für ihre Gesundheit da. Und nicht der Staat schuldet den Menschen

---

3   ARISTOTELES, *Politik*. Übers. v. Eugen Rolfes. In: Ds., *Philosophische Schriften in sechs Bänden*. Band 4 (Hamburg 1995), S. 4.
4   Ebenda, S. 20.
5   Ebenda, S. 21.

Unterstützung im Krankheitsfall; sondern vielmehr die Menschen schulden ihre Gesundheit dem Staat, damit er sie nicht zu unterstützen braucht.

Das Prinzip des guten Lebens vom Tatbestand des bloßen Lebens zu unterscheiden, bedeutet, solche Verwechslungen und Verdrehungen erkennen zu können und in der Lage zu sein, etwas gegen sie zu unternehmen. Darum ist das Prinzip des guten Lebens keineswegs nur etwas für luxuriöse Hedonisten oder Menschen, die keine anderen Sorgen haben, sondern vielmehr – eben wie Aristoteles es gut erkannte – das Grundprinzip jeglicher Politik. Auf dem guten Leben zu beharren, ist die elementare Voraussetzung dafür, sich im Leben eben nicht alles gefallen zu lassen. Es kann dann sogar erforderlich sein, im Namen des guten Lebens das bloße Leben zu riskieren. Darum lässt Bertolt Brecht in seinem Gedicht ›Resolution der Kommunarden‹ die Pariser Aufständischen von 1871 zu ihren Feinden sagen:

»In Erwägung daß ihr uns dann eben
Mit Gewehren und Kanonen droht
Haben wir beschlossen, nunmehr schlechtes Leben
Mehr zu fürchten als den Tod.«[6]

Nur solange Menschen den Unterschied zwischen dem bloßen Leben und dem guten Leben im Auge behalten, sind sie überhaupt politikfähig – das heißt: fähig im Leben etwas zu erreichen, was auch den Namen des Lebens verdient.

2. Sinn ohne Leben

In bestimmten, privilegierten Gesellschaften – und freilich wiederum nur in bestimmten, privilegierten Teilen von diesen – ist gegenwärtig ein Phänomen zu beobachten, das man als Selbstausbeutung bezeichnet. Junge Banker zum Beispiel werden von ihren Arbeitgebern mit den Versprechen von ›Autonomie‹ und ›Work-Life-Balance‹ angeworben, arbeiten dann aber in der Folge unter der Vorstellung von Eigenverantwortlichkeit in so exzessivem Maß, dass ihre Körper schon nach drei Jahren streiken. Auch in den so genannten ›Kreativberufen‹ sind solche Tendenzen zur selbstverschuldeten Überarbeitung zu beobachten, wenngleich meist bei gleichzeitiger Unterbezahlung. Zugleich verschärfen sich, da die Arbeit insgesamt knapp geworden ist, für jüngere Arbeitnehmer die Bedingungen des Eintritts in das Berufsleben so dramatisch, dass in der ›Generation Praktikum‹ nur noch die wenigsten um ein Anstellungsverhältnis herumkommen, in dem sie nicht bei massiv erhöhtem Engagement nahezu unbezahlt arbeiten müssen. Wenn man allerdings überhaupt nur noch unter der Bedingung zu einem Job kommt,

---

6   Bertolt BRECHT, *Die Gedichte von Bertolt Brecht in einem Band* (Frankfurt am Main 1984), S. 653.

dass man zur Selbstausbeutung bereit ist, gelangt die sinnvolle Rede von der Selbstausbeutung wieder an ihre Grenze, und geht über in die bereits bekannte Fremdausbeutung – die immer auf der Alternative ›Mehrarbeit oder Verhungern‹ beruhte.

Man sollte also nicht vergessen, dass in jeder Selbstausbeutung – auch in der scheinbar spontansten – immer noch ein Stück Zwang steckt. Dennoch muss dieser Zwang um eine subjektive Seite ergänzt werden: Es bleibt das erklärungsbedürftige Paradoxon, dass Leute, sobald die äußeren, fremden Kontrollen gelockert werden, unter einer noch grausameren Selbstkontrolle zu arbeiten beginnen. In der Periode der ›fordistischen‹ Fabrikarbeit, die in westlichen Gesellschaften bis etwa Mitte der 1970er Jahre vorherrschte, war das noch anders. Da wussten die Leute noch, dass sie nicht für die Arbeit leben. Sie litten darunter, dass ihnen die Arbeit keine Freude machte, und klagten über ein *Leben ohne Sinn*. Therapeuten wie zum Beispiel Viktor Frankl versuchten darum, zur Sinnfindung im Leben zu verhelfen – etwa über Hobbys, kompensatorisches Privatleben etc.

Diese Lage hat sich in der postindustriellen Gesellschaft bzw. in deren entsprechenden Sektoren umgekehrt. Die Leute scheinen nicht mehr zu wissen, dass sie nicht für ihre Arbeit leben. Sie erwarten von ihr Erfüllung, und sie scheinen sie sogar zu bekommen – aber um einen hohen Preis: Die Arbeit, die sie als sinnvoll und erfüllend erleben, droht, über ihre Leiche zu gehen. Der Soziologe Alain Ehrenberg hat diese Besonderheit gut erkannt:[7] Solche Leute können sich kaum noch von ihrer Arbeit abgrenzen, werden von ihr gleichsam geschluckt, erleiden Burn-outs. Nicht wenige leiden heute unter *Sinn ohne Leben*.

Vergleichbare Entbehrung war früher nur disziplinierten Individuen möglich. Durch Verinnerlichung von Idealen und langfristigen Zielsetzungen waren sie imstande, auf kurzfristige Lustgewinne zu verzichten. Aber sind wir diszipliniert? – Wohl kaum. Wir geben kleine, schnelle Lust nicht zugunsten größerer, späterer auf. Vielmehr ist uns Lust generell unmöglich geworden – wir verabscheuen sie. Unser Lustverzicht erfolgt darum nicht aus Disziplin, sondern – im Gegenteil – aus Hedonismus: Das Ungute, Verschwenderische, Unanständige, Ungesunde, das jeglicher Lust anhaftet, bereitet uns unüberwindliche Probleme. Wir wollen weder die Kopfschmerzen des Alkohols noch das Peinliche der Sexualität, auch nicht das Großzügige, Verschwenderische des Feierns, ja nicht einmal die Zeitverschwendung des Spaziergangs. Unsere selbstausbeuterische Askese verdankt sich darum nicht einer disziplinierenden Vernunft, welche die Lust langfristig maximiert. Sie ist vielmehr das Ergebnis eines hemmungslosen Hedonismus, dem jede Lust zu anstrengend geworden ist und der deshalb eine Flucht in die Arbeit antritt, in der wir uns für diese Feigheit durch letztlich tödliche Anstrengungen selbst bestrafen.

---

7   S. Alain EHRENBERG, *Das erschöpfte Selbst* – Depression und Gesellschaft in der Gegenwart (Frankfurt am Main 2004).

3. Kaffee ohne Koffein

Weil jeder Lust etwas Ungutes anhaftet, und weil wir – antiautoritär Erzogenen – andererseits einen naiven, kindlichen Hedonismus verfolgen, der uns alles Ungute als etwas zu Meidendes betrachten lässt, haben wir eine Vielzahl entsprechender, postmoderner Errungenschaften entwickelt: Bier ohne Alkohol, Schlagsahne ohne Fett, Kaffee ohne Koffein, Cafés ohne Tabakkultur, Sex ohne Körperkontakt, Kunst ohne Genie und Politik ohne Entscheidungen.

Freilich ist unser Leben dadurch ziemlich schal geworden, und darum schielen wir so neidvoll wie verständnislos auf frühere Epochen, wie zum Beispiel die 1960er und 1970er Jahre, in denen – wie wir den alten Filmen entnehmen können – all diese Dinge noch ihren Stachel hatten und darum auch große Lust verschaffen und das Leben lohnend machen konnten. Wir ahmen diese Epoche gern in Kleidung und Retro-Design nach und bemerken kaum, wie sehr wir gerade durch unser Nachahmen uns von ihnen, die niemals etwas nachgeahmt haben, unterscheiden.

Freilich ist es nicht leicht, das Ungute der Genüsse zu handhaben. Niemand kann immer trinken, Sex haben oder feiern. Dennoch ist es gerade dieses Ungute, das uns in besonderen Momenten das Gefühl gibt, am Leben zu sein und ein gutes Leben zu haben. Der Philosoph Georges Bataille hat das Besondere dieser Momente durch das Erlebnis der »Souveränität« charakterisiert.[8] In solchen Augenblicken sind wir eben nicht nur mit der Erhaltung des bloßen Lebens beschäftigt. Wir dienen unserem Leben nicht nur; wir sind nicht nur seine Sachbearbeiter, sondern vielmehr seine Herren, seine Führungskräfte. Wir haben vielleicht die ganze Woche geschuftet wie die Tiere, aber am Samstagabend feiern wir eine rauschende Party und sagen gleichsam zum Leben: »So, Leben, die ganze Woche war ich für dich da; aber jetzt zeig mir einmal, was du mir zu bieten hast.«

Dieses Erlebnis der Souveränität ist nur möglich, wenn den Dingen, die wir genießen, etwas Ungutes anhaftet, das nicht immer bekömmlich ist. Wenn wir das Bier oder den Whisky, die Zigarre, den Spaziergang, die sexuelle Ausschweifung oder das Tanzen, als ob es kein Morgen gäbe, zelebrieren, dann verwandeln wir das Ungute dieser Dinge in etwas Großartiges (ein Vorgang, den die Psychoanalyse als ›Sublimierung‹[9] bezeichnet).

Allerdings sind Menschen, auf sich alleine gestellt, meist nicht in der Lage, eine solche Verwandlung des Unguten in etwas Grandioses zu bewerkstelligen. Hierin hat die Kultur eine ihrer vornehmsten Aufgaben. Sie gibt den Individuen in den entscheidenden Momenten so-

---

8   Georges BATAILLE, *Die psychologische Struktur des Faschismus* – Die Souveränität (München 1997).
9   S. dazu Robert PFALLER, *Die Sublimierung und die Schweinerei* – Theoretischer Ort und kulturkritische Funktion eines psychoanalytischen Begriffs. In: Psyche – Zeitschrift für Psychoanalyse und ihre Anwendungen 63 (2009), Heft 7, S. 621-650.

zusagen einen Genussbefehl. Wenn zum Beispiel die Kollegin Geburtstag hat und ein Kollege schon mit der Champagnerflasche und den Gläsern herbeikommt, dann verkehren sich plötzlich die Verhältnisse in der Firma: Während man sonst arbeiten muss und nicht trinken darf, ist es nun plötzlich schändlich zu arbeiten und man muss mit den anderen anstoßen. Die Kultur gibt somit nicht nur Normen der Disziplinierung aus, sondern ebenso Normen zur Außerkraftsetzung und Überschreitung der ersteren. »Sei kein Spaßverderber!« ruft sie uns dann zu, und wir, solcherart herausgefordert, werden dann sogar fähig, am Arbeitsplatz Champagner zu trinken und das Leben als großartig zu empfinden. Freilich zeigt sich daran eines: nicht als Individuen und Privatexistenzen, sondern nur als gesellige, öffentliche Wesen sind wir genussfähig – in unserer Funktion als ›zoon politikon‹ im Sinn des Aristoteles, oder auch als ›public man‹ im Sinn des Soziologen Richard Sennett.[10]

Unter neoliberalen Verhältnissen freilich tendiert genau diese vornehme Funktion der Kultur dazu, zerstört zu werden. Alles, was die Individuen nicht von sich selbst aus aufbringen können, soll aus dem öffentlichen Raum beseitigt werden. Die Überschreitungsgebote der Kultur werden uns antiautoritär Erzogenen als ›normierend‹ und ›heteronom‹ hingestellt, und wir werden dazu angestachelt, uns in unserer kostbaren Identität angegriffen (›offended‹) zu fühlen und uns gegen sie zu wehren. In der Sprache des Soziologen Émile Durkheim kann man sagen: Es verhält sich wie in der Geschichte der Religionen, wenn zum Beispiel das feierliche gemeinsame Essen durch Fasten ersetzt wird. Die ›positiven Kulte‹ werden durch ›negative Kulte‹ ersetzt.[11] Statt gesellig trinken, Alkoholverbote praktizieren. Statt dem anderen eine Zigarette anbieten, Rauchverbote beachten. Statt jemandem ein Kompliment machen, schweigen. Statt lustvoll eine Geschlechterrolle zu spielen, sich als asexuell empfinden und gebärden. Statt parfümiert zu sein, naturbelassen riechen. Etc.

Diese meist im Namen von irgendwelchen besonders Empfindlichen und Schwachen scheinbar rücksichtsvollen Verbots- und Beschränkungsmaßnahmen führen in Wahrheit zu einer völligen Entleerung des öffentlichen Raumes. Niemand bekommt mehr Gelegenheit, in geselliger Weise über sich hinauszuwachsen und eine lustvolle, öffentliche Rolle in der Überschreitung zu spielen. Alle bleiben bloße Privatexistenzen. Anstelle geselligen Glücks erleben wir nur noch abstinente Idiotie. (Denn der ›Idiot‹ war in der antiken Philosophie die Figur des politikunfähigen, nur um seine Privatangelegenheiten besorgten Bürgers.) Die »Entzauberung der Welt«[12] zeigt sich in der Postmoderne als totale Unterwerfung des öffentlichen Raumes un-

---

10 Vgl. dazu Richard SENNETT, *Verfall und Ende des öffentlichen Lebens* – Die Tyrannei der Intimität. 12. Aufl. (Frankfurt am Main 2001).

11 Zur Unterscheidung zwischen ›positiven‹ und ›negativen‹ Kulten s. Émile DURKHEIM, *Die elementaren Formen des religiösen Lebens* (Frankfurt am Main 1994), S. 405ff.

12 S. Max WEBER, *Die protestantische Ethik und der Geist des Kapitalismus.* In: Ds., *Gesammelte Aufsätze zur Religionssoziologie I* (Tübingen 1988), S. 1-206.

ter private Ansprüche. Von niemandem darf mehr erwartet werden, sich in der Öffentlichkeit erwachsen – und dementsprechend mündig und belastbar – zu verhalten. Alle dürfen sich, ihren unmittelbaren Empfindlichkeiten und Befindlichkeiten folgend, sofort beklagen und Verbote fordern. Selbst erwachsene Menschen muss man nun vor sogenannter ›Erwachsenensprache‹ in Filmen warnen, damit sie nicht etwa mit ihrem Anwalt kommen.[13]

4. Leben ohne Todesbedarf

Was man solchen empfindlichen, postmodernen Individuen auch auf keinen Fall zumuten darf, ist der Gedanke an ihre Sterblichkeit. Darum hat man in manchen Städten Europas bereits – ganz im Sinn der Ersetzung von positiven durch negative Kulte – die früheren, prachtvollen schwarz-goldenen Leichenwagen durch unscheinbare, neutrale Lieferwagen ersetzt. Statt der sogenannten ›Pompfineberer‹ (vom französischen ›pompe funèbre‹) scheint nun bloß der Paketdienst zu kommen und uns zu unserer letzten Fahrt mitzunehmen. Man kann innovative Maßnahmen wie diese wohl als Teil einer Propaganda ›innerweltlicher Unsterblichkeit‹ betrachten. Sie suggeriert uns: »Wenn ihr immer brav gehorcht, niemals raucht oder trinkt und immer allen anderen rechtzeitig die Polizei auf den Hals hetzt, dann werdet ihr nie sterben.«

Genau gegen diese Haltung ist die Bemerkung des Epikur gerichtet, der zufolge wir uns um den Tod nicht kümmern müssen. Epikur hatte bekanntlich pointiert erklärt: »Das Schauererregendste aller Übel, der Tod, betrifft uns überhaupt nicht; wenn ›wir‹ sind, ist der Tod nicht da; wenn der Tod da ist, sind ›wir‹ nicht. Er betrifft also weder die Lebenden noch die Gestorbenen, da er ja für die einen nicht da ist, die andern aber nicht mehr für ihn da sind.«[14]

Epikurs Pointe ist genau das Gegenteil der Todesverleugnung in der aktuellen Kultur, von der man ja auch in gewissem Sinn sagen könnte, dass sie alles tut, um sich nicht um den Tod kümmern zu müssen. Epikur aber ruft vielmehr genau zur entgegengesetzten Haltung auf: Wie Aristoteles und Brecht ermutigt er dazu, das faule Tauschgeschäft nicht anzunehmen und gutes Leben nicht gegen langes oder ewiges Leben einzutauschen. So notiert er an anderer Stelle: »Daher macht die richtige Erkenntnis – der Tod sei nichts, was uns betrifft – die Sterblichkeit des Lebens erst genußfähig, weil sie nicht eine unendliche Zeit hinzufügt, sondern die Sehnsucht nach der Unsterblichkeit von uns nimmt.«[15]

Sich um den Tod nicht zu kümmern heißt im Sinn Epikurs, dem Tod einmal unerschrocken ins Auge gesehen zu haben, um sich dann desinteressiert von ihm ab- und dem Leben zuzuwenden. Denn das, woran wir nichts ändern können, braucht uns nicht weiter zu bekümmern.

---

13 S. dazu Robert PFALLER, *Erwachsenensprache – Über ihr Verschwinden aus Politik und Kultur* (Frankfurt am Main 2017).
14 EPIKUR, *Briefe, Sprüche, Werkfragmente*, S. 45.
15 Ebenda, S. 43.

Wofür wir hingegen Sorge tragen sollten, ist das, woran wir etwas ändern können – eben zum Beispiel, ob unser Leben ein gutes Leben ist oder nicht.

Dem Tod einmal in dieser Weise ins Auge gesehen zu haben, heißt auch, im Leben souverän zu sein. Denn wenn wir ständig nur dem Leben dienen und dafür sorgen, dass es nicht endet, sind wir ja bestenfalls Untergebene des Lebens – wenn nicht dessen (sowie anderer Leute) Sklaven. Im ruhigen Wissen hingegen, dass wir sterben müssen, und in der Sorge dafür, dass das, was davor passiert, ein Leben genannt werden kann, werden wir fähig, uns auf Augenhöhe mit dem Leben zu begeben. Wir begreifen dann ein weiteres Paradox des Lebens: nämlich dass man es verschwenden muss, um es zu besitzen. Erst in den Verausgabungen unserer Feste, in den Ausschweifungen der Liebe, den Verrücktheiten unserer Leidenschaften, im Glamour unserer Großzügigkeit und in der Zeitverschwendung unserer müßigen Momente erweisen wir uns dem Leben ebenbürtig. Dann sind wir großartig und souverän, wie Georges Bataille bemerkte, freigiebig gegenüber unseren Gästen, wohlwollend gegenüber dem Glück des jeweils Anderen, aber unbeugsam gegenüber unseren Unterdrückern. Und wir sind dann unbeeindruckbar von sogenannten Sachzwängen und Lebenserfordernissen: Diese Art von Souveränität hatte auch Michel de Montaigne im Blick, als er notierte: »Wir sind große Narren! ›Er hat sein Leben in Müßiggang hingebracht‹, sagen wir; ›heute habe ich nichts getan.‹ Wie das? Haben wir nicht gelebt? Das ist nicht nur die grundlegendste, sondern auch unsere vornehmste Tätigkeit.«[16]

Montaignes vornehme Gelassenheit bildet das Gegenteil nicht nur der aktuellen Phänomene von ›workaholism‹ und überidentifizierter Selbstausbeutung. Sie steht auch im Gegensatz zu einer Tendenz, die sich in gegenwärtigen Erholungspraktiken abzeichnet: Immer mehr Menschen scheinen mit einfachen Erholungen nicht mehr zufrieden sein zu können. Es kann nicht mehr ein wenig sportliche Betätigung sein; es muss sich schon um Extremsport handeln. Ein bisschen Laufen genügt nicht; es muss schon ein Marathon sein; nicht Paddeln oder Rudern, sondern ›Rafting‹; nicht am Trampolin hüpfen, sondern ›Bungee-Jumping‹. Selbst ein kleines Nickerchen ist nicht mehr erholsam genug; da muss schon ein ›Power-nap‹ her.

Unter dem von Bataille und Montaigne eröffneten Gesichtspunkt der Souveränität lässt sich leicht erkennen, dass auch diese aktuellen Gigantomanien der Freizeitgestaltung letztlich Größenphantasien sind, die sich auf Todesverleugnung gründen. Das Leben darf hier auf keinen Fall verschwendet werden; die freie Zeit muss maximal ausgenützt werden; es muss etwas Riesiges her, damit man von diesem Riesigen ein wenig Größe auf sich selbst übertragen kann; und man muss sogar dem Tod begegnen können, sich beim jeweiligen Extremsport mindestens das Genick brechen können, um nur ja das Gefühl zu haben, am Leben zu sein; ja vielleicht sogar eben aufgrund solcher Erfahrungen unsterblich zu sein. Das bedeutet allerdings, einen Herrn

---

16   Michel de MONTAIGNE, *Um recht zu leben* – Eine Auswahl aus den Essais (Zürich 1996), S. 113.

zu brauchen, um sich an einem kleinen Schnippchen zu erfreuen, das man diesem schlägt. Wer aber einen Herrn braucht – und sei es auch der Tod, der ›absolute Herr‹ (wie Hegel ihn nannte) – ist eben ein Knecht; und zwar auch dann, wenn er ihn vermeintlich ein wenig ärgert.

Ein Herr dagegen ist, wie Gilles Deleuze in seinen Kommentaren zu Nietzsche immer wieder betont hat, etwas anderes:[17] Etwas, das sich selbst nicht von etwas anderem her definiert (à la: »Nur wenn du nichts bist, bin ich etwas.«). Etwas, das das Leben nicht gegen etwas anderes, vermeintlich Großes oder Sinnvolles eintauschen muss, um das Leben großartig finden zu können. Gerade wenn man bereits dem Tod ins Auge gesehen hat, muss man nicht hündisch dem Tod hinterherhetzen und sich ihm gegenüber in Waghalsigkeiten beweisen. Ein Herr (oder eine Dame) braucht sich und anderen in dieser Hinsicht nichts zu beweisen. Im ruhigen Bewusstsein ihrer Größe können sie, vielleicht bei einem Glas Wein, lächelnd das Vergehen einer Zeit beobachten, die zwar endlich, aber noch nicht vorbei ist.

---

17   S. Gilles DELEUZE, *Nietzsche und die Philosophie* (Frankfurt am Main 1985), S. 14f., 89.

Ethik

Ulrich H.J. Körtner

LEBEN AUS DEM LABOR?

Synthetische Biologie

Die modernen Lebenswissenschaften machen es möglich: künstliche Organismen aus dem Labor. Synthetische Biologie nennt sich dieser neue Forschungszweig. Wird das Leben neu erfunden? Tatsächlich träumen Pioniere wie Graig Venter davon, Organismen nicht mehr wie schon bisher genetisch zu modifizieren, sondern gänzlich künstliche biologische Systeme und Organismen herzustellen. Doch davon ist die Wissenschaft noch weit entfernt.

Immerhin gelang es Venter, der auch bei der Entschlüsselung des menschlichen Genoms eine Vorreiterrolle gespielt hat, 2010, ein künstlich hergestelltes Genom in ein Mycoplasma-Bakterium einzubauen, aus dem man zuvor den Zellkern entfernt hatte. Die Medien titelten, Venter habe eine künstliche Zelle geschaffen. Aber streng genommen handelte es sich eben nicht um ein gänzlich synthetisches Bakterium, sondern um eine synthetisch veränderte Zelle, die an sich auf natürlichem Wege entstanden war. Synthetisch ist das Bakterium nur insofern, als alle seine Tochterzellen ihre Proteinbestandteile nach den Erbinformationen bilden, die sich auf dem synthetischen Chromosom befinden.

Dass die Wissenschaft auf dem Sprung ist, das Leben als solches neu zu erfinden, ist deshalb etwas übertrieben. Abgesehen davon, dass völlig neu konstruierte künstliche Organismen die bisher in der Natur vorkommenden Formen von Leben als Vorbild nehmen müssten, um mit dem Begriff Leben tituliert werden zu können, besteht bei den bisher bekannt gewordenen Experimenten eine »organische Kontinuität« (Christoph Rehmann-Sutter).

Die synthetische Biologie konstruiert und interpretiert biologische Systeme und Organismen nach Art einer Maschine. Das verbindet die synthetische Biologie mit den Converging Technologies. Es handelt sich hierbei um den kombinierten Einsatz von Nano-, Bio-, Informations- und Kognitionswissenschaften und -technologien, für die das Kürzel NBIC steht. Converging Technologies erlauben völlig neuartige Kombinationen von biologischem und nicht-biologischem Material. In der Medizin hofft man auf neuartige Diagnosemethoden und synthetische Implantate, auf die Verwendung von Nanopartikeln bei der Behandlung von Tumorzellen oder den Einsatz von Chiptechnologie in der Neurochirurgie. Für die Informationstechnologie können Bakterien als Datenträger genutzt werden. Auch die Materialwissenschaft wird möglicherweise durch die Übertragung von organischen Molekülen in synthetische Stoffe revolutioniert.

Durch Converging Technologies werden die Grenzen zwischen belebter und unbelebter Materie, zwischen Gehirn und Computer, zwischen organischen Kohlenstoff- und anorganischen Siliziumverbindungen fließend. So entstehen neue Möglichkeiten, das Leben von Mensch und Tier durch menschliche Eingriffe zu verändern. Betroffen sind nicht nur Anfang und Ende des Lebens, sondern der gesamte Lebensverlauf.

Im Bereich der Medizin stehen elementare Menschenrechte wie das Recht auf Leben, auf körperliche und geistige Unversehrtheit, auf Schutz der Privatsphäre und das Recht auf Gesundheit zur Diskussion, aber auch Probleme der Identität, von Persönlichkeit und Persönlichkeitsveränderung – wobei auch unbehandelte Krankheiten persönlichkeitsverändernd sein können (zum Beispiel Alzheimer). Manche der zur Diskussion stehenden Einsatzmöglichkeiten berühren die Enhancement-Debatte, weil sie die Grenzen zwischen Heilung und Optimierung der menschlichen Natur, zwischen Krankheit und Gesundheit verwischen.

Converging Technologies lassen sich zivil wie militärisch nutzen. Auch die Forschung auf diesem Gebiet hat den Charakter von ›dual research‹. Die ethische Problematik setzt daher nicht erst auf der Ebene der Anwendung von Forschungsergebnissen, sondern schon beim Forschungsdesign ein. Converging Technologies werfen außerdem eine Reihe neuer Sicherheitsprobleme auf, die vom Datenschutz bis zu möglichen Formen der ›Nanopollution‹, das heißt der unerwünschten Kontamination von Individuen und Umwelt mit Nanopartikeln reichen. Daher sind eine umfassende Technikfolgenabschätzung und Begleitforschung vonnöten.

Aber auch die Gentechnik macht große Fortschritte. Genetic Imprinting, CrispCas 9 und TALENs heißen die neuesten Hoffnungen der Biomedizin: Gen-Scheren, mit deren Hilfe noch viel präzisere Eingriffe als bislang in das Erbgut möglich werden sollen, zum Beispiel zu therapeutischen Zwecken.

Synthetische Biologie, Converging Technologies und Genetic Imprinting werfen ethische Fragen auf. Viele der jetzt diskutierten Fragen und Probleme der Technikfolgenabschätzung sind allerdings nicht neu. Wir kennen sie aus der Gentechnikdebatte der 1980er und 1990er Jahre. Die nun mögliche Eingriffstiefe in das Erbgut verleiht der Diskussion aber eine neue Dimension. Mit Hilfe der Gen-Schere Crispr-Cas9 lassen sich möglicherweise Keimbahnzellen so verändern, dass Erbkrankheiten nicht weiter verbreitet werden. Die Hoffnung, bestimmte Erkrankungen auf gentechnischem Wege ganz auszurotten, bekommt durch das Genetic Imprinting neue Nahrung. Allerdings sind die möglichen Neben- und Folgewirkungen einer Veränderung des menschlichen Erbgutes derzeit noch kaum abschätzbar. Die Genscheren schneiden zum Beispiel nicht immer so präzise wie erhofft. Ganz so einfach und sicher ist die Methode offenbar doch noch nicht.

Manche Experten halten unbeabsichtigte Mutationen für vorstellbar. Kritiker des Genetic Imprinting argwöhnen, die neue Methode sei ein weiterer Schritt auf dem Weg zum Designer-Menschen. Die genetischen Veränderungen werden auf die kommenden Generationen übertragen. Auch werden negative Auswirkungen auf das Ökosystem und die Artenvielfalt befürchtet. Die Frage stellt sich, wie die Gesellschaft insgesamt in die komplexe biopolitische und bioethische Debatte eingebunden werden kann. Es geht dabei nicht nur um die gesellschaftlichen und kulturellen Folgen, die es hat, wenn das Leben immer mehr als technisches Produkt statt als Gabe verstanden wird, und auch nicht nur um Fragen der Menschenwürde, sondern auch um Gesichtspunkte des Tierschutzes, von Tierethik und Tierrechten. Ethik darf dabei nicht zum Feigenblatt der Forschungspolitik verkommen.

Wie schon bei der Gentechnik und der Stammzellenforschung gibt es gute Gründe, sowohl den visionären Versprechen der Forscher, schon bald gebe es neue medizinische Durchbrüche und Fortschritte, als auch übertriebenen Gefahrenszenarios mit Nüchternheit entgegenzutreten. Auch die Ethik ist gut beraten, ihren eigenen Betrieb in Wissenschaft und Politikberatung selbstkritisch zu beleuchten. Ethische, rechtliche und sozialwissenschaftliche Begleitforschung mag sinnvoll sein. Sie steht aber auch in der Gefahr, Probleme herbeizureden oder zu übertreiben, um die eigene gesellschaftliche Relevanz unter Beweis zu stellen und an öffentliche Fördergelder zu gelangen. In Zeiten, in denen auch die Geistes- und Kulturwissenschaften unter dem Druck der Drittmittelakquise stehen, sollte man diesen Faktor nicht gering veranschlagen.

Aus ethischer Sicht geht es in der Debatte nicht nur und nicht einmal in erster Linie um Einzelfragen der Risikoforschung, sondern vor allem um die Frage, welche Rückwirkungen die synthetische Biologie auf unser Verständnis von Leben überhaupt hat. Sie leistet jedenfalls einer technomorphen Auffassung von Leben und einem ganz und gar technischen Umgang mit ihm Vorschub, weil die Erfolge der synthetischen Biologie die Annahme zu stützen scheinen, »dass Leben als dynamischer Ordnungszustand der Materie beschrieben werden kann und für die Funktion von Leben keine weiteren, nicht-materiellen Ingredienzen erforderlich sind« (Rehmann-Sutter).

Technikethik

Fragen der Technikethik stehen im Zentrum der heutigen Debatten über Ethik in den Wissenschaften, weil das Wesen neuzeitlicher Technik die moderne Wissenschaft in allen ihren Disziplinen bestimmt. Die Stellung des Menschen in der Natur ist durch ihre technische Bearbeitung charakterisiert, die sich signifikant von tierischem Verhalten unterscheidet. Wohl lässt sich auch bei Tieren der Einsatz von Hilfsmitteln, etwa von Steinen oder Stöcken, beobachten. Beim Menschen erfolgt ihr Einsatz jedoch vielmehr aufgrund von Zielsetzungen und Methoden, die den Kausalitätsgedanken planvoll anwenden. Zwar geht das Menschsein nicht darin auf, Technik zu haben. Im Unterschied zum Tier aber »*ist* der Mensch Mensch in seiner Sonderstellung, *indem* er Technik hat. Die Technik ist somit eine konstitutive, eine Wesens- bzw. Seinsbestimmung des Menschen« (Peter Fischer). Dieser Umstand ist für jede Wissenschafts-ethik und Bioethik folgenreich.

Technisches Denken prägt nicht etwa nur die Nutzanwendung des modernen biologischen Wissens, sondern bereits die biologische Grundlagenforschung. So ist in den letzten Jahr-zehnten ein biotechnologischer Komplex entstanden, der nicht nur die Produktionsweisen der Landwirtschaft und der Lebensmittelherstellung, sondern die Sichtweise des Lebens insgesamt von Grund auf verändert. Das Leben wird von der Gabe zum technischen Produkt.

Der Begriff Technikethik hat zwei Bedeutungen. Einerseits handelt es sich um eine Ethik für die Technik, die auf Technikfolgenabschätzung beruht. Technikethik ist in diesem Fall eine Form der angewandten Ethik bzw. eine Bereichsethik. Sie kann andererseits aber auch grund-legender als eine durch das Wesen der Technik begründete Ethik aufgefasst werden. Eine sol-che Ethik fragt nicht nach externen moralischen oder ethische Normierungen von Technik, sondern nach der »Möglichkeit einer internen Moralbegründung aus dem Wesen der Technik« (Fischer).

Alle Ethik ist letztlich praktische Anthropologie, setzt sie doch stets ein bestimmtes Bild vom Menschen als einem moralfähigen und moralpflichtigen Subjekt voraus. Das gilt auch für Technikethik, welche reflektiert, in welchem Ausmaß der Einsatz von Technik nicht nur die menschliche Kultur bestimmt, sondern auch welche Wechselwirkungen zwischen dem Selbstbild des Menschen als Individuum und Gattungswesen einerseits und der Technik und ihrem Wesen andererseits besteht. Was bedeutet es zum Beispiel für das Individuum wie für die menschliche Gattung, wenn sich Menschen als Produkt moderner Reproduktionsmedizin begreifen müssen, die vielleicht nicht einmal mehr nur zwei biologische Elternteile haben und nicht ohne die technischen Eingriffe von Dritten gezeugt und auf die Welt gebracht worden sind? Was würde es wiederum für einen Menschen bedeuten, als Klon zur Welt zu kommen, also gar keine eigenen leiblichen Eltern zu haben, sondern genetisch betrachtet Bruder oder Schwester dessen zu sein, der ihm als sozialer Vater oder also soziale Mutter entgegentritt?

Die Frage, inwiefern das Wesen der modernen Technik das Wesen des heutigen Menschen bestimmt, betrifft die Fundamente unserer Anthropologie und unserer Kultur im Ganzen. Die besondere Herausforderung liegt in der beschriebenen Schnittstelle zwischen Bioethik, Technikethik und Anthropologie.

Die modernen Naturwissenschaften folgen dem von Giambattista Vico (1668-1744) auf-gestellten Grundsatz: Verum et factum convertuntur. Der neuzeitliche Verstand lässt nur gel-ten, was er selbst rekonstruieren kann. In Wahrheit haben wir das Leben jedoch noch keines-wegs damit verstanden, dass wir einen Organismus technisch manipulieren oder nachbauen können. So scheint sich die moderne Biologie von einer Haltung der Ehrfurcht vor dem Leben immer weiter zu entfernen. Deshalb ist daran zu erinnern, dass die eigentliche Lebenswissenschaft in der Antike die Ethik war – nämlich die Lehre von der menschlichen Lebensführung, die auch den Umgang mit der Natur einschließt. So stehen wir vor der Herausforderung ein umfassendes Verständnis von Lebenswissenschaft zu entwickeln, das die Kulturen der Geistes- und der Naturwissenschaften neu miteinander ins Gespräch bringt.

Wer sich mit bioethischen Themen befasst, steht freilich vor einem irritierenden Dilemma. Der gegenwärtige Ethikboom, der sich an der Einrichtung immer weiterer Ethikkommissionen ablesen lässt, wächst offenbar umgekehrt proportional zur tatsächlichen Leistungsfähigkeit der Ethik. Die Schwierigkeiten der hinlänglich bekannten ethischen Konflikte von heute bestehen nicht nur im Interessengegensatz zwischen Individuen, gesellschaftlichen Gruppen und ganzen Völkern, zwischen den Lebenden und den noch Ungeborenen, sondern nicht minder im Gegensatz ethischer Systeme und moralischer Werthaltungen. Ethische Konflikte sind heute immer auch Konflikte zwischen divergierenden Ethiken.

Zu Beginn der 1970er Jahre stellte der Philosoph Walter Schulz die Diagnose, die Forderung des ethischen Engagements spiele innerhalb der zeitgenössischen Philosophie keine entscheidende Rolle. Seither hat sich die Bewusstseinslage vordergründig völlig verändert. Dieselbe Wissenschaft, welche für die Abdankung der Ethik verantwortlich gemacht worden ist, stößt inzwischen in der Gesellschaft auf ein tiefes Unbehagen und Misstrauen. Nach der Verwissenschaftlichung der Ethik scheint nun die Ethisierung der Wissenschaften, nach der Politisierung der Moral die Moralisierung der Politik gekommen zu sein. Der Bedarf an Ethik soll durch neu errichtete Institute und Lehrstühle gedeckt werden. Ethik hat in den Wissenschaften breitgefächert Einzug gehalten. Medizin-, Wirtschafts- und Umweltethik sind inzwischen als neue Forschungsbereiche etabliert.

Bei genauerer Betrachtung lässt sich allerdings bezweifeln, dass sich die Situation der Ethik tatsächlich so grundlegend geändert hat, wie es zunächst den Augenschein haben mag. Es ist ein bemerkenswertes Indiz, dass eine Vielzahl von Bereichs-Ethiken von interessierter Seite gefordert und gefördert werden, um die geschwundene Akzeptanz von Wissenschaft und Technik zurückzugewinnen. Die pragmatische Suche nach ethisch akzeptablen Lösungen für biomedizinische und biotechnologische Probleme und Konflikte trägt freilich über weite Strecken selbst die Züge technischer Rationalität.

Im Ruf nach einer Erneuerung der Ethik oder gar einer neuen Ethik kann sich auf der anderen Seite der Protest gegen diese Rationalität als ein allgemeines Unbehagen in der Kultur äußern. Im gesellschaftlichen Streit ist das Urteil moralischer Instanzen gefragt, deren Autorität den Mangel an ethischen Argumenten kompensieren soll. Zumindest im Bereich der Biopolitik neigen die politisch Verantwortlichen dazu, sich aus der vordersten Linie der forschungspolitischen Fragen zurückzuziehen und lieber im Hintergrund von Expertengremien zu agieren. Wenn aber Ethik die Grundlagen und die Einheit von Wissenschaft und

Gesellschaft garantieren soll, wer oder was gewährt dann die Einheit der Ethik oder eröffnet zumindest die Hoffnung auf künftigen Konsens? Dieses ungelöste Problem ist mindestens so gewichtig wie der weitere Umstand, dass die ethische Reflexion mit der Geschwindigkeit, in welcher zum Beispiel die mit dem wissenschaftlichen Fortschritt verbundenen Risiken und die Komplexität ihrer Konfliktpotenziale zunehmen, kaum Schritt halten kann. Überhaupt wird die Ethik immer erst dann auf den Plan gerufen, wenn die Forschung bereits Fakten geschaffen hat.

Ethik und Politik des Lebens

Diese Fragen geben Anlass, grundsätzlich über das Verhältnis von Bioethik und Biopolitik nachzudenken. Als Biopolitik lässt sich »jenes Feld politischen Handelns« bezeichnen, »das seine Dynamik aus den neuen Erkenntnissen der Lebenswissenschaften entwickeln und folglich alles umschließen soll, was produktiv mit dem Leben umzugehen versucht« (Volker Gerhardt). Michel Foucault hat die These vertreten, dass sich die Politik in der Moderne insgesamt in Biopolitik verwandelt und nicht etwa nur ein Teilgebiet derselben ist: »Jahrtausende ist der Mensch das geblieben, was er für Aristoteles war: ein lebendiges Tier, das auch einer politischen Existenz fähig ist. Der moderne Mensch ist ein Tier, in dessen Politik sein Leben als Lebewesen auf dem Spiel steht.« Dabei werden die Grenzen zwischen moderner Biomedizin und den ›Life-Sciences‹, die sich das nichtmenschliche Leben technisch nutzbar zu machen versuchen, fließend.

In gewisser Hinsicht war freilich schon für Aristoteles alle Politik ›Biopolitik‹. Bekanntlich hat Aristoteles drei als ›bíoi‹ bezeichnete Lebensweisen des Menschen – genauer gesagt des freien Mannes – unterschieden, nämlich das Leben, das sich auf den Genuss des körperlich Schönen richtet, das Leben des Philosophen und das Leben, das innerhalb des Gemeinwesens – der Polis – schöne Taten erzeugt. Letzteres bezeichnet Aristoteles als ›bíos politikós‹, der freilich vom bloßen Organisiertsein des menschlichen Zusammenlebens oder von despotischer Herrschaft unterschieden ist.

Die griechische Sprache und die antike Philosophie unterscheiden zwei Lebensbegriffe, nämlich ›bíos‹ und ›zoë‹. Während als ›zoë‹ die biologischen Phänomene bezeichnet werden, ist – unserem heutigen Sprachempfinden widersprechend – unter ›bíos‹ die menschliche Lebensführung verstanden. Beiden gemeinsam ist nach antikem Verständnis die Zielgerichtetheit. Hat die ›zoë‹ nach Aristoteles ihr Zentrum in der Seele, so der ›bíos‹ im Subjekt bzw. im Geist.

Im Anschluss an Aristoteles hat Hannah Arendt zwischen drei Grundformen des tätigen Lebens unterschieden, nämlich zwischen Arbeiten, Herstellen und Handeln. Die dem ›bíos politikós‹ gemäße Tätigkeit aber sei das Handeln, welches sich im Unterschied zu den anderen beiden Tätigkeitsformen »ohne die Vermittlung von Materie, Material und Dingen direkt zwischen Menschen« abspiele. Geburtlichkeit und Sterblichkeit seien die Bedingungen des menschlichen Lebens im Allgemeinen wie des ›bíos politikós‹ im Besonderen.

Unter dem Vorzeichen der modernen Biotechnologie ist freilich die Geburtlichkeit nicht länger der Anfang eines sich ohne jede materielle oder instrumentelle Vermittlung zwischen Menschen abspielenden Handelns, sondern Gegenstand technischer Manipulationen. Hoffnungen und Ängste gegenüber dem biotechnologischen Fortschritt kreisen um die Möglichkeit, dass der Mensch seinesgleichen völlig instrumentalisiert bzw. animalisiert oder aber sich selbst abschaffen könnte, indem er mit den bisherigen biologischen Grundlagen der Gattung Homo sapiens sapiens auch deren Wesen radikal umgestaltet und aus sich selbst durch Züchtung eine neue Gattung hervorbringt. In dieser Gefahr besteht die eigentliche biopolitische Herausforderung, welche nun die Bioethik auf den Plan ruft. Aber auch die Sterblichkeit ist in der modernen Medizin zum Gegenstand technischer Interventionen mutiert, die nach gesetzlicher Regelung verlangen.

Recht verstanden ist die Bioethik so alt wie die Politik. Wenn Aristoteles vom ›bíos politikós‹ spricht, meint er ja gerade eine spezifisch menschliche und das heißt stets ethisch zu reflektierende Lebensweise. Auch die moderne Bioethik hat von vornherein eine biopolitische Funktion. Sie lässt sich mit Wolfgang van den Daele als Versuch einer »Moralisierung der menschlichen Natur« begreifen: »Was durch Wissenschaft technisch disponibel geworden ist, soll durch moralische Kontrolle normativ wieder unverfügbar gemacht werden.«

Versuche, den Gefahren des biomedizinischen Fortschritts mit politischen Mitteln wirksam zu begegnen – zum Beispiel durch gesetzliche Verbote und Einschränkungen –, können freilich mit den Grundwerten der persönlichen Freiheit und des Rechtes auf Selbstbestimmung kollidieren. Wachsende Wahlfreiheiten auf dem Gebiet der Biomedizin, beispielsweise im Bereich der Reproduktionsmedizin, entsprechen nämlich der liberalen Forderung nach Autonomie in der persönlichen Lebensführung. Die Durchsetzbarkeit biopolitischer Grenzziehungen hängt daher entscheidend davon ab, inwiefern die Mitglieder der Gesellschaft aufgrund eigener Einsicht zur »begründeten Enthaltsamkeit« (Habermas), das heißt zur Selbstbegrenzung ihrer Ansprüche an den biomedizinischen und biotechnologischen Fortschritt, bereit sind.

Gerade das Beispiel der Bioethik zeigt, wie notwendig es ist, nicht nur über die Rolle von Wissenschaft und Ethik in der modernen Demokratie nachzudenken, sondern zugleich über unterschiedliche Demokratiemodelle zu diskutieren. Neben dem klassischen Modell der repräsentativen Demokratie stehen heute Modelle der partizipativen und der deliberativen Demokratie. Dementsprechend sind unterschiedliche Formen denkbar, wie die Basis für die biopolitische Diskussion verbreitert wird.

Die Forderung nach stärkerer Einbindung der Öffentlichkeit in die bioethische und biopolitische Debatte ist aus sozialethischer Sicht nachdrücklich zu unterstützen, stößt aber auf erhebliche Schwierigkeiten bei ihrer Einlösung. In der pluralistischen Gesellschaft gibt es nicht *die* Öffentlichkeit, sondern unterschiedliche Öffentlichkeiten, die einander nur zum Teil wahrnehmen und sich nur selten zu der einen großen Öffentlichkeit – womöglich gar einer ›Weltöffentlichkeit‹ – zusammenführen lassen. *Die* Öffentlichkeit bleibt letztlich ein soziologisches oder politisches Konstrukt. Zudem haben das Internet und soziale Medien neue Kommunikationsformen hervorgebracht. Auch für die Meinungsforschung, welche zu einem unverzichtbaren Instrument der Politikberatung geworden ist, bleibt die öffentliche Meinung letztlich eine ›black box‹.

Biopolitik ist außerdem längst nicht mehr eine ausschließlich nationale, sondern eine internationale, zum Beispiel gesamteuropäische Angelegenheit. Auch bioethische Fragen lassen sich nicht losgelöst von ihrem biopolitischen, und das heißt supranationalen Kontext diskutieren.

Wie aber sollen wir mit der Divergenz ethischer Ansichten und Lösungen auf nationaler wie auf supranationaler Ebene politisch umgehen? Was für moralisch richtig gehalten wird, muss politisch und rechtlich umsetzbar sein. Prozedurale bzw. diskursethische Konzeptionen von Ethik setzen auf Konsenssuche. Sofern allerdings ein ethischer Konsens nicht zu erzielen ist – und das ist zumeist schon in Ethikkommissionen der Fall –, müssen politische und gesetzgeberische Lösungen gefunden werden, welche dem gesellschaftlichen Frieden dadurch dienen, dass sie die ethischen Konflikte begrenzen. An die Stelle des Konsenses tritt der politische Kompromiss. Im Klartext heißt dies, dass die Grenzen, welche das Recht ziehen kann, weiter gesteckt werden, als es einer strengen bioethischen Position entspricht. International lässt sich ein Trend zur Deregulierung biomedizinischer und biotechnologischer Politikfelder beobachten. An die Stelle von starren gesetzlichen Vorgaben treten Rahmengesetze, die Einzelfallentscheidungen den Betroffenen sowie Expertenkommissionen übertragen. Welche biopolitischen Konsequenzen daraus für die Regulierung von synthetischer Biologie, Genetic Imprinting und Converging Technologies zu ziehen sind, ist im politischen Feld noch völlig offen.

Religion und Theologie im bioethischen und biopolitischen Diskurs

Zu bioethischen Fragen melden sich, neben NGOs wie Greenpeace, auch die Kirchen zu Wort. Die Rolle religiöser Standpunkte und einer wissenschaftlich-theologischen Ethik in den bioethischen und biopolitischen Diskursen säkularer Gesellschaften wird höchst kontrovers gesehen, wobei Kritiker einer religiösen Sichtweise häufig zwischen Glaubensüberzeugungen und einer solche Überzeugungen kritisch reflektierenden Theologie, wie sie an den Universitäten als wissenschaftliche Disziplin betrieben wird, keinen Unterschied machen. Ethik als kritische Theorie der Moral – so ist immer wieder zu hören und zu lesen – kann nur dann einen universalen Geltungsanspruch erheben, wenn sie allein aus allgemeinen Vernunftprinzipien hergeleitet wird. Eine religiöse Moral und eine auf diese bezogene Ethik können dagegen nur einen partikularen Geltungsanspruch erheben, der allenfalls innerhalb einer bestimmten Religionsgemeinschaft zu überzeugen vermag.

Im Ergebnis läuft dieser Vorschlag jedoch auf die Zumutung hinaus, dass die Bürgerinnen und Bürger bei der öffentlichen Entscheidungsfindung in moralischen Fragen eben jenen religiösen Hintergrund verleugnen sollen, aus dem sich ihre moralische Sensibilität speist und der diese Fragen für sie überhaupt erst zu moralischen Fragen macht. Daher votiert zum Beispiel Jürgen Habermas seit geraumer Zeit ausdrücklich dafür, religiöse Standpunkte in religionspolitische und biopolitische Debatten einzubeziehen. Allerdings ist er der Ansicht, religiöse Argumente könnten erst in die politischen Entscheidungsprozesse Eingang finden, nachdem sie in einen allgemein zugänglichen, von Glaubensautoritäten unabhängigen Diskurs übersetzt worden seien. Das lässt sich allerdings bestreiten. Wohl aber haben die Kirchen, andere Religionsgemeinschaften sowie auch die wissenschaftliche Theologie zu akzeptieren, dass sie in einer pluralistischen Demokratie nicht den Anspruch erheben können, die Letztinstanz in moralischen Fragen zu sein.

Wenn sich Theologie und Kirchen unter dieser Voraussetzung am bioethischen und biopolitischen Diskurs beteiligen, bringen sie den Gesichtspunkt ein, dass der christliche Glauben das Leben nicht als technisches Produkt, sondern als Schöpfung und Gabe Gottes versteht. Der Einsatz von Technik im Umgang mit dem Leben steht zu dieser Auffassung nicht notwendigerweise im Widerspruch. So ist die dramatisierende Sichtweise, wie schon im Falle der Gentechnik spiele sich der Mensch auch mit der synthetischen Biologie zum Konkurrenten Gottes auf, theologischer Kritik zu unterziehen. Wenn für den biblischen Schöpfungsglauben ein Wahrheitsanspruch erhoben werden kann, muss er selbst noch unter den Bedingungen der modernen Biotechnologie und Biomedizin gelten. Wie die Schöpfung insgesamt wäre auch die Gottebenbildlichkeit des Menschen ein obsoleter Mythos, wenn sie sich allein durch die Anwendung bestimmter Reproduktionstechniken infrage stellen ließe.

Das Handeln Gottes in und an seiner Schöpfung und das Handeln des Menschen sind kategorial voneinander unterschieden. Der Mensch ist daher weder Schöpfer noch Plagiator. Der bei Jens Ried und Peter Dabrock diskutierte Begriff des Plagiators ist auch deshalb unglücklich, weil Plagiate als moralisch und rechtlich verwerflich gelten. Grundsätzlich lässt sich die technische Bearbeitung von Natur – einschließlich von Gentechnik und synthetischer Biologie – als Wahrnehmung des an den Menschen ergangenen Schöpfungsauftrags begreifen, die Erde zu bebauen und zu bewahren (vgl. 1. Mose 2,15). Ob dies tatsächlich geschieht oder nicht, hängt nicht von der Technik als solcher ab, sondern von den Handlungszielen und Absichten, die sich mit dem Technikeinsatz verbinden.

Hilfreich kann dabei die Unterscheidung zwischen Verfügungswissen und Orientierungswissen sein. Grundlegende Orientierung finden menschliche Lebensführung und menschliches

Handeln nicht in abstrakten Prinzipien, sondern in sinnstiftenden Geschichten, in Metaphern und Symbolen. Auf dieser Ebene ist auch der Glaube an die Schöpfung und die Gewissheit der eigenen Geschöpflichkeit angesiedelt. In der Rede von der Geschöpflichkeit des Menschen und der Natur als ganzer wie auch im Gedanken der Gottebenbildlichkeit spricht sich ein im Glauben erschließbares Daseinsverständnis aus, das sich auch noch unter den Bedingungen der Gegenwart als sinnvolle Möglichkeit menschlicher Selbstdeutung erweist.

Die ethische Frage nach einem angemessenen Umgang mit menschlichen, tierischen und pflanzlichem Leben wird daher verkürzt und einseitig formuliert, wenn sie sich nur darauf richtet, wie lange der technologische Fortschritt (noch) mit einem bestimmten Menschenbild oder Begriff des Lebens vereinbar ist. Es ist vielmehr auch zu fragen, wie weit es einer weltanschaulichen oder religiösen Tradition gelingen kann, geschichtliche und kulturelle Veränderungen produktiv zu verarbeiten und überkommene Traditionsbestände neu zu interpretieren, so dass sie es auch noch Menschen der Gegenwart erlauben, das eigene Dasein unter Gegenwartsbedingungen sinnvoll zu deuten.

Zweifellos haben Schöpfungslehre und theologische Anthropologie in ethischer Hinsicht immer auch eine kritische Funktion. Doch stehen Kritik und Hermeneutik zueinander in einem dialektischen Wechselverhältnis. Problematisch ist es allerdings, wenn der methodische Reduktionismus, der den modernen Lebenswissenschaften und der synthetischen Biologie zu Grunde liegt, in einen ontologischen oder weltanschaulichen Reduktionismus umschlägt. Der biotechnologische Fortschritt ist deshalb nicht kritiklos hinzunehmen. Wie auch sonst in der Ethik geht es vielmehr darum, entstehende Ambivalenzen in den Blick zu nehmen und im Spannungsfeld von Hermeneutik und Kritik zu bedenken, wie mit ihnen verantwortungsvoll umgegangen werden kann, so dass dem Leben gedient wird.

LITERATUR:

Hannah ARENDT, *Vita activa oder Vom tätigen Leben*. 12. Aufl. (München 2001)

Wolfgang van den DAELE, D*ie Natürlichkeit des Menschen als Kriterium und Schranke technischer Eingriffe*. In: WechselWirkung 22 (2000), Heft Juni/August, S. 24-31

Peter FISCHER, *Philosophie der Technik* – Eine Einführung (München 2004)

Volker GERHARDT, *Der Mensch wird geboren* – Kleine Apologie der Humanität (München 2001)

Jürgen HABERMAS, *Wieviel Religion verträgt der liberale Staat?* In: Neue Zürcher Zeitung, 06.08.2012 (online: http://www.nzz.ch/aktuell/startseite/wie-viel-religion-vertraegt-der-liberale-staat-1.17432314; abgerufen am 14.03.2018)

Ulrich H.J. KÖRTNER, *Bioethik nicht-menschlicher Lebewesen*. In: Wolfgang HUBER/Torsten MEIREIS/Hans-Richard REUTER (Hg.), *Handbuch der Evangelischen Ethik* (München 2015), S. 585-647

Ds., *»Lasset uns Menschen machen«* – Christliche Anthropologie im biotechnologischen Zeitalter (München 2005)

Barbara PRAINSACK, *Wer fürchtet sich vor dem Prothesenchromosom?* Ein Blick aus sozialwissenschaftlicher Perspektive auf den ethischen Diskurs der Synthetischen Biologie. In: Zeitschrift für Evangelische Ethik 57 (2013), S. 102-112

Christoph REHMANN-SUTTER, *Leben 2.0* – Ethische Implikationen synthetischer lebender Systeme. In: Zeitschrift für Evangelische Ethik 57 (2013), S. 113-125

Jens RIED/Peter DABROCK, *Weder Schöpfer noch Plagiator* – Theologisch-ethische Überlegungen zur Synthetischen Biologie zwischen Genesis und Hybris. In: Zeitschrift für Evangelische Ethik 55 (2011), S. 179-191

Walter SCHULZ, *Philosophie in der veränderten Welt* (Pfullingen 1972)

Sozialdemokratie

Michael Amon

ALS MONT PÈLERIN NOCH NICHT DIE GANZE WELT WAR

1. Teil

»Bei vielen smarten Kerlen aus wohlbestallten Elternhäusern […] war die Idee von alternativen Lebensformen nie angekommen. Sie betrieben business as usual. An der Universität von Chicago hatte sich rund um Milton Friedman und Arnold Harberger eine neue ökonomische Schule des extremen Wirtschaftsliberalismus etabliert, die den Wohlfahrtsstaat grundlegend ablehnte, da hier nur anderer Leute Geld für andere ausgegeben werde. Friedman formulierte gleichzeitig den Glaubenssatz: ›Das Wesen der Demokratie ist das Gewinnstreben.‹

Während draußen noch die Hippies gemütlich an ihren Wasserpfeifen sogen, bereiteten sich die Chicago Boys auf jenen Marsch durch die Institutionen vor, von dem die deutsche Studentenbewegung nur träumte, ohne dieses Ziel je wirklich zu erreichen.

Während die einen noch gegen die Kommerzialisierung der Gesellschaft anzudenken und anzuleben versuchten, davon träumten, eine Welt mit weniger Egoismus, ohne Geldgier und jenseits des Kampfes jeder gegen jeden zu schaffen, waren die anderen bereits dabei, Konzepte zu entwickeln, die das genaue Gegenteil dieser Träumereien zum Ziel hatten: Eine Welt, gesteuert von Gewinnstreben und Geldgier, sollte den Wohlstand aller mehren. Es ist nicht besonders überraschend, dass eines der ersten Länder, in dem die Chicago Boys ihr Modell in ziemlich reiner Form ausprobieren durften, das Chile General Pinochets war, einer miesen Diktatur, errichtet und gefördert mit Hilfe und Billigung der US-Regierung und wie immer mit dem Ziel, jede Form sozialer Emanzipationsbewegungen im Vorhof der USA schon im Ansatz zu ersticken. Ein gnadenlos exekutierter Wirtschaftsliberalismus schien da das geeignete Instrument zu sein. Die Erfolge kann man noch heute in Südamerika besichtigen und daraus eine neue Definition ableiten: Wirtschaftsliberalismus ist Demokratieabbau plus Massenarmut.

Immerhin dauerte es noch ungefähr 20 Jahre, bis die Theorien der Chicago Boys zur vorherrschenden Wirtschaftstheorie geworden sind. Mit dem Zusammenbruch der totalitären Planwirtschaften 1989 brachen auch alle Hemmungen weg, den Wohlfahrtsstaat zu demontieren. Dieser Geist weht auch durch die heute gültigen Verträge der EU – insbesondere der Vertrag von Maastricht (beschlossen während einer Zeit großer sozialdemokratischer Mehrheiten in Europa!) ist fast so etwas wie eine Gesetzestafel des Neoliberalismus. Auch hier beobachten

wir eine merkwürdige Dialektik: Der Neoliberalismus ist weltweit und überall an seiner Praxis
gescheitert (was niemanden hätte wundern dürfen, ist er doch der legitime Enkel des Man-
chester-Liberalismus, der einst aufgrund seiner unerträglichen sozialen Begleiterscheinungen
die sozialistische Bewegung auf den Plan gerufen hat). Als Ideengebäude feiert er aber noch
heute fröhliche Urständ. Die vier Freiheiten der EU sind ein in Verträge gegossenes neolibera-
les Manifest – sie lasten nun wie Blei auf den Schultern der Bürger Europas.«[1]

Begonnen hatte all das schon kurz nach dem Zweiten Weltkrieg beim Mont Pèlerin unweit
des Genfer Sees. Bis heute existiert die dort gegründete Gesellschaft als Dachverein vieler international verstreuter, neoliberaler Lobbying-Institute, die sich als Think Tanks getarnt, von
der Großindustrie und vom Finanzkapital finanziert, eifrig darum bemühen, die neoliberalen
Ideen als alternativlos darzustellen. Dies gelang ihnen ausgezeichnet. Wollte Kreisky einst alle
gesellschaftlichen Bereiche mit Demokratie durchfluten, so werden wir nun von einem simp-
len Ökonomismus überschwemmt. War einst etwa Werbung in den Schulen streng verboten,
so sollen sich diese Schulen heute genau über diese verdummende Werbung finanzieren. Brain-
washing schon im Vorschulkindergarten. Im Gegenzug ist jede Art von politischer Werbung
an den Schulen streng verboten. Das Öffentliche wird privat(isiert), das Private öffentlich (siehe diverse Selbstdarsteller-Shows).
    Wobei erwähnt werden muss, dass der Begriff ›Neoliberalismus‹ ursprünglich für eine sehr
heterogene liberale Bewegung stand, in der sich aber dann jene Extremisten durchgesetzt haben, die einen Markt ohne jedwedes Adjektiv herbeisehnten. Die ›Soziale Marktwirtschaft‹
war ursprünglich der Kern des Neoliberalismus und die eigentliche Idee vieler Neoliberaler
wie etwa Erhard (deutscher Bundeskanzler und ›Vater‹ des Wirtschaftswunders betitelt). Geblieben sind die Leute rund um Hayek, Mises und Friedman. Auch der anfänglich mit dabei
gewesene Popper wandte sich ab, da der neoliberale Anspruch auf Alternativlosigkeit in schrof-
fem Gegensatz zu seiner Philosophie stand und den Keim des Totalitären in sich trug.

Die Ereignisse in Österreich sowohl im Jahr 2000 (erste Regierung Schwarz-Blau unter Schüssel) als auch im Herbst 2017 sind nur angesichts des europaweiten Sieges der neoliberalen
Spukideen und des ebenfalls europaweiten Niedergangs der Sozialdemokratie und der Linken
insgesamt erklärbar. Die Lage der Sozialdemokratie in Österreich ist ohne den klaren Blick auf
Europa nicht zu verstehen und auch nicht lösbar. Trotzdem soll hier zuerst einmal die österreichische Situation erörtert werden. Ganz im Sinne von Grillparzer, der das kleine Österreich
der großen Welt als relativ preisgünstigen Probenraum überlässt. Denn selbst bei dieser Fokus-

---

1   Michael AMON, *1968* – Ein kurzes Lächeln im langen Mai (Wien/Graz/Klagenfurt 2008; völlig überar-
    beitete Neuaufl. in Vorbereitung).

sierung zeigt sich, dass die Entwicklungen nicht von hier ausgegangen sind, auch wenn viele Österreicher sich das gerne einreden.

Schon seit 1986 gab es in Österreich keine Mehrheit links der Mitte mehr. Trotz anderer Mehrheitsmöglichkeiten durfte die SPÖ aber in der Regierung bleiben und den Kanzler stellen. Denn so, wie die SPÖ 1970 gebraucht wurde, um jenen Modernisierungsschub durchzusetzen, den das Kapital verlangte, um die Produktivkräfte zu entfesseln, sprich: besser einsetzen zu können (beispielsweise durch vermehrte Frauenarbeit und das Sprengen der Fesseln, die etwa die alten Familiengesetze der gesellschaftlichen und ökonomischen Entwicklung angelegt hatten), so wurde die SPÖ danach dringend gebraucht, um die Gewerkschaften ruhigzustellen und die gesamte Sozialdemokratie auf den Beitritt zur EU umzupolen. Denn bis dahin galt die EU – insbesondere bei gestandenen Sozialdemokraten, die noch die ökonomischen Lehren von Kautsky, Hilferding, Otto Bauer oder Bernstein zumindest am Rande mitbekommen hatten – als Werkzeug des Großkapitals zur Aushebelung der Rechte der Arbeiterschaft und zur Aushöhlung sozialer Errungenschaften. So falsch scheinen sie nicht gelegen zu sein, wenn man die Absichten und Taten der jetzigen Regierung und manche Entwicklungen der letzten zwei Jahrzehnte betrachtet. Obwohl: so einfach liegen die Dinge auch wieder nicht. Als der EU-Beitritt Österreichs im Jahr 1995 dank enormen Einsatzes und extremem Gesinnungswandels der Sozialdemokratie durchgesetzt war, hatte die Sozialdemokratie sich selbst überflüssig gemacht. Das Kapital brauchte sie nicht mehr. Bei der ersten sich bietenden Möglichkeit, nämlich 1999, flog sie aus der Regierung und Schwarz-Blau kam an die Macht. Das Ziel der Regierung Schüssel war klar und eindeutig (nur die SPÖ erkannte es nicht): Entfernung der SPÖ aus allen Machtpositionen und von allen Schalthebeln der Macht. Die finanzielle Aushungerung besorgten SPÖ und ÖGB selbst und im Alleingang mittels dilettantischer Führung ihrer Wirtschaftsunternehmen und größenwahnsinniger Bosse in Konsum und Gewerkschaft, die bestenfalls zu Subkassieren einer kleinen Sektion in Hintertupfing getaugt hätten.

Der Plan von Schüssel funktionierte dank der desaströsen Performance der FP-Regierungsmitglieder (und der FPÖ insgesamt) nur teilweise. So kam man nach den Wahlen von 2006 an der SPÖ nicht vorbei, da sie sich in den nächsten Jahren als einziger stabiler Koalitionspartner anbot angesichts einer skurrilen Ansammlung von Splittergruppen (von BZÖ bis Team Stronach). Für die mächtigen Interessengruppen im Land war eine Regierungsbeteiligung der SPÖ zwar unerfreulich, aber unter allen Möglichkeiten die einzige, die ein Mindestmaß an Stabilität angesichts der herandräuenden Finanzkrise versprach. Die SPÖ konnte ohnehin nicht viel anstellen: Die neoliberalen Dogmen waren in den Verträgen der EU festgezurrt, in Deutschland exekutierten die Sozialdemokraten den Sozialstaat mittels Hartz IV. Vor den Sonntagsreden der SP-Proponenten hatte niemand wirklich Angst. Gleichzeitig stellte die ÖVP ihre Politik völlig auf Destruktion um. So sollte bewiesen werden, dass die SPÖ nicht zum Regieren taugte. Derweil konnte die FPÖ sich erstaunlich gut regenerieren. In der ÖVP schaffte es die Schüssel-Riege es, dem nunmehrigen Kanzler Kurz den Nimbus des Neuen zu verschaffen, womit ihm ein fulminanter Wahlsieg gelang. Der SPÖ war es trotz Finanzkrise nicht gelungen, ein neues Bündnis mit neuen politischen Kräften aufzubauen und einen neuen gesellschaftlichen Entwurf vorzulegen. Das Kapital benötigte sie weniger denn je, denn die Drecksarbeit der Finanzkrise war gemacht, die FPÖ hatte sich einigermaßen stabilisiert und wurde halbwegs regierungsfähig, indem Kurz sie in vielen Fragen rechts überholte. Noch immer protestiert die Linke gegen die Regierungsbeteiligung der FPÖ, hat aber nicht erkannt, dass die ÖVP längst selbst zu einer zumindest rechtspopulistischen Partei geworden war. Die Mächtigen im Lande jagten die SPÖ erneut aus dem Kanzleramt. Zu erwartende (und inzwischen vielfach eingetretene) ›Ausrutscher‹ der FPÖ konnte man ruhig ignorieren in einem Europa von Orbán und Co. Jene EU, die ein Bollwerk gegen Demokratieverweigerer sein sollte, hatte die Gefährder der Demokratie mit einer falschen Einwanderungs- und Flüchtlingspolitik groß gemacht. Dem hatte weder die SPÖ noch die Sozialdemokratie insgesamt etwas entgegenzusetzen.

Nun müssen wir aber davon ausgehen, dass Kurz und Co. nicht wissen, worum es sich beim Mont Pèlerin handelt. Sei's drum! Auch der Maulwurf ist blind, durchwühlt die Erde aber in einer bestimmten Richtung (frei nach Jean-Luc Godard). Und Schwarz-Blau-Türkis (schwere Zeiten für Farbenblinde!) wühlen, dass es keine Freude mehr ist. Die Grundidee des Abbaus möglichst vieler sozialer Rechte wurde camoufliert, in dem man davon schwadronierte, dass zwischen Ausländern und Inländern dadurch soziale Gerechtigkeit herzustellen sei, dass man die Rechte der Ausländer drastisch kürzt. Das brachte Wählerstimmen en masse, weil die Leute nicht kapierten, dass nach den Ausländern sie die nächsten wären, die man abrasieren würde. In diesem Zusammenhang kann man nicht daran vorbei und verschweigen, dass die Linke in der Ausländer-, Flüchtlings- oder Was-auch-immer-Frage völlig versagt hat. Denn es war keineswegs eine humanitäre Anwandlung von Frau Merkel, die Grenzen zu öffnen – leider hat die Rechte (etwa die AfD) das früher erkannt als die Linke.

Schon mit Hartz IV hatte man einen riesigen Niedriglohnsektor geschaffen, dem niemand mehr entkommt, der einmal von dieser Art ökonomischen schwarzen Loch aufgesogen worden ist. Das hat nicht nur Deutschlands Kleinunternehmern ebenso wie den Dienstnehmern schwere Schäden zugefügt und in den Südländern der EU große Teile jener Arbeiten vernichtet, die bisher dort erledigt werden konnten. Kombiniert mit einer rigiden Sparpolitik für einzelne (!) Schuldenländer wie Griechenland, wurden denen fürs Erste auch ein großer Teil der Bankensanierung umgehängt. Indem man eine völlig unkontrollierte Fluchtwelle ins Land schwappen ließ, wird nun verhindert, dass der Arbeitsmarkt sich mittelfristig erholt, da die ohnehin schon extrem große Industrielle-Nichtarbeits-Armee noch einmal vergrößert wird. Es ist abzusehen, dass ein wesentlicher Teil der Menschen der Immigrationswelle von 2015 ff. in Deutschland, Österreich und Skandinavien bleiben wird. Jeder Sozialabbau, jede Verschlechterung der Arbeitsbedingungen wird die ›Ausländerfrage‹ weiter flackern und die eigentlichen Fragen überstrahlen lassen. Auch für die Linke kann eine längerfristige, humanitäre

Lösung des Flüchtlingsproblems nur darin bestehen, für eine Rückführung dieser Menschen zu sorgen. Doch dem Thema ist mit Vernunft nicht beizukommen. Noch dazu, wo eine romantisierende Willkommenskultur nicht der Vernunft letzter Schluss sein kann. Ein Paradigmenwechsel der Linken wird in dieser Frage unumgänglich sein: Sie wird akzeptieren müssen, dass Emotionen schwerer wiegen als humanitäre Argumente, die so human oft gar nicht sind. Ein Paradigmenwechsel, der die Scheußlichkeiten des rechten Lagers vermeidet, aber gleichzeitig den Menschen, die sich durch die Zuwanderung gefährdet sehen, ihre Ängste nimmt. Klar, dass die Linke da vor einem Riesenproblem steht. Aber man sollte sich in Erinnerung rufen, dass die jetzige Form des Asylsystems nicht für die Bewältigung einer Massenzuwanderung geschaffen worden ist. Solange die Linke hier nicht humane, glaubhafte und wirkungsvolle Lösungen findet, wird sie nicht reüssieren. Wenn es nicht gelingt, die dauerhafte Etablierung einer zusätzlichen Reservearmee zu verhindern (die noch dazu viele errungene Rechte im gesellschaftlichen Überbau in Frage stellt, insbesondere in der Frauenfrage), werden die Menschen ihr Heil bei den Rechten aller Schattierungen suchen.

In dieser Situation wird Österreich mit einer Regierung zu leben haben, die eine Art selektiven Neoliberalismus betreibt. Damit ist gemeint, dass diese Regierung keineswegs eine ausschließlich neoliberale Politik machen, sondern eine solche nur für jene betreiben wird, die sie nicht oder nicht mehr zu ihrer Klientel zählt. Dazu wird sie sich einer speziellen Methodik bedienen, nämlich der des Kollateralschadens als eigentliches Ziel der Politik. Das lässt sich etwa an der jetzt laufenden Diskussion über die Abschaffung der Allgemeinen Unfallversicherungsanstalt (AUVA) erkennen. Das eigentliche Ziel ist nämlich nicht die Abschaffung der AUVA, sondern die dadurch verursachten Kollateralschäden.

Das Prinzip dieser Regierung ist nicht ›Durchflutung aller Lebensbereiche mit Demokratie‹, sondern Überflutung der Gesellschaft mit Marketing und Propaganda, um die wahren Absichten zu vernebeln. Ob das wirklich auf Dauer funktioniert, wird sich zeigen. Wenn es gelingt, wird dieses Land in fünf Jahren ein anderes, keineswegs besseres sein. Es wird einen Sündenfall der Linken brauchen – ähnlich jenem im Ersten Weltkrieg rund um die Kriegskredite – um einen Erfolg dieser Regierung zu verhindern. Dieser Sündenfall müsste eine offene, ehrliche und glaubwürdige Änderung der Ausländerpolitik sein. Es muss doch möglich sein, all jene, die keine Asylfälle sind – und das ist nun mal die große Mehrheit – auf humane Weise in ihre Heimat zurück zu bringen. Allerdings kann man nicht alles gleichzeitig haben. Denn das würde auch eine klare Änderung der pazifistischen Haltung erfordern. Ohne gemeinsame EU-Armee gibt es keine Rückführung und keine Sicherung der Außengrenzen (letztere unverzichtbares Merkmal eines geordneten Staatswesens!).

2. Teil

Sozialdemokraten sollten es verschmähen, Ansichten und Absichten zu verheimlichen – so sie denn noch welche haben. Sich durch allerlei gedankliche Konstruktionen in Zeiten eines spürbaren Rechtsrucks am ach so garstigen Wort ›links‹ vorbeischwindeln zu wollen, wird nicht viel bringen. Wenn versucht wird, den sozioökonomischen Begriff der ›Mitte‹ dahingehend umzudeuten, dass es gilt, diese Mitte bei Wahlen zurückzugewinnen, führt das in die Irre. Denn aus politischer Sicht ist eine ziemlich rechts wählende Mitte eben nicht Mitte (das wäre ein Widerspruch in sich selbst), sondern eindeutig rechts. Mitte ist keineswegs dort, wo die Mehrheit ist. Wie falsch diese Idee ist, kann man leicht beweisen: mit dieser Sicht auf ›Mitte‹ wäre die NSDAP eine Partei der Mitte gewesen. Oder weniger weit ausgeholt: Schwarz-Blau wäre Mitte, bloß weil ÖVP und FPÖ die Mehrheit der Wählerschaft auf ihrer Seite haben. In Wahrheit ist diese politische Konstellation deutlich rechts bis sehr weit rechts. Politisch ist hier von Mitte nicht viel zu sehen.

Wenn einstige Mitte-Wähler nach rechts wandern, dann wird rechts nicht zur Mitte, sondern bleibt, was es immer war: rechts. Dieser Versuch, mit einem falschen Mittebegriff zu operieren, ist nichts anderes als eine Neuauflage des berüchtigten ›Dritten Weges‹ von Blair und Schröder. Die Folgen sind bekannt: Großbritannien gleicht außerhalb Londons immer mehr einem Dritte-Welt-Land, in Deutschland hat sich ›dank‹ Hartz IV eine massive Unterschicht ohne jede Zukunftsperspektive verfestigt (auf die anderen Folgen von Hartz IV komme ich noch).

Es nützt nichts: Die europäische Sozialdemokratie wird nicht daran vorbeikommen, sich wieder als Parteien des linken Spektrums zu definieren. Nur dann wird es gelingen, auf die Fragen der Zeit adäquate Antworten zu finden und damit die Menschen zu erreichen. Sie wird, will sie überleben, von einem klaren linken Standpunkt aus jene Menschen überzeugen müssen, die aus vielerlei Gründen von der politischen Mitte nach rechts abgedriftet sind. Sie sind zwar ökonomisch Mitte, sprich: Mittelklasse, politisch jedoch ins rechte Lager gewechselt. Also sollte man hier sprachlich präzise bleiben und vor allem politisch nicht die Orientierung verlieren: Die Behauptung, ›links‹ und ›rechts‹ als politische Zuordnungen funktionierten nicht mehr, weil es diese Kategorien in der gelebten Realität nicht mehr gäbe, war schon falsch, als sie das erste Mal erhoben worden ist.

Auch einer anderen Behauptung ist heftig zu widersprechen: dass die Sozialdemokratie überflüssig geworden sei, da sie alle Ziele erreicht habe. Um diese unsinnige These (unsinnig auch wenn sie jemand wie Dahrendorf in die Welt gesetzt hat) zu widerlegen, genügt es, sich auf der Welt umzusehen. Solange selbst in entwickelten Industriestaaten beispielsweise massive Kinderarmut existiert und ein reales Problem ist, soll niemand phantasieren, die Sozialdemokratie sei bar ihrer Ziele überflüssig geworden. Sie ist so wenig überflüssig wie eine wertebasierte Christdemokratie.

Grundsätzlich hat die Sozialdemokratie historisch immer mindestens zwei Aufgaben zu erfüllen gehabt: Demokratisierung der Gesellschaft und Beseitigung der Armut. Auf beiden Gebieten ist längst nicht alles erreicht, mehr noch: Es gibt derzeit eminente Rückschläge durch reaktionäre Regierungen in Europa (Polen, Ungarn und demnächst auch hierzulande). Zu tun ist also genug. Vor allem ist das eigene Selbstverständnis zurechtzurücken.

Bleiben wir daher bei der Frage, wodurch heute linke Politik gekennzeichnet ist. Die nur auf den ersten Blick simple Antwort: durch das, wodurch sie immer schon gekennzeichnet war. Linke Politik ist charakterisiert durch die Antwort, die sie auf die Frage nach der Gleichheit gibt. Das war immer so und wird wohl immer so bleiben. Links ist jede Politik, die mehr Gleichheit schafft – allerdings nicht im Sinne einer dümmlichen Gleichmacherei. Eine Politik der Gleichheit versucht vielmehr, die sozialen Folgen der natürlichen Ungleichheit zu beseitigen. Sie macht die Menschen nicht ›gleich‹, aber sie verhindert, dass die angeborene und ererbte Ungleichheit die Möglichkeiten des Individuums, ein sinnerfülltes und qualitätsvolles Leben zu führen, einschränkt. Zu diesem Grundgedanken der Gleichheit gehört unumstößlich die Aufgabe, aus Almosen und Spenden rechtliche Ansprüche zu machen. Dass das auch eine neue Art der Moral benötigt, wurde leider oft vergessen: Das berüchtigte ›Anspruchsdenken‹, das oft als Argument gegen die gesetzliche Verbriefung von Ansprüchen ins Feld geführt wird, gibt es leider wirklich. (In noch höherem Ausmaß existiert es allerdings in den Führungsetagen der Großkonzerne, wo alljährlich so laut um die Bonuszahlungen gestritten wird, dass wirklich alle hören können, wo die wahren ›Leistungsträger‹ sitzen.) Das Bewusstsein, man solle staatliche Sozialleistungen nur in Anspruch nehmen, wenn man sie wirklich braucht, ist unter dem Ansturm der neoliberalen Selbstbereicherungsaufrufe völlig verloren gegangen. Der völlig verunglückte Werbespruch der SPÖ aus dem letzten Nationalratswahlkampf ›Hol dir, was dir zusteht‹ zeigt, wie wirkungsmächtig die neoliberalen Ego-Sprüche bis weit in die Sozialdemokratie hinein waren.

Wenn man sich auf diese einfachen Grundsätze zur Gleichheit besinnt, wird sofort klar, dass neoliberale Ideen die natürlichen Feinde der Sozialdemokratie sind. Neoliberale Politik verstärkt die Ungleichheit in einem ganz trivialen Sinn: Enrichissez-vous! Die Armen werden mehr, die Reichen bekommen mehr. So hat jeder seinen Zuwachs. »Erhebt sich neben dem kleinen Haus ein Palast, schrumpft das kleine Haus zur Hütte zusammen. Das kleine Haus beweist nun, dass sein Inhaber keine oder nur die geringsten Ansprüche zu machen hat; und es mag im Laufe der Zivilisation in die Höhe schießen noch so sehr, wenn der benachbarte Palast in gleichem oder gar in höherem Maße in die Höhe schießt, wird der

Bewohner des verhältnismäßig kleinen Hauses sich immer unbehaglicher, unbefriedigender, gedrückter in seinen vier Pfählen finden.«[2]

So schrieb Marx im Jahr 1849 und hat damit interessanterweise genau jene Problematik beschrieben, die heute Teile des Mittelstands zu rechten und rechtsradikalen Parteien flüchten lässt. Es wird damit auch klar, dass die derzeitige Grundverfassung der EU, ihre vier Grundfreiheiten, ein Mehr an Ungleichheit geschaffen haben, für ganze Länder und ihre Menschen die Chancen verringert haben. Selbst in den entwickelten EU-Staaten ist heute der Mittelstand ökonomisch bedroht und wählt politisch immer öfter und zahlreicher rechts und rechtsradikal, da er sich in seiner materiellen Existenz bedroht fühlt und den Rückfall in die Armut befürchtet. Man hat in den letzten 20 Jahren genau die von Marx beschriebene Situation geschaffen – unter tatkräftiger Mithilfe der Sozialdemokratie.

Es ist nicht die Globalisierung, die uns bedroht, sondern ihre neoliberale Ausgestaltung. Der Maastricht-Vertrag hat die Bewohner Europas schutzlos der Billigst- und Sozialdumping-Konkurrenz insbesondere Chinas ausgeliefert. Beschlossen wurden diese Verträge von einer EU, in der die Mehrheit der Staatschefs bis etwa 1999 sozialdemokratisch war. Die ökonomisch desaströse Form der Osterweiterung schuf eine europainterne ›Globalisierung‹ und holte die Billigstkonkurrenz gleich direkt in die EU. An den Folgen laboriert Europa bis heute, und die Versuche, die eklatantesten Fehler (etwa die Entsendungsrichtlinie) zu korrigieren, gestalten sich enorm mühsam.

Insbesondere auch deshalb, weil Deutschland unter dem Sozialdemokraten Schröder (›Der Boss der Bosse‹) eine Todsünde gegen die eigenen Grundsätze beging: die Schaffung von Hartz IV. Damit wurde nicht nur ein dauerhaftes, sich immer mehr verfestigendes Subproletariat geschaffen, sondern ein Minilohn-Sektor etabliert, der ganz Europa geschadet hat. Das reiche Deutschland zwang seine eigenen Bürger in prekäre Jobs und vernichtete damit Arbeitsplätze für wenig qualifizierte Arbeiter in den Südstaaten der EU. Die Krisen in Griechenland, Spanien und Portugal sind eine Folge der Tatsache, dass durch Hartz IV die Billigjobs nach Deutschland abwanderten oder dort erstmals entstanden. Profitiert haben davon einige wenige. Deutschland klopft sich als ›Exportweltmeister‹ auf die Schultern, kritisiert die Länder mit Handelsbilanzdefiziten und vergisst zu erwähnen, dass diese Defizite die Überschüsse Deutschlands generieren. Schröders Hartz IV-Politik hat das deutsche Großkapital gestärkt, aber die Ungleichheit in Europa (sowohl zwischen Ländern als auch zwischen Menschen) drastisch erhöht. Linke, also sozialdemokratische Politik sieht anders aus.

All das muss man sich vor Augen halten, wenn man über die Krise der Sozialdemokratie spricht. Auch die österreichische Sozialdemokratie hat beim neoliberalen Voodoo mitgetanzt, wenn auch in geringerem Ausmaß – das ist ein Charakteristikum der gegenwärtigen Sozial-

---

2   Karl MARX, *Lohnarbeit und Capital* (Berlin 1891).

demokratie: Sie ist nur noch eine Bewegung für die kleinere Dosis. Kein Wunder, wenn die Menschen ihr Glück bei jenen rechten Heilsbringern suchen, die ihnen die ›volle‹ Dosis versprechen. Was das wirklich bedeutet, haben die Leute meist nicht begriffen, und die Sozialdemokratie war nicht in der Lage, das zu vermitteln, weil sie selbst in Wahrheit an die Wirksamkeit der neoliberalen Rezepte geglaubt hat. Die Bekenntnisse gegen den Neoliberalismus erfolgen am Sonntag, während des Rests der Woche wird die unbekömmliche Kost des Extremliberalismus serviert.

Was derzeit in Österreich droht, ist anderswo (Polen, Ungarn) in der EU bereits im Gange: ein reaktionärer Rückfall in längst überwunden geglaubte Regierungsformen und -methoden. Sozialer und gesellschaftlicher Rückschritt, wie er sich in der Regierung zwischen ÖVP und FPÖ abzeichnet, droht in ganz Europa, wenn die Sozialdemokratie nicht zu ihren Grundsätzen zurückfindet und sie den neuen Erfordernissen anpasst (aber anders, als Schröder & Co. das vorgemacht haben). An dieser Stelle sei daher auch davor gewarnt, das Heil bei einem ›Reformer‹ wie Macron zu suchen. Man muss zwar froh sein, dass er und nicht Le Pen die Präsidentschaftswahl gewonnen hat, aber Grund zum Jubeln ist sein Sieg keiner. Wenn Sozialdemokraten dem Irrtum erliegen, in Macron ein neues Role Model zu finden, so kann man sie nur davor warnen. Ökonomisch hat Macron mehr mit Schwarz-Blau oder dem langjährigen deutschen Finanzminister Schäuble gemein, als viele derzeit erkennen wollen.

Die seltsame Angst der Sozialdemokratie vor Industrie 4.0 ist ein eigenes Thema und würde eine gesonderte Abhandlung vertragen. Nur so viel: Jener technische Schub, der angeblich zur massenhaften Freisetzung von Arbeitskräften führen wird, ist nirgendwo zu sehen. Die moderne Informationstechnologie hat es ermöglicht, Dinge zu tun, die man früher nicht tun kann. Aber Produktivitätsfortschritte durch das Internet sind nicht erkennbar. Im Gegenteil. Mit der Behauptung ›Information at your fingertip‹ wird den Bürgern vom Staat immer mehr bürokratischer Unsinn aufs Aug' gedrückt (etwa im Datenschutzbereich, der ihn eigentlich vor dem Staat schützen sollte). Die Freizeitgewinne werden damit verspielt, dass die Menschen immer mehr Tätigkeit selbst erledigen müssen (Bestellen, Transport, Bankgeschäfte etc.), wodurch sie anderen Menschen den Arbeitsplatz nehmen. Das ist aber keine Produktivitätssteigerung, sondern die Verlagerung von Lohnarbeit in privat erbrachte, unbezahlte Arbeit. Durch die Zerstörung der Infrastruktur (kaum noch ein kleiner Ort mit eigener Post, eigener Volksschule oder Wirtshaus) wird ›Heimat‹ zerstört und den Rechten in die Hände gespielt, die mit ihrem Pseudo-Heimatgetue diese emotionale Lücke bedienen (aber die praktischen Lücken, nämlich Versorgungsmängel und Vereinsamung, bestehen lassen und verstärken). Mit dieser profanen Zerstörung einer geht die Zerstörung unserer Lebensgrundlagen. Die sind nämlich nicht von Industrie 4.0 bedroht, sondern von Landfraß, Ressourcenmangel und vor allem Überbevölkerung und Krieg. Was wir in den letzten zwei, drei Jahren erleben durften, war das ferne Donnergrollen einer ganz anderen Bedrohung: Eine neue Völkerwanderung hin in lebenswerte Gebiete (die bei dieser Wanderung zerstört werden könnten) steht uns bevor. Der

Kampf um die Ressourcen und die Macht in einer Welt der Knappheit hat längst begonnen, wenn man sieht, wie China sein Eisenbahnwesen internationalisiert (bis vor die Tore der EU!) und in den fruchtbaren Teilen Afrikas Grund und Boden aufkauft, um die eigene Bevölkerung zu ernähren.

Im Sinne dessen, dass die Sozialdemokratie die Menschen nicht anlügen will, wird es einen Paradigmenwechsel brauchen, den man offen eingesteht und der nicht viel Spaß verspricht. Jedenfalls nicht jene Art von Spaß, den uns heute die Konsumgesellschaft offeriert. Wir werden uns unabhängig von unseren politischen Einstellungen entscheiden müssen, ob wir weiterhin unser Geld für Kinkerlitzchen ausgeben (oder uns Miet- und Immobilienspekulation gefallen lassen wollen), oder lieber jene Mittel erwirtschaften wollen, die es uns ermöglichen, alle Menschen in Würde leben zu lassen, indem wir endlich das reichlich vorhandene Geld tatsächlich dort verwenden, wo es gebraucht wird: in der Pflege und bei Krankheit, in der Altersversorgung und bei der Rentensicherung. Ja, wir werden sparen müssen. Die Frage ist allerdings: Lenken wir die Ergebnisse unserer Produktivität in eine Richtung, die den Menschen nützt, oder verwenden wir sie weiterhin dazu, um Moloche à la Finanzindustrie zu füttern. Die Menschheit wird sich sozialdemokratisieren müssen. Und die Sozialdemokratie wird – ich werde es nicht müde zu wiederholen – erstmals in ihrer Geschichte eine wirklich internationalistische Bewegung sein müssen.

Noch immer gilt, dass selbst in unseren scheinbar so wohlhabenden Zeiten auch im entwickelten Europa Menschen leben, die nicht viel mehr zu verlieren haben als ihre Ketten. Das hat die Sozialdemokratie zuletzt mehr und mehr vergessen und sich lieber (so wichtig das für einige sein mag) um Binnen-I oder Life Ball gekümmert, hat sich an der Peripherie herumgetrieben, anstatt ins Zentrum der Lebensprobleme vorzustoßen. Denn auch wenn es inzwischen viele gibt, die mehr als nur ihre Ketten zu verlieren haben, so gilt: noch haben sie mehr zu verlieren. Betonung auf ›noch‹! Die Sozialdemokratie wird daher angesichts rapid brisanter werdender Existenzfragen (etwa der Pflege bei Krankheit und im Alter) und exponentiell zunehmender Ungleichheit die alles entscheidende Frage einer linken Partei zu stellen haben: Wie halten wir es mit der Gleichheit? An der klugen Beantwortung dieser Frage hängt die Existenz der Sozialdemokratie und jener, denen es droht ohne die politische Wirkungsmacht der selbigen in den Abgrund gedrängt zu werden.

Ich danke allen, die bis hierher gelesen haben, denn ich habe mich um Kopf und Kragen geschrieben. Die Exkommunikation steht schon vor der Tür und reckt ihr hässliches Haupt. Vielleicht ist das das eigentliche Problem der Linken. Aber man soll die Hoffnung nicht aufgeben, und den Anspruch auf Vernunft innerhalb der Linken nicht Leuten wie Sarrazin überlassen. Dann besteht die Chance, wieder Mehrheiten für soziale Gerechtigkeit und Fortschritt zu gewinnen. Die Geschichte hat nämlich kein Ziel, aber manchmal gelingen überraschende

Wendungen, die uns glauben lassen, der ominöse hegelsche Weltgeist habe sich mittels einer List doch noch durchgesetzt.

Wo, liebe Leute, geht es zum Mont Pèlerin der Linken?

Liberalismus

Marco Buschmann

LIBERALISMUS ALS POLITISCHES INNOVATIONSKRAFTWERK

1. Kein Artefakt fürs Museum

Europäische Union und Liberalismus haben eines gemeinsam: Beides sind brillante Konzepte. Trotzdem spricht man gerne über beides schlecht. Beim Liberalismus hat das lange Tradition. Für Bismarck waren Liberale allenfalls nützliche Idioten; für Totalitaristen von links und rechts waren sie die Vertreter des Großkapitals; und für die Achtundsechziger schlicht ›Scheißliberale‹. Ein Blick in die Publizistik vermittelt den Eindruck, dass die Gegenwart wieder an diese alte Mode anknüpft: Patrick J. Deneen meint, der Liberalismus habe versagt. Yuval Noah Harari fragt, ob sich die Konzeptionen der Individualität und der Menschenrechte sowie die gesamte Konzeption des liberalen Humanismus nicht überlebt haben könnten. Jacques Rupnik glaubt, der ›liberale Zyklus‹ sei an sein Ende gelangt. Diese Gefahr erkennt selbst die CIA in ihrem aktuellen Report für den National Intelligence Council der USA und weist darauf hin, dass nicht nur das Konzept der ›illiberalen Demokratie‹ aus Ungarn als Erbe bereit stünde, sondern auch der aggressive Nationalismus Russlands und der staatskapitalistische Autoritarismus Chinas.

Europäische Union und Liberalismus haben noch etwas gemeinsam: Irgendwann merkt auch der Letzte, dass man selbst die beste Idee zerreden kann und ein unwiederbringlicher Verlust droht. Die Folge sind dann meist liturgische Beschwörungen, deren Blutarmut selten Begeisterung entfacht. Die Formeln wirken seltsam defensiv. Meist heißt es, man müsse die liberale Demokratie ›verteidigen‹, ›bewahren‹ oder ›retten‹. Das klingt nach einem historischen Artefakt, das man im Museum unter Glas vor dem Einfall von Tageslicht schützen müsse, weil es sonst zu Staub zerfiele.

Daher ist es an der Zeit, noch eine dritte Gemeinsamkeit zwischen Europäischer Union und Liberalismus hinzuzufügen: Genauso wie sich viele leidenschaftliche Anhänger Europas vom Modus der Musealisierung befreit haben und – etwa in den Kundgebungen der ›Pulse of Europe‹-Bewegung[1] – wieder die Leidenschaft hinter der Idee und ihre Aktualität unterstreichen, so müssen Liberale aufhören, ausschließlich Dankbarkeit für die Leistungskraft der Idee der politischen Freiheit in der Vergangenheit einzufordern. Sie müssen aufzeigen, wie groß das

---

[1] Vgl. den Beitrag von Daniel RÖDER, *Den europäischen Pulsschlag spürbar machen – jetzt!* ab S. 211 in diesem Band.

Potenzial dieser Idee für eine erfolgreiche Zukunft ist. Liberalismus hat eine bedeutende Geschichte. Liberalismus ist aber kein Fall fürs Museum. Auch heute noch ist er ein Kraftwerk für eine bessere Zukunft. Dieser Beitrag will ein paar Mosaiksteine dazu beitragen, damit dieses Bild wieder klar erkennbar wird.

2. Start-up unter den Verfassungen

Der Liberalismus und seine Institutionen sind modern. Denn sie sind das ›Start-up‹ unter den Staatsverfassungen. Der Historiker Heinrich August Winkler, der intensiv zum Thema der liberalen Demokratie des Westens geforscht hat, nennt immer wieder die parlamentarische Demokratie und die Menschenrechte als die wesentlichen Erkennungsmerkmale. Das klingt uns so vertraut, dass es zunächst wenig modern wirkt. In historischen Kategorien betrachtet existieren diese Konzepte insbesondere in dieser Kombination aber erst für die Dauer eines Wimpernschlages.

Zwar ist das Wort Demokratie der antiken Staatslehre entliehen. Bei Aristoteles und Plato bedeutete es aber nicht, dass freie, gleiche und geheime Wahlen stattfinden. In der Antike bedeutete Demokratie, dass die Ämter durch Los statt durch Wahl vergeben werden. Abstimmungen fanden nicht in Parlamenten, sondern allenfalls in Volksversammlungen statt. Dort versammelte sich freilich nicht das Volk. Frauen, Sklaven und Menschen ohne Vollbürgerrecht waren nicht zugelassen. Weder die griechische ›ekklesia‹ noch die römische ›comitia‹ erfassten mehr als 5.000 Personen. Parlamente tauchten als bloße Beratungskollegien erst in der Neuzeit auf. Als Institutionen, die die Aufgabe der Gesetzgebung übernehmen, kennen wir sie erst seit der Französischen Revolution von 1789 und selbst in den westlichen Demokratien besitzen erst seit dem 20. Jahrhundert überhaupt alle Bürger Zugang zu einem freien, gleichen und geheimen Wahlrecht.

Die Idee der Menschenrechte ist noch jünger. Die Möglichkeit, dass sich ein Bürger bei Gericht auf eine rechtliche Garantie beruft, die er Verwaltung und Gesetzgeber entgegenhält und die im Ergebnis dazu führen kann, dass das Gericht sogar ein bestehendes Gesetz verwerfen kann, ist etwas sehr Modernes. In den USA entwickelte sich eine entsprechende Rechtsprechung erst im 19. Jahrhundert. In Deutschland und Italien waren entsprechende Verfassungsregelungen nach 1945 die Antwort auf die Katastrophen von Nationalsozialismus und Faschismus. Im französischen Rechtskreis setzte sich dieses Konzept vollends erst unter dem Einfluss der Europäischen Menschenrechtskonvention gegen Ende des 20. Jahrhunderts durch.

Die liberale Demokratie setzte sich auch keinesfalls zügig durch. Sie war ein Experiment mit vielen Rückschlägen: In den USA blieb sie zwar durchweg stabil. Ähnlich sah es in Großbritannien aus. In Frankreich jedoch löste schon bald wieder das Kaisertum die Republik ab.

In Deutschland und Italien scheiterten die Versuche einer liberalen Demokratie an Nationalsozialismus und Faschismus. Die großen Verbreitungsschübe, die ihr heute die Anmutung des
selbstverständlich dominierenden Staatsmodells verleihen, erfolgten erst nach dem Zweiten
Weltkrieg und dann wieder nach dem Fall des Eisernen Vorhangs nach 1989. Aus historischer
Perspektive sind diese Zeiträume also noch kürzer als ein Wimpernschlag.

3. Liberale Institutionen als Innovationskraftwerk

Liberalismus als Staatsform ist im historischen Kontext nicht nur modern, sie begünstigt mit
ihrer Haltung und Denkweise Innovationen. Wie ein erfolgreiches Start-up. Die weite Verbreitung insbesondere nach 1945 und 1989 verdanken liberale Institutionen ihrer erstaunlichen Leistungsfähigkeit. Insbesondere die US-Wirtschaft hatte im Zweiten Weltkrieg gezeigt,
welche erstaunlichen Kräfte und Innovationen sie freisetzen konnte. In den Staaten, die sie
nach 1945 übernahmen, zeigten diese anschließend, welchen erstaunlichen Wohlstand sie in
Friedenszeiten schufen. Besonders wichtig war dafür Innovationskraft.

Die Innovationskraft liberaler Institutionen lässt sich besonders gut mit den Instrumenten
moderner Verhaltenswissenschaft erklären. Spätestens seitdem der Psychologe Daniel Kahne-
man mit dem Nobelpreis für Wirtschaftswissenschaften ausgezeichnet worden ist, sind die
Methoden der Verhaltenswissenschaft in zahlreichen anderen Disziplinen anerkannt. Die Verhaltenswissenschaft geht davon aus, dass das Verhalten insbesondere in Alltags- und Stresssi-
tuationen immer wieder von kleinen Kurzschlüssen geprägt ist. Damit sind bestimmte Verhaltensmuster gemeint, die nach einem evolutionären Programm statt einer rationalen Analyse
folgen. Das wiederum führt leicht zu Problemen. Denn Menschen leben mittlerweile unter
völlig anderen Bedingungen als zu der Zeit, in der sich diese Programme evolutionär etabliert
haben.

Eines der besten Beispiele dafür ist das Muster hinter ›Lampenfieber‹ oder ›Prüfungsangst‹.
In der afrikanischen Savanne vor 10.000 Jahren war ein typischer Stressimpuls das Auftauchen eines Löwen, ein Fressfeind des Menschen. Es war höchst sinnvoll, dass der menschliche
Körper Hormone ausschüttete, um für folgenden Ablauf zu sorgen: Nicht lange denken, dem
Fluchtreflex folgen und die Beine in die Hand nehmen. Die Muskulatur in höchste Leistungs-
bereitschaft versetzen und den Körper durch Schweißausschüttung darauf vorbereiten, dass
er die Hitze aus den Muskeln, die beim Wegrennen entsteht, aus dem Körper ableitet. Wenn
die Situation, vor anderen Menschen zu sprechen oder eine Prüfung abzulegen, jedoch so viel
Stress auslöst, dass der gleiche Verhaltensablauf eingeleitet wird, wirkt das höchst nachteilig:
Schweiß auf der Stirn wirkt nicht souverän. Zittern wegen eines Überschusses an Adrenalin
in den Muskeln auch nicht. Eine Flucht von der Bühne oder aus der Prüfungssituation bringt
auch keinen Vorteil. Das berühmte Brett vor dem Kopf, das Blackout oder der Riss des roten

Fadens, weil der Körper das Denken zugunsten des Laufens abschaltet, helfen auch nicht weiter.

Solche Verhaltensmuster gibt es nicht nur für individuelles Verhalten. Sie existieren auch für soziales Verhalten in der Gruppe. Damit sind sie auch politisch. Gute politische Institutionen helfen dabei, die negativen Folgen dieser Verhaltensmuster unter Bedingungen moderner Massengesellschaften zu dämpfen und im Idealfall sogar in etwas Vorteilhaftes zu verwandeln. Die politischen Institutionen, die der Liberalismus hervorgebracht hat, eignen sich in herausragender Weise, um die Innovationskraft einer Gesellschaft zu erhalten und zu stärken.

3.1. Grundrechte: Irritation als Innovationsmotor

Menschliche Gemeinwesen neigen zur Synchronisierung des Denkens. Das gilt auch in Demokratien. Demoskopische Studien zeigen jedenfalls, dass die sogenannte Permissivität, also die Akzeptanz normabweichenden Verhaltens, in den westlichen Demokratien in den letzten Jahrzehnten eher gesunken ist. Diese Tendenz zur Konformität ist ein Erbe aus der Steinzeit. Nur wer sich in die Gruppe von 50 bis 150 Individuen einfügte, in denen die Menschen damals lebten, durfte auf Akzeptanz, Rückhalt und Teilhabe an der Beute hoffen. Wer aus der Reihe tanzte, wurde schnell aus der Gruppe ausgestoßen. Allein war kaum ein Mensch in der Steinzeit überlebensfähig. Es hieß: Passe dich an oder stirb!

Der liberalen Staatslehre ist dieser Hang zur Konformität schnell ins Auge gesprungen. Alexis de Tocqueville merkte in seiner ›Demokratie in Amerika‹ an, dass die öffentliche Meinung so stark sei, dass sie gar keiner Gesetze bedürfe, »um Andersdenkende unterzukriegen«. James Madison, einer der Gründerväter der US-Verfassung, erkannte die größte Gefahr für die Freiheit in einer »Tyrannei« einer Mehrheit über die Minderheit in den Gesetzgebungsorganen. Auch wenn eine Mehrheit in der Gesellschaft jenseits von Gesetzen und Verordnungen unbegrenzt bestimmen könne, was für alle zu gelten habe, sei das Unterdrückung, wie John Stuart Mill in seinem zentralen Werk ›Über die Freiheit‹ betonte. Daher müsse der Staat bisweilen die Minderheit vor der Mehrheit schützen.

Eine Gleichschaltung des Denkens ist aber nicht nur Unterdrückung. Sie wirkt auch hochgradig innovationsfeindlich. Denn Querdenken, Zuspitzung, Irritation und Provokation sind für Innovationen nützlich. Das jedenfalls hat der Verhaltenswissenschaftler Travis Proulx herausgefunden: solche ›meaning threats‹ regen zu neuen Gedankengängen an. Wer irritiert ist, ordnet seine Gedanken neu, überprüft seinen Standpunkt und kommt so nicht selten auf neue Ideen. Deshalb sind akademische Freiheit, Meinungs- und Kunstfreiheit nicht nur konstitutiv für die freie, sondern auch für die innovative Gesellschaft. Denn neue Erkenntnisse, andere

Meinungen, provozierende Kunst oder eine seltsam anmutende Religion irritieren und sorgen daher für mehr Innovation.

Kluge Herrscher wussten immer um die Gefahr, die aus der Vermeidung von Irritation entsteht. Sie sorgten sich darum, nicht aus der Filterblase einer herrschenden Meinung heraus an der Wirklichkeit vorbei zu regieren. Friedrich der Große ordnete daher an, dass sich jeder Bürger Preußens direkt an ihn per Brief wenden durfte. So beugte er ein Stück weit einem geschönten Bild der Wirklichkeit vor. Mitunter reiste er sogar inkognito durch seine Ländereien, um sich selbst ein realistisches Bild von ihrem Zustand zu machen. Im Mittelalter hielten sich viele Herrscher einen Hof-Narren, der dem Herrscher einen Spiegel vorhalten konnte, aber dadurch offiziell weder Hofzeremoniell noch Hierarchie unterlief, da man immer sagen konnte, es sei ein ›Narr‹ und er mache doch nur ›Spaß‹. Einige Narren nutzen diesen Schutzschild so geschickt, dass sie zu großem Einfluss gelangten. Montesquieu schrieb vielleicht daher: »Ich habe stets beobachtet, dass man, um Erfolg zu haben in der Welt, närrisch scheinen und weise sein muss.«

Andere Herrscher haben im Mittelalter so gehandelt wie heute viele Konzernlenker. Letztere stellen immer häufiger fest, dass ihre Konzern-Bürokratie durch die Vermachtung der Meinung keine Innovationen mehr hervorbringt. Sie lassen jeden neuen Ansatz verdorren. Top-Manager sehen sich daher oft genötigt, ›Spin-offs‹ zu gründen, in denen völlig neu gedacht werden kann. Etwas Ähnliches waren ursprünglich die Universitäten. Jenseits der Machtinteressen des Hofes entstanden Einrichtungen, die sich selbst nach eigenen Regeln verwalten durften und das Ziel hatten, das Wissen zu bewahren, zu mehren und weiterzugeben. Was am Hof verpönt war, war im Rahmen der akademischen Disputationen nun erlaubt.

Der Liberalismus hat aus diesen Ausnahmen von der Regel, nicht anecken zu dürfen, einen neuen Grundsatz gemacht: Jeder darf alles denken, sagen, bekennen und vorschlagen – selbst dann, wenn es auf andere irritierend wirkt. Dazu dienen etwa die Grundrechte im deutschen Grundgesetz des Glaubens, des Gewissens und des religiösen Bekenntnisses in Artikel 4, die Freiheit der Meinung, der Presse, der Kunst, der Forschung und der Wissenschaft in Artikel 5, der kollektiven Meinungsäußerung durch Demonstration in Artikel 8 und das Petitionsrecht in Artikel 17. Nicht derjenige muss sich rechtfertigen, der davon Gebrauch macht, sondern derjenige, der diesen Freiheitsgebrauch unterbinden möchte. Das erzeugt Stress und Widerspruch. Denn Kommunikationsgrundrechte sind auf Konflikt angelegt. Meinungsfreiheit beweist ihre Existenz erst dann, wenn abweichende Meinungen öffentlich miteinander streiten. Genau aus diesem Stress entstehen nicht selten die innovationsstiftenden Irritationen, die die westlichen Gesellschaften immer wieder vorangetrieben haben.

3.2. Niedrige Kosten politischer Korrekturen

Innovation entsteht nicht nur durch die Produktion neuer Ideen, sondern auch durch die Korrektur alter Fehler. Leider halten uns zahlreiche verhaltenswissenschaftlich gut untersuchte Effekte, sogenannte kognitive Verzerrungen, immer wieder von einer effektiven Korrektur eigener Fehler ab.

Dazu gehört etwa die sogenannte selektive Wahrnehmung. Sie führt dazu, dass Informationen nicht gleichbehandelt werden, sondern so gefiltert werden, dass sie eigene Vorstellungen nicht in Frage stellen. Eng verbunden ist damit der sogenannte Bestätigungsfehler. Damit ist gemeint, dass Menschen Informationen mit Vorliebe so selektieren, dass nur diejenigen ausgewählt werden, die die eigene Meinung bestätigen. Selbst wenn ein Fehler als solcher erkannt wird, handeln Menschen ungerne konsequent. Das sogenannte ›Sunk costs‹-Argument verhindert häufig eine zügige Korrektur. Damit ist der Aufwand gemeint, der bereits in ein als Fehler erkanntes Projekt unwiederbringlich investiert wurde. Menschen haben die Neigung, solche Projekte unter Inkaufnahme weiterer Verluste zu Ende zu führen, um sich nicht einzugestehen zu müssen, dass es sich um einen Fehler handelt. Nicht selten heißt es dann: »Jetzt haben wir schon so viel investiert. Wenn wir die Sache nicht zu Ende bringen, dann war das alles umsonst.«

Diese Effekte führen dazu, dass autoritäre Herrschaftsformen häufig jede Fähigkeit zur Selbstkorrektur verlieren. Die Machthaber wählen nur noch die Informationen aus, die ihnen passen. Sie interpretieren sie so, dass sie sich selbst bestätigt fühlen. Und auf den Befund einer Fehlentwicklung folgen Durchhalteparolen. Die Zahl der Fehler und ihre negativen Folgen stauen sich auf. Am Ende hilft nur Revolution.

Die Kosten einer Revolution sind freilich hoch. Nicht selten werden sie mit Blut bezahlt. Immer kosten sie zumindest zeitweise Freiheit. Volkswirtschaftliche Werte werden in Bürgerkriegen vernichtet. Die Menschen verlieren Lebenschancen. Zudem war schon den kommunistischen Theoretikern der Revolution von Lenin bis Gramsci ein Problem sehr bewusst: Revolutionen werden häufig von denen ausgeführt, die zuvor keine Herrschaft ausgeübt haben. Wie sollen sie dann aber die Fähigkeiten erworben haben, die man benötigt, um nach einer erfolgreichen Revolution auch erfolgreich Herrschaft auszuüben? Daher folgt auf Revolutionen nicht selten politischer Dilettantismus, weil den handelnden Akteuren Fähigkeiten und Erfahrungen im Umgang mit Staatsgeschäften fehlen.

Die parlamentarische Demokratie lässt sich als ein System begreifen, das beide Probleme vorzüglich löst. Denn auch demokratisch legitimierte Machthaber unterliegen den Problemen der selektiven Wahrnehmung, des Bestätigungsfehlers und der ›Sunk costs‹-Argumentationen. Wenn diese Effekte sie aber so sehr dominieren, dass sie ihrer Aufgabe nicht mehr vernünftig nachkommen können, ermöglicht die parlamentarische Demokratie Revolution zu den niedrigst möglichen Kosten. Die Wählerinnen und Wähler müssen lediglich an der Wahlurne für einen Wechsel der politischen Mehrheiten stimmen. Kein Blut fließt. Nur ein paar Karrieren enden. Daher definierte der Philosoph Karl Popper die Demokratie als diejenige Regierungsform, in der sich das Volk seiner Herrscher ohne Blutvergießen entledigen könne.

Zugleich ermöglicht sie es der parlamentarischen Opposition, eine Führungskräftereserve auszubilden, die technisch in der Lage ist, die Amtsgeschäfte von einer abgewählten Regierung zu übernehmen. Sie ist über die parlamentarische Arbeit mit den Themen der Staatsgeschäfte und den Erwägungen, die dahinter stehen, vertraut. Denn sie bereitet sich über ihre parlamentarische Arbeit zum Teil über Jahre darauf vor. Opposition ist Regierung im Wartestand.

3.3. Anreize als Antreiber

Innovationen sind anstrengend. Häufig setzen sie ihren Urheber einem Risiko aus. Das Risiko der sozialen Ächtung ist dabei manchmal noch das kleinste. Als August der Starke von den Gerüchten erfuhr, dass Johann Friedrich Böttger Gold herstellen könne, ließ August ihn gefangen nehmen und einsperren. Gold stellte der Alchimist in Gefangenschaft zwar nicht her, dafür aber Porzellan. Es machte Kursachsen und seinen Regenten steinreich, nicht aber seinen Erfinder: Böttger wurde erst sechs Jahre nach seiner Erfindung aus der Haft entlassen, durfte das Land aber nicht verlassen. 1719 stirbt er krank, alkoholabhängig und überschuldet im Alter von nur 37 Jahren. Unter diesen Umständen war es keine gute Idee, eine gute Idee zu haben. Wenn sie schlecht war, wurde man ausgelacht. Wenn sie gut war, wurde man ausgebeutet.

Die Ökonomen Daron Acemoglu und James A. Robinson nennen die Institutionen eines Staates, die eine solche innovationsfeindliche Anreizstruktur setzen, »extraktiv«. Damit meinen sie, dass die Herrschenden die Bevölkerung gewissermaßen aussaugen. Extraktiv handelnde Staaten nehmen den Menschen die Anreize, etwas auf die Beine zu stellen, also auch innovativ zu sein. Denn, so schreiben sie, wer »damit rechnen muss, dass sein Gewinn gestohlen, enteignet oder weggesteuert wird, verspürt wenig Motivation zu arbeiten, geschweige denn Investitionen zu tätigen oder Neuerungen durchzuführen.« Das Ergebnis ist einfach: Wer eine wertvolle Information oder Idee besitzt, behält sie für sich.

Dagegen bieten Märkte »starke Anreize jedwede zur Verfügung stehende Informationen offenzulegen«, schreibt der Harvard-Professor Cass Sunstein, weil die beteiligten Personen »Geld verdienen, wenn sie recht haben, und Geld verlieren, wenn sie einen Fehler machen«. Märkte wirken dadurch wie ein gewaltiges Informationssystem. Das Tempo des Informationsaustauschs ist bemerkenswert und anderen Systemen der Preisbildung weit überlegen. Der Nobelpreisträger Friedrich August von Hayek wies darauf hin, dass Anbieter und Nachfrager am Markt im Wege der freien Preisbildung in der Gesellschaft verstreute Informationen zusammentragen: Steigen Preise, so informiert dies die übrigen Marktteilnehmer, dass die Nachfrage nach diesen Gütern steigt, es also mehr Verwendungsmöglichkeiten für dieses Gut gibt. Das signalisiert den Produzenten dieser Güter, dass es sich lohnt, die Produktion zu steigern und gegebenenfalls in zusätzliche Produktionskapazitäten zu investieren. Den Nachfragern dieser Güter signalisiert dies, sich verstärkt nach günstigeren Substitutionsgütern umzuschauen. So tauschen die wirtschaftlichen Akteure über das Medium der Marktpreise aggregierte Informationen über effiziente Verwendungsmöglichkeiten aus. Auf diese Weise macht der Marktpreis mehr Informationen schneller verfügbar als es in einer Zentralverwaltungswirtschaft möglich wäre.

Die Basis für Märkte ist das Eigentum. Denn der beschriebene Anreiz funktioniert nur, wenn ich das, was ich verdient habe, auch behalten darf. Zudem kann ich auf einem Markt selber nur etwas anbieten, über das ich letztlich auch verfügen kann, also das mein Eigentum ist und woran ich einem anderen das Eigentum verschaffen kann. Daher hat nicht nur John Locke, der Vater des angelsächsischen Liberalismus, »life, liberty, and estates«, also Leben, Freiheit und Eigentum, zu den zentralen Rechtsgütern erklärt. In der französischen Erklärung der Menschen- und Bürgerrechte vom 26. August 1789 heißt es über das Eigentum sogar, dass es ein »unverletzliches und geheiligtes Recht« sei.

Die große Bedeutung und das hohe Schutzniveau, das dem Eigentum im Liberalismus zukommt, ist ihm oft als Kaltherzigkeit oder Besitzbürgertum vorgehalten worden. Doch Eigentum sorgt für ein Anreizsystem, das sich als echter Innovationstreiber und als hocheffizientes Informationssystem bewiesen hat.

4. Appell

Die liberale Demokratie ist unter den Staatsformen das modernste und effektivste Innovationskraftwerk, das die Menschheitsgeschichte kennt. Die moderne Verhaltenswissenschaft zeigt, dass das nicht nur für die Vergangenheit gilt. Die Disziplin zeigt vielmehr auf, dass liberale Institutionen bestens geeignet sind, unsere kleinen Schwächen, die aus unserem evolutionären Erbe resultieren, erstaunlich gut auszugleichen. In einer Zeit, die von Innovationen lebt und in der nur diejenigen Gesellschaften eine erfreuliche Zukunft haben werden, die Innovationskraft besitzen, bringen liberale Institutionen alles dafür mit, dass ihre besten Zeiten noch vor ihnen liegen.

Populismus

Jan Söffner

DIE RÜCKKEHR DER GESCHICHTE UND DIE ALLERLETZTEN MENSCHEN

Was ist bloß aus dem vor gut 25 Jahren von Francis Fukuyama ausgerufenen »Ende der Geschichte« geworden?[1] Ein neuer, meist ›populistisch‹ genannter Politikstil scheint sich ausgebildet zu haben, der auf den ersten Blick so gar nicht in das hegelianische Schema dessen passt, das Fukuyama beschrieb. Angesichts u. a. der ›Brexit‹-Abstimmung, der US-amerikanischen Präsidentschaftswahl und der neuen Führung in Italien stellt sich die Frage, ob diese Erfolge als Ursache oder nicht – schlimmer noch – bloßes Symptom einer Krise der westlichen Demokratien anzusehen ist. Blickt man zusätzlich auf den Erfolg rechtspopulistischer Bewegungen in ganz Europa und auf tendenziell autokratischer Regierungen in Ungarn, Russland und der Türkei, scheint gegenwärtig auch eine an Hobbes und mehr noch Machiavelli erinnernde Sicht auf die Politik Plausibilität zu gewinnen, derzufolge marktwirtschaftlichen Wohlstand, politische Teilhabe und Menschenwürde garantierende Demokratien nicht stabiler Zielpunkt der Geschichte sein müssen, sondern auch Durchgangsstadien auf dem Weg zu anderen Regierungsformen sein können. Der moralische Kompass der Politik, der seit gut 50 Jahren auf Pluralismus, Völkerrecht und weltpolizeiliche Verantwortung geeicht war, scheint in den Bevölkerungen kein stabiles Magnetfeld mehr zu finden; stattdessen gewinnt eine nihilistische Orientierungslosigkeit an Raum, sowohl bei Wählern (die oftmals gleichzeitig gegen die eigenen moralischen Prinzipien und auch gegen die eigenen Interessen wählen) als auch bei Politikern (deren Verlässlichkeit und Bündnistreue im Schwinden begriffen scheint). Selbst die gute alte Globalisierung scheint zunehmend dem Geostrategischen Platz zu machen, Rechtsstaatlichkeit und politische Verantwortlichkeit für Worte und Taten sind eher in Bedrängnis als auf dem Vormarsch – und um dies zu charakterisieren spricht man von einer Zeit der postfaktischen oder ›Post-Truth‹-Politik und der persönlichen Willkür. Die Stabilität der Weltordnung bröckelt, die Geschichte kehrt offenbar wieder.

Wie konnte es dazu kommen? Und vor allem, wie ist darauf zu reagieren? Lässt sich eine an Demokratie, Rechtsstaatlichkeit, Völkerrecht und globalem, marktwirtschaftlich erreichtem Wohlstand orientierte Realpolitik noch erfolgreich weiterführen? Dieser Aufsatz widmet sich, um diese Frage zu stellen, zwei von Fukuyama klar benannten Feldern der politischen Kultur, nämlich dem Bereich der Rechenschaft (›accountability‹), und dem Bereich des Verhältnisses

---

1   Francis FUKUYAMA, *The End of History and the Last Man* (New York 1992, 2. Aufl. 2006).

von Wohlstand und Anerkennung (bei Fukuyama ist letztere mit dem altgriechischen Wort ›thymos‹ bezeichnet). Der Ausblick gilt dann den auch bei Fukuyama von Nietzsche hergeleiteten ›letzten Menschen‹ und dem mit ihnen einhergehenden Nihilismus.

Accountability

›Accountability‹ ist einer der Kernbegriffe Fukuyamas.[2] Dadurch, dass politisch Verantwortliche zur Rechenschaft gezogen werden können, üben sie keine reine Herrschaft mehr aus, sondern dienen einem stabilen Staat. Doch wie ist es um die Rechenschaft bestellt, wenn Wahrheit in der Politik keine Rolle mehr spielt, wenn wir in einer Zeit der ›post truth politics‹ leben?

Nun ist der These von einem Wahrheitsverlust mit Vorsicht zu begegnen, denn kaum ein Wähler der als populistisch bezeichneten Parteien wird einem ins Gesicht sagen, dass es ihm um Wahrheit nicht geht. Im Gegenteil sind es ja gerade diese Wähler, die die Medien der Lüge bezichtigen (etwa im deutschen Sprachraum über die ›Lügenpresse‹ schimpfen), und die zudem die von ihnen bevorzugten Politiker für besonders authentisch halten. Gewiss spielt dabei nicht immer der Faktencheck eine große Rolle (wie sollte er auch, wenn man denjenigen, die ihn durchführen, nicht traut?) – doch scheint der Begriff der ›post truth politics‹ schon einmal nicht ganz treffend zu sein. Es geht durchaus nach wie vor um Wahrheit – bloß um eine andere Wahrheit als die Wahrheit eines selten klar definierten Establishments (sprich: ›derer da oben‹).

Will man verstehen, wer mit dieser Ablehnung gemeint ist, dann sind es offenbar selten die Wirtschaftseliten (gegen die sich ein linker Populismus richten würde), sondern vor allem einerseits moralische Eliten, also diejenigen, die sich ›politisch korrekt‹ geben und damit zur Zielscheibe der Angriffe werden, und andererseits die Wissenseliten (unvergessen ist etwa Michael Goves inzwischen geflügeltes Wort: »I think, the people of this country have had enough of experts.«). Erstere werden mit Vorliebe als Heuchler oder ›Gutmenschen‹ verunglimpft, was wohl auch damit zu tun haben kann, dass politisch korrekte Rede von den moralischen Eliten auch solchen Leuten aufgezwungen wurde, die nicht an deren Ideale glaubten: Im falschen Mund, wenn es von Leuten verwendet wird, die daran nicht glauben, wird das richtigste Wort leicht zu Heuchelei – und die Heuchelei-Unterstellung trifft dann (zu Unrecht) den ganzen Diskurs. Die Experten der Wissenselite werden ebenfalls der Unlauterkeit bezichtigt; man unterstellt ihnen eine andere Heuchelei, nämlich den Versuch, ihre eigenen Interessen – und nicht diejenigen des ›Volkes‹ – hinter ihren Zahlen und Fakten zu verstecken. Eingefordert wird stattdessen eine ›eigentliche‹ Wahrheit, die sich an jener Authentizität bemisst, die den Eliten der Moral und des Wissens abgesprochen wird.

---

2   Besonders ausgeführt ist er in Francis FUKUYAMA, *Origins of Political Order From Prehuman Times to the French Revolution* (New York 2011).

Angesichts des allenthalben begangenen Jubiläums der Studentenrevolten von 1968 drängt sich im Gedanken an diese vom neuen Politikstil ausgemachten Feinden gegenwärtig der Verdacht auf, dass die im Zuge des ›Marschs durch (oder in) die Institutionen‹ erfolgreich gewordenen Akteure und ihre Nachfolger eine wichtige Zielscheibe populistischer Rhetorik sind. Schließlich geschah es im Zuge dieser Etablierung der einstigen Rebellen, dass sich jener (in den Institutionen zur Realpolitik abgemilderte) Moralanspruch in der Politik durchsetzte, den Populisten offenbar verabscheuen. Und in die gleiche Zeit und die gleiche Bewegung fällt auch der durchschlagende politische Erfolg der (ebenfalls von Baby-Boomern dominierten) Sozialwissenschaften, mit anderen Worten einer neuen Wissenselite, die sich mit der Zeit politischen Einfluss sicherte und immer weiter untermauerte. Vorwürfe gegen eine Moralisierung und Verwissenschaftlichung der Politik sind damit, so der Verdacht, als Hauptzielscheiben der populistischen Bewegungen beide auf das ›lange 1968‹ gemünzt.

Dieser Verdacht hat paradoxer Weise auch insofern eine pikante Plausibilität, als ein nicht zu unterschätzender Teil der populistischen Wählerschaft entweder 1968 noch erlebt hat oder in der direkten Folgezeit sozialisiert wurde – ihnen aber der politische und wirtschaftliche Erfolg ihrer Altersgenossen versagt blieb. Rechtspopulistische Strategien scheinen, sieht man genauer hin, sogar von dem in jener Zeit kultivierten Politikstil beeinflusst zu sein; wie 1968 setzt man auf die Authentizität einer geglaubten politischen Wahrheit, um eine als hegemonial erlebte politische Kultur der Eliten zu brechen – und wie damals, als etwa die Schattenseiten Nordvietnams, der Kulturrevolution oder gar der Roten Khmer ausgeblendet wurden, genügt dabei offenbar eine über Fakten auch gern einmal hinwegsehende politische Agitation. Die Wahrheit des neuen Politikstils ist also diejenige der Authentizität – sie bemisst sich nicht an der Übereinstimmung des Gesagten mit den Fakten, sondern an seiner Übereinstimmung mit der Intention des Sprechers.

Wie verhält sich nun diese Authentizität zu Fukuyamas Prinzip der ›accountability‹? Was passiert, wenn persönliche Authentizität gegen politische Verlässlichkeit und Verantwortung in Stellung gebracht wird? Was populistische Politiker in diesem Kernbereich moderner Politik auszeichnet ist, dass sie dazu neigen, einzelnen Versprechen eine Art Vertragscharakter zu verleihen (Berluconis einstiger ›Vertrag mit den Italienern‹ scheint hier Schule gemacht zu haben) – und einen Punkteplan von Wahlversprechen (wie etwa Trumps Mauerbauprogramm) dann gegen rechtsstaatliche Formen der Rechenschaft auszuspielen.

Hier liegt aber auch die offenbare Schwäche solcher Politik, denn wer nur den Anschein »zu sagen, was man denkt« erweckt und sonst bestenfalls selbstgesetzte Punktepläne im Blick behalten muss, steht über kurz oder lang vor dem Problem, einen Anschein von Transparenz behaupten zu müssen, der realpolitisch unmöglich ist – schließlich gibt es immer Bereiche, in denen Vertrauen ohne Vertraulichkeit nicht auskommt und es bereits aus strategischen Gründen nicht geschickt ist, sein Herz zu sehr auf der Zunge oder im Twitter-Account zu tragen;

und so wundert es auch nicht, dass Donald Trump notorisch in Konflikt mit seinen eigenen Geheimdiensten gerät.

Schlimmer noch: Wer eine authentische Wahrheit glaubhaft erscheinen lassen will, gerät teils sogar unter einen Inkohärenz-Zwang der eigenen Politik, denn leicht, zu leicht beschleicht die eigene Wählerschaft bei jedem Transparenzverlust der Verdacht, dass letztlich doch eine nicht-authentische ›hidden agenda‹ die Politik beeinflusst. In solchen Fällen wird Unberechenbarkeit zu einer Art Authentizitätsnachweis: Sie dient der Beglaubigung einer Politik ohne versteckte Pläne, einer Politik, die sagt, was sie denkt, und tut, was sie für richtig hält. Politische Wahrheit ist damit nicht als solche in die Krise geraten – sie hat bloß ihren Fokus von der moralischen und der epistemischen Wahrheit auf die Wahrhaftigkeit der persönlichen Intention verschoben, und damit politische ›accountability‹ in die Krise gebracht.

Thymos

Es liegt aber auch eine demokratische, dem ›demos‹, ›populus‹ oder Volk verpflichtete Dimension in den populistischen Bewegungen; und diese zeigt sich in einer Abscheu gegen all das, was als Herrschaftswissen gilt und der politischen Meinungsbildung entzogen wurde. Ein realer Hintergrund für ein entsprechendes Empfinden kann dabei vielleicht tatsächlich in einer Abscheu gegen Experten liegen, weil ebenjene Wissenschaften, die ihren Einfluss auf die Politik vergrößerten, mit der Zeit immer besser wurden, immer mehr präzise Daten gewannen, Szenarien erstellen, Steuerungsmechanismen erfanden, Entscheidungen dem Raum bloßer Meinung entrissen und in denjenigen des einigermaßen gesicherten Wissens überführten, wodurch politische Fragen zum Teil in Fragen der Governance verwandelt wurden. Politische Rechenschaft verlagerte sich damit in den letzten Jahrzehnten zusehends vom Bereich persönlicher Zuständigkeit der politischen Protagonisten zur Zuständigkeit wissenschaftlicher Experten. Das Feld persönlicher Entscheidung schrumpfte in dem Maße, in dem dasjenige der Berechnung anwuchs – und die politische Verantwortung verschob sich damit immer mehr vom Subjektiven zum Objektiven.

Vor diesem Hintergrund gewinnt die Abneigung populistischer Parteien gegen ›Experten‹ ein unbequemes Gewicht, denn je besser, präziser und komplexer das Wissen ist, auf das politische Entscheidungen sich begründen lassen, desto mehr entzieht man es auch der Sphäre öffentlicher Meinungsbildung und überträgt es derjenigen des objektiv Messbaren. Das ist aber für Demokratien ein riskanter Weg, denn mit dem Übergang von der Rechenschaft in die Berechnung schrumpft auch das Feld politischen Handelns zugunsten desjenigen der Steuerung, dasjenige der politischen Meinungsbildung zugunsten desjenigen des Wissens, das Subjektive der Politik zugunsten des Objektivierbaren. Den populistischen Bewegungen eignet folglich auch immer ein Moment der versprochenen Wiederermächtigung der Bürger gegen die gesellschaftlichen Eliten – und zwar in Form einer Wiederermächtigung der starken Männer und Frauen über die scheinbar bloßen Verwalter des Status quo, der politischen Subjekte über die komplexen politischen Systeme.

Die Wieder-Ermächtigung politischer Akteure antwortet damit auch auf ein Problem, das den Bereich dessen, was Fukuyama als ›thymos‹, als Anerkennung, verstanden hat, betrifft. Denn als eine der größten Leistungen moderner Demokratien – und damit als ihren entscheidenden Vorteil gegenüber marktwirtschaftlichen Wohlstandsdiktaturen – begreift er den Umstand, dass sie der menschlichen Würde in Form politischer Mitbestimmung und Partizipation Rechnung trägt. Schwindet diese Mitbestimmung aber spürbar, verlagert sie sich auf Experten und zunehmend auch auf deren Big Data-Algorithmen, dann verlieren die modernen Demokratien zusehends diese Funktion.

Wer die politische Rhetorik des neuen Politikstils verfolgt, weiß entsprechend, dass ihr Gegenstand vor allem Anerkennung, dass ihr Ansatzpunkt verletzte Würde ist – sie zielt auf die Anerkennung eines (als monolithisch begriffenen) ›Volkes‹,[3] auf die Anerkennung ihrer jeweiligen Nation (Ungarn in Europa, die Türkei von Europa, Russland von der Welt). Die neue Politik sehnt sich scheinbar weniger nach Macht als nach Anerkennung – und dafür sinnbildlich ist die Abhängigkeit der gegenwärtigen US-amerikanischen Präsidentschaft von medialer Aufmerksamkeit.

Aufmerksamkeit und Anerkennung aber – und das macht Fukuyamas ›Ende der Geschichte‹ noch prekärer – sind gegenwärtig nicht mehr über solche Massenmedien konstituiert, die eine einigermaßen homogene Öffentlichkeit stiften, und auch nicht über lokale, an körperliche Präsenz gebundene einigermaßen stabile Verbände und Gruppierungen, aus denen sich diese Öffentlichkeit zusammensetzt. Sie organisieren sich zunehmend über soziale Netzwerke, die weitgehend ohne allgemeine Öffentlichkeit auskommen, und aus Gruppierungen mit hohem Isolationspotenzial, mit hoher Fluktuation und auch mit hoher Unbeständigkeit und Jeweiligkeit des Zugehörigkeitsgefühls einhergehen. Wen man nur im Netz trifft, dem fühlt man sich wenig verbunden und was man dort in einer bestimmten Gruppierung sagt und tut, muss nicht viel zu tun haben mit dem, wie man sich in einer anderen Gruppe gibt. Damit kehrt eine Logik mangelnder kollektiver Öffentlichkeit ein, in der Anerkennung und Aufmerksamkeit sich gänzlich anders organisieren – eine Ordnung, mit der moderne Demokratien sich zunehmend schwer tun.

Anerkennung ist unter diesen Bedingungen nicht mehr zwangsläufig die Anerkennung menschlicher Würde unter Menschen, sie ist vielmehr Anerkennung in einer fluiden Kleingruppe, die insofern gezählt und objektiviert werden kann, als sie im Modus der ›Likes‹ und Smileys und vor allem der ›Fünf Sterne‹ quantifiziert wird. Sie wird zu einer Frage des Ratings

---

3 Jan-Werner MÜLLER, *Was ist Populismus?* (Berlin 2016).

und der andauernden wechselseitigen Bewertung, die sich dann als politische Partizipation missverstehen lässt – wonach etliche populistische Fraktionen (allen voran die entsprechend benannte ›Fünf-Sterne-Bewegung‹ Italiens) ihre Politik auszurichten begonnen haben. Der ›thymos‹ als Staatsbürger tritt hinter diesem Rating zurück – es entsteht eine Art ›Bewerto-kratie‹.

Auf der Seite des ›thymos‹ ist damit mehr noch auf dieser Seite als der des Wohlstands ein Ungleichgewicht entstanden. Und spricht man gegenwärtig zunehmend von den Verlierern der Globalisierung, dann sollte man vor allem an die Ankerkennungsverlierer denken – die-jenigen nämlich, denen die politische Partizipation nach und nach genommen oder erst gar nicht mehr in vollem Maße zugestanden wurde, weil sich eben eine Politik der Steuerung und der Anreize, eine Politik der Problemlösung und der Governance durchgesetzt hat, die die Geschicke der Menschen in die Hände der Wissenseliten gelegt hat.

Soll man deshalb auf das Wissen verzichten und mit bloßer Meinung der Vielen vorlieb-nehmen? Das würde zu sehr an schlechte Formen der Demokratie erinnern, in denen das bessere Argument nicht zählt. Aber was dann?

Coda: die allerletzten Menschen

Aus China stammt ein dezidiert ›bewertokratisches‹ Modell, dass Fukuyamas Prinzipien – Wohlstand und Anerkennung – auf neue Weise zu vereinen verspricht, und dabei genau der neuen Öffentlichkeit und der allgegenwärtigen wechselseitigen Bewertung aufbaut: das so genannte ›Social Credit System‹, nach seiner Herkunft aus der Entwicklungsabteilung des Amazon-Konkurrenten Alibaba auch ›Sesame Credit‹ genannt. Das ›Social Credit System‹ ist gewissermaßen eine Ausarbeitung des Fünf-Sterne-Ratings: Es verfügt über eine feinere, schär-fere, staatlich zentralisierte Berechnung – und es sammelt Daten nicht nur von einer Handels-plattform, sondern von allen verfügbaren Datenbanken und schließt zudem Bankdaten und staatliche Überwachungsmaßnahmen mit ein, sodass auch Kreditwürdigkeit, ehrenamtliches Engagement und familiäre Zuverlässigkeit zu einem besseren ›Kontostand‹ führen – Nörgelei auf Ämtern, unsicherer Kontostand oder ein Gang über die rote Ampel zu einem schlechte-ren. Das schafft Vertrauen und Reibungslosigkeit im Handel – während ganz nebenbei auch Ehrlichkeit und Anstand im Alltag belohnt werden. Ziel dieses System ist es, Wohlstand und Anerkennung, man könnte auch sagen, Besitz und Status, Wohlstand und Anerkennung, Sein und Haben auf eine andere Weise verrechenbar zu machen, die die zwei bei Fukuyama noch in leichtem Ungleichgewicht stehenden Systeme von Ökonomie und Politik, von Marktwirt-schaft und Demokratie in einem System zusammenfasst.

Das Gleichgewicht von ›thymos‹ und Wohlstand, ›bewertokratischer‹ Partizipation aller und reibungsloser Ökonomie wird so zwar ebenfalls erreicht – bloß nicht mehr durch eine marktwirtschaftliche Demokratie, sondern durch einen totalitären Staat, der zudem zumindest insofern noch kommunistisch inspiriert ist, als er auf der Wohlstandsseite den kapitalistischen Eigennutz entmachtet und die Kapitalflüsse dem Wohl des Kollektivs unterstellt. Indem er zudem auf der Seite des ›thymos‹ nicht allein politische, sondern auch eine gesellschaftlich-ökonomische Teilhabe bereitstellt, überwindet er zudem die Orientierungslosigkeit der Menschen gegenüber überkomplexen gesellschaftlichen Systemen. Gewährsmann des auf diese Weise versuchten ›Endes der Geschichte‹ ist damit eher Marx als Hegel (der seinerseits Fukuyamas gedankliche Grundlage darstellte) – obwohl natürlich das faktische System in etwa so wenig mit der kommunistischen Utopie zu tun hätte wie die 1990er Jahre mit demjenigen ›Ende der Geschichte‹, das Hegel tatsächlich im Sinn hatte.

Fukuyama selbst war bewusst, wie weit seine Beobachtungen von Hegel abwichen; und so beschrieb er gegen Ende seines Buches den ›Last Man‹ unter Rückgriff auf Nietzsches ›Letzten Menschen‹[4] als Wesen, das seine Bedürfnisverwaltung an die Stelle aller über sich selbst hinausweisenden Bestrebungen setzt, das alle Selbstüberwindung als bloßen Sport betreibt. Es war dies – nach Nietzsches Definition »Was bedeutet Nihilismus? Dass die obersten Werthe sich entwerthen.«[5] – ein nihilistisches Wesen, das außer seiner tierischen Existenz keinen höheren Wert anzuerkennen imstande war. Weder Fukuyama noch Nietzsche hatten allerdings daran gedacht, dass die *Be*wertung aller Werte, wie wir sie in den ›Fünf Sternen‹ des Kapitalismus und im kommunistisch ausgearbeiteten ›Social Credit System‹ beobachten können, einen noch radikaleren Nihilismus beflügeln könnte als jede *Ent*wertung.

Gemessen an einem *solchen* neuen ›Ende der Geschichte‹ wäre vielleicht ihre Wiederkehr im Populismus beinahe eine Chance für die politische Menschenwürde. Es lässt sich aber auch hoffen, dass Fukuyamas auf nur zwei Faktoren aufbauende politische Anthropologie zu einfach war, dass damit auch das neue ›Ende der Geschichte‹ scheitert und dass etwas ganz anderes, noch schwer zu greifendes, vielleicht schon im Entstehen begriffen ist. Wenn dem so wäre, dann würde es sich wohl an einer neuen Form politischer Authentizität erkennen lassen.

---

4   Friedrich NIETZSCHE, *Also sprach Zarathustra I*. In: Ds., *Werke* – Kritische Studienausgabe, Band 4. Hg. von Giorgio Colli und Mazzino Montinari (München 1999), S. 19.

5   Ds., *Nachgelassene Fragmente*. In: Ds., *Werke* – Kritische Studienausgabe, Band 12 (München 1999), S. 350.

Globalisierung

Karl Aiginger

EINE NEUE SOZIALPOLITIK ZUR BEKÄMPFUNG DES POPULISMUS

Abstract

Eine Politik, die Vorteile nur für das eigene Land anstrebt, widerspricht europäischen Werten und ist auch aus egoistischer Sicht langfristig schädlich. Populismus fußt teilweise auf realen Problemen, er spaltet aber die Gemeinschaft in ein tugendhaftes ›Wir‹ und ein diffuses ›Die Anderen‹. Damit erzeugt er Illusionen, die er nie erfüllen kann. Verstärken sich dann die wirtschaftlichen Probleme, wird einem Außenfeind die Schuld gegeben und ›aufgerüstet‹. Damit wird ein erfolgloses Regime mit undemokratischen Mitteln trotz Wohlfahrtseinbußen stabilisiert.

Die richtige Antwort auf Populismus ist nicht ›business as usual‹, sondern eine Wirtschaftspolitik, die Arbeitslosigkeit, Ungleichheit, falsche Steuersysteme und Umweltprobleme in einem systemischen Politikansatz bekämpft. Dazu benötigt Europa ein neues Leitbild, die Messung des Erfolges an einem neu definierten Zielbündel, eine Sozial- und Bildungspolitik, die zur Nutzung von Chancen befähigt, und eine stärkere Zusammenarbeit mit seinem dynamischen, aber potenziell instabilen Nachbargürtel (›ring of fire‹) ermöglicht.

1. Europa ist ein Erfolgs- und Friedensmodell

Das Urteil nach 60 Jahren ist eindeutig: Die europäische Einigung ist ein Erfolgsprojekt von historischer Dimension. Zitieren wir dafür keine Europäer, nicht den Friedensnobelpreis, nicht die Zahl der Mitglieder und Beitrittswerber der EU, sondern überlassen wir die Wertung internationalen Ökonomen bzw. der Weltbank:

- Jeffrey Sachs bewundert die hohe Lebenserwartung und die geringere Säuglingssterblichkeit, lobt das Fehlen einer ›Unterklasse‹ und begrüßt den Versuch, bei Konflikten nicht Bomben zu werfen, sondern zu verhandeln.[1]
- Kenneth Arrow mahnt Europäer und Analysten, nicht zu ungeduldig mit den holprigen Reformen zu sein: Europa sei die erste globale Region, die nicht durch Eroberung

---

1 Vgl. Jeffrey SACHS in: Financial Times, 19.08.2008.

oder Inbesitznahme eines leeren Territoriums entstanden ist, sondern durch demokratischen Beschluss von 28 Nationen mit eigener Tradition und Geschichte.[2]

- Die Weltbank bezeichnet die EU als Integrationsmaschine, weil es ihr gelungen ist, eine große Ländergruppe mit einem unterschiedlichen Wirtschaftssystem innerhalb von 20 Jahren zu integrieren. Die Einkommen der neuen Mitglieder wurden – nicht stetig, nicht im Gleichschritt, aber doch – schneller als in jedem anderen Integrationsprozess an das höhere Niveau der Marktwirtschaften herangeführt.[3]

Erst die europäische Integration hat aus einem zerstrittenen Kontinent eine Friedenszone gemacht, einen gemeinsamen Wirtschafts- und Forschungsraum, mit einer Währung für mehr als 330 Millionen Europäer. Ohne gemeinsame Politik verliert aber jedes einzelne europäische Land an Bedeutung, weil die Weltwirtschaft rascher wächst. Große europäische Staaten produzieren weniger als fünf Prozent der Weltwirtschaftsleistung, kleine weniger als ein Prozent. Gemeinsam ist die EU der größte Wirtschaftsraum der Welt und kann globale Regeln mitbestimmen.

2. Dreifache Gefahr für Europa

Das Projekt Europa ist zu seinem 60. Geburtstag aber in essenzieller Gefahr.

Erstens findet US-Präsident Donald Trump den Brexit und jeden weiteren *Austritt* eines EU-Mitgliedslandes fantastisch. Die USA betrachten Europa seit der Einführung des Euro als unwillkommene Konkurrenz und hoffen auf ein ›failed project‹. Zweitens schürt Russlands Präsident Wladimir Putin jeden möglichen *nationalen Konflikt*. Russland erhebt Ansprüche basierend auf historischen Grenzen etwa der ehemaligen UdSSR, mit Hinweis auf eine russisch sprechende Minderheit (die teilweise wirklich diskriminiert ist) oder die Zugehörigkeit eines Landes zur ›slawischen Familie‹ (Panslawismus). Es hilft, alte Feindbilder wieder auszugraben. Jede Instabilität in Europa macht den Beitritt eines Landes zur EU unwahrscheinlicher und führt – durch soziale Medien und manchmal auch durch kleine finanzielle Hilfen unterstützt – zu einer engeren Bindung an Russland. Drittens nützen *Populisten und Nationalisten* in vielen europäischen Ländern echte Probleme und falsche Illusionen von früherer Stärke und Reichtum

---

2   Kenneth ARROW, *Welcome Address WWWforEurope Final Conference* – February 25th 2016, Brussels (http://www.foreurope.eu/fileadmin/events/Final_Conference/Welcoming_Address_Arrow.pdf; abgerufen am 16.04.2018); vgl. auch Karl AIGINGER, *New Dynamics for Europe* – Reaping the Benefits of Socio-ecological Transition. WWWforEurope, Executive Summary (Wien 2016) bzw. ds., *This Can Still Be Europe's Century*. In: International Journal of Business and Economic Affairs 2/3 (2017), S. 173-182.

3   Indermit S. GILL/Martin RAISER, *Golden Growth* – Restoring the Lustre of the European Economic Model (http://www.worldbank.org/en/region/eca/publication/golden-growth; abgerufen am 16.04.2018).

zu parlamentarischen Gewinnen. Im Falle einer gelungenen Machtübernahme (auch nur durch eine starke Minderheit bei zerstrittenem Rest) wird diese mit undemokratischen Methoden (Gleichschaltung von Medien, Richtern, Wahlrechtsänderung und Einschränkung des Aktionsspielraumes für NGOs) und den Aufbau von Feindbildern (Flüchtlinge, Brüssel) zementiert.

China versucht heute als neue Großmacht, die Sympathiewerte einer ›soft power‹ zu erwerben, wie sie Europa offensichtlich besitzt.[4] Es realisiert, dass seine Größe, die Exportkapazität und der Kauf von Unternehmen, Häfen und Bahnhöfen nicht immer mit Freude betrachtet werden, besonders auch angesichts der verbleibenden autoritären Strukturen von Korruption und eingeschränkter Menschenrechte. Die Marketingoffensive Chinas umfasst die Verteidigung der Globalisierung, die Intensivierung des Kampfes gegen den Klimawandel und zuletzt das Versprechen, Patentrechte genauer zu respektieren. Chinesische Investoren kaufen – nicht uneigennützig, aber doch oft hilfreich – die katastrophal gemanagten Häfen Griechenlands, errichten Logistikzentren in Spanien und planen neue ›Seidenstraßen‹. Sie schaffen Exportmärkte für chinesische Produkte im Niedrigqualitätssegment und garantieren den Zugang zu Rohstoffen. Sollte US-Präsident Trump den Rückzug aus internationalen Abkommen durchziehen, dann ist China bereit –- im Gegenzug zu mehr Einfluss – auch das Geld zu ersetzen, das die USA aus Friedensmissionen, Klimapolitik und internationalen Organisationen abzieht (›spender of the last resort‹).

»Give me my country back«, tönt es durch Straßen und Medien in Europa und in den USA. Populistische Politiker versprechen, das jeweils eigene Land durch nationalistische Politik so stark und erfolgreich zu machen wie früher (»great again«). Die Forderung nach einer Renationalisierung der Politik ist in Europa besonders gefährlich, weil die Geschichte gezeigt hat, dass der Nationalismus rasch zu politischen Konflikten und zu militärischen Auseinandersetzungen führt.

3. Eine neue Sozialpolitik für Europa: Von der Garantie zur Befähigung

Der Erfolg Europas und das Zurückdrängen von Populismus und Nationalismus hängen davon ab, ob es gelingt, die Lebenschancen der Mehrzahl der Europäer zu verbessern. Die Jugend muss zuversichtlich sein können, ihre Lebenszukunft zu entwerfen und zu verwirklichen, durch eigene Anstrengungen und besser als die letzte Generation. Angesichts der strukturellen Verschiebungen durch Globalisierung, aber auch Veränderung der Bedürfnisse und der Technologien fordert das auch eine Umstellung in der Sozialpolitik und ihr Zusammenwachsen mit der Bildungspolitik.

Der Schutz durch das Sozialnetz vor Katastrophen muss bleiben, aber der Ex-post-Schutz verliert in einer Gesellschaft rascher technologischer Veränderung und offener Märkte an Be-

---

4 *Soft Power, Buying Love.* In: The Economist, 25.03.2017, S. 26ff.

deutung, relativ zur Befähigung, Probleme zu lösen und den Wandel aus Eigenem zu bewältigen und zum Vorteil zu machen.

40 Prozent der öffentlichen Ausgaben und 25 Prozent des BIP für Sozialausgaben bereitzu-
stellen und dann zu argumentieren, wir brauchen noch mehr öffentliche Mittel für Pensionen
wegen der Alterung, mehr für Gesundheit wegen teurer Medizin und Pflege und noch mehr
für neue Risiken (instabile Familien, Stress, Depression), ist kein Erfolgsmodell.

Die Alternative ist der Umstieg (und die Umschichtung der Mittel) von Ex-post-Schutz zu
sozialen Investitionen, darunter in frühkindliche Erziehung, Schulsysteme inklusive Berufs-
schule und in Lehrinhalte und Weiterbildung.

Ohne Integration der Flüchtlinge in den Arbeitsprozess werden die europäischen So-
zialnetze zusammenbrechen, und ohne massive Investitionen Europas zur Stabilisierung der
Nachbarländer wird Europa durch die Migration überfordert. Ohne Zuwanderung sinkt die
europäische Bevölkerung, jene im arbeitsfähigen Alter in vielen Regionen um ein Drittel.

4. Vision und Umsetzung

Europa braucht eine proaktive, zukunftsorientierte Antwort auf die Herausforderungen: Eine
neue Strategie muss die Dynamik erhöhen, Arbeitslosigkeit und Ungleichheit senken und die
Technologieführerschaft bei neuen Energien anstreben.

Populismus und neue Nationalisierungsbestrebungen basieren auf Problemen, die Europa
tatsächlich vernachlässigt. Diese Wurzeln der Unzufriedenheit müssen erkannt, Lösungsansätze erarbeitet und das europäische Modell verbessert werden. Eine neue Mission und gemeinsame Ziele Europas müssen herausgearbeitet und bürgernah kommuniziert, Erfolge und Probleme messbar gemacht werden.[5] Die Mitgliedstaaten müssen vereinbaren, was auf europäischer
Ebene geschieht, und was die nationale Politik dazu beitragen kann und muss.

Vision und ihre drei Pfeiler

Europa braucht eine Vision, die ähnlich überzeugt, wie die Friedensmission vor 60 Jahren.
Europa könnte sich zum Ziel setzen, zur *Region mit der höchsten Lebensqualität* zu werden,
die erste ›Beyond-GDP-Region der Welt‹. Dieses neue Erfolgsmaß umfasst die unmittelbaren
Lebensumstände der Menschen besser – verglichen mit dem Wachstum des Bruttoinlandspro-

---

5   Messbar wäre die Verbesserung der Lebensbedingungen an verringerter Arbeitslosigkeit, besonders der
    Jugendarbeitslosigkeit, und an der Fähigkeit, über Arbeitszeit, Weiterbildung und Berufsunterbrechung
    zu entscheiden (Vergrößerung des Entscheidungsspielraumes).

dukts.[6] Auch für ›Lebensqualität‹ sind Effizienz und wirtschaftlicher Erfolg ein wichtiger Pfeiler, aber nunmehr gemessen an den mittleren Einkommen und nicht an den Topeinkommen. Der zweite Pfeiler von Lebensqualität ist die *Verringerung der Arbeitslosigkeit und der Ungleichheit*. Nicht durch entwürdigend empfundene Zahlung von Arbeitslosenunterstützung oder Sozialhilfe, nachdem die Arbeitslosigkeit eingetreten ist, sondern durch eine zukunftsorientiere Ausbildung, die Arbeitslosigkeit proaktiv verhindert, indem die Schulen breitere Fähigkeiten vermitteln.[7] Die niedrigen Einkommen müssen wesentlich stärker steigen als die höheren. Aber nicht unbedingt durch höhere Bruttoeinkommen, sondern durch ›mehr Netto vom Brutto‹. Die Belastung der Löhne durch Lohnsteuer und Sozialversicherung könnte halbiert werden,[8] erstens wenn Erbschaften, Energie, Alkohol und Umweltbelastung stärker besteuert werden, und zweitens durch eine niedrigere Gesamtabgabenbelastung, weil Folgeschäden für Umwelt und Gesundheit entfallen.

Innovationen sind der dritte Pfeiler für den Erfolg. Die Produktivität soll aber nicht durch geringeren Arbeitseinsatz steigen, sondern durch Einsparungen bei Material und Energie (*Umlenkung des technischen Fortschritts*). Die gesamtwirtschaftliche Nachfrage muss forciert werden, auch und gerade durch Investitionen in die Entkarbonisierung der Infrastruktur (Verkehr, Fahrzeuge, Gebäude) sowie durch soziale Innovationen. Die Exporte steigen durch Nutzung der Absatzmöglichkeiten auf den dynamischen Weltmärkten, beginnend mit dem Nachbargürtel von Afrika über den Nahen Osten zum Schwarzmeerraum. Ziel ist aber nicht Überschüsse zu erzielen, sondern bessere oder billigere Güter zu importieren und im Austausch dafür durch Qualitätsprodukte und Technologieexporte die Lebensbedingungen auch in Ländern mit niedrigerem Einkommen zu verbessern.

Wenn Europa dynamischer ist, Arbeitslosigkeit und Ungleichheit sinken, ökologische und soziale Innovationen forciert werden, dann steigt auch die Akzeptanz des europäischen Projektes. Eine Ursache für den Siegeszug des Populismus – hohe Arbeitslosigkeit und Konzentration des Reichtums an der Spitze – entfällt. Die Illusion, früheren Reichtum durch Renationalisierung wiederherzustellen, wird durch eine zukunftsorientierte Vision ersetzt.

Die folgenden Abschnitte sind der Umsetzung der hier skizzierten Vision gewidmet.

---

6   Der tatsächliche Erfolg kann an den ›Better Life-Indikatoren‹ der OECD oder den ›Nachhaltigkeitszielen‹ der Vereinten Nationen gemessen werden.

7   Thomas LEONI, *Welfare state adjustment to new social risks in the post-crisis scenario* – A review with focus on the social investment perspective (Wien 2015) (WWWforEurope, Working Paper 89).

8   AIGINGER, *New Dynamics for Europe*.

5. Dynamik, soziale Ausgewogenheit und Dekarbonisierung

Strategie statt Silopolitik

Die Teilziele können nicht isoliert verfolgt werden, sie benötigen einen integrierten Ansatz, andernfalls ist jede Teilpolitik ineffizient und teuer. Eine zukunftsorientierte Sozialpolitik kann die wirtschaftliche Dynamik unterstützen, durch weniger Ungleichheit und verringerte Unsicherheit steigt der Konsum. Die Löhne sollen auch langfristig parallel zur (Arbeits-)Produktivität steigen; die wirtschaftliche Dynamik senkt die Arbeitslosigkeit und besonders die Jugendarbeitslosigkeit. Die Umweltpolitik soll durch Anreize zum Energiesparen und neue Infrastruktur zur Dekarbonisierung (Solartankstellen, Gebäudesanierung) die Investitionen beleben. Es ist auch ein wichtiger Teil der Sozialpolitik, den Beziehern niedriger Einkommen zu helfen, den Umstieg auf erneuerbare Energien zu unterstützen. Wenn ›leistbares Wohnen‹ durch niedrige Anschaffungspreise definiert wird und dann mit höheren Betriebskosten verbunden ist, ist das eine soziale Falle. Ebenso wenn man beim Kauf von Dieselautos nicht sagt, dass diese bei Erfüllung der Klimaziele von Paris in fünf Jahren keinen Wiederverkaufspreis mehr haben werden. Klimapolitik muss langfristig und sozial verträglich konzipiert werden, dann kann Dekarbonisierung durch einen ›first mover advantage‹ auch die wirtschaftliche Dynamik stärken.

Vorrang für immaterielle Investitionen

Es gibt in Europa eine schwache Nachfragedynamik. Falsch wäre es aber, die Nachfrage vorwiegend durch Großbauten, Autobahnen und Tunnels sowie andere materielle Großinvestitionen zu stärken. Sie schaffen wenig Beschäftigung, tragen nicht genügend zum strukturellen Wandel und die Verbesserung der Lebensbedingungen in wohlhabenden Industrieländern bei, und Europa hat höhere materielle und niedrigere immaterielle Investitionen verglichen mit den USA. Wichtiger wären Investitionen in Bildung, Innovation, Gesundheit und in die Klimapolitik (immaterielle Investitionen könnten in der Defizitberechnung des öffentlichen Sektors ausgenommen werden (›silberne Budgetregel‹), statt Bevorzugung von Straßen und Tunneln bei der Defizitberechnung (›goldene Regel‹). Jobveränderungen, Befähigung zum Wandel und lebenslanges Lernen sind angenehmer und effizienter und ersparen die steigenden Ex-post-Zahlungen für Arbeitslosigkeit und Mindestsicherung.

Symmetrische statt einseitige Flexibilität

Unternehmer brauchen Flexibilität, Arbeitnehmerinnen und Arbeitnehmer wollen die Work-Life-Bilanz bestimmen können. ›Symmetrische Flexibilität‹ bringt wirtschaftliche

Chancen und Lebensqualität. Unternehmen wollen die wöchentliche und tägliche Arbeitszeit an die Schwankungen der Nachfrage anpassen, um die Kosten zu senken und die Marktchancen zu nützen. Arbeitnehmerinnen und Arbeitnehmer müssen für diese Flexibilität entlohnt werden. Überstunden müssen gezahlt werden (wenn auch die steuerliche Begünstigung dafür wenig sinnvoll ist). Sie wollen aber auch mindestens ebenso prioritär ihre Arbeitszeit nach Lebensplänen, Familienstatus und Ausbildungs-, aber auch Freizeitwünschen variieren. Diese Gegenleistung für betriebliche Flexibilität schafft eine ›Win-win-Situation‹, auch Verkürzungen der Arbeitszeit sind damit leichter möglich und ein Rückfall in die Armut durch allgemein verfügte Arbeitszeitverkürzungen ohne Lohnausgleich könnte vermieden werden. ›Freisemester‹ zur Weiterbildung sind ein möglicher Ansatz.

Intelligenter Staat statt ›Big Brother‹

Die Furcht vor dem allmächtigen Staat mag berechtigt sein, wenn man dies an seiner Größe misst oder an der potenziellen Nutzung privater Informationen. Sein Steuerungspotenzial zur Erreichung gesellschaftlicher Ziele ist jedoch enttäuschend. Er macht in Europa aus der Sicht sozialer und ökologischer Ziele trotz seiner Größe und Regulierungsdichte vieles genau falsch.

Das gilt für die Einnahmenseite des Staates, wo der Faktor Arbeit hoch besteuert wird, obwohl Arbeitslosigkeit Armut und Ungleichheit erhöht. Auf eine stärkere Entlastung der Niedriglöhne wird verzichtet, weil die Sozialabgaben über Löhne auch für das untere Drittel eingehoben werden statt auf Erbschaften, spekulative Finanzgeschäfte, Energie, Emissionen und Tabak. Subventionen für fossile Energie sind deutlich höher als für erneuerbare. Auf der Ausgabenseite unterbleiben Investitionen in frühkindliche Ausbildung. Ein Viertel der Schüler kann mit 14 Jahren nicht sinnerfassend lesen, Bildungsunterschiede werden von Generation zu Generation ›vererbt‹. Die Fehlsteuerung setzt sich in den Lerninhalten fort, die vergangenheitsorientiert sind und nicht auf eine Problemlösung und den Wandel vorbereiten. Die Agrarsubventionen, darunter jene die besonders große Betriebe begünstigen, sind die größte Ausgabenposition im EU-Budget.

Europa profitiert von der Globalisierung, verzichtet aber die Globalisierung nach europäischen Werten zu gestalten und in Handelsverträgen die sozialen und ökologischen Standards nach oben anzugleichen. Nach dem Rückzug der USA aus der Globalisierung gäbe es eine reelle Chance für ein stärkeres europäisches Engagement (›verantwortungsbewusste Globalisierung‹).[9]

---

9   Ds., *Die Globalisierung verantwortungsbewusst und europäisch gestalten* (Querdenkerplattform: Wien – Europa, Policy Brief 2/2017).

6. Gemeinsame Ziele anstreben und Spaltungen vermeiden

Ein weiterer Erfolgsfaktor des Populismus ist das Gefühl der Fremdbestimmung. Die geforderte generelle Renationalisierung der Politik ist jedoch unmöglich, wenn die Probleme international oder sogar global sind. Wenn ein Land etwas gegen Klimaerwärmung unternimmt, hat es hohe Kosten, das Klima verbessert sich aber wenig. Wenn ein kleines Land seine Wirtschaft durch höhere Schulden beleben will, fließt ein Großteil der Ausgaben in die Auftragsbücher der Nachbarn. Ein Land kann ohne europäische Migrationspolitik nur löchrige Zäune bauen und nicht die Migranten entsprechend der Nachfrage auswählen oder ausbilden. Gesundheitspolitik, Bildung und neue Technologien erfordern internationale Zusammenarbeit.

Der beste Lösungsweg für Europa wäre, sich auf Ziele zu einigen und Regeln zu schaffen, die es den Mitgliedern möglich machen, ihre Präferenzen besser und ohne Angst, dabei das Nachbarland zu begünstigen, durchzusetzen. Wenn die Bemessungsgrundlage für eine Erbschaftssteuer die Steuerbescheide der letzten 30 Jahre sind, kann niemand knapp vor dem Ableben die Steuerpflicht in den Nachbarstaat verlagern. Die europäische Regionalpolitik ermöglicht den Regionen, nach ihren Präferenzen zu entscheiden: Europa legt die Höhe der verfügbaren Förderungen fest (objektiviert durch den Einkommensrückstand und die Höhe der Arbeitslosenquote), die Region erstellt ein Konzept, ob die Gelder in Industrie, Gesundheitstourismus oder Infrastruktur investiert werden. Das Burgenland hat zur Nutzung der europäischen Gelder mit Regionalplanung begonnen, vorher gab es weniger Förderung, weil diese in die Randzone Wiens ›verlagert‹ wurde (weil Hauptstädte in einem kleinen Land immer den entscheidenden Einfluss haben).

Durch eine ›Befähigungsstrategie‹ kann beides erreicht werden: Europäische Ziele werden gemeinsam definiert, der beste Weg, wie sie erreicht werden können, wird regional bestimmt. Die europäische Politik befähigt die Region, lokalen Präferenzen zu folgen und Innovationen zu generieren. Es gibt keine Fremdbestimmung durch eine engstirnige Bürokratie in Brüssel, sondern Europa ermöglicht die besten Lösungen durch Fördermittel, die national nie verfügbar wären.[10]

Europa der multiplen Geschwindigkeiten: Irrwege und Potenziale

Ein Europa der unterschiedlichen Geschwindigkeiten ist auf den ersten Blick eine attraktive Lösung. »Wer mehr will, soll mehr machen können«, ist eines der fünf Szenarien des so genannten Weißbuches der EU-Kommission.[11]

---

10 Ds., *Osteuropa hat ein Problem, Populismus verhindert Lösung.* In: Die Presse, 26.03.2018.
11 European Commission, *White Paper on the Future of Europe* – Reflections and scenarios for the EU27 by 2025. COM2017(2025) of 1 March 2017.

Bevor mögliche Vorzüge dieses Szenarios dargestellt werden zwei Warnungen: Erstens darf die Uraltidee eines ›Kerneuropas‹ – bestehend aus ›Deutschland plus den Braven‹ – nicht aus der Mottenkiste geholt werden, und zweitens darf kein ›Europa à la carte‹ generiert werden, bei dem jeder macht, was ihm passt, und die Vorteile gemeinsamer Lösungen verloren gehen.

Die Idee eines ›Kerneuropas‹ entstand aus der Partnerschaft zwischen den früheren Kriegsgegnern Deutschland und Frankreich. Sie ist als wirtschaftspolitisches Konzept gescheitert, weil es kaum größere Differenzen in der Politik gibt als zwischen Deutschland und Frankreich. Deutschland will keine sektorale Politik und erzielt einen hohen Exportüberschuss, auch wenn dieser durch einen Niedriglohnsektor und ständige Interventionen für die Auto- und Chemieindustrie zustande kommt. Frankreich hat ein hohes Außen- und Budgetdefizit, stemmt sich gegen die Globalisierung und steuert die Industrie durch Eliten und staatliche Netzwerke. Die Forschungsausgaben sind niedrig und konzentrieren sich auf die großen Unternehmen der Weltraum-, Luftfahrt- und Rüstungsindustrie. Der Erfolg dieser auf Großunternehmen konzentrierten Industriepolitik ist daran zu messen, dass der Industrieanteil auf zehn Prozent geschrumpft ist und Staatsausgaben mehr als die Hälfte der Wirtschaftsleistung absorbieren. Und wenn Deutschland und Frankeich auch noch mit Italien und Spanien einen ›Vorreiterblock‹ für mehr Europa konstruieren wollen – wie es in einer Tagung im März 2017 der Fall war – wird es skurril: In drei dieser vier so genannten ›Vorreiter‹ verlangt eine große Partei ein Referendum über den EU-Austritt. Die erfolgreicheren kleineren Länder sind nur Zaungäste, die EU-Kommission und das Europäische Parlament werden ausgespielt. Sinnvoll wäre, dass es in unterschiedlichen Sachfragen wechselnde Vorreitergruppen gibt. Es dürfen das nicht immer die ›Kernländer‹ sein, sondern einmal die Skandinavier vielleicht mit Luxemburg und Polen, ein anderes Mal Frankreich mit Griechenland und den Niederlanden etc. Das brächte im Unterschied zum Einstimmigkeitsprinzip Bewegung und schnellere Entscheidungen, ohne die Gegensätze zwischen Zentrum und Peripherie, Nord und Süd sowie West und Ost zu verschärfen.

Eine schrittweise Vorgangsweise kann und wird es bei Beitritten zur EU geben. Nicht alle vier ›Freiheiten‹ müssen gleichzeitig akzeptiert werden. Aber es muss die Absicht bestehen, so viele Materien wie möglich gemeinsam zu regeln. Ein ›Europa à la carte‹ mit einer seitenlangen Speisekarte und täglich neuen Sonderwünschen hilft weder einem Mitglied noch einem Beitrittswerber.

7. Nachbargürtel nicht mehr ignorieren

Ein erfolgreiches Europa, das sich der Destabilisierung durch Russland oder eine neue Großmacht im Osten (Iran, Türkei) entziehen will und trotz Verachtung durch die USA die Regeln der Globalisierung beeinflussen will, braucht ein stabiles Umfeld. Dieses erfordert erstens materielle Leistungen Europas, etwa durch hohe Investitionen in die Nachbarschaft (vom Schwarzmeerraum über den Nahen Osten bis Nordafrika), und zweitens ein gegenseitiges Verständnis von Problemen und Gesellschaftssystemen durch eine Einladung an die Führungskräfte der Nachbarländer.

Blicken wir zurück: Die USA standen 1945 vor der Frage, wie sie mit dem Kriegsverlierer Europa umgehen sollten. Eine Alternative wären harte Friedensbedingungen und Reparationszahlungen gewesen, die andere die materielle Unterstützung des Wiederaufbaus und die Einladung politischer und wirtschaftlicher Führungskräfte. Durch die Entscheidung Harry Trumans für den Marshallplan wurde Europa für die USA ein stabiler, dynamischer Absatzmarkt. Durch die Fulbright-Stipendien besuchten die europäischen Führungskräfte amerikanische Universitäten und Institutionen. Über den genauen Mitteleinsatz, die Auswahl der Studierenden und Experten im Austauschprogramm und die Investitionsprojekte durften die Länder selbst entscheiden (mit Beratung durch gemischte Kommissionen). Die rückfließenden Mittel konnten später für neue nationale Forschungs- und Entwicklungsprogramme verwendet werden.

Mit einer ähnlichen Investitionsoffensive – nennen wir sie Euro-ERP – kann und muss Europa seinen Nachbargürtel wirtschaftlich, politisch und sozial stabilisieren. Und es kann seine moderne Technologien – nicht zuletzt jene zur Nutzung alternativer Energien – hier günstig einsetzen. Der europäische Nachbargürtel wächst – wenn es politische Stabilität gibt – um fünf bis zehn Prozent pro Jahr im Vergleich zum heutigen EU-Gebiet, das Wachstumsraten von höchstens zwei Prozent erwarten kann. Und wenn der Nachbargürtel rasch wächst, sinkt die unkontrollierbare Migrationswelle, Europa kann qualifizierte Arbeitskräfte anwerben oder Migrantinnen und Migranten, die sich im Ausbildungsalter befinden und in den Lern- und Arbeitsprozess einführen.

In einem ›Schumpeter-Programm‹ kann Europa die Ausbildungssysteme für mittlere Fachkräfte in den Nachbarländern verbessern und Spitzenkräfte einladen. Dies bringt nicht nur wissenschaftliche Gewinne, sondern fördert auch das Zusammenspiel von Wertesystemen. Innovationen durch Vielfalt und Markterweiterung veranlassen uns, für dieses Programm den Namen ›Schumpeter-Stipendien‹ vorzuschlagen, wobei Stipendien auch die mittlere Ausbildung, den Berufseinstieg und Unternehmensgründungen umfassen sollen. Der Beitrittsantrag der Türkei ebenso wie der ›Arabische Frühling‹ wurden 20 Jahre von Europa ignoriert. Es wurden viele negative Signale geschickt (»Volksabstimmung auch bei Erfüllung aller Bestimmungen«, »Türkei liegt nicht in Europa«), bis die Anti-Europastimmung eine autoritäre Linie plus der Illusion einer neuen türkischen Großmacht ermöglichte (eine Politik, die nun auch von in Deutschland und Österreich lebenden Türken stark befürwortet wird).

8. Zusammenfassung

(1) Die Attraktivität des europäischen Einigungsprozesses ist trotz erwiesener Erfolge gesunken, und es wird auch bis zu den Europawahlen 2019 und der nachher erfolgenden Bildung einer neuen Kommission keine strategischen Entscheidungen mehr geben. Der Friede und die Freiheiten zu reisen, zu arbeiten, zu studieren und der Euro werden im Alltag als selbstverständlich hingenommen, bei allfälligen Krisen aber wird ›Brüssel‹ zum Schuldigen gemacht. Wohlfahrtsgewinne durch die europäische Integration werden der eigenen Tüchtigkeit oder der nationalen Politik zugeschrieben. Europäische Politik und noch mehr die Globalisierung werden als fremdbestimmt betrachtet. Empirisch haben beide Formen internationaler Öffnung (Integration, Globalisierung) die absolute Armut weltweit reduziert und in Europa praktisch eliminiert. Sie haben die Vielfalt der Produkte gesteigert und viele Güter erstmals für breite Schichten der Bevölkerung leistbar gemacht. Die Lebenserwartung – als objektivstes Signal der Wohlfahrt – steigt jedes Jahr um drei Monate, auch in reichen Ländern und bei schon hohem Ausgangswert, sie ist in Europa deutlich höher als in den USA.

(2) Besonders seit der Finanzkrise und durch die Globalisierung ist auch objektiv ein höherer Problemdruck zu spüren. Die europäische Wirtschaft hat fast ein Jahrzehnt gebraucht, um ihren Vorkrisenwerte zu erreichen. Der Aufholprozess Südeuropas wurde gestoppt; nicht alle Regionen Zentral- und Osteuropas können an das Vorkrisenwachstum anschließen und viele Länder leiden an einer sinkenden Bevölkerung, die Zahl von Arbeitskräften bis zum 40. Lebensjahr sinkt in vielen Regionen Zentral- und Osteuropas um 30 bis 40 Prozent. Im Westen steigt die Arbeitslosigkeit und in ländlichen Regionen schließen Schulen, Geschäfte und Unternehmensgründungen gehen zurück. Die Ungleichheit der Einkommen steigt, die Jugendarbeitslosigkeit liegt bei 20 Prozent. Der Emissionshandel ist zusammengebrochen und das lädt dazu ein, als Ergänzungsenergie wieder Kohle einzusetzen. Wenn die tatsächlichen Emissionen nicht den Richtwerten entsprechen, wird im Labor schlechter geprüft und nicht die Richtlinien werden verschärft. Hohe Subventionen für fossile Energie behindern ökologische Innovationen.

(3) Der Problemdruck betrifft vor allem weniger qualifizierte und unflexible Arbeitskräfte. Ausbildung und Sozialsysteme befähigen nicht zum Wandel, die resultierende Arbeitslosigkeit wird bezahlt. Wenn das zu teuer ist, werden die Zahlungen gekürzt und mit hohem Misstrauensvorschuss verbunden. In dieser Situation entsteht für Verlierer im strukturellen Wandel die Illusion, dass – individuell und auf nationaler Ebene – die Rückkehr zu früheren Zuständen die Problemlösung wäre. Diese Schlussfolgerung ist wirtschaftlich doppelt falsch, erstens weil die Einkommen früher im Durchschnitt viel niedriger lagen, und zweitens die Wahlmöglichkeiten geringer waren. Noch vor einer Generation hatte es massive

Altersarmut und auch politische Konflikte sowie Kriegsgefahr nahe der österreichischen Grenze gegeben. Es gab Tote am ›Eisernen Vorhang‹, Konflikte mit Kroaten und Slowenen und Bomben in Südtirol – um nur die Situation in Österreich in Erinnerung zu rufen. Ein ›Zurück zu alter Größe‹ ist in Wirklichkeit ökonomisch ein Abstieg und bedeutet die Rückkehr zu alten Konflikten.

(4) Populistische Parteien kombinieren echte Probleme mit falschen Illusionen zu einer Agenda, die die wirtschaftlichen Probleme verstärkt. Durch den steigenden Leidensdruck und den Aufbau eines Außenfeindes können die Herrschaft einer nationalistischen Partei zementiert und demokratische Spielregeln (Gerichte, Medienfreiheit) ausgesetzt werden. Dies passiert auch, wenn ihre Legitimation nur durch eine Minderheit entstanden ist und ökonomische Verschlechterungen eintreten, wie z. B. in Ungarn. Russland mit seinen autoritären Zügen und schwacher Wirtschaft wird als Vorbild und Partner gesehen, selbst in Ländern, die unter der Besatzung der Sowjetunion ihre größte Fremdbestimmung erlebten.

(5) Die Antwort auf Nationalismus und Populismus muss eine aktive Problembewältigung in Europa sein. Als neue gemeinsame Aufgabe kann sich Europa das Ziel setzen, die Region mit der höchsten Lebensqualität zu werden. Breite Beyond-GDP-Ziele oder Nachhaltigkeitsindikatoren sollen das neue Leistungsmaß werden, das das Bruttoinlandsprodukt und sein Wachstum als Indikatoren ablösen. Steigende Lebensqualität kann an drei Säulen gemessen werden: Erstens an der wirtschaftlichen Dynamik (aber besonders der niedrigen und mittleren Einkommen), zweitens an der Verringerung der Ungleichheit und Arbeitslosigkeit und drittens an ökologischen Investitionen, die Europa zum Technologieführer bei neuen Energien machen. Alle drei Ziele müssen in eine integrierte Strategie (nicht in ›Silostrategien‹) eingebaut werden. Europa gibt dabei die Ziele vor und schafft Rahmenbedingungen (z. B. durch Steuertransparenz und Verbot von Subventionen für fossile Energie). Die Mitgliedsländer bestimmen die Programme und Prozesse, die die Lebensqualität am besten erhöhen. Damit wird der Widerspruch aufgelöst, dass einerseits die Probleme immer globaler werden, andererseits europäische Lösungen als bürokratisch und zentralistisch kritisiert werden.

(6) Das Konzept der Befähigung der Länder (Empowerment), ihre Probleme durch gemeinsame Regeln effektiver und bürgernäher zu lösen, ist dem Konzept eines Europas der unterschiedlichen Geschwindigkeiten überlegen. Bei letzterem ist besonders problematisch, wenn eine Gruppe größerer Länder sich als Vorbild betrachtet und Entscheidungen dominieren will. Es ist auch nicht möglich, dass sich jedes Land jederzeit entscheiden kann, wo es mitmacht und wo nicht (›Europa à la carte‹). Zeitliche, themen- oder zahlenmäßig begrenzte Differenzen kann es geben, sie sind im Beitrittsprozess neuer Länder wahrscheinlich unvermeidbar. Aber sie müssen limitiert und mit Kosten verbunden sein. Wer bei einer vereinbarten Lösung nicht mitmacht, muss höhere Beitrage zahlen.

(7) Europa aktiv zu reformieren und zur Region mit der höchsten Lebensqualität zu machen, ist die bessere Antwort auf die geringe Dynamik, Ungleichheiten und Unzufriedenheit verglichen mit Zäunen, Nationalismus, sinkenden Innovationen und verringerter Mobilität. Eine erfolgreiche europäische Politik muss die Potenziale der Nachbarschaft nutzen. Die Nachbarländer – von der Schwarzmeerregion bis nach Nordafrika – haben ein weit höheres potenzielles Wachstumstempo als die heutige EU. Aber die Stabilität muss durch Investitionen Europas aktiviert und gefestigt werden, also etwa durch ein Euro-ERP-Programm, ähnlich dem Marshallplan der USA nach dem Zweiten Weltkrieg. Auf der immateriellen Seite muss in Bildung investiert und das gegenseitige Verständnis zwischen den Nachbarn und Europa verbessert werden, etwa durch ein ›Schumpeter-Programm‹, in dem die Nachbarn von der europäischen Berufsausbildung lernen und zukünftige Führungskräfte an Universitäten eingeladen werden.

(8) Eine proaktive Antwort auf Populismus und Nationalismus kann Europa zu einem attraktiven Modell für Europäer, unsere Nachbarn und andere Weltregionen machen. Nur eine verbesserte Europastrategie kann den dreifachen Angriff auf den europäischen Einigungsprozess durch die neue US-Regierung, Russland und die nationalistischen Strömungen in Europa abwehren. Ein gemeinsames reformiertes Europa kann dann auch gemeinsam die Regeln der Globalisierung mitbestimmen und eine Vorbildfunktion für eine wohlhabende Region bieten, das es von China und den USA unterscheidet. Eine Kombination von Dynamik, sozialer Balance und Technologieführung in der Bekämpfung des Klimawandels kann das neue europäische Narrativ sein, das die Zivilgesellschaft einbezieht und dem Populismus seine Basis entzieht.

LITERATUR:

Karl AIGINGER, *New Dynamics for Europe* – Reaping the Benefits of Socio-ecological Transition. WWWforEurope, Executive Summary (Wien 2016)

Ds., *This Can Still Be Europe's Century.* In: International Journal of Business and Economic Affairs 2/3 (2017), S. 173-182

Ds., *Die Globalisierung verantwortungsbewusst und europäisch gestalten* (Querdenkerplattform: Wien – Europa, Policy Brief 2/2017)

Ds., *Mehr nationale Souveränität durch eine neue Europapolitik* – Das Dilemma zwischen globalen Herausforderungen und nationalem Gestaltungswunsch (Querdenkerplattform: Wien – Europa, Working Paper 1/2017)

Ds., *Osteuropa hat ein Problem, Populismus verhindert Lösung.* In: Die Presse, 26.03.2018

Ds./Heinz HANDLER, *Eine Europäische Partnerschaftspolitik ist notwendig und möglich* – Kurzfassung. Querdenkerplattform: Wien – Europa, Zwischenbericht der Querdenkerplattform vor dem EU-Afrika Gipfel (Wien 2017)

Ds./Heinz HANDLER, *Towards a European Partnership Policy (EPP) with the South and the East* – Fostering Dynamics, Fighting Root Causes of Migration (Querdenkerplattform: Wien – Europa, Working Paper 3/2017)

Ds./Rainer BRUNNAUER/Heinz HANDLER, *Gute Nachbarschaft mit dem Süden und Osten gefragt.* In: Ökonomenstimme, 30.11.2017

Kenneth ARROW, *Welcome Address WWWforEurope Final Conference* – February 25th 2016, Brussels (http://www.foreurope.eu/fileadmin/events/Final_Conference/Welcoming_Address_Arrow.pdf; abgerufen am 16.04.2018)

Marco BUTI/Karl PICHELMANN, *European Integration and Populism* – Addressing Dahrendorf's Quandary (https://voxeu.org/article/european-integration-and-populism-addressing-dahrendorfs-quandary; abgerufen am 16.04.2018)

Maria DEMERZIS/André SAPIR/Guntram B. WOLFF, *Europe in a new world order* (Bruegel Policy Brief 2/2017)

European Commission, *White Paper on the Future of Europe* – Reflections and scenarios for the EU27 by 2025. COM2017(2025) of 1 March 2017

Indermit S. GILL/Martin RAISER, *Golden Growth* – Restoring the Lustre of the European Economic Model (http://www.worldbank.org/en/region/eca/publication/golden-growth; abgerufen am 16.04.2018)

Thomas LEONI, *Welfare state adjustment to new social risks in the post-crisis scenario* – A review with focus on the social investment perspective (Wien 2015) (WWWforEurope, Working Paper 89)

Dani RODRIK, *There is no need to fret about deglobalisation*. In: Financial Times, 04.10.2016

Soft Power, Buying Love. In: The Economist, 25.03.2017, S. 26ff.

Joseph STIGLITZ, *Globalization and Its Discontents* (New York/London 2003)

Lawrence SUMMERS, *Voters deserve responsible nationalism not reflex globalism*. In: Financial Times, 10.07.2016

Verschwörung

Michael Blume

DER REIZ VON VERSCHWÖRUNGSMYTHEN

Eine Analyse

Nicht wenige Augenbrauen gingen hoch, als der Wiener Professor Armin Lange vom Institut für Judaistik für den 9. November 2017 den Titel einer Vorlesung ankündigte: ›Antisemitismus als Weltreligion‹.

Die Irritation war beabsichtigt, das Nachdenken berechtigt. Denn selbstverständlich denken wir beim Begriff der ›Weltreligion‹ an einen weltweit geteilten Glauben an ein absolutes Gutes: An eine liebende Gottheit oder doch einen spirituellen Erlösungsweg. Religiöse Mythen dienen nach diesem Verständnis der Stiftung von Lebenssinn und lebensförderlicher Gemeinschaft und ihre Tragik besteht vor allem darin, dass sie immer nur die eigene Gruppe erhebe und also in Konflikt mit anderen Wahrheitsansprüchen – etwa anderer Religionen, aber auch der Wissenschaft oder des säkularen Rechts – gerate. Entsprechend benennen wir etwa Extremismus und Gewaltbereitschaft als ›Missbrauch‹ der Religion.

Doch bereits der Entdecker der Evolutionstheorie und studierte Theologe Charles Darwin (1809-1882) wies in seinen Überlegungen zur Evolution des menschlichen Glaubens darauf hin, dass er auf seiner Forschungsreise unter Wildbeutern gerade nicht auf einen freundlichen Urmonotheismus gestoßen war, sondern auf die Angst vor durchweg bedrohlichen und magischen Mächten. Seine aus heutiger Sicht berechtigte Schlussfolgerung: Der Glaube an eine einzige, gute Gottheit als ›höchste Form der Religion‹ setze bereits eine lange kulturelle Entwicklung voraus.

Gibt es alte Mythen über drohende Verschwörungen des Bösen?

Und tatsächlich finden wir auch in der historischen Entstehung der Weltreligionen in der so genannten Achsenzeit im 1. Jahrtausend vor Christus gerade nicht nur liebevolle Gottheiten, sondern durchaus harte Ansagen mit der Ermordung Abertausender und der Drohung weltlicher und jenseitiger Strafen sowie der Erwartung blutiger Opfer. Entschärfende, spiritualisierende, Körper- und Todesstrafen abschaffende und Nächsten-, schließlich gar Feindesliebe gebietende Lehren entfalten sich demgegenüber – wiederum quer durch die Weltreligionen – erst langsam und werden bis heute immer wieder verworfen und weggedeutet. Auffällig ist beispielsweise, dass Engel in der Bibel ihr Auftauchen häufig mit einem »Fürchtet Euch nicht!«

eröffnen, was deutlich darauf hindeutet, dass die Wahrnehmung solcher überweltlichen Mächte spontan eher als bedrohlich gewertet wurde.

Und so häufen sich tatsächlich die Befunde, nach denen der Evolution religiöser Mythen an ein absolutes Gutes noch sehr viel ältere Verschwörungsmythen gegenüberstehen, die das Wirken oder gar die Herrschaft böser Mächte verkünden. So ist beispielsweise der Glaube an Hexen und Hexer, die sich mit bösen Wesen verbündeten, nicht nur in alten Schriften verbürgt, sondern auch noch unter heutigen Jägern und Sammlern zu beobachten – womöglich Jahrzehntausende alt. Entsprechend warnte auch der ehemalige Oberrabbiner von Großbritannien, Lord Rabbi Jonathan Sacks, in seinem Buch ›Not in God's Name‹ (2015) vor dem von ihm so genannten ›pathologischen Dualismus‹: Verschwörungsgläubige glaubten letztlich an die Macht des Bösen in der Welt, von der das Gute und auch die Betreffenden selbst akut bedroht würden. Dabei könne dieser Verschwörungsglaube sowohl religiöse wie auch säkulare (zum Beispiel nationalistische oder sozialistische) Gruppen befallen und sie zu der Einschätzung führen, sie müssten sich ihrerseits durch Verschwörungen oder gar Gewalt gegen die vermeintliche Superverschwörung ›verteidigen‹. Denn friedlicher Widerstand oder gar Dialog mit Andersdenkenden erschienen extrem Verschwörungsglaubenden letztlich als wirkungs- und sinnlos.

Und tatsächlich weisen alle – sowohl rechte wie linke und religiöse – Terrororganisationen die Gemeinsamkeit auf, dass sich ihre Anhängerinnen und Anhänger im ›Widerstand‹ gegen eine ›globale (Super-)Verschwörung‹ wähnen und vorgeben, letztlich in ›Notwehr‹ zu handeln.

Die Religionspsychologie der Verschwörungspyramide

Über Jahre hinweg erforschte der US-Psychologe Rob Brotherton klassische Verschwörungstheorien in den USA etwa zum Mord an US-Präsident John F. Kennedy von 1963, zur – vermeintlich im Studio gefälschten – US-Mondlandung von 1969 oder zum angeblichen Alien-Crash in Roswell von 1947.

Schon dabei zeigte sich, dass viele der psychologischen Grundfunktionen von Verschwörungserzählungen denen entsprachen, die wir auch aus der Religionsforschung kennen, so die Überwahrnehmung von Wesenhaftigkeit (Hyper Agency Detection, HAD). Demnach vermuten wir Menschen im Zweifelsfall – und verstärkt unter Stress – geradezu instinktiv planvolle Akteure hinter Ereignissen, um uns abzusichern. Entsprechend kommt bedrohlichen Signalen besondere Relevanz und Aufmerksamkeit zu. Denn es war und ist evolutionär günstiger, viele Male einen Busch für einen lauernden Bären halten, als ein einziges Mal einen lauernden Bären für einen Busch. Tatsächlich ist diese Überwahrnehmung von Wesenhaftigkeit bei uns Menschen so stark, dass wenige Punkte und Striche ausreichen, um uns ein Gesicht mit einer freundlichen, traurigen oder feindseligen Haltung in die Wahrnehmung zu zaubern – wie Smileys und Emoticons täglich demonstrieren.

Brotherton konnte zeigen, dass die gleiche HAD auch bei der Beurteilung der Frage eine Rolle spielte, ob Kennedy tatsächlich nur vom Einzeltäter Lee Harvey Oswald ermordet wurde oder ob eine Verschwörergruppe ›dahinterstand‹, die wiederum Oswald kurz darauf erschießen ließ. Umso mehr Journalisten, Gerichte, Wissenschaftler und parlamentarische Untersuchungsausschüsse die Attentate aufarbeiteten, umso mehr verbreitete sich der Glaube an eine dahinterstehende Verschwörung. Von der Mafia über den kubanischen Geheimdienst, die CIA oder politische Rivalen bis hin schließlich zu den schon ›klassischen‹ Illuminaten oder ›zionistischen Weltverschwörern‹ wurden dabei immer mehr und immer fantastischere Superverschwörer benannt. Es musste doch einfach ›jemand‹ dahinterstecken!

Eine zweite Beobachtung Brothertons verwies sogar noch deutlicher in den Bereich der Religionspsychologie: Zu seinem Erstaunen stellte der Forscher fest, dass die allermeisten Verschwörungsglaubenden gerade nicht von einer Welt ausgingen, in der eben verschiedene, konkurrierende Verschwörerkreise miteinander um Einflussbereiche stritten. Stattdessen traf er immer wieder auf die Vorstellung einer Verschwörungspyramide, an dessen Spitze übermenschlich begabte und manipulative Superverschwörer standen. Diese seien so genial, dass sie über Jahrhunderte hinweg nahezu fehlerfrei agieren und die ›niederen‹ Verschwörergruppen kontrollieren, auch gegeneinander ausspielen könnten. Und je nach religiös-weltanschaulicher Präferenz fanden sich an der Spitze dieser Pyramide dann eben die gefälschten Protokolle der ›Weisen von Zion‹, die seit Jahrhunderten erloschenen Illuminaten, aber auch superreiche Wirtschaftseliten, Bilderberger, Außerirdische oder künstliche Intelligenzen wie im Science Fiction-Film ›Matrix‹ von 1999, der die gesamte Realität als simulierte Verschwörung deutete.

Für die Vertreter optimistischer Menschenbilder mag es schmerzhaft sein, doch die Befunde häufen sich: Auch der Glaube an eine weltweite Vorherrschaft des Bösen vermag das eigene Leben mit seinen Leiden und Niederlagen zu erklären. Auch das Gefühl, zur Gemeinde der ›Wissenden‹ (seit der Antike auch: der Gnostiker) zu gehören, vermag zu erheben. Und die Selbstwahrnehmung, Teil eines heldenhaften ›Widerstandes‹ gegen eine böse Superverschwörung zu sein, kann bis in den Rausch und die Gewaltbereitschaft führen. Der Glaube an ein weltbeherrschendes Böses ist dem Menschen nicht ferner als jener an ein weltbeherrschendes Gutes.

Zusammenhang mit Medienrevolutionen

Historisch auffällig ist dabei ein enger Zusammenhang mit Medienrevolutionen wie der Einführung des Buchdrucks oder des Internets. So ging der erfolgreiche Siegeszug der Druckerpresse nach Johannes Gutenberg ab 1450 gerade nicht nur mit der Verbreitung gedruckter Ablassbriefe und Bibeln einher. Zu den frühen und verhängnisvollen Bestsellern gehörten auch der ›Hexenhammer‹ von 1486, der antijüdische ›Judenspiegel‹ ab 1508 und selbst noch Martin

Luthers vielgerühmte Sendschrift ›An die Ratsherren aller Städte deutschen Landes‹ von 1524 begründet die Forderung nach Bildung und dem Aufbau auch von Mädchenschulen mit der Abwehr der überall lauernden Teufels. Das Osmanische Reich beraubte sich dagegen mit dem Verbot des Buchdrucks arabischer Lettern ab 1485 längerfristig seiner kulturellen, technologischen und schließlich auch militärischen Dynamik, blieb jedoch bis ins 18. Jahrhundert von Hexenwahn, Antijudaismus und Konfessionskriegen weitgehend verschont.

Auch die rapide Ausbreitung des Internets ab den 1990er Jahren ging bald mit einer Verbreitung und Neuentstehung von Verschwörungsmythen und schließlich dem digital befeuerten Erfolg religiös-extremistischer und rechtspopulistischer Bewegungen einher. Neben klassische, vor allem antijüdische und antimuslimische Verschwörungsmythen traten und treten dabei auch neue Ausprägungen wie die Con- und Chemtrails; der Glaube daran, dass ›die Regierungen‹ durch giftsprühende Flugzeuge Menschen und Umwelt kontrollieren und schaden wollten.

Der Zusammenhang zwischen neuen Medien und dem Aufbruch von Verschwörungsmythen wird so auch schlüssig: Gerade, wenn der Glauben an die Vorherrschaft des Guten kulturell spät und psychologisch wenig stabil errungen wurde, dann erzeugen neue Medienräume immer auch Unsicherheiten für die etablierten Wahrnehmungen sowie für die bestehenden Institutionen und Eliten. Zugleich bieten sie Herausforderern neue Möglichkeiten zur Attacke.

Lisa Fitz: »Ich sehe was, was Du nicht siehst«

Ein eindrucksvolles Beispiel für diese Mechanismen bietet der Sprechgesang ›Ich sehe was, was Du nicht siehst‹ der bayerischen Kabarettistin Lisa Fitz, die damit über YouTube innerhalb weniger Tage Hunderttausende erreichte und von Verschwörungsgläubigen für ihre ›Hymne des Widerstands‹ gefeiert wurde.

Das Lied wird eingeleitet mit einer Absage an jedes Weltvertrauen und der Verheißung auf enthüllende Wahrheiten:

»Immer wenn wir etwas nicht sehen wollen, gibt es das trotzdem …«

Die Zuhörer werden nun durchaus aggressiv herausgefordert, aus ihrem banalen, materiell bestimmten Alltag in eine Welt mythischer Enthüllungen zu wechseln. Dabei ist es auch gleich möglich, sich mit der Sängerin zu identifizieren und also auf die Seite der Anklage zu wechseln. Dieser Effekt wird durch die deutliche Aussprache unterstrichen, wogegen die Angeklagte mit tiefem Dialekt, mangelnder Bildung und höherem Alter identifiziert wird:

»Ich sehe was, was du nicht siehst, weil´s nicht so irre lustig ist.
Ich sehe das, was du nicht sehen willst
– weil du blind bist – und lieber shoppst und chillst.
I lies gar nix, i kauf mir jetzt a Kleid!«

Nun wird das Gefühl aufgerufen und als Tatsache verkündet, nach dem früher angeblich alles
besser gewesen sei. Als Erklärung für dieses Gefühl werden staatlich-politische Verschwörungen ›der Reichen‹ angeboten. Interessant ist auch, dass als Beleg dafür gar nicht die eigene
Armut angeführt wird – die bei vielen Verschwörungsgläubigen auch gar nicht gegeben wäre –,
sondern die »der Menschen neben mir«. Damit entzieht sich die Behauptung der Überprüfung
– denn Beispiele für Armut lassen sich notfalls digital schnell finden –, das Narrativ weckt aber
zugleich die Furcht, das nächste Opfer der ausbeuterischen Verschwörung zu sein.

»Die Welt wird fieser und an wem mag´s liegen?
Ich bin umzingelt von Staatsmacht und Intrigen.
Es rafft noch mehr, wer großen Reichtum hat
und die Menschen neben mir, die werd´n nicht satt.«

Nun wird die Spitze der Verschwörungspyramide benannt und dabei mit Rothschild und Soros nicht zufällig auf Juden verwiesen, dabei zudem eine Verbindung zu den antisemitischen
Mythen von Geldgier und Teufelskult aufgerufen.

»Der Schattenstaat, die Schurkenbank, der Gierkonzern,
wer nennt die Namen und die Sünden dieser feinen Herrn.
Rothschilds, Rockefeller, Soros & Consorten,
die auf dem Scheißeberg des Teufels Dollars horten.«

Vor allem Banken, aber auch Militärs, Waffenhändler und Geheimdienste bilden die Ebene
unter der Verschwörungsspitze:

»Die Masterminds und grauen Eminenzen
JP Morgans, Goldman Sachs und deren Schranzen,
Waffenhändler, Spekulanten, Militär,
Geheimdienste, Spione und noch mehr.«

Wo aber vernetzen sich diese Verschwörer? Nach klassischen Verschwörungsmythen in ›elitären‹ Geheimbünden und insbesondere in Freimaurerlogen! Ihnen wird nicht nur böses Desin-
teresse, sondern sogar der Wille zur Reduzierung der Bevölkerung unterstellt. Im Begriff der

›Kaltblüter‹ klingt zudem die Vorstellung von gestaltwandelnden Reptilienwesen an, die sich sowohl in mittelalterlichen Dämonologien wie im UFO-Glauben des 20. Jahrhunderts finden.

»Die elitären Clubs der bösen Herrn,
denen liegt dein kleines Einzelschicksal – so fern.
Es gibt sowieso zu viele Esser,
ohne die Vielen geht´s den Wenigen besser.
Die Kaltblüter mauern unsere Freiheit ein
Jahr für Jahr – ohne Eile – Stein um Stein ...«

Diese dämonologisch-außerirdische Mythologie wird im nächsten Absatz mit dem fantastischen Bild der ›satanischen Drachenreiter‹ bildhaft weiter ausgemalt. Dabei wird behauptet, dass die Informationen zum Erkennen dieser Superverschwörung eigentlich vorlägen, von den konsumorientierten (doch nicht so armen?) Menschen aber ignoriert würden. Dagegen erfolgt der direkte Aufruf zum Erkennen der verschwörungsmythologischen Wirklichkeit:

»Und wir sind zu blöd, um zu kapieren,
zu träge und zu faul zum Informieren,
kaufen Taschen, Schuhe, Schoko, Fußballkarten,
während Satans Drachenreiter auf uns warten.
He, du ...! -- He, du ...!«

Spätestens jetzt sei es an den Zuhörenden, sich dem Widerstand, den Enthüllenden anzuschließen.

»Mach die Ohren auf und höre, wie sie lügen!
Mach die Augen auf und sieh, wie sie betrügen!
Mach den Mund auf und sage, was du siehst!
Die Wahrheit ist oft leider ziemlich fies.«

In weiteren Abschnitten wird der Verschwörungsmythos um die pyramidenförmige Superverschwörung nun wiederholt und weiter ausgemalt. Die Existenz des Teufels wird dabei erneut besungen. Dagegen erfolgt schließlich der direkte Angriff auf die klassische, monotheistische Mythologie eines guten Schöpfers und Weltenherrschers:

»Deine Vision ist so naiv
und dein Glaube an den Gott, der ist so tief.
Doch sag ich dir, my love, dein Gott ist tot –
auf der Welt regieren Mord und Geld und Not.«

Im Endstück kulminieren schließlich die Aufrufe zum Widerstand, wobei auf höchster Dringlichkeit bestanden wird.

»Wart nicht, mein Lieb, du musst dich sputen
Die Zeit arbeitet nicht mehr für die Guten ...
Es ist nicht fünf vor zwölf – s´ ist fünf nach eins
und wenn du wo Gewissen suchst – s´ gibt keins.«

Das Lied mündet schließlich gar im Aufruf zum Kampf und Aufstand gegen die weltweite Superverschwörung, wobei auch hier ein einfacher Dualismus aus ›dem Volk‹ und ›den Eliten‹ verkündet wird.

»Alles, was das Volk je wollte
und was es bekommen sollte,
wurde niemals ihm geschenkt.
Wir müssen kämpfen – daran denkt!!«

Nicht nur die bereits ins Hunderttausendfache gehenden Abrufzahlen alleine auf YouTube verweisen auf die Faszination des besungenen Verschwörungsmythos. Auch Befragungsdaten zeigen eine weite Verbreitung von Verschwörungsglauben selbst in vergleichsweise wohlhabenden und gefestigten Demokratien. So stimmten laut der ›Mitte‹-Studie der Universität Leipzig 2016 34 Prozent der erwachsenen Befragten in Deutschland voll und weitere 22,6 Prozent teilweise der Aussage zu: »Die meisten Menschen erkennen nicht, in welchem Ausmaß unser Leben durch geheime Verschwörungen bestimmt wird.«

Mit noch höheren 34,8 Prozent voller und 28 Prozent teilweiser Zustimmung zur Aussage, dass »Politiker und andere Führungskräfte nur Marionetten dahinterstehender Mächte« seien, wird das Problem des Verschwörungsglaubens auch für jede Demokratie deutlich. Denn wer jedes Grundvertrauen in das Funktionieren guter Ordnungen verloren hat, kann in Dialog und Kompromissen, in rechtsstaatlichen Regeln und auch in positiver Religiosität, in Kultur, Wissenschaft und Wahlen kaum mehr sinnvolle Tätigkeiten erkennen. Der Verschwörungsglauben korrumpiert damit nicht nur das Zusammenleben nach abstrakten Regeln, sondern auch das Miteinander der Menschen bis in den Alltag hinein. An die Stelle der Nächstenliebe setzt er schon durch das beständige Schüren von Furcht schließlich den Nächstenhass. Endgültig bitter ist dabei, dass sich gerade auch populistisch agierende Eliten selbst vor den Folgen von Unruhen und Gewalt zu schützen oder gar weiter zu bereichern vermögen, wogegen ärmere und schwächere Milieus von den Folgen oft besonders tief getroffen werden. Die neueren Entwicklungen etwa in der Türkei und in den USA könnten ein Vorgeschmack auf weitere Jahre der Krise andeuten. Die digitale Medienrevolution erschüttert bewährte Regeln und

Institutionen und sie erlaubt gleichzeitig Populisten und Radikalen aller Art, die Reichweiten von Verschwörungsmythen immer wieder neu auszureizen.

Literatur:

Wolfgang BEHRINGER, *Hexen* – Glaube, Verfolgung, Vermarktung. 6. Aufl. (München 2015)

Michael BLUME, *Freimaurer, Rosenkreuzer, Illuminaten* – Symbole, Geschichte, Einfluss & Wirkung (Filderstadt 2013)

Ds., *Verschwörungsglauben* – Der Reiz dunkler Mythen für Psyche und Medien (Filderstadt 2016)

Jonathan SACKS, *Not in God's Name* – Confronting Religious Violence (London 2015)

Jeffrey SAMMONS, *Die Protokolle der Weisen von Zion* – Die Grundlage des modernen Antisemitismus: eine Fälschung. Text und Kommentar. 9. Aufl. (Göttingen 2016)

Wijnand VAN TILBURG/Eric IGOU, *Going to Political Extremes in Response to Boredom.* In: European Journal of Social Psychology 46 (2016), Issue 6, S. 687-699

Antisemitismus

Katharina von Schnurbein

SCHLUSS MIT ANTISEMITISMUS![1]

Was wäre Wien ohne die reiche jüdische Geschichte und Kultur? Dass es heute überhaupt wieder eine aktive (so aktive!) jüdische Gemeinschaft in Wien gibt, ist keine Selbstverständlichkeit und zeugt von der Stärke der hiesigen jüdischen Gemeinde. Organisationen wie der Sportverein ›Maccabi‹, das Maimonides-Zentrum, das Jüdische Berufliche Bildungszentrum oder das psychosoziale Zentrum ESRA sind Ausdruck eines intensiven Miteinanders zwischen der Gesamtgesellschaft und der jüdischen Gemeinde. So wie es eben sein soll.

In der Europäischen Kommission sind wir uns der besonderen Verpflichtung Europas zum Schutz und zur Unterstützung von jüdischem Leben sehr bewusst. Ohne seine 2000-jährige jüdische Geschichte wäre Europa nicht Europa und hätte heute auch keine Zukunft. Antisemitismus zu bekämpfen und damit jüdisches Leben zu unterstützen, ist deshalb ein wichtiger Faktor der europäischen Politik. Ich werde Ihnen im Folgenden einige EU-Initiativen darlegen.

Antisemitismus war nie ›nur‹ ein nationales Problem, sondern immer auch ein europäisches, und so müssen wir dem Krebsgeschwür auch mit europäischen Mitteln beikommen. Mir gefällt das Ausrufezeichen hinter dem Titel der Konferenz ›An End to Antisemitism!‹. Keiner wird so naiv sein zu glauben, dass man dem Antisemitismus schnell ein Ende setzen kann. Wenn wir jedoch nicht nach dem Maximum streben, werden wir nicht einmal das Minimum erreichen. In diesem Sinne ist das Ausrufezeichen sehr angebracht!

Zu Beginn des Jahres 2018 finden sich in Europa antisemitische Vorurteile in allen Formen, in allen Ländern, in allen Schichten der Gesellschaft, unabhängig von der Größe der jüdischen Gemeinde. Manchmal kommt es zu Straftaten, manchmal ›nur‹ zu Aussagen, die kaum erkennbar die jüdische Identität des Gegenübers oder einer imaginären jüdischen Übermacht gewollt oder ungewollt in Frage stellen.

Dort, wo antisemitische Vorfälle umfassend aufgezeichnet werden, sind die Zahlen rekordhoch: in Deutschland und Großbritannien (2017) sowie Frankreich (2016) wurden vier antisemitische Zwischenfälle pro Tag registriert. Dabei beträgt die jüdische Gemeinde in allen europäischen Ländern deutlich weniger als ein Prozent der Bevölkerung.

Die Demonstrationen im Dezember 2017 fand ich schockierend. Als Reaktion auf die von US-Präsident Trumps angekündigte Verlegung der US-Botschaft nach Jerusalem gingen

---

1 Bei diesem Text handelt es sich um die geringfügig bearbeitete und ins Deutsche übersetzte Fassung des Vortrags, den die Autorin im Rahmen der internationalen Antisemitismus-Konferenz ›An End to Antisemitism!‹ am 19. Februar 2018 in Wien gehalten hat.

im Herzen europäischer Städte – London, Paris, Wien, Berlin – Menschen auf die Straße, verbrannten Davidsterne und skandierten antisemitische Parolen. Derartige Aufmärsche vor dem Brandenburger Tor, 200 Meter vom Holocaust-Mahnmal entfernt, zu sehen, fand ich als Deutsche unerträglich. In Göteborg mussten sich junge Menschen, die Chanukka feierten, im Keller ihrer Synagoge verstecken, weil brennende Gegenstände auf das Gelände geworfen wurden. In Europa, 2017!

Im Namen der Europäischen Kommission haben der Erste Vizepräsident Timmermans und Kommissarin Jourová diese Vorkommnisse auf das Schärfste verurteilt und gefordert, dass die Täter schnell zur Rechenschaft gezogen werden.

Anerkennung des Problems für die Gesellschaft insgesamt

Europa steht an einer Gabelung. Steigender Antisemitismus ist nur eine von zahlreichen Alarmglocken. Während sie für Juden schon seit einiger Zeit läuten, zumindest seit dem brutalen Mord an Ilan Halimi in Frankreich im Jahr 2006, ist das Bewusstsein für die Gefahr in der Öffentlichkeit nicht sehr ausgeprägt. Während in Deutschland beispielsweise acht von zehn Juden den Antisemitismus als besorgniserregende, steigende Bedrohung betrachten, betrachten nur zwei Mitglieder der Allgemeinheit den Antisemitismus als erhebliche Bedrohung. Auch wenn die Berichterstattung über Antisemitismus in einigen Ländern nach den jüngsten Vorfällen zugenommen hat, ist dieser Befund auf geringe Berichterstattung in den Medien zurückzuführen.

Als älteste Minderheit wird ›der Jude‹ in Europa seit Jahrhunderten als ›der Andere‹ wahrgenommen. Judenhass in einer Gesellschaft hat in der Vergangenheit immer wieder zum Verfall der Offenheit dieser Gesellschaft geführt. Und so bedroht der Antisemitismus auch heute den Kern des europäischen Projekts als ein offenes System. Die EU gründete sich – nach der Schoah – mit dem Ziel, Europa zu einem Kontinent zu machen, in dem Menschen unterschiedlicher kultureller und religiöser Herkunft auf der Grundlage der Rechtsstaatlichkeit zusammenleben können. Die Geschichte lehrt uns, dass es mit den Juden anfängt, aber selten dort aufhört. Und so erleben wir bedeutenden Rassismus und Fremdenfeindlichkeit, die von Muslimen, Roma und anderen Minderheiten wahrgenommen werden, wie die EU-MIDIS-Umfrage gezeigt hat.

Wenn der Antisemitismus zunimmt, ist das also nicht nur eine Bedrohung für die Juden, sondern für die Gesellschaft als Ganzes und muss deshalb auch durch die Gesamtgesellschaft und ihre Institutionen bekämpft werden – auf europäischer, nationaler und lokaler Ebene sowie durch jeden Einzelnen, dem eine offene Gesellschaft teuer ist.

Anerkennung aller Formen eines Antisemitismus

Antisemitismus hat schon immer verschiedene Formen angenommen und hat sich an neue Gegebenheiten ›angepasst‹. Zurzeit ist oft die Rede vom ›neuen Antisemitismus‹, der durch die muslimische Gemeinschaft ›importiert‹ ist. Tatsächlich sind antijüdischen Vorurteile laut der ADL-Umfrage ›Global Antisemitism‹ bei Muslimen zwei- bis drei Mal höher als in der Gesamtbevölkerung und alle tödlichen Anschläge auf Juden in den vergangenen Jahren wurden von Muslimen verübt. Diese Tatsache muss anerkannt werden ohne dabei alle Muslime über einen Kamm zu scheren. Vogel-Strauß-Politik hilft uns nicht weiter. Vielmehr stärkt eine klare Benennung von Extremismus und Islamismus den Rücken derjenigen mutigen – oft muslimischen – Menschen, die antisemitische Haltungen in der muslimischen Gemeinschaft bekämpfen. Die Muslimische Jugend Österreichs (MJÖ) geht mit gutem Beispiel voran und hat gemeinsam mit dem Dokumentationsarchiv des österreichischen Widerstands (DÖW) ein Projekt gestartet, um den Antisemitismus unter muslimischen Jugendlichen zu thematisieren. Wie wir alle wissen, ist es immer am schwierigsten, Antisemitismus (und andere Formen von Rassismus und Diskriminierung) in den eigenen Reihen zu thematisieren. Wir brauchen in Europa noch mehr solcher Initiativen.

Gleichzeitig müssen wir auch die gesamtgesellschaftliche Realität anerkennen: Was sehen Flüchtlinge oder Menschen mit Migrationshintergrund, die ein bisschen an der Oberfläche des öffentlichen Diskurses kratzen: Im rechten und rechtsextremen politischen Spektrum rassistischen Antisemitismus, der in Rassengesetzen und der Schoah gipfelte und auch noch immer christlichen Antisemitismus und die Idee, dass die Juden Christus gekreuzigt haben. Holocaustleugnung oder -verzerrung bleibt eine florierende Industrie unter extremen Rechten, wird inzwischen aber auch durch Linke und Muslime betrieben, die Situationen mit dem Holocaust vergleichen, die diesen verharmlosen. Hier treffen sich die beiden Extreme. Die europäische Gesetzgebung kriminalisiert volksverhetzende Leugnung oder Verharmlosung des Holocausts; diese Gesetze müssen von den Mitgliedstaaten konsequent durchgesetzt werden.

Im linken politischen Spektrum sehen wir, wie sich Antisemitismus hinter Antizionismus und Israel-Hass verbirgt. Dahinter steckt die Idee, dass die Juden am Antisemitismus doch irgendwie selbst schuld seien. Der Nahostkonflikt wurde nicht nur von Migranten, die aus der Region kommen, importiert, sondern auch von Intellektuellen, Aktivisten und Politikern, die gelegentlich die rote Linie überschreiten und Gewalt gegen Juden in Europa mit Verweis auf die Politik oder die Existenz Israels erklären. Kein Konflikt auf der Welt rechtfertigt Hassrede oder körperliche Angriffe auf Juden in Europa!

Die weitreichendste Form des Antisemitismus sind schließlich Verschwörungstheorien, die sich links, rechts und in der muslimischen Bevölkerung finden und inzwischen die Mitte der Gesellschaft erreichen. Es entsteht der Eindruck, dass Schulleitern, Lehrern, Eltern der

Kompass dafür, was antisemitisch ist, anscheinend verloren gegangen ist und bisher meistens die Opfer die öffentlichen Schulen verließen und die Täter blieben. Die Folge sind Richter, die – wie im Fall der Wuppertaler Synagoge – einen Brandanschlag durch Palästinenser zwar als Straftat, nicht jedoch als antisemitische Tat werten – mit Verweis auf deren politischen Überzeugungen. Und bei Anti-Israel-Demonstrationen zögern Ordnungskräfte einzuschreiten, wenn die rote Linie zu Judenhass in Europa überschritten wird.

Europäischer Mehrwert gepaart mit enger Zusammenarbeit mit den Mitgliedstaaten

Die EU basiert auf dem Vertrag von Lissabon, der die Zuständigkeiten auf europäischer und nationaler Ebene definiert. Und in der Tat sind viele der Themen, die im Kampf gegen Antisemitismus in Angriff genommen werden müssen, wie Sicherheit, Integration, Ausbildung der staatlichen Verwaltung, Lehrerausbildung, Lehrpläne in nationaler Verantwortung. So hat jeder Mitgliedstaat seinen eigenen Ansatz, entsprechend seinen Strukturen und seiner Geschichte. Der Mehrwert der EU in diesen Bereichen besteht darin, bewährte Praktiken auszutauschen und den Mitgliedstaaten einen gewissen Impuls zu geben.

Um unsere Politik anzupassen, müssen wir wissen, wie die jüdischen Gemeinden in ganz Europa die Bedrohung durch Antisemitismus und ihre möglichen Reaktionen wahrnehmen.

In diesem Sinne initiierte die EU-Justizkommissarin Vera Jourová durch die Europäische Grundrechteagentur hier in Wien die bisher größte Umfrage unter europäischen Juden zu ihrer Wahrnehmung und Erfahrung mit Antisemitismus. Auf repräsentative Weise werden 95 Prozent der europäischen Juden in 13 Ländern befragt; die Ergebnisse werden im Dezember 2018 veröffentlicht. Die Umfrage soll einen Ländervergleich ermöglichen und damit den Mitgliedstaaten die Möglichkeit geben, entsprechende Maßnahmen zu ergreifen. Die Umfrage wird der EU-Kommission als Grundlage für weitere gezielte politische Ausrichtung und Maßnahmen dienen, die die Grundrechte jüdischer Menschen besser schützen.

Man kann ihn nicht bekämpfen, ohne ihn zu definieren

Um die Dringlichkeit der Antisemitismusbekämpfung auf allen Ebenen deutlich zu machen, nutzen wir jede Gelegenheit – oft zusammen mit den nationalen jüdischen Vertretern –, um die zuständigen nationalen Minister und Ministerien, die Arbeitsgruppen des Rates, EU-Präsidentschaften und internationale Organisationen zu überzeugen. Wir empfehlen deshalb die Ernennung nationaler Antisemitismusbeauftragter, die sich dann auf EU-Ebene regelmäßig austauschen. Inzwischen haben ein Drittel der EU-Mitgliedstaaten bereits eine solche Anlaufstelle eingeführt.

Nach der Verabschiedung der nicht rechtsverbindlichen Antisemitismus-Arbeitsdefinition durch die International Holocaust Remembrance Alliance (IHRA) im Mai 2016 hat das Europäische Parlament diese am 1. Juni 2017 in einer Resolution zum Antisemitismus angenommen und die Annahme den Mitgliedstaaten ebenfalls empfohlen. Sechs Mitgliedstaaten haben die Definition inzwischen angenommen (Vereinigtes Königreich, Österreich, Deutschland, Bulgarien, Rumänien, Litauen), dazu hunderte Städte und Gemeinden sowie zahlreiche Universitäten. Einige Mitgliedstaaten haben begonnen, die Definition als Leitfaden für ihre Ausbildung von Polizei, Richtern und Lehrern zu verwenden.

Die Europäische Kommission selbst führt inzwischen ebenfalls Mitarbeiterschulungen auf der Grundlage der Definition durch.

Die Definition ist nicht rechtsverbindlich, aber ein guter Leitfaden für den öffentlichen Diskurs. Sie hilft NGOs, jüdischen Gemeinden und staatlichen Behörden, die verschiedenen Formen des Antisemitismus zu benennen und anzuerkennen. Es ist wichtig, Antisemitismus sichtbarer zu machen, um ihn zielgerichtet zu bekämpfen und das allgemeine Bewusstsein zu schärfen.

Sicherstellung einer ordnungsgemäßen Datenerfassung von Hasskriminalität und antisemitischen Vorfällen

Jedes Jahr im November veröffentlicht die Agentur für Grundrechte einen Bericht über antisemitische Hassverbrechen in jedem EU-Mitgliedstaat. Auch im vergangenen Jahr meldeten acht Mitgliedstaaten keine antisemitischen Handlungen.

Viele Länder kategorisieren die politischen Überzeugungen der Täter antisemitischer Hasskriminalität nicht. Oft werden in alter Tradition alle antisemitischen Hassverbrechen einfach als ›rechts‹ kategorisiert. Und rechter Antisemitismus darf keinesfalls verharmlost werden.

Um die Datenerfassung über Hasskriminalität zu verbessern, hat die Europäische Kommission im Juni 2016 eine hochrangige Gruppe von Vertretern der Innen- und Justizministerien der Mitgliedstaaten einberufen, die die korrekte Datenerfassung verbessern und europaweit vereinheitlichen soll. Das ist eine Voraussetzung, um sicherzustellen, dass Straftaten untersucht und gegebenenfalls in allen 28 EU-Mitgliedstaaten verfolgt und sanktioniert werden.

In Ländern, in denen Daten ordnungsgemäß erhoben werden – in der Regel mit Hilfe von NGOs, die eng mit der jüdischen Gemeinde sowie der Polizei zusammenarbeiten – wurde 2017 eine Rekordzahl antisemitischer Vorfälle registriert, die von verbalen und Online-Bedrohungen bis hin zu Übergriffen reichen.

Über die Holocaust-Bildung hinaus

Präsident Juncker betonte in seinem Statement zum Holocaust-Gedenktag 2018, dass wir nicht nur die Verantwortung tragen, der Schoah und der ermordeten Juden zu gedenken, sondern die daraus gezogenen Lehren, gerade auch in Bezug auf die Gründung der Europäischen Union, der nächsten Generation weiterzugeben. Dies kann helfen, den Widerstand gegen Diskriminierung, Rassismus und Antisemitismus in der Gesellschaft zu stärken.

Doch selbst in Ländern wie Deutschland, in denen der Holocaust fest in den Lehrplänen der Schulen verankert ist, was bei weitem nicht in allen Mitgliedstaaten der Fall ist, ist Holocaust-Bildung nicht Teil der allgemeinen Lehrerausbildung. Und Information über moderne Formen des Antisemitismus erreicht noch weniger Studierende. In Wirklichkeit muss aber auch der Sportlehrer antisemitische Bemerkung erkennen können und wissen, wie er darauf reagieren muss.

Es ist begrüßenswert, dass UNESCO und das Office for Democratic Institutions and Human Rights (ODIHR) derzeit an Richtlinien zur Lehrerbildung und Orientierung zur Bekämpfung von Antisemitismus im Bildungswesen arbeiten. Wir werden ihre Bemühungen unterstützen, alle EU-Mitgliedstaaten mit den Ergebnissen zu erreichen.

In der Kommission selbst veranstalten wir jährlich anlässlich des Internationalen Holocaust-Gedenktages eine interne Schulung für EU-Beamte, die sich spezifisch mit der Rolle der Beamten bei der Herbeiführung des Holocaust befasst.

Bekämpfung illegaler Online-Hassrede

Angesichts des deutlichen Anstiegs rassistischer und antisemitischer Inhalte im Internet hat die Europäische Kommission im Mai 2016 einen Verhaltenskodex mit den großen IT-Unternehmen geschlossen, mit dem Ziel, illegale Hassreden schneller zu löschen. Anfänglich haben sich Facebook, Microsoft, YouTube und Twitter verpflichtet, illegale Hassreden innerhalb von 24 Stunden nach europäischem Recht zu überprüfen und gegebenenfalls zu löschen. Unsere jüngsten Daten zeigen den kontinuierlichen Fortschritt bei der Beseitigung illegaler Hassreden: 70 Prozent der Texte werden entfernt und über 80 Prozent innerhalb von 24 Stunden überprüft. Inzwischen haben sich auch Instagram, Snapchat und Google Plus dem Verhaltenskodex angeschlossen. Es bleibt noch viel zu tun, insbesondere brauchen wir mehr Transparenz, wenn Hassrede nicht gelöscht wird.

Endziel: Normalität für Juden in Europa!

Die Sicherheit seiner Bürger zu gewährleisten, ist eine der grundlegenden Aufgaben eines Staates. Das gilt auch für jüdische Einrichtungen und die Kosten dafür dürfen nicht auf die jüdischen Gemeinden abgewälzt werden. Es ist deshalb zu begrüßen, dass die österreichische EU-Ratspräsidentschaft die Sicherheit jüdischer Einrichtungen auf die Agenda gesetzt hat.

Alle diese Maßnahmen sind derzeit notwendig, doch dürfen wir das eigentliche Ziel unserer Bemühungen nicht aus den Augen verlieren, nämlich Normalität für Juden in Europa. Juden sollten wie alle anderen Bürger auch, die Möglichkeit haben, Lebensentscheidungen frei zu treffen, nicht mit der Sicherheitsfrage im Hinterkopf. Religiös oder säkular: sie sollen entscheiden dürfen, ob sie jüdische Symbole tragen oder nicht, ob sie eine Mesusa an ihrer Tür anbringen oder nicht, ob sie ihre Kinder auf öffentliche oder jüdische Schulen schicken.

Ich habe eingangs erwähnt, dass, wenn Antisemitismus auf dem Vormarsch ist, etwas Größeres vor sich geht. Das stimmt. Aber auch das Gegenteil ist der Fall: Jüdisches Leben in seiner Vielfalt als integralen Bestandteil Europas zu akzeptieren, ist ein Zeichen für eine gesunde Gesellschaft. Die Akzeptanz jüdischen Lebens wird sich positiv auf gesellschaftlichen Zusammenhalt auswirken und anspornen, sich gegen jede Form von Rassismus und Fremdenfeindlichkeit zu stellen. Antisemitismus zu verurteilen und zurückzudrängen, ist eine kontinuierliche und sich wiederholende Übung. Zivilcourage ist ein Gemütszustand.

Es liegt also im Interesse und in der Verantwortung jedes einzelnen Europäers, »dem Antisemitismus ein Ende zu setzen!«

Digitalisierung

Catarina Katzer

SMARTGLOBAL, GLÄSERN UND VERNETZT

Wachsende Spielräume digitaler Chancen versus Risiken des Scheiterns: Wo liegen die digitalen Grenzen für Ökonomie, Gesellschaft, Individuum und nationale Politik?

Metablick Digitalisierung

Connectedness, Entgrenzung und Transparenz, Access und Geschwindigkeit, Macht der Daten sowie smarte, virale globale Ökonomie beschreiben die prägendsten Veränderungen des 21. Jahrhunderts – den Weg in das digitale Zeitalter. Dabei bestimmen immer neue Wortschöpfungen wie ›Sharing Economy‹, ›Big Data‹, ›Blockchain‹, ›Internet of things‹ (IOT), ›Industrie 4.0‹, ›Künstliche Intelligenz‹ (KI) oder ›Virtual‹ und ›Augmented Reality‹ die täglichen Medienberichte. Doch welche konkrete Bedeutung haben diese Begrifflichkeiten für die zukünftigen Entwicklungen auf gesamtgesellschaftlicher, ökonomischer und politischer Ebene? Und was bedeuten sie für den Menschen im Einzelnen?

Eines steht außer Frage: In noch nie dagewesener Form verändert der Digitalisierungsprozess unsere Art Mensch zu sein – von der Entwicklung der individuellen Persönlichkeit bis zur Gestaltung unseres sozialen Lebens, ob beruflich oder privat. Unser Alltagshandeln wird dabei immer stärker von den Grundprinzipien des Internets ›Schnelligkeit und ständige Erreichbarkeit‹ geprägt – und das im 24 Stunden-Takt. Viele Smartphone-Nutzer sind sogar im Schlafzimmer online, in der ›Generation Y‹ sind es mittlerweile 75 Prozent.[1] Der Internetrhythmus beginnt somit unseren eigenen Biorhythmus zu bestimmen. Und auch unser Körpergefühl wird digitaler. Der Mensch scheint regelrecht mit der Technik zu verwachsen – er wird zu einem Homo digitalis. So werden Smartphones immer stärker als eigener Körperteil wahrgenommen.[2] Dabei stehen wir erst am Anfang. Was geschieht, wenn die Technologie tat-

---

1 The Advertiser, *Who's Responsible for Smartphone Addiction?* (http://www.adelaidenow.com.au/technology/smartphones/manufacturers-urged-to-take-action-on-mental-health-side-effects-of-smartphone-addiction/news-story/c22e313c5ac32bb7d56623192a65d06b; abgerufen am 01.03.2018); Computer Bild, *Studie: Viele Menschen gehen mit dem Handy ins Bett* (http://www.computerbild.de/artikel/cb-News-Handy-Studie-Handynutzung-19365465.html; abgerufen am 01.03.2018).

2 Roman LIEPELT/Thomas DOLK/Bernhard HOMMEL, *When objects become part of the body*. In: Christina BERMEITINGER/Andreas MOJZISCH/Werner GREVE (Hg.), *Beiträge zur 57. Tagung experimentell arbeitender Psychologen* (Lengerich 2015); Rudolf HUBER, *Ein Smartphone als Körperteil* (http://umwelt-panorama.de/news.php?newsid=356476; abgerufen am 01.03.2018).

sächlich Teil unseres Körpers wird, in Form von Screens auf Unterarmen, implantierten Chips in Handgelenken[3] und Linsen, die Nachrichten von WhatsApp, Instagram oder Twitter direkt auf unsere Netzhaut werfen oder uns direkt in künstliche virtuelle Welten abtauchen lassen, kann niemand voraussagen.

Doch nicht nur menschliches Verhalten ist diesem digitalen Wandel unterworfen, nahezu sämtliche Lebensräume verändern sich. Smartphone-Wege prägen Stadtbilder in China. Bodenampeln an Straßenbahnhaltestellen und QR-Codes an Touristenattraktionen sind auch in Europa zu finden. E-Mobilität und autonomes Fahren sollen verkehrsentlastend und umweltschonend wirken. Smarte Landwirtschaft setzt auf Drohnen als Schädlingsbekämpfer und Erntehelfer oder bestimmt die optimale Melkzeit für die Milchproduktion per App. Arbeits- und Berufswelten zeichnen sich immer stärker durch digitale Arbeitsplätze, Robotik oder selbstlernende Prozesse aus. In der Gesundheitsversorgung spielt die digitale Diagnostik eine immer größere Rolle – aus Bequemlichkeits-, aber auch aus Kostengründen.[4] Daneben verändert sich das Konsumentenverhalten nachdrücklich und löst dadurch einen Schrumpfungsprozess des Detailhandels in den Städten aus.[5] Gleichzeitig verschmelzen Internetunternehmen mit traditionellen Einzelhändlern, wie z. B. Amazon mit der Handelskette Whole Foods.[6] Und auch die chinesischen Amazon-Konkurrenten Alibaba und Tencent bauen ihren stationären Handel aus.[7] Sie schlagen damit die Brücke vom klassischen Konsum zum Online-Handel und optimieren dadurch ihre Kundenbindung. Überhaupt bekommen traditionelle Unternehmensformen starke digitale Konkurrenz. So stellen Uber oder Airbnb das Taxigewerbe sowie den Wohnungs- und Übernachtungsmarkt völlig auf den Kopf.[8]

---

3   Three Square Market (USA) erhält die Technologie von der schwedischen Firma BioHax. In Schweden läuft ein Versuch mit Freiwilligen, die sich Mikrochips haben implantieren lassen. In einem weiteren Pilotprojekt, ebenfalls in Schweden, können die Chips auch als Zugbillett verwendet werden; vgl. 20 Minuten, »Halb Mensch, halb Kreditkarte« – US-Angestellte lassen sich Mikrochips einpflanzen (http://m.20min.ch/digital/news/story/11452099; abgerufen am 01.03.2018).

4   Man denke an Apples Health App. Sie soll um eine Funktion erweitert werden, die sämtliche Krankenakten und Daten zusammenzuführt, über die der Patient selbst verfügen kann. Oder Alphabet, dessen Tochterunternehmen wie City Block Health z. B. daran arbeiten, mit Hilfe von Artificial Intelligence Krankheiten zu erkennen; vgl. The Economist, 03.02.2018, S. 9, 51.

5   Thomas RAUSCH, Hoffnungsthaler Händler wollen mit ihrer Aktion die Kundschaft aufrütteln. In: Kölner Stadt-Anzeiger, 07.07.2017 (online: https://www.ksta.de/region/rhein-berg-oberberg/roesrath/abgeklebt-hoffnungsthaler-haendler-wollen-mit-ihrer-aktion-die-kundschaft-aufruetteln-27934158?view=fragmentPreview; abgerufen am 01.03.2018).

6   Finanzen.net GmbH, Top-Analyst sieht Amazon 2018 vor Mega-Übernahme (http://www.finanzen.ch/nachrichten/aktien/Top-Analyst-sieht-Amazon-2018-vor-Mega-Uebernahme-1012651408; abgerufen am 01.03.2018).

7   Zehn Milliarden Dollar für Übernahmen. In: Die Welt, 20.02.2018.

8   Airbnb in Berlin – Berliner Zweckentfremdungsgesetz wird verschärft. In: Der Tagesspiegel, 19.10.2017 (online: http://www.tagesspiegel.de/berlin/airbnb-in-berlin-berliner-zweckentfremdungsgesetz-wird-verschaerft/20472786.html; abgerufen am 01.03.2018).

Und auch das Politikgeschehen bleibt von den Prozessen der Digitalisierung nicht unberührt. Wahlwerbung wird gezielt an den Konsumenten über Twitter, Facebook oder Instagram geliefert. Gerade für neue Parteien bieten soziale Netzwerke ein wachsendes Potenzial, um den Bekanntheitsgrad zu erhöhen und Wahlerfolge einzufahren. So zeigte im deutschen Bundestagswahlkampf 2017 die AfD hier die eindeutig stärksten Aktivitäten aller Parteien.[9] Gleichzeitig sollen die Dienste des Staates durch die Digitalisierung deutliche Hilfestellung erhalten, ob in der Organisation der öffentlichen Verwaltung oder bei der konkreten Umsetzung sozialpolitischer Aufgaben. Dies gilt auch für die Bewältigung staatspolitischer Fragen und Probleme. So könnte ein Algorithmus zukünftig dabei helfen, die Verteilung von Flüchtlingen zu strukturieren und dabei optimale Bedingungen für zukünftige Arbeits- und Ausbildungsoptionen und damit ihre Integration zu schaffen.[10] Allerdings kann der staatliche Digitalisierungsprozess auch dazu führen, dass die Staaten selbst immer mehr zu ›digitalen Giganten‹ werden, zu einem ›virtuellen Leviathan‹. So kommt man in China dem gläsernen Bürger einen großen Schritt näher: Ein Scorecard-System soll ab 2020 jeden der 1,4 Milliarden Staatsbürger abbilden, mit all seinen Vorzügen – aber auch Makeln. Dabei können die individuellen Zukunftschancen gleich mit ermittelt werden. Anhand vorhandener Daten,[11] die das gesamte Verhaltensspektrum der Menschen abbilden sollen, wird ein Wert bzw. ein Ranking für den Status quo, aber auch das individuelle Entwicklungspotenzial errechnet. Kooperationspartner sind bereits gefunden: Alibaba und Tencent. Der Mensch als Individuum wird somit immer stärker ökonomisiert – er wird zur Summe seiner ›selling points‹. Allerdings ist für die immer gläserner werdende Gesellschaft nicht nur staatliches Handeln verantwortlich. Auch durch das quasi erzwungene automatische Abgeben des Dateneigentums an Internetkonzerne wie Facebook, Apple oder Alphabet und natürlich durch das eigene unbewusst oder bewusst transparente Verhalten wird der User berechenbar und sein Nutzen quantifizierbar.[12] Self-Tracking ist nur ein Beispiel: die Selbstüberwachung von Konsumgewohnheiten, Sportverhalten, Gesundheitsdaten und vielem mehr. Mittlerweile nutzt fast ein Drittel der deutschen und österreichischen Bevölkerung zwischen 20 und 60 Jahren sogenannte Fitness-Tracker.[13] Die Ökonomie scheint hier als treibende Kraft für unser individuelles Konsumverhalten: Ein 2 Milliarden-Markt al-

9   *Haris Media helps AFD win seats with Facebok and Google targetin*g. In: Bloomberg Businessweek (Europe Edition), 02.10.2017.

10 N-tv, *Algorithmus soll helfen* – Flüchtlingsintegration per Rechenformel (https://www.n-tv.de/wissen/ Fluechtlingsintegration-per-Rechenformel-article20238665.html; abgerufen am 01.03.2018).

11 Z. B. Lebensverlauf, kritische Ereignisse, Gesundheitszustand, Schulabschlüsse, Noten, beruflicher Werdegang, Kreditwürdigkeit etc.

12 Vgl. das Portal *Quantified Self* (http://quantifiedself.com/).

13 Bitkom, *Gemeinsame Presseinfo von Bitkom und BMJV: Fast ein Drittel nutzt Fitness-Tracker* (https://www. bitkom.org/Presse/Presseinformation/Gemeinsame-Presseinfo-von-Bitkom-und-BMJV-Fast-ein-Drittel-nutzt-Fitness-Tracker.html; abgerufen am 01.03.2018); Statista, *Welche Tracking- bzw. Fitness-App besitzen Sie?* (https://de.statista.com/statistik/daten/studie/452991/umfrage/besitz-von-tracking-bzw-fitness-apps-nach-altersgruppen-in-oesterreich/; abgerufen am 01.03.2018).

leine in Europa; bis 2020 wird dessen Potenzial auf mindestens 18 Milliarden weltweit geschätzt.[14] Nicht eingerechnet sind die Kostenersparnisse, die sich z. B. Versicherungskonzerne erhoffen, die durch neue flexible Tarife, bei denen der Kunde seine Daten zur Verfügung stellt, erwirtschaftet werden sollen.

Der digitale Wandel ist somit allumfassend. Das zeigen alleine diese Beispiele sehr deutlich. Richtet man für eine Bewertung dieser Veränderungen zunächst den Metablick auf die Vielfalt der Digitalisierung, erscheint sie als Garant für Wohlstand, Bildungs- und Chancengleichheit, das Ende der Kluft zwischen westlichen Industrienationen und Entwicklungsländern, eine Annäherung der Wohlfahrts- und Bildungsniveaus. Auch bringt sie uns in ein neues Zeitalter für gelebte Demokratie, direkte Mitgestaltung und Bürgerbeteiligung.[15] Die Potenziale für ökonomischen Erfolg, das Voranschreiten der Wissensgesellschaft, die Entwicklungsoptimierung jedes Einzelnen sowie das Erleben und Gestalten von Freiheit und Demokratie vervielfältigen sich somit. Doch dürfen wir es uns so einfach machen, indem wir den Fokus vorrangig auf Vorzüge und Chancen des digitalen Wandels richten? Erwächst sich die digitale Revolution tatsächlich zum Modus operandi für die Lösung unserer globalen Probleme oder werden nicht auch neue geschaffen, die nicht voraussehbar sind?

Ein kritischer Blick ist somit durchaus angebracht. Wir sollten viel mehr hinterfragen statt Entwicklungen einfach hinzunehmen. Inwiefern bedeutet z. B. autonomes Fahren automatisch gleich mehr Sicherheit auf den Straßen, führen Smart Home, Alexa und Co. stets zu mehr Bequemlichkeit und Lebensqualität im Privaten zu Hause oder die Sharing Economy zu mehr Nachhaltigkeit und Ressourcenschonung? Werden durch die fortschreitende Vernetzung und Datentransparenz tatsächlich Krankheiten schneller geheilt oder Kriege verhindert?

Eines zeigt der bisherige Diskurs unmissverständlich: Die Digitale Revolution wirft vollkommen neue Fragestellungen aus ökonomischer, gesellschaftspolitischer sowie moralisch und ethischer Sicht auf, denen sich die Weltgesellschaft, aber auch die nationale Politik bewusst stellen müssen.[16] Wir sollten somit durchaus über digitale Grenzen nachdenken, bei deren Überschreitung sich der Nutzen für Mensch und Gesellschaft in das Gegenteil verkehrt. Auch darüber, welche Zukunftsgesellschaft wir wollen.

Hierbei rückt auch die Aufgabe nationaler Politik in den Fokus. Was vermag nationale Politik angesichts dieser Veränderungen noch zu leisten? Oder besser gesagt: Was muss sie

---

14   CEBIT, *Self-Tracking setzt Milliarden um* (https://www.cebit.de/de/news-trends/news/self-tracking-setzt-
      milliarden-um-177; abgerufen am 01.03.2018).
15   Man denke an den Arabischen Frühling oder Bürgerjournalismus durch Organisationen wie das Medienkollektiv Papo Reto in Rio de Janeiro.
16   Catarina KATZER, *Haben wir das Gerät im Griff oder das Gerät uns?* Podiumsdiskussion SMARTPHONE
      & SEELE, Fritz-Thyssen-Stiftung Köln, 12.10.2017.

gerade heutzutage leisten, um diesen Wandel für die Bevölkerung aktiv mitzugestalten? Und inwiefern benötigen wir verstärkt ein europäisches und internationales Vorgehen?

Möchte man eine genauere Einschätzung der Folgen dieser Transformationsprozesse abgeben, muss man die verschiedenen Perspektiven des digitalen Wandels betrachten – sozusagen die Makro- wie die Mikroebene gleichermaßen. Im Folgenden sollen deshalb verschiedene Aspekte wachsender Spielräume digitaler Chancen, aber auch Risiken des Scheiterns für Ökonomie, Gesellschaft und Politik andiskutiert werden.

Smarte Ökonomie und digitale Gesellschaft vor dem Hintergrund von Monopolisierungstendenzen und Transparenz als Geschäftsmodell

Monopolisierungstendenzen – eine nationale und globale Gefahr?

Die hohe Komplexität der Fragestellungen rund um das digitale Zeitalter gerade auf der ökonomischen Ebene zeigte sich im Januar 2018 anlässlich des Schweizer WorldWebForums.[17] Aus dem Blickwinkel von Investoren und Fondsmanagern überwiegen deutlich die Vorteile für den volkswirtschaftlichen Wohlstand aller Gesellschaften sowie der Nutzen für den Menschen als Individuum. So steigt die unternehmerische Vielfalt, der Arbeitsmarkt wird belebt, neue Jobs und Berufsbilder entstehen und dies bedeute ein höheres Wohlstandsniveau für alle.

Die Digitalisierung erscheint ganz klar als ökonomische Treibkraft für die Entstehung von Wohlstand. Dies zeigt sich gerade auch in den Schwellenländern. So verzeichnet z. B. Indien zwar insgesamt immer noch ein starkes Wohlstandsgefälle innerhalb der Gesellschaft, dessen Wirtschaftswachstum war aber in den letzten Jahren mit am stärksten weltweit,[18] nicht zuletzt wegen der erfolgreichen Etablierung der Technologiebranchen. Ähnliches gilt für China. Man denke an Tencent (u. a. Anbieter von Wechat, dem chinesischen Facebook) und Alibaba, die beiden Internetkonzerne, die mittlerweile auf den Rängen 7 und 8 der weltweit teuersten Unternehmen der Welt stehen[19] – gelungen allerdings durch den erfolgreichen Protektionismus des Staates, der das Vordringen sowie die Nutzung ausländischer Internetangebote strengstens untersagt. Diese beiden Beispiele zweier völlig unterschiedlicher Marktkonstellationen ma-

---

17 Vgl. *Worldwebforum* (https://worldwebforum.com/).

18 *Industrienationen in der Krise*. In: Die Zeit, 15.04.2015 (online: http://www.zeit.de/wirtschaft/2015-04/wohlstand-verteilung-oecd; abgerufen am 01.03.2018); Klaus METHFESSEL, *Der wahre Wohlstand der Nationen*. In: Wirtschaftswoche, 08.07.2012 (online: http://www.wiwo.de/politik/ausland/aus-der-weiten-welt-ueberraschungen-beim-wohlstand-je-einwohner/6846952-2.html; abgerufen am 01.03.2018).

19 Luca PERLER, *Das sind die wertvollsten Unternehmen der Welt*. In: Internet World Business, 08.01.2018 (online: https://www.internetworld.de/onlinemarketing/unternehmen/wertvollsten-unternehmen-welt-1457266.html; abgerufen am 01.03.2018).

chen allerdings auch deutlich: Die Old Economy wird immer stärker von der New Technology abgelöst. Software- und Internet-Konzerne wie Apple, Alphabet, Microsoft, Facebook, Alibaba oder Tencent werden zu Global Player mit marktbeherrschender Stellung und astronomischen Marktwerten. So pendelt sich Apple seit Ende 2017 bei einem Unternehmenswert von ca. 850 Milliarden Dollar ein. Und jedes der wichtigsten Internet- bzw. Softwareunternehmen ist mehrere Male so viel wert wie General Electric, eines der größten Industrieunternehmen (Mischkonzerne) der Welt.[20] Dabei investieren die digitalen Größen in sämtliche Lebensbereiche: All jene Entwicklungen, die mit künstlicher Intelligenz, Robotik, Smart Home, digitaler Gesundheit oder Industrie 4.0 ökonomisch gesehen in Verbindung gebracht werden könnten, wird in ihre Unternehmen integriert. Allein im Jahr 2013 wurden von Google/Alphabet 18 Unternehmen übernommen, darunter auch Boston Dynamics, einer der damals innovativsten Roboter-Hersteller der Welt.[21] 2014 wurde der Rauchmelder- und Thermostathersteller Nest Labs für 3,2 Milliarden Dollar erworben und daraufhin kaufte die neue Google-Tochter Nest Labs die Firma Dropcam, die vernetzte Kameras und Sensoren herstellt. Auch in Uber investierte Google 2013. Nun stehen sie allerdings als Gegner vor Gericht. Der Grund: Uber erwarb das Self driving trucking-Start-up OTTO. Dessen Co-Gründer, ein ehemaliger Google-Mitarbeiter, kopierte unrechtmäßig 14.000 Datenfiles mit Informationen über Googles selbstfahrende Autos und nahm diese in sein neues Unternehmen einfach mit.[22] Aber auch die Old Economy selbst bleibt von digitalen Eingriffen nicht unberührt. Man denke an die Kooperation des Automobilherstellers Mercedes Benz[23] mit Google (Alphabet) und dessen System Google Home oder an Amazon, Alibaba und Tencent, die in sämtliche Handelsbereiche investieren, online und offline, aber auch in andere Tätigkeitsbereiche, so wie Amazon in den Markt für Krankenversicherungen.[24]

Doch was bedeutet es nun ökonomisch und gesellschaftspolitisch, wenn wenige Internet- und Softwaregiganten beginnen, weltweit sämtliche Branchen zu beherrschen?

---

20 Apple: 876 Milliarden US-Dollar, Alphabet: 733 Milliarden US-Dollar, Microsoft: 661 Milliarden US-Dollar, Facebook: 516 Milliarden US-Dollar, GE 261,2 Milliarden US-Dollar im Jahr 2017; vgl. Kerstin PAPON, *Das sind die wertvollsten Unternehmen der Welt*. In: Frankfurter Allgemeine Zeitung, 29.12.2017 (online: http://www.faz.net/aktuell/wirtschaft/diginomics/das-sind-die-wertvollsten-unternehmen-der-welt-15364862.html; abgerufen am 01.03.2018).

21 Markus BECKER, *Google schluckt Militärroboter-Hersteller*. In: Spiegel, 14.12.2013 (online: http://www.spiegel.de/wissenschaft/technik/google-kauft-hersteller-fuer-militaerroboter-boston-dynamics-a-939088.html; abgerufen am 01.03.2018).

22 *Ubers's horrible year was weirder and darker than you thought*. In: Bloomberg Businessweek (Europe Edition), 22.01.2018.

23 Marcus JORDAN, *Mercedes-Benz integriert den Google Assistant*. In: Mercedes-Benz Passion-Blog, 24.01.2017 (http://blog.mercedes-benz-passion.com/2017/01/mercedes-benz-integriert-den-google-assistant/; abgerufen am 01.03.2018).

24 Gemeinsam mit JPMorgan und Berkshire Hathaway geplanter Gesundheitskonzern.

Um diese Frage zu beantworten scheint es notwendig, die Entwicklung der zunehmenden Machtkonzentration aus globaler und nationaler Perspektive heraus zu betrachten: Richtet man zunächst den globalen Blick auf mögliche Monopolisierungstendenzen, besteht durchaus die Gefahr, dass sich eine Art neues digitales Vasallentum entwickelt – eine immer stärkere Abhängigkeit der Entwicklungsländer von den westlichen Internet-Entrepreneuren. Eine Stärkung der digitalen und auch sozialen Kluft zwischen Schwellen- und Industrieländern wäre die Folge und eben nicht deren schrittweise Auflösung. Es ist sogar denkbar, dass wir an der Schwelle zu einer stärkeren globalen Arbeits- und Wohlstandsteilung stehen, einem neuen technologisierten geopolitischen Block-System: auf der einen Seite die USA der Technologie-Entrepreneure mit dem alten Europa als ›Adaptierer‹, daneben China als digitalem Protektorat und als Schlusslicht die Schwellenländer, die maximal Dienstleister der anderen werden.

Das Risiko eines Auseinanderdriftens der bereits wohlhabenden, in Technologie investierenden Industriestaaten auf der einen und der Entwicklungsländer auf der anderen Seite besteht somit durchaus.

So bestätigte die Breitbandkommission für digitale Entwicklung im September 2017, dass weltweit immer noch insgesamt 3,9 Milliarden Menschen über keinen Internetzugang verfügen. In den Entwicklungsländern sind es nur 41,3 Prozent der Bevölkerung, die das WWW nutzen und in den am wenigsten entwickelten Ländern (Least Developed Countries) sogar nur 17 Prozent, so die ehemalige Präsidentin der Deutschen UNESCO-Kommission Metze-Mangold. Und auch die Geschlechterungleichheiten beim Internetzugang wachsen in den Entwicklungsländern, vor allem in Afrika.[25] Statt Annäherung könnten also immer größere soziale Ungleichheiten zwischen Industrie- und Entwicklungsländern entstehen.

Ein wichtiger Aspekt hierbei: Die digitale Macht liegt aktuell eindeutig in den Händen der weißen, männlichen Generation der 1990er Jahre.[26] Sie bestimmt, was die Mehrheit der weltweiten Bevölkerung sieht, nutzt und vor allem welche Jobs sie erhält.

Digital Divide also statt globaler Wissensteilhabe. Von einer globalen Wissenspartizipation kann somit noch lange nicht die Rede sein. Dies gilt auch in den westlichen Industrieländern.[27] Denn nicht alleine der Access, der Zugang zum Medium Internet, stiftet dem einzelnen Nutzen und bringt ihm Vorteile, sondern vor allem das Gewusst-wie: Die konkrete Nutzung, die Art des Umgangs mit dem Netz, entscheidet in hohem Maße darüber, ob man besser in die Arbeitswelt integriert wird oder eher herausfällt, ob man sich Wissen aneignet oder eben

---

25 Entwicklungspolitik online, *Breitbandbericht 2017* – 3,9 Milliarden Menschen weltweit ohne Internetzugang (http://www.epo.de/index.php?option=com_content&view=article&id=14129:breitbandbericht-2017-3-9-milliarden-menschen-weltweit-ohne-internetzugang&catid=20&Itemid=51; abgerufen am 01.03.2018).

26 *Weiß, männlich, Silicon Valley*. In: Handelsblatt Magazin 5/2015.

27 Nicole ZILLIEN, *Ungleichheit der Internetnutzung* – Vortrag im Rahmen der Veranstaltungsreihe ›Digitale Revolution = Digital Citizen‹, Colloquium Fundamentale, 12.02.2015.

daran vorbeiläuft, weil man nicht weiß, wonach man suchen soll. Das Netz als größter globaler Wissensspeicher, als Enzyklopädie der Welt, ist nur dann von Nutzen, wenn man bereits über genügend Vorwissen und einen gewissen Bildungsgrad verfügt. Sonst bleibt der individuelle Wissenszuwachs eine Illusion.

Des Weiteren ist aus der nationalen Perspektive heraus zu bedenken, dass die Vormachtstellung internationaler Internetkonzerne lokale, heimische Märkte immer stärker ausbremsen kann, so z. B. den stationären Einzelhandel. Er kann der Internetkonkurrenz allein deshalb nicht trotzen, weil die Kosten für Mitarbeiter und Steuern deutlich höher ausfallen als bei Amazon und Co. So suchen sich diese z. B. im Gegensatz zu inländischen Einzelhändlern steuerlich die günstigsten Optionen für ihre europäischen Firmensitze aus. Hinzu kommen etwa in Deutschland für den stationären Handel strenge Öffnungszeiten, und das, obwohl der Internethandel gerade nach Feierabend und an Sonntagen besonders gut floriert – weil die User genügend Zeit haben.

Ein weiteres Problem auf nationaler Ebene stellen neue digitale Geschäftsmodelle dar, die zu einer Vermischung von privatem Handeln und öffentlichem Marktgeschehen führen wie etwa im Fall von Airbnb. Der Erfolg dieser Unternehmensmodelle ist unbestritten: Im Jahr 2014 konnte Airbnb bereits über 550.000 Wohnraumangebote in 192 Ländern aufweisen, mit über 10 Millionen ›Gästen‹. Alleine in Deutschland stieg die Vermittlungsrate zwischen September 2013 und 2014 um 133 Prozent, mehr als 1 Million Buchungen fanden in diesem Zeitraum statt.[28] Das Unternehmen aus San Francisco ist zu dem größten Übernachtungsvermittler weltweit aufgestiegen – mit 2,5 Millionen Unterkünften in aller Welt und einem Unternehmenswert von 30 Milliarden Dollar (2017). Airbnb ist damit mehr wert als die gesamte Hilton-Gruppe.[29] Das Konzept ist einfach: Airbnb bringt Anbieter von Wohnraum mit Interessenten zusammen, die für einen kurzen oder längeren Zeitraum eine Bleibe benötigen. Es handelt sich somit um eine ökonomische Dreierbeziehung: Airbnb stellt als Vermittler den Kontakt zwischen Anbietern und Interessenten her und berechnet dafür eine Vermittlungsgebühr. Hier stellen sich allerdings zwei Probleme: Wo versteuert das Unternehmen Airbnb seine Einnahmen? Und wie versteuert der Anbieter bzw. Vermieter das Einkommen, das sich streng genommen um Einnahmen aus Vermietung und Verpachtung handelt? Gleiches gilt für Leihgeschäfte sämtlicher Art, die über das Internet getätigt werden. Für Vermittlungsplattformen wie für Online-Anbieter müssten die gleichen Regeln gelten wie für Anbieter aus den lokalen Vermittlungsgeschäften, so z. B. die Besteuerung im Inland. Auch müssten Anbieter und Ver-

---

28   Catarina KATZER, *Cyberpsychologie – Leben im Netz: Wie das Internet uns ver@ndert* (München 2016), S.102.

29   Michael MACHATSCHKE, *Wie gut ist Airbnb wirklich?* In: Manager Magazin, 06.02.2017 (online: http://www.manager-magazin.de/magazin/artikel/airbnb-taugt-das-start-up-zum-boersenstar-a-1120061.html; abgerufen am 01.03.2018).

mittler (wie Airbnb) Verträge schließen, die steuerlich nutzbar und nachverfolgbar sind (inklusive Steueridentifikationsnummer etc.). Zu denken wäre an ein System, bei dem der Vermittler dem Anbieter in bestimmten Zeitabständen eine Abrechnung seiner getätigten Vermittlungen zuschickt, die dieser dann bei seiner Steuererklärung angeben müsste.

Neben dieser steuerlichen Thematik ist diese neue Arbeitswelt, die die digitalen Arbeitgeber erschaffen, insgesamt stärker auf den Prüfstand zu stellen. Gerade bei den digitalen Unternehmensformen besteht die Gefahr des Aushebelns nationaler Arbeitsmarktregularien. So bietet z. B. Uber seinen Fahrern keinen arbeitsrechtlichen Schutz. Weder Versicherungen noch Sozialabgaben werden vom Unternehmen übernommen. Sämtliche anfallenden Kosten muss der Fahrer selbst tragen. Hier scheint doch das Thema der Scheinselbstständigkeit aufzukommen. Damit digitale Unternehmen auf heimischen Märkten zugelassen werden dürfen, sollte zukünftig jeder, der z. B. ›für‹ Uber fährt, mitteilen, ob dies ein Nebenberuf oder die Haupteinnahmequelle darstellt. Danach müssen sich dann die Pflichten und steuerlichen Abgaben des Unternehmens für den Arbeitnehmer richten, wie es in Deutschland etwa für den Fall geringfügig Beschäftigter gilt. Grundsätzlich sollte es national gültige Arbeitsverträge zwischen digitalen Unternehmen und Arbeitnehmern geben. Im Fall von Uber wären also nicht nur Mietwagenlizenzen zu erwerben, auch Arbeitsrecht und Arbeitsschutzgesetze müssten eingehalten werden.[30] Ein Umdenken ist hier dringend notwendig, damit der Mensch nicht dem technologischen Fortschritt und dem ökonomischen Erfolg untergeordnet wird. Andere Unternehmensmodelle existieren durchaus. So arbeitet z. B. die deutsche Alternative zu Uber, my Taxi, nur mit Taxiunternehmen, also mit Fahrern und Unternehmen zusammen, die die nationalen Gesetze einhalten.

Dieser kurze Diskurs zeigt, dass sich die Arbeitswelt immer stärker verändert, je mehr traditionelle Unternehmenswelten von digitalen Arbeitgebern ersetzt werden. Arbeitsplätze selbst werden digital durchsetzt, die Anforderungen an Arbeitnehmer steigen. Gleichzeitig wird Arbeit flexibler, nicht mehr unbedingt ortsgebunden, der digitale Nomade arbeitet von überall aus. Dies bringt aus Arbeitnehmersicht durchaus viele Vorteile: Die Zeit kann besser eingeteilt und genutzt werden, Privates besser gestaltet, die Freiheit selbst zu entscheiden steigt – ein Plus für die Selbstbestimmung. Doch was bedeutet dies für die Einhaltung von Arbeitszeiten und Arbeitsschutzgesetzen? Und für die Pflichten der Unternehmen für ihre Arbeitnehmer? Dabei spielt auch die Frage eine Rolle, welche Auswirkungen digitale Arbeitsplätze für die Gesundheit haben und wer zukünftig überprüft, wieviel jemand tatsächlich arbeitet, damit nicht

---

30   András SZIGETVARI, *Warum die Uber-Entscheidung des EuGH auch Österreich betrifft*. In: Der Standard, 20.12.2017 (online: derstandard.at/2000070742545/Taxidienst-Uber-erleidet-Schlappe-vor-Europaeischen-Gerichtshof; abgerufen am 01.03.2018).

Arbeitnehmer verstärkt ausgenutzt werden, aber auch keine zu hohen Produktivitätsverluste seitens der Unternehmen entstehen. So steigt der Anspruch der Unternehmen an die Arbeitnehmer, rund um die Uhr über digitale Hilfsmittel erreichbar zu sein, deutlich. Gleichzeitig zeigen Studien, dass aber immer mehr Arbeitszeit mit unnützen Internetaktivitäten verpufft, dies beinhaltet auch überflüssige oder falsche Unternehmenskommunikation.[31] Wir benötigen somit auf der einen Seite ein neues digitales Health Management, insgesamt einen neuen Bereich des digitalen Arbeitsschutzes, der fokussiert, wie digitale Arbeitsplätze aussehen sollten. Auf der anderen Seite müssen wir neue Strategien und Konzepte für die digitalen Arbeitnehmer entwickeln, welche Technologie wie am besten genutzt wird, auch um Produktivitätseinbußen zu verhindern.

Transparenz als Geschäftsmodell – der gläserne Cybernaut:
Zwischen Entwicklungschancen und digitaler Auslese

Ein weiterer diskussionswürdiger Punkt ist die Transparenz als ökonomisches Geschäftsmodell. Zwei Aspekte sind hier besonders hervorzuheben: zum einen die Bedeutung der Transparenz aus Sicht der Unternehmen, derjenigen, die die Transparenz für sich nutzen und die Datenmacht haben, zum anderen die möglichen Auswirkungen der Transparenz aus gesellschaftspolitischer Sicht.

Eines ist klar: Ganz gleich wie wir unsere Daten abgeben, ob freiwillig oder unfreiwillig, je transparenter wir als Individuen werden, umso mächtiger werden diejenigen, die das Wissen besitzen. Sie geben die Richtung an und auf sie entfällt auch der meiste ökonomische Wohlstand. Gleichzeitig werden auch die Spielräume für eine gezielte Datenmanipulation immer größer. Dabei entsteht ein regelrechter Automatismus der Transparenz: Jedes Individuum gibt seine Datenmacht bei der Nutzung von Google, Facebook oder WhatsApp auf – systemimmanent sozusagen. Dass dabei die persönlichen Daten viel zu preiswert abgegeben werden, verdrängt man während des Online-Agierens. Einfach, weil man sie nicht physisch in Aktenordnern übergibt, sondern diese virtuell und unsichtbar weitergegeben werden. Ein nicht unerheblicher Grund für die stille Akzeptanz der Datenweitergabe ist auch die kostenlose Nutzung dieser Dienste. Die Umsonst-Nutzer-Mentalität führt somit in nicht geringem Maße dazu, dass wir unsere Daten kostenlos abgeben. Allerdings liegt der Gewinn eindeutig auf der Seite der Datensammler – der Unternehmen. Somit sind neue Systeme zu überdenken, bei denen der User selbst bestimmt, wem er welche Information geben will und wem nicht, und was er für seine Daten bekommen möchte. Auch müsste es nationale Regelungen für deren Verwendung geben, dass z. B. eine Lagerung von Daten deutscher User ohne deren Zustim-

---

31 KATZER, *Cyberpsychologie.*

mung nicht im Ausland erlaubt ist. Dabei würde auch das System Pay for Service helfen: Wer Internet-Dienste nutzt, sollte diese bezahlen, wenn man seine Daten abgibt, zahlt dann das Unternehmen. Angebot und Nachfrage würden somit den Preis regeln – ein rein ökonomisches Prinzip der Marktwirtschaft. Andere Autoren schlagen Systeme einer Datensteuer vor. Unternehmen zahlen diese Steuer in Form von Daten. Es stellt sich allerdings die Frage, an wen sie diese Daten abgeben: an Individuen und User oder staatliche Institutionen? Und wie diese Daten genutzt werden. Von einem möglichen System umfassender Kontrolle, ähnlich dem anvisierten in China, wäre man wohl nicht weit entfernt.

Überhaupt scheinen die Folgen aus gesellschaftspolitischer Sicht nicht unbedenklich, wenn Transparenz immer mehr zum Zwang und zu einer gesamtgesellschaftlichen Erwartung wird, der sich niemand mehr entziehen kann oder darf.[32] Wenn Voyeurismus, Beobachtung und Überwachung also nicht nur zum Geschäfts-, sondern auch zum Gesellschaftsmodell der Zukunft werden. So könnte es durchaus eher zu einer Einschränkung von Freiheiten statt zu deren Ausweitung kommen, gerade weil die Möglichkeiten für eine ständige Surveillance, Überwachung und Kontrolle also, systemimmanent werden. Dadurch würde der Wettbewerb im beruflichen wie privaten Umfeld deutlich härter werden, denn wer nichts mehr verbergen kann, steht unter einem stärkeren Konkurrenz- und auch Anpassungsdruck. Die Gefahr, dass wir außerdem in eine Spirale digitaler Auslese geraten, besteht allerdings auch. Wer zu gläsern wird, kann in naher Zukunft schnell aus dem Raster fallen. Was zunächst als bequem und als persönlich ökonomischer Vorteil erscheint, kann schnell zum großen Nachteil werden. Wessen Verhalten aus dem Rahmen von Verträgen fällt, der verliert z. B. seinen Versicherungsschutz oder erhält gar keinen mehr, weil seine Risiken zu hoch sind (risikoreicher Lebensstil, mögliche Erkrankungen, die durch genetische Tests feststellbar sind, etc.). Wer nicht genug Punkte auf seiner Scorecard erreicht, dessen Weiterkommen, beruflich wie privat, wird begrenzt. Ein Aussortieren kann per Knopfdruck, quasi per ›Like‹/›Dislike‹ geschehen. Der Weg in eine neue digitale Klassengesellschaft, in ein digital gesteuertes Kastenwesen wäre vorgegeben. Das Risiko einer immer größer werdenden sozialen Kluft in der Gesellschaft ist nicht von der Hand zu weisen. Diese Gefahr eines technologisch gesteuerten Auslese-Automatismus sollte uns wachrütteln. Bei aller Innovation dürfen wir somit auch die ethischen Aspekte technologischer Veränderungen nicht vergessen.

Zieht man nun ein kurzes Resümee aus den andiskutierten Themen, wird deutlich, dass aus ökonomischer wie aus gesellschaftspolitischer Sicht durchaus zahlreiche Vorteile durch das digitale Zeitalter entstehen. Allerdings liegt es an den Weltgesellschaften selbst, dass es tatsäch-

---

32　MDR Kultur, *Der große Preis der Transparenz* – Zum Filmstart von ›The Circle‹ (https://www.mdr.de/kultur/themen/zum-filmstart-von-the-circle-der-grosse-preis-der-transparenz-100.html; abgerufen am 01.03.2018).

lich zu einem globalen Wissensaccess, aktiver Mitgestaltung, digitaler Chancengleichheit oder einem Voranschreiten von Demokratiebewegungen kommt.

Dabei stellt sich selbstverständlich die Frage nach der Aufgabe der Politik. Was kann sie überhaupt noch leisten? Welchen Aktions- und Handlungsspielraum hat sie angesichts der global agierenden digitalen Unternehmen, die national geltenden Verpflichtungen zum Teil geschickt aus dem Wege gehen?[33]

Politik – Pflichten nationaler Verantwortung und Chancen internationaler und europäischer Abkommen

Das Schweizer WorldWebForum warb 2018 mit der provokanten Headline »The End of nation?«[34] Dieser Titel beschreibt mit einem Wort, dass das Internet eben auch Nationen und staatliches Handeln verändert, traditionelle Muster, Institutionen und Organisationsstrukturen aufzulösen scheint.

Kann nationale Politik die Macht einiger weniger Global Player überhaupt noch eingrenzen, die eben nicht nur Suchmaschine, sondern weltweit auch Hersteller von Robotik, Solar-Heizsystemen, Trackingtools, Immobilien oder Betreiber von Gendatenbanken und vieles mehr sind?[35]

Meiner Meinung nach sollte sich die Politik nicht die Frage stellen, was sie leisten kann, sondern was sie leisten muss. Der Nationalstaat darf als Regulator nicht versagen, dazu sind die Risiken für heimische Ökonomie und Arbeitsmärkte, individuelle Persönlichkeits- und Eigentumsrechte oder innere Sicherheit viel zu bedeutsam. Allerdings werden die Möglichkeiten einzelner Staaten und nationaler Einflussnahme deutlich geringer. Deshalb benötigen sie starke Allianzen auf europäischer, aber auch auf internationaler Ebene. Politik ist somit nicht chancenlos. Die EU sollte in der Lage sein, dies zu leisten.

Als Beispiele gelten etwa die Bereiche Wirtschaft und Arbeitsmarkt, Datenschutz oder auch die innere Sicherheit, die in den letzten Jahren besonders in den Fokus politischen Wirkens gerückt ist.

Zum einen fordern sich verändernde Markt- und Arbeitsformen von Organisationen sowie von den Arbeitnehmern eine rasche Anpassungsfähigkeit. Gerade deshalb werden dringend neue Regeln für digitale Ökonomie und digitale Arbeitsplätze benötigt, die zum einen Ar-

---

33   Man denke an die Sammlung aller jemals bei Facebook veröffentlichten Daten auf Servern in den USA, egal ob von deutschen, österreichischen oder britischen Usern.

34   WorldWebForum: Schweizer Business Konferenz für Digitale Transformation und Thought Leadership, 24.01.2018; Sir Tim Berners-Lee erhielt den ›WorldWebForum Lifetime Achievement Award‹.

35   KATZER, *Cyberpsychologie*.

beitnehmerrechte und Arbeitsschutz (z. B. Digital Health Management in Unternehmen) neu definieren, es aber gleichzeitig ermöglichen, die Art der Arbeit sowie Arbeitsverträge flexibel zu gestalten. Auch müssen Arbeitsplätze zukünftig als Ökosysteme betrachtet werden, die den physischen, emotionalen und kognitiven Bedürfnissen der Menschen angepasst sind. So zeigt eine Studie des Deutschen Gewerkschaftsbundes, dass jeder zweite Arbeitnehmer unter digitalem Stress leidet.[36] Zudem fördert diese Transformation der Arbeitswelt auch die Wahrnehmung beruflicher Risiken oder lässt vermehrt Zukunftsängste entstehen.[37] Laut neuer Studien des Bitkom-Verbandes wird in den nächsten fünf Jahren durch die Digitalisierungsprozesse jeder zehnte aller aktuell existierenden Arbeitsplätze wegfallen.[38] Darauf ist zügig zu reagieren und sind politische Rahmenbedingungen zu setzen. Digitale Bildungspolitik ist dabei ein zentrales Thema. Diese muss zukünftig bereits an Primärschulen beginnen. Schule muss sich insgesamt verändern, strukturell und inhaltlich. Zu denken ist z. B. an neue Organisationsstrukturen, Schul-Curricula und Schulkooperationen, Technologie-Teams, Peer-to-Peer-Ausbildung und -Beratung, neue Fachinhalte mit Kombination von Technologie/Informatik und Cyberpsychologie oder Onlinetools. Überhaupt sollten Erkenntnisse der Neuro-, Verhaltensund Kognitionswissenschaften als Folgen der Digitalisierung in die schulische Bildung integriert werden. Dies gilt auch für die universitäre Ausbildung der Pädagogen. Dafür muss die Bildungspolitik wichtige Weichen stellen und auch neue Systeme und Bildungskooperationen fördern. So könnten etwa Technologieunternehmen eine finanzielle Unterstützung für Schulausstattung und auch Ausbildung zur Verfügung stellen (Stichwort: Bildungssteuer). Und natürlich spielt auch die digitale Weiterbildung der Arbeitnehmer durch die Arbeitgeber eine bedeutende Rolle. Die soziale Verantwortung der Unternehmen insgesamt muss stärker eingefordert werden, nicht nur als Lippenbekenntnis, so auch Joseph Stiglitz.[39] Zu denken wäre auch an einen nationalen ›Digitalrat‹, der sich aus Experten verschiedener Wissenschaften und Disziplinen zusammensetzt (z. B. Informatik und Technologie, Medizin, Cyberpsychologie und Kognitionsforschung, Erziehung und Bildung, Ökonomie, Rechts- und Staatswissenschaften). Dieser sollte vorausschauend agieren und Zukunftsvisionen für die Bereiche Digitale Gesellschaft und Digitales Arbeiten, neue Medienwelten oder Bildung 4.0 erarbeiten sowie ethische Aspekte des digitalen Wandels öffentlich diskutieren.

---

36   Deutscher Gewerkschaftsbund, *Studie: Digitalisierung sorgt für Stress* (http://www.dgb.de/themen/++co++e876231e-a4e6-11e6-a942-525400e5a74a; abgerufen am 01.03.2018).

37   *Studie zur Digitalisierung: Jeder Sechste sieht seinen Arbeitsplatz in Gefahr*. In: Spiegel, 16.11.2017 (online: http://www.spiegel.de/wirtschaft/unternehmen/digitalisierung-jeder-sechste-sieht-seinen-arbeitsplatz-in-gefahr-a-1178328.html; abgerufen am 01.03.2018); Umfrage der Beratungsgesellschaft EY unter 1.400 Arbeitnehmern in Deutschland.

38   *Studie sieht Millionen Jobs durch Digitalisierung gefährdet*. In: Die Zeit, 02.02.2018 (online: http://www.zeit.de/wirtschaft/2018-02/arbeitsmarkt-digitalisierung-roboter-arbeitnehmer-stellenverlust; abgerufen am 01.03.2018).

39   Handelsblatt, 06.02.2018, S. 48.

Des Weiteren müssen rechtliche Lücken und Grauzonen, die Steuerrecht oder Arbeitge-berpflichten aushebeln, geschlossen werden (vgl. Sharing Economy). Europäische Lösungen sind hier gefordert. Gleiches gilt für den Bereich der Persönlichkeits- und Konsumentenrech-te, Datenschutz und Datensicherheit. Dies schließt die Frage nach der Datenlagerung mit ein: Wo dürfen Daten inländischer Bürger ohne ihre Zustimmung gespeichert werden (In-land, Ausland, EU)? Ähnliches gilt für eine Datenlöschung auf Antrag bei den Unternehmen z. B. bei Facebook, es sei denn sie beinhaltet Straftaten. Dieses Beispiel tangiert bereits den Bereich der inneren Sicherheit. So sieht sich die Politik einer immer schwieriger werdenden Aufgabe gegenüber: Die Demokratie zu schützen in einer Welt, die grenzenlos ist und da-durch unter einem enormen Kontrollverlust leidet. Insbesondere die Bedrohungslagen für die öffentliche und innere Sicherheit verändern sich. Neue Gewaltphänomene entstehen (Hass, Hetze, Shitstorms, Cybermobbing etc.), die nicht mehr nur online bleiben, sondern sich in das Verhaltensrepertoire des realen, physischen Umfeldes übertragen.[40] Auch im Hinblick auf die wachsende Cyberkriminalität und Terrorismusgefahr ist neben der Vorratsdatenspeiche-rung eine verpflichtende Zusammenarbeit zwischen Nationalstaaten sowie sozialen Netzwer-ken und staatlichen Behörden dringen notwendig. Ein automatisches Informationssystem, das in den USA bezüglich kinderpornografischer Inhalte existiert,[41] und bei dem Daten bzw. Veröffentlichungen von Usern durch soziale Netzwerke oder Suchmaschinen gefiltert und an Behörden unaufgefordert weitergeleitet werden, ist wegen europäischer bzw. nationaler Daten-schutzrichtlinien ausgeschlossen. Allerdings nutzen deutsche Behörden die Hinweise aus den USA gerade im Kampf gegen Kinderpornografie durchaus und erhöhen dadurch die Aufklä-rungsquote.[42]

Man sollte darüber nachdenken zumindest eine Auskunftspflicht auf Anfragen staatlicher Strafverfolgungsbehörden bzw. Staatsanwaltschaften bezüglich personenbezogener Daten und Informationen durchzusetzen. Unternehmen müssen deutlich stärker in die Pflicht genom-men werden. Freiwillige Selbstverpflichtungen genügen nicht. Dies hat die Einführung des Netzwerkdurchsetzungsgesetzes in Deutschland gezeigt, das sicherlich einer Anpassung und Verbesserung bedarf, aber erste wichtige Neuerungen geschaffen hat. So geht es nicht nur um die verpflichtende Löschung von Hass und Hetze oder Fake News nach Kenntnisnahme. Ausländische soziale Netzwerke müssen nun auch einen Zugangsort für rechtliche Fragen in Deutschland vorweisen sowie bestimmten Berichtspflichten nachkommen. Erst nach Ankün-digung bzw. Inkrafttreten des Netzwerkdurchsetzungsgesetzes wurden die Unternehmen akti-ver. So arbeitet Facebook nun mit Organisationen wie Correctiv im Kampf gegen Fake News

---

40   KATZER, *Cyberpsychologie.*
41   N-tv, *Immer mehr Kinderpornografie-Verfahren* (https://www.n-tv.de/panorama/Immer-mehr-Kinderpor-nografie-Verfahren-article20081688.html; abgerufen am 01.03.2018).
42   Ebenda.

zusammen und hat vor, selbst zusätzliche 10.000 Mitarbeiter einzustellen.[43] Allerdings sind im Kampf gegen Hass, Hetze, Terror und Gewalt im Netz auch technologische Hilfsmittel anzudenken. So könnten soziale Netzwerke Algorithmen einsetzen, die staatlichen und recht-lichen Vorgaben in Bezug auf Straftaten wie Hass und Hetze entsprechen und dadurch z. B. bereits das Hochladen bestimmter Inhalte erschweren. Dies würde auch dem Vorwand entge-gentreten, dass soziale Netzwerke selbst nach eigenem Gutdünken entscheiden, was gelöscht wird und was nicht sowie die Bedenken gegenüber einer Einschränkung der Meinungsfreiheit entschärfen. Informatiker der Universität Halle entwickeln aktuell ein Instrument, um Hass und Hetze herauszufiltern, einen Algorithmus mit einer Trefferquote von bereits 70 Prozent.[44] Großbritannien etwa möchte insgesamt den Weg einer gesetzlichen Verschärfung gehen, denkt dabei sogar über eine Steuer nach, die soziale Netzwerke zahlen müssten, falls sie nicht stärker mit den Behörden im Kampf gegen Terrorismus zusammenarbeiten (z. B. Datenpreisgabe).[45] Richtet man im Bereich der Cyberkriminalität den Blick auch auf den Opferschutz (so im Falle von Hass und Hetze, Shitstorms, Cybermobbing, Cyberstalking, Sexploitation, Fake News), muss diesem eine deutlich stärkere Rolle eingeräumt werden. Seit einigen Jahren bereits for-dern internationale Experten einen nationalen Notfall-Button auf allen sozialen Netzwerken – gut sichtbar, leicht zu bedienen, mit Kopierfunktion (für die Beweislage) und Weiterleitung an Ansprechpartner und Beratungsteams.[46]

Möchte man abschließend ein kurzes Fazit der andiskutierten Themen ziehen, zeigt sich eines ganz deutlich: Die durch den digitalen Wandel voranschreitenden Transparenz- und Vernet-zungsprozesse verändern nationale Gegebenheiten. Ob Ökonomie und Arbeitsmarktgesche-hen, Persönlichkeits-, Konsumenten- und Eigentumsrechte, Datenschutz und Datensicher-heit, die innere Sicherheitslage aber auch die gesamtgesellschaftliche Entwicklung, man denke an das Scorecard-System in China, um nur ein paar Beispiele zu nennen.

Gerade die Politik hat die Aufgabe auf diese Veränderungen zu reagieren, diese aber auch mitzugestalten. Zwei Aspekte spielen hierbei eine besondere Rolle: Zum einen muss nationale, europäische und internationale Politik die Rahmenbedingungen und Gesetzeskataloge für die

---

43 Deutschlandfunk, *Zweifel am Kampf gegen ›Fake News‹* (http://www.deutschlandfunk.de/ard-correc-tiv-und-co-zweifel-am-kampf-gegen-fake-news.2907.de.html?dram:article_id=383024; abgerufen am 01.03.2018); *Facebook will 10.000 Mitarbeiter im Kampf gegen Fake-News einstellen*. In: Die Presse, 02.11.2017 (online: https://diepresse.com/home/techscience/internet/5313065/Facebook-will-10000-Mitarbeiter-im-Kampf-gegen-FakeNews-einstellen; abgerufen am 01.03.2018).

44 MDR Wissen, *Ein Algorithmus gegen den Hass* (https://www.mdr.de/wissen/algorithmen-gegen-hass-102. html; abgerufen am 01.03.2018).

45 *Anti-Terror: Großbritannien will mehr Daten von Facebook*. In: Wired Online, 02.01.2018 (https://www. wired.de/collection/business/anti-terror-grossbritannien-will-mehr-daten-von-facebook; abgerufen am 01.03.2018).

46 Catarina KATZER, *ARAG Digital Risks Survey* (Düsseldorf 2016; online: https://www.arag.com/medien/ pdf/presse/arag_digital_risks_survey.pdf; abgerufen am 01.03.2018).

zukünftige Entwicklung der digitalen Gesellschaft setzen. Sie darf es nicht der digitalen Welt alleine überlassen.

Gleichzeitig sollte durchaus über digitale Grenzen nachgedacht werden, damit Vorteile und Nutzen nicht nur einer Minderheit zugutekommen, weder durch einen Online-Arbeitsmarkt-Kannibalismus noch durch ein neues digitales Proletariat, ob national oder international, oder das System einer digitalen systemimmanenten Auslese. Achten wir also darauf, dass sich die Lebensbedingungen durch die hochtechnologisierte Online-Welt nicht verschlechtert. Dabei müssen wir aber lernen in kürzeren Zeitabständen zu denken, denn neue Entwicklungsschritte treten immer schneller auf. Wir sollten auch akzeptieren, dass man durchaus das Internet kritisieren kann, ohne gegen das Internet zu sein.[47] Wo wären die sozialen Errungenschaften des Arbeitsmarktes ohne die Menschen, die lange vor dem Internetzeitalter dafür gekämpft haben. Die aber eben nicht generell gegen den Markt oder ein Voranschreiten der Industrialisierung waren, sondern nur dafür, dass sich die Situation der Menschen, die in dieser Wirtschaftsform leben, verbessert. Digitalisierung, Ökonomie, Gesellschaft, Politik und Menschsein müssen keine Gegensätze sein. Sie sollten aber gemeinsam gestalten und darüber entscheiden, in welche Richtung sich die digitale Zukunftsgesellschaft entwickelt.

---

47 Vgl. auch das Interview mit Andrew Keen in: »*Der Silicon-Valley-Übermensch ist ein Raubritter*«. In: Spiegel, 18.01.2015 (online: http://www.spiegel.de/netzwelt/netzpolitik/andrew-keen-interview-ueber-das-digitale-debakel-a-1013436.html; abgerufen am 01.03.2018).

Demoskopie

Peter Filzmaier / Flooh Perlot

GIBT ES EINE SEHNSUCHT NACH DEM STARKEN MANN?

1. Einleitung

In repräsentativen Demokratien liegt die zentrale legislative Entscheidungskompetenz bei einem direkt gewählten Parlament und seinen Abgeordneten. Dieses Gremium beschließt Gesetze und gestaltet damit den Staat und das Zusammenleben in einer Gesellschaft. Das Parlament besteht aus einer Vielzahl von Mandatarinnen und Mandataren, womit die politische Macht bewusst aufgeteilt wird. Auch wenn es etwa durch die Rolle von Parteien in der politischen Realität zu einer mehr oder weniger starken Relativierung dieses Anspruches kommt, so bleibt ein gewisser Pluralismus allein durch das Vorhandensein mehrerer Parteien und der mehrheitlich gegebenen Notwendigkeit von Koalitionen gesichert. Mindestens Verfassungsänderungen sind nicht bloß durch eine Partei und schon gar nicht nach dem Willen von ›starken‹ Einzelpersonen durchführbar.

In einer weiteren Unterscheidung lassen sich repräsentative Demokratien in parlamentarische und präsidentielle Systeme differenzieren: In ersteren gibt es zwar ein Staatsoberhaupt, etwa einen Präsidenten oder seltener eine Präsidentin, dieser Person kommen aber fast nur repräsentative Aufgaben zu. Im Großbritannien beispielsweise verliest die Königin die Regierungserklärung, erhält diese jedoch erst am Vorabend vom Premierminister und darf kein einziges Wort hinzufügen oder weglassen. Auch wird das Amt trotz der Ausnahme Österreichs als allerdings rein vom Verfassungstext her eher semi-präsidentielles System üblicherweise nicht direkt vom Volk gewählt.

In präsidentiellen Systemen wie beispielsweise den USA wird das Staatsoberhaupt demgegenüber direkt vom Volk gewählt und steht als gleichzeitige Regierungsspitze dem ebenso direkt gewählten Parlament gegenüber, wobei der Handlungsspielraum beider Akteure sich wechselweise beschränkt. Die Kompetenzen des US-Präsidenten als ›starker Mann‹ etwa werden in solchen Fällen der gegenseitigen Kontrolle oft überschätzt. Österreich ist in dieser Systematik, wie erwähnt, eine Mischform mit direkt gewähltem Parlament und direkt gewähltem Staatsoberhaupt, welches aber in der Realität seine an sich vorhandenen Kompetenzen üblicherweise nicht ausnützt und einen Rollenverzicht übt.

Ein Gegenentwurf zu den genannten demokratischen Staatsformen wäre ein System, das politische Gestaltungskompetenzen bei einer einzelnen Person (möglicherweise auch einem kleinen Gremium wie bei Herrscherfamilien oder Militärjuntas) konzentriert, die diese Macht unabhängig von parlamentarischer Kontrolle ausübt. Diese Person kann formal gewählt werden, wobei die Wahlen oft nicht dem Anspruch demokratischer Kriterien genügen, oder seine Ansprüche aber etwa auch durch Familienzugehörigkeit/Erbfolge (Monarchien) oder auf gewaltsame Durchsetzung begründen.

In der öffentlichen Diskussion wird in diesem Kontext meist von einem ›Führer‹ bzw. einem ›starken Mann‹ (durchwegs in der männlichen Form) gesprochen, der gleichsam allein die Geschicke eines politischen Systems lenkt. So unterschiedlich die Details der konkreten Form dieser Herrschaft sein mögen, so ist ein zentrales Argument dahinter doch in den meisten Fällen, dass durch den Verzicht auf – scheinbar zeitintensive – Prozesse wie parlamentarische Verhandlungen schnellere und in der Substanz bessere Entscheidungen durch diese einzelne Person getroffen werden können, nicht zuletzt deswegen, weil eine Verwässerung durch unklare Mehrheiten und damit notwendige Kompromisse entfällt. Dies basiert freilich auf einer sehr starken Vereinfachung gesellschaftlicher Komplexität und der unzutreffenden Annahme, dass es so etwas wie eine objektiv richtige und generell gültige Entscheidung in politischen Fragen gibt.

Der folgende Beitrag soll einige Punkte dieser möglichen ›Sehnsucht‹ nach einer allein agierenden Führerpersönlichkeit beleuchten und mit empirischen Befunden zu Österreich verknüpfen: Zunächst geht es um die Kernfrage, nämlich ob eine Sehnsucht nach einem starken Mann hierzulande messbar ist. Anschließend werden mögliche Rahmenbedingungen angesprochen, die eine solche Sehnsucht begünstigen könnten. Schließlich wird anhand der Bundespräsidentenwahl 2016 der Frage nachgegangen, ob ein starker Mann im Kontext des bestehenden politischen Systems in Österreich auf Unterstützung treffen würde.

2. Die Sehnsucht nach einem starken Mann

Die Frage, ob es den Wunsch nach einem starken Mann gibt, ist nicht neu und taucht im öffentlichen Diskurs immer wieder auf. Ende der 1990er Jahre hat die ›European Value Study‹ (EVS) damit begonnen, auch in Österreich genau diese Einstellung – unter anderen Aspekten zur Demokratie – zu erheben (siehe Tabelle 1). Abgebildet wurde und wird sie mit der Zustimmung bzw. Ablehnung zur Aussage: »Man sollte einen starken Führer haben, der sich nicht um ein Parlament und um Wahlen kümmern muss.«

1999 stimmten dieser These auf einer vierteiligen Skala drei Prozent der befragten Österreicherinnen und Österreicher sehr und 13 Prozent etwas zu. 23 Prozent lehnten die Aussage etwas ab, die klare Mehrheit von rund 60 Prozent lehnte sie sehr stark ab. Rund zehn Jahre später (2008) stimmten in einer erneuten Erhebungswelle fünf bzw. 17 Prozent der Aussage sehr bzw. etwas zu, die absolute Ablehnung war nur geringfügig niedriger und überwog immer noch sehr klar.

Tabelle 1: Zustimmung zu einem ›starken Führer‹ in Österreich 1999 und 2008

	ist sehr gut	ist eher gut	ist eher schlecht	ist sehr schlecht
1999	3	13	23	60
2008	5	17	20	57

Zustimmung/Ablehnung der Aussage: »Man sollte einen starken Führer haben,
der sich nicht um ein Parlament und um Wahlen kümmern muss.«
Angaben in Prozent, Rest auf 100 Prozent = Rundungsfehler.
Quelle: EVS 2015

Die Studie ›NS-Geschichtsbewusstsein und autoritäre Einstellungen in Österreich‹ des Institute for Social Research and Consulting (SORA), des Instituts für Zeitgeschichte der Universität Wien und des Zukunftsfonds der Republik Österreich hat Anfang 2017 die genannte Aussage aktuell abgebildet, allerdings auf einer fünfteiligen Skala (siehe Tabelle 2). Hier stimmten zwölf Prozent völlig zu, dass man einen starken Führer haben sollte, der sich nicht um Parlament und Wahlen kümmern muss. Elf Prozent gaben mit der Note 2 eine eingeschränkte Zustimmung, 14 Prozent waren mit der Note 3 neutral. 45 Prozent lehnten die Aussage vollständig ab (Note 5).

Tabelle 2: Zustimmung zu einem ›starken Führer‹ in Österreich 2017

	stimme voll zu (1)	(2)	(3)	(4)	lehne völlig ab (5)
2017	12	11	14	10	45

Zustimmung/Ablehnung der Aussage: »Man sollte einen starken Führer haben,
der sich nicht um ein Parlament und um Wahlen kümmern muss.«
Angaben in Prozent, fünfteilige Skala nach dem Schulnotensystem,
Rest auf 100 Prozent = keine Angabe und Rundungsfehler.
Quelle: SORA u. a. 2017

Vergleicht man die SORA-Daten aus 2017 mit einer eigenen Vorstudie von 2007, so hat die Zustimmung etwas zugenommen, vor allem aber ist die eindeutige Ablehnung von 61 Prozent auf 45 Prozent (»lehne völlig ab«) gesunken. Damit zeigt diese Erhebung eine stärkere Verschiebung der Einstellungen als die EVS, wobei für den direkten Vergleich aktuellere Daten aus der europaweiten Studie fehlen (und erst zum Zeitpunkt dieses Artikels erhoben werden).

Abstrahiert man von den Unterschieden im Detail, dann äußert sich in beiden Studien eine klare Mehrheit gegen ein politisches System, das auf einem starken Führer beruht. Gleichzeitig findet sich ein Fünftel bis ein Viertel der Befragten, die dem Konzept zustimmen oder ihm zumindest teilweise etwas abgewinnen können. Das ist nicht gleichzusetzen mit einer ebenso großen Ablehnung von Demokratie, zeigt aber ein gewisses Potenzial für eine Herrschaftsform, die demokratische Verhandlungsprozesse in Frage stellt und herausfordert.

3. Rahmenbedingungen für einen starken Mann

Die Analyse einer möglichen Sehnsucht nach einem starken Mann lässt sich abseits der konkreten Frage unter dem Licht des demokratischen Umfelds, in dem solche Einstellungen entstehen und das eine solche Entwicklung begünstigen könnte, betrachten.

Dabei sind insbesondere zwei Sichtweisen relevant: Erstens die Zufriedenheit der Bevölkerung mit der grundsätzlichen Gestaltung des politischen Prozesses – zum Beispiel ausgedrückt durch Einstellungen zur Demokratie als Herrschaftsform – und zweitens die Zufriedenheit mit konkreten Akteuren und Abläufen in ihrem Land (z. B. ausgedrückt durch die Zufriedenheit mit der Arbeit der Regierung oder durch das Vertrauen in Institutionen wie das Parlament). Die Punkte sind nicht deckungsgleich, ein Zusammenhang ist aber plausibel.

Bleibt man bei der ersten Frage, der Einstellung zu Demokratie als Herrschaftsform, dann lässt sich für Österreich zeigen, dass diese für den überwiegenden Teil der Bevölkerung außer Frage steht. Die bereits zitierte European Value Study ergibt in beiden verfügbaren Wellen (1999 und 2008), dass rund 60 Prozent der Österreicherinnen und Österreicher der Aussage sehr zustimmen, dass die Demokratie trotz Problemen die beste Regierungsform ist, weitere 37 Prozent stimmen eher zu. In beiden Erhebungen sind diese Daten praktisch identisch, das gilt auch für den verschwindend kleinen Teil der Befragten, die dieser Aussage widersprechen (rund drei Prozent stimmen eher nicht zu, weniger als ein Prozent stimmt gar nicht zu).

Die zweite hier verwendete Studie von SORA und der Universität Wien zeigt ein im Überblick ähnliches, im Detail etwas differenzierteres Bild: Hier hat zwischen 2007 und 2017 der Anteil jener, die der Demokratie-Aussage uneingeschränkt zustimmen, von 62 auf 52 Prozent abgenommen, dafür ist der Anteil der neutralen Antworten (der Note 3 auf einer fünfteiligen Notenskala entsprechend) leicht gestiegen. Der Anteil der Personen, die der Aussage explizit widersprechen, ist mit vier bzw. fünf Prozent sehr gering und hat kaum zugenommen.

Als dritte Quelle lässt sich die ORF-Wahltagsbefragung zur Nationalratswahl 2017 heranziehen (siehe Tabelle 3): Hier bezeichneten 72 Prozent die Demokratie trotz Problemen als beste Regierungsform, 22 Prozent stimmten eher zu, die Gruppe der offenen Demokratiegegnerinnen und -gegner war mit vier Prozent ähnlich gering wie in den anderen beiden Quellen. Auffällige Abweichungen von diesem Antwortmuster finden sich nur bei deklarierten Wählerinnen und Wählern der FPÖ, bei denen die vollständige Zustimmung zur Aussage mit 48 Prozent deutlich geringer ausfiel, mit 41 Prozent dafür mehr Personen ziemlich zustimmten. Gegenüber 2013 haben sich rund zehn Prozentpunkte zwischen einer sehr positiven und einer bedingt positiven Zustimmung verschoben, im negativen Bereich gab es kaum Änderungen.

Tabelle 3: Zustimmung in Österreich zur Demokratie als Herrschaftsform 2013 und 2017

	stimme sehr zu	stimme eher zu	stimme eher nicht zu	stimme gar nicht zu
2013	81	10	6	2
2017	72	22	3	1

Zustimmung oder Ablehnung der Aussage: »Die Demokratie mag Probleme mit sich bringen,
aber sie ist besser als jede andere Regierungsform.«
Angaben in Prozent, Abweichungen von 100 Prozent = keine Angabe und Rundungsfehler.
Quelle: ISA/SORA 2013, 2017

Im Überblick lässt sich für Österreich auf einer sehr breiten Datenbasis sagen, dass eine hohe Akzeptanz der Demokratie in der Bevölkerung vorhanden ist und nur ein kleiner Teil sich offen gegen diese Staatsform ausspricht. Es gibt allerdings graduelle Veränderungen hin zu einem etwas größeren Vorbehalt bzw. einer wachsenden Einschränkung der Demokratie-Befürwortung; zumindest punktuell werden offenbar zunehmende Probleme wahrgenommen und die Demokratie kritischer gesehen.

Bei diesen Daten ist stets die Frage zu stellen, wie hoch der Anteil jener sein darf, die die Demokratie in einer Gesellschaft ablehnen, wenngleich eine Akzeptanz von 100 Prozent wohl nie erreichbar ist. Dazu lässt sich keine allgemeingültige Antwort geben, es kann nur das Verhältnis zu den Zufriedenen herangezogen werden – und in diesem Verhältnis überwiegen die Befürworterinnen bzw. Befürworter aktuell klar. Prozentzahlen können freilich irreführend oder sogar ungewollt verharmlosend sein: Identifiziert man vier Prozent deklarierte Demokratiegegnerinnen und -gegner in Österreich, so klingt das wenig, umgerechnet auf die Zahl der Wahlberechtigten spricht man allerdings von rund 250.000 Menschen.

Nennenswert ist auch jene Gruppe von rund einem Viertel bzw. einem Drittel, das der Aussage der »Demokratie als bester Herrschaftsform« mit Vorbehalt zustimmt, also offenbar gewisse Defizite wahrnimmt, ohne das System grundlegend in Frage zu stellen. Inwieweit diese von der Demokratie in Krisenzeiten weiter abrücken würden, lässt sich nicht prognostizieren. Die abgestuften Antwortkategorien beinhalten durchaus ein größeres Kritikpotenzial, vor allem wenn man davon ausgeht, dass es eine gewisse soziale Erwünschtheit gibt, sich in Befragungssituationen als demokratisch eingestellt darzustellen.

Das Urteil zum zweiten Punkt, der Zufriedenheit mit Akteuren und der konkreten Gestaltung des politischen Systems, fällt kritischer aus. Nach Daten des Eurobarometers waren im Frühjahr 2017 rund 16 Prozent der Österreicherinnen und Österreicher mit dem Funktionieren der Demokratie hierzulande sehr zufrieden, 53 Prozent eher zufrieden. Beide Werte liegen über dem EU-Schnitt (acht Prozent sehr bzw. 48 Prozent eher zufrieden). Im Zeitvergleich bleibt der Anteil der sehr positiven Antworten praktisch unverändert gegenüber 1999, wenngleich es über die Jahre der Erhebung deutliche Schwankungen gegeben hat – so sagten im Oktober 2001 nur knapp zehn Prozent, mit der österreichischen Demokratie sehr zufrieden zu sein, im September 2007 waren es 28 Prozent. Diesen Daten folgend ist die Bewertung der heimischen Demokratie durchaus Schwankungen unterworfen, im längerfristigen Vergleich scheint sie aber relativ stabil zu sein und ruht auf einer mehrheitlichen Unterstützung.

Diese Stabilität gilt auch für das Vertrauen in das österreichische Parlament als einem der zentralen Akteure der repräsentativen Demokratie: Sagten im November 2000 46 Prozent, dass sie der Institution eher Vertrauen entgegenbringen, so waren es im Mai 2017 knapp 50 Prozent. Das Vertrauen den politischen Parteien gegenüber ist zudem 2017 höher als es 2000 war: Damals meinte nur jede/r Fünfte, ihnen eher zu vertrauen, im Mai 2017 sagte dies jede/r Dritte. Beide Werte, sowohl jene für das Parlament als auch jene für die Parteien, liegen in Österreich über dem Durchschnitt der EU-Länder.

Etwas allgemeiner hat die ORF-Wahltagsbefragung 2013 das Vertrauen in die Politik erfasst, und zwar mit der Aussage: »In entscheidenden Fragen versagt die Politik zumeist.« Damals meinten 27 Prozent, dass dies auf jeden Fall zutreffend sei, ein weiteres Drittel stimmte eher zu. Besonders hoch war der Anteil der negativen Einschätzungen bei Nichtwählerinnen und -wählern, deren Zustimmung zum Versagen lag rund zehn Prozentpunkte über jenem der Wählerinnen und Wähler, unter denen jedoch ebenfalls eine Mehrheit hinter der Aussage stand.

Die Daten in diesem Bereich ergeben somit ein ambivalentes Bild: Zum einen existiert ein großes Grundvertrauen der Demokratie gegenüber, das in den vergangenen 20 Jahren zwar leicht gesunken ist, aber immer noch die weitaus dominierende Haltung unter der Bevölkerung darstellt. Gleichzeitig ist die Zufriedenheit mit dem konkreten österreichischen demokratischen System geringer und durch Vorbehalte gekennzeichnet, auch wenn die Mehrheit sich hier ebenfalls klar positiv äußert. Diese Zeitreihen bestehen unabhängig von punktuellen Ereignissen, in deren Umfeld die Kritik durchaus eskalieren kann, wie es im Vorfeld der Nationalratswahl 2017 der Fall war: Damals waren nur mehr drei Prozent der Wahlberechtigten mit der Arbeit der Bundesregierung sehr zufrieden (24 Prozent waren etwas zufrieden).

Die Bewertung politischer Akteure und des generellen gesellschaftlichen Umfelds sind relevant und haben Einfluss auf die grundsätzliche Akzeptanz von Demokratie, was in den Wahlforschungsdaten von 2017 gut erkennbar ist: Menschen, die zu dieser Zeit in Österreich negative Entwicklungen wahrgenommen haben und/oder pessimistisch in die Zukunft blickten, waren in ihrer Beurteilung der Demokratie zurückhaltender, mit steigender Kritik an der Bundesregierung nahm auch die Kritik am System an sich zu – was als eine Voraussetzung für die Akzeptanz anderer Herrschaftsformen gesehen werden kann.

4. Der Bundespräsident als starker Mann?

Der Verfassung folgend hat der Bundespräsident in Österreich weitreichende Kompetenzen, die von der freien Auswahl des Bundeskanzlers – in beiden Ämtern gab es bisher in der österreichischen Geschichte keine Frauen – bis hin zur Entlassung der Regierung reichen. Dass diese Machtfülle von bisherigen Amtsträgern nicht ausgeübt wurde, liegt an der ebenso zentralen Rolle der Mehrheit im Nationalrat. Die darin angelegte mögliche Blockade beider Institutionen wird durch den Rollenverzicht des Präsidenten aufgelöst.

Bereits während des Wahlkampfs um die Bundespräsidentschaft 2016 sind die Kompetenzen des Amtes stark diskutiert worden, was unter anderem an der Tatsache lag, dass die beiden chancenreichsten Kandidaten – die letztlich die Stichwahl zwischen sich entschieden – aus Oppositionsparteien stammten. Die darin angelegte mögliche Konfrontation zwischen einer Parlamentsmehrheit sowie Bundesregierung von damals SPÖ und ÖVP und einem Bundespräsidenten aus dem Lager der Opposition hat zu Spekulationen über ein aktives Amtsverständnis geführt, die nicht zuletzt von den Aussagen beider Kandidaten befeuert und medial begleitet wurden.

Die Wahltagsbefragungen des ORF zu allen drei Wahlgängen (ISA/SORA 2016) haben mit verschiedenen Aussagen die Einstellungen der Bevölkerung zur Bundespräsidentschaft analysiert, die als Indikatoren für den möglichen Wunsch nach einem starken Mann – im Rahmen der existierenden gesetzlichen Regeln – herangezogen werden können.

Mehr als die Hälfte der Befragten stimmte im Vorfeld des ersten Wahlganges der Aussage sehr zu, dass der Bundespräsident bzw. die Bundespräsidentin die Regierung entlassen soll, wenn er/sie das Gefühl habe, dass nichts weitergeht (32 Prozent stimme sehr zu; siehe Tabelle 4). Besonders hoch war die Akzeptanz mit 66 Prozent unter jüngeren Personen – unter 30 Jahre alt – und mit 72 Prozent unter Wählerinnen und Wählern von Norbert Hofer. Aber auch Wählerinnen und Wähler von Alexander Van der Bellen konnten einem solchen Vorgehen zu 45 Prozent etwas abgewinnen. Die Antworten sind im Kontext einer damals bereits sehr niedrigen Zufriedenheit mit der amtierenden Bundesregierung zu sehen, lassen aber den Wunsch nach einer Durchgriffsmöglichkeit erkennen.

In der Stichwahl im Dezember 2016 meinten 55 Prozent, dass Österreich einen starken Präsidenten brauchen würde, der Regierung und Parlament sagt, was sie tun sollen. Diese Mehrheit fand sich unter Männern wie Frauen und auch bei Personen unter 60 Jahren, nur bei älteren Befragten hielten sich Zustimmung und Ablehnung die Waage. Auch hier gab es einen großen Unterschied zwischen Hofer- und Van der Bellen-Wählenden: Erstere befürworteten ein solches Rollenverständnis zu drei Viertel, letztere lehnten es zu 55 Prozent ab – was im Umkehrschluss bedeutet, dass vier von zehn Wählerinnen und Wählern Van der Bellens durchaus Sympathie für einen derartigen Kurs erkennen ließen.

Tabelle 4: Aussagen zum Amt des Bundespräsidenten in Österreich 2016

	stimme sehr zu	stimme eher zu	stimme eher nicht zu	stimme gar nicht zu
Der Bundespräsident soll die Regierung entlassen, wenn er das Gefühl hat, dass nichts weitergeht.	32	24	20	19
Österreich braucht einen starken Präsidenten, der Regierung und Parlament sagt, was sie tun sollen.	30	25	21	19

Angaben in Prozent, Abweichungen von 100 Prozent = keine Angabe und Rundungsfehler.
Quelle: ISA/SORA 2016

Die Ergebnisse können nicht losgelöst vom damaligen Wahlkampf und den dort diskutierten Themen gesehen werden, zeigen aber grundsätzlich, dass es einen latenten Wunsch nach alleinigen Entscheidungsmöglichkeiten für eine einzelne Person gibt, die im Widerspruch zu den bisherigen Gepflogenheiten der repräsentativen Demokratie hierzulande stehen.

5. Fazit

Im Überblick der unterschiedlichen Perspektiven und Daten lässt sich sagen, dass es in Österreich eine messbare Sehnsucht nach einem starken Mann gibt, diese aber nur von einer Minderheit artikuliert wird. Es existiert eine sehr kleine Gruppe an deklarierten Demokratiegegnern, darüber hinaus kann man die Kritik am demokratischen System am ehesten mit einer ›ja, aber‹-Perspektive beschreiben, also im weitesten Sinn mit gewissen Vorbehalten gegenüber dem Funktionieren des etablierten politischen Prozesses. In absoluten Zahlen von Hunderttausenden gerechnet stimmt die prozentuell geringe Anzahl von Gegnern der Demokratie nachdenklich und kann auch Angst machen.

Perspektivisch fällt an den Daten die graduelle Verschiebung weg von einer sehr klaren Demokratiebefürwortung auf, hin zu differenzierten und in diesem Sinn auch kritischeren Sichtweisen. Dies kann ein Indiz dafür sein, dass es mittel- und längerfristig zu einer Erosion des scheinbar gefestigten Bekenntnisses zur Demokratie kommt und die Selbstverständlichkeit, mit der diese Staatsform wahrgenommen wird, nicht mehr automatisch gegeben ist. Ursachen dafür können unter anderem in einer Unzufriedenheit mit der Arbeit der Regierung bzw. des Parlaments liegen, aber auch mit einer allgemeinen Negativstimmung und einem gewissen Zukunftspessimismus in Verbindung stehen.

Generell gestaltet sich jedoch die Antwort auf die titelgebende Frage schwierig, da die scheinbar exakte Abbildung von Einstellungsdaten inhaltlich diffus bleibt. So ist unklar, inwieweit sich Befragte mit den möglichen Konsequenzen einer auf eine Person ausgerichteten Gesellschaft beschäftigen und Folgen wie Einschränkungen der Meinungsfreiheit oder des Wahlrechts mit in Kauf nehmen würden. Es lässt sich auf Basis der Daten auch argumentieren, dass die Befürwortung eines starken Mannes in erster Linie eine Form des Protestes gegen gefühlte Defizite im politischen Alltag an sich ist, ohne jedoch fundamental etwas ändern zu wollen. Zugleich können die Grenzen einer Befürwortung von mehr ›Leadership‹ und einer wirklichen Einschränkung von demokratischen Grundrechten im subjektiven Empfinden der Bevölkerung fließend sein.

Eine solche Sichtweise greift aber zu kurz. Ebenso wie es bei der Frage nach Prozentwerten nicht darum gehen kann, sich erst ab einer gewissen Menge an Unterstützenden für eine Abkehr von demokratischen Regeln Gedanken zu machen, sollte keine inhaltliche Relativierung derartiger Vorstellungen vorgenommen werden. Vielmehr ist zu überlegen, wie der Öffentlichkeit Sinn und Notwendigkeiten des politischen Prozesses in einer Demokratie besser vermittelt werden können. In dem Kontext muss freilich konkrete Kritik an einem möglicherweise ineffizienten und langsamen parlamentarischen Prozess bzw. an der Arbeit einer Regierungskoalition möglich sein, sie sollte aber losgelöst vom Bekenntnis zur grundsätzlichen Ausrichtung des politischen Systems geübt werden. Gleichzeitig bedarf es einer stärkeren Erklärung und Darstellung der Leistungen von Demokratie, die weit über das Recht, an Wahlen teilzunehmen, hinausreichen.

LITERATUR:

Europäische Kommission, *Standard Eurobarometer 1999 bis 2017* (Brüssel 2017; online: http://ec.europa.eu/COMMFrontOffice/publicopinion/index.cfm; abgerufen am 02.02.2018)

European Values Study Longitudinal Data File 1981-2008 – EVS 1981-2008 (Köln 2015)

ISA/SORA, *ORF-Wahltagsbefragung zur Nationalratswahl 2013* (Wien 2013; online: www.strategieanalysen.at/wahlen; abgerufen am 02.02.2018)

Ds., *ORF-Wahltagsbefragung zur Nationalratswahl 2017* (online: www.strategieanalysen.at/wahlen; abgerufen am 02.02.2018)

Ds., *ORF-Wahltagsbefragungen zur Bundespräsidentschaftswahl 2016 (3 Wahlgänge)* (Wien 2016; online: www.strategieanalysen.at/wahlen; abgerufen am 02.02.2018)

SORA/Institut für Zeitgeschichte der Universität Wien/Zukunftsfonds Österreich, *NS-Geschichtsbewusstsein und autoritäre Einstellungen in Österreich* (Wien 2017; online: http://www.zukunftsfonds-austria.at/download/SORA_13069_Pressepapier_Geschichtsbewusstsein_autoritaere_Einstellungen.pdf; abgerufen am 02.02.2018)

Dirigat

Nazanin Aghakhani

DAS ORCHESTER UND SEINE DIRIGENTIN

Von der Ästhetik, Notwendigkeit und Symphonie von Diktatur, Demokratie und Anarchie

Auftakt

Da ich selbst Dirigentin bin, werde ich zumeist die weibliche Form für zu bezeichnende Ausführende verwenden – zum einen, um dem ›Binnen-I‹ aus innovativen Gründen auszuweichen, zum anderen, um die deutsche Sprache und den gewohnten Lesefluss etwas auflockern zu dürfen.

Persönlich bevorzuge ich z. B. die finnische, persische oder schwedische geschlechtsneutrale Berufsbezeichnung des ›Dirigenten‹. Doch die deutsche Sprache erlaubt mir diese Flexibilität (noch) nicht, ohne die weibliche Form zu sehr in den Hintergrund zu drängen – und etwas Herausforderung im Leseprozess könnte, insbesondere in mitteleuropäischen Gefilden, Altstaub wegwehen und neue Gedankenwelten eröffnen.

Ich hoffe, dass Sie mir dies verzeihen, die etwas unkonventionelle Lesart vielleicht doch genießen und dies keinesfalls als sexistischen Affront gegen das ebenso wundersame männliche Geschlecht auffassen.

Introduktion

Die Dirigentin:
Göttinnen im Frack?
Ist Macht mit Führung gleichzusetzen?
Braucht es noch leitende Funktionen im Orchester unserer heutigen Gesellschaft?

Das Orchester:
Ein Gruppengebilde aus sich unterzuordnenden Instrumentalistinnen oder doch autonomen Musikschaffenden?

Können wir von der Wechselwirkung Orchester/Dirigentin etwas für unsere Mikro- und auch Makrogesellschaft lernen?

Ist das doch klassische Gebilde Orchester/Dirigentin vor Veränderung interner Strukturen und auch Einflüssen von außen gefeit?

Oder könnte Metamorphose, und somit eine notwendige Neudefinierung von Hierarchie und Führung, auch von Vorteil sein und veraltete Denk- und Handelsweisen reformieren?

Wie gilt es, eine so große Menge an Kunstschaffenden, gleichzeitig zu einem großen Ganzen und Wunder vollbringenden Instrument verschmelzen und aufblühen zu lassen?

Ist die Dirigentin noch von Notwendigkeit oder wird sie, Stück für Stück, ›entmachtet‹ – und ist dies vielleicht sogar wünschenswert?

Fragen über Fragen, die ich mir persönlich über einige Jahrzehnte stellen durfte und auch immer wieder neu stellen *muss*, da sie mich als Künstlerin in einer leitenden Position jeden Tag aufs Neue zum erweiterten Nachdenken und Neu-Erdenken, meine eigene Kredibilität hinterfragend und neudefinierend, animieren und somit natürliches, stetes Weiterentwickeln der eigenen Persönlichkeit, und letztlich des Handwerkes, initiieren.

Eines ist gewiss: Ohne Kunst würde die Menschheit zugrunde gehen. Die ältesten Höhlenmalereien sind über 40.000 Jahre alt und zeugen nach wie vor vom Hunger des Menschen nach Ästhetik und Variation – und auch nach der immerwährenden Sehnsucht des Kreierens und der edlen Handhabung der so lebensbejahenden und unerlässlichen Schöpfungskraft, die – authentisch ausgeübt und -gelebt – jeden einzelnen in seiner ursprünglichen Einzigartigkeit bekräftigen und auszeichnen kann und zugleich den Betrachter aus seiner sonst üblichen Welt, wenn auch nur kurzzeitig, inspiriert entführen vermag.

Die Dirigentin

Zunächst gab es diese gesonderte Berufsbezeichnung nicht. Um kleine Musikergruppen oder Ensembles zu leiten, nahm sich der Hofkomponist vor – offiziell amtierende Komponistinnen gab es bis zum Ende des 18. Jahrhundert so gut wie gar nicht – seine neuen Werke mit seinen Kollegen einzustudieren. Zumeist wurden diese Proben direkt vom Cembalo aus geleitet, oder von einer Stehgeigerin – Damen waren zwar noch selten, aber doch hin und wieder besetzt – mitmusizierend durchgeführt.

›Der Mensch im Frack mit weißem Taktstock‹, direkt dem Orchester auf dem Podest gegenüber stehend, ist ein Gebilde der Romantik, des späten 19. Jahrhunderts – aus der schieren Notwendigkeit entstanden, um aus dem dunklen Orchestergraben heraus Kontrolle und Führung zu bewahren, klar und sichtbar für bis an die 300 ausführenden Musiker zu taktieren. Der zu bewegende gigantische Kunstapparat in der Oper beispielsweise besteht – bis zum heutigen Tage – aus Gesangsolisten auf der Bühne, einem zumeist großen Chor und dem bewusst aus akustischen Gründen tiefer platzierten Orchester.

Ursprünglich wurden also die Komponisten auch zeitgleich zu Dirigenten – von der femininen Form sind wir nach wie vor geschichtlich weit entfernt – da sie ihre neuen Werke doch am besten kannten und somit frei erproben konnten; ein Phänomen, das bis heute noch Gültigkeit hat und haben sollte – denn Dirigieren ist im Grunde der umgekehrte Prozess des Komponierens. Zu bekannten dirigierenden Komponisten der Spätromantik zählen zum Beispiel Johannes Brahms, Gustav Mahler und Richard Strauss.

Das gesonderte Berufsbild des Dirigenten – wir kommen der ›Dirigentin‹ historisch immer näher – ist ein Novum, das sich um 1900 zu etablieren scheint: Arturo Toscanini zählte zu den ersten namhaften ›nur dirigierenden‹ Dirigenten – er war unter anderem für die Weltpremiere von Giacomo Puccinis Opernwerk ›La Bohème‹ verantwortlich. Erwähnenswert auch Dirigent Bruno Walter, der zwar auch als Komponist Geltung fand, doch sich im Laufe seiner Schaffensjahre ausschließlich der Orchesterleitung widmete.

So wie Bruno Walter auch, waren unzählige Betroffene im Zuge des Zweiten Weltkrieges auf ein neues Leben im Exil angewiesen. So kam es zu einer natürlichen Verbreitung europäischen Kunstschaffens auch in den USA durch vertriebene Künstler, wie z. B. die Komponisten Béla Bartók, Erich Wolfgang Korngold und Arnold Schönberg. Erich Wolfgang Korngold war ein dirigierender Komponist, der durch den Zuwachs der neuen Kunstform des Filmes als Filmkomponist große Erfolge in Hollywood erzielte und dort seine Kompositionen auch selbst dirigierte.

Als absolute Pionierin unter den Dirigentinnen, in einer noch bis vor kurzem nur Männern zugänglichen Berufsform, sei die gebürtige Französin Nadja Boulanger erwähnt: Als Komponistin, Organistin, Pianistin und anerkannte Pädagogin war die musische Ausnahmeerscheinung bereits im Jahre 1938 die erste Dame, unter deren firmen Leitung namhafte Orchester wie das Boston Symphony Orchestra, später die New York Philharmonic, musizieren durften.

Im Wiederaufbau brachten die Gründung neuer Orchester, Erschließung neuer Opernhäuser und Konzertsäle sowie der Einzug des Filmes die Notwendigkeit mit sich, auf Orchesterleitung allein spezialisierte Arbeitskräfte einzustellen. Das Komponieren per se ist eine nach wie vor sehr zeitkonsumierende Tätigkeit – die Profession der Dirigentin als einzelner Berufsstand war nun wahrhaftig als solche geboren und etabliert.

Das Orchester

Das Instrumentarium ›Orchester‹, so wie wir es heute kennen, ist ebenso ein Gebilde des späten 19. Jahrhunderts. Bis zum heutigen Tage ist dieses vor Wachstum und Ausdehnung in Größe und Besetzungsmöglichkeit nicht gefeit. Die sich stets erweiternde Instrumentenbaukunst trägt seit jeher zur immerwährenden Verwandlung des Orchesters in Diversität und Klangfarbe bei.

Der Einzug der Frau in den Orchesteralltag passierte weit später: Als extremes Beispiel ist die nun pensionierte Harfenistin Anna Lelkes zu erwähnen, die im Jahre 1997 nach 26 Jahren Dienst bei den Wiener Philharmonikern als erste Frau im Orchester aufgenommen wurde.

Größtenteils nach dem Zweiten Weltkrieg kam es zur Verstaatlichung der meisten Klangkörper in Europa: Es gab nun bessere Entlohnung und geregeltere Probezeiten – der Berufsstand ›Orchestermusikerin‹ war nun wieder in Mode gekommen und galt als sicherer Arbeitsplatz.

Anfänglich – Ausgangspunkt ist Ende 16. Jahrhundert in Mitteleuropa – war ein Ensemble mit höchstens rund 20 Musikern besetzt. Instrumentenbau war zu dieser Zeit noch eine Rarität. Nur der Hof konnte sich die wirklich kostbaren Kunstwerke leisten – und nicht jeder durfte sich in seiner Jugend oder gar Kindheit zur Gänze der holden Kunst des Instrumentalspiels widmen.

Mit dem Wachstum des Orchesters – Holz- und Blechbläser in unterschiedlichen Größen, noch mehr Schlagwerk, der fünf-saitige Kontrabass etc. – wuchs, man glaubt es kaum, auch dessen *Macht*:

Der Dirigent (bewusst hier in männlicher Ausführung, denn, wie bereits anfänglich erwähnt, war bis zum ersten Drittel des 20. Jahrhunderts das Betreten des Pultes größerer Orchester Damen verwehrt) war vom einstig schreienden, drohenden, tobenden Tyrannen immer mehr zum kooperationsfreudigen, ja, zur Kooperation *gezwungenen* Kollegen mutiert.

Ist dies die Entmachtung der Führungskraft? Falls ja, das Resultat kontraproduktiv? Oder darf nun erst recht, auf gegenseitigem Respekt basierend, qualitativ hochwertiger, musischer Austausch auf höchstem Niveau passieren?

Wichtig ist auch zu verinnerlichen, dass es innerhalb des Orchesters ebenso geordnete Strukturen gibt: Jede Instrumentengruppe bedient sich einer Art ›Abteilungsleiterin‹, der Stimmführerin. Als Oberhaupt des Orchesters versteht sich die Konzertmeisterin, die erste Violine am ersten Pult, die sogenannte ›linke Hand‹ der Dirigentin. Auch hier hat die Frau als Führungskraft des Orchesters historisch sehr spät Einzug finden dürfen: Albina Danailova wurde, beispielsweise, im Jahre 2008 als erste Konzertmeisterin des Orchesters der Wiener Staatsoper engagiert.

Ob ein Orchester z. B. mit einer Firma verglichen werden kann, in der es unterschiedliche Abteilungen und auch Hierarchien gibt? Agiert die Dirigentin in diesem Falle als CEO, Chief Executive Officer? – Absolut. Dies macht auch die Komplexität des Berufsbildes einer Dirigentin aus.

Sie muss nicht nur fundierte Musikerin sein – sie muss vor allem vom ersten Ton an ihren Musikerinnen signalisieren können, dass sie *gemeinsam* in kürzester Zeit den sicheren Hafen eines inspirativen Konzertes erreichen und zudem sich selbst *und* das Publikum um eine künstlerische Erfahrung bereichern werden.

Symphonie

Der sogenannte Zusammenklang, die Symphonie zu Griechisch, erfordert das sich gegenseitig befruchtende Zusammenspiel zweier Kräfte: des Orchesters und seiner Dirigentin.

Das für mich persönlich absolut Faszinierende an meinem Handwerk als Dirigentin ist das Vermischen und, paradoxerweise, *gleichzeitige* Wirken der uns drei bekannten Zeitlinien Vergangenheit, Gegenwart und Zukunft.

In einer Probe muss ich als Dirigentin das Gehörte (Vergangenheit), während ich noch weiterdirigiere (Gegenwart), verarbeiten, mir auch zwecks weiterer Probenarbeit die Problemstellen merken und *zeitgleich*, die für mich zu dirigierenden Takte im Vorfeld geistig und visuell anvisieren (Zukunft), um wissen zu können, wo die ›musikalische Reise‹ hinführt, beziehungsweise, *ich*, als Dirigentin, meine Mitmusikerinnen ›hin-animieren‹ soll.

Im Zusammenwirken Orchester/Dirigentin kann es nur zum Erfolg kommen, wenn:

a) ein gesundes Maß an Autorität den Auftakt gibt und durch das gesamte Werk in mehreren Takten vorausdenkend hindurchleitet (Diktatur),

b) sich (im besten Falle) jedes einzelne Orchestermitglied mit seiner Dirigentin wohlfühlt, in Sicherheit geleitet wird, auch frei gegensätzliche Meinung äußert und in stetem respektvollen Austausch bleibt (Demokratie) und

c) sich jede einzelne Musikerin in ihrem Wirken und Sein, ja sogar die Zuhörerin im Publikum, individuell entfalten und sich somit selbst neu offenbaren darf (Anarchie).

Ohne diese sich befruchtenden, doch gegensätzlichen, aber sich nicht gegenseitig auslöschenden Kräfte wäre die Darbringung einer Symphonie beispielsweise nicht möglich, da sie für mehrere Stimmen komponiert ist, die sowohl solistisch als auch im Ensemble erblühen sollen.

Ich denke, dass genau diese Gegensätzlichkeit, wie bei unterschiedlich gepolten Magneten, erst das Orchester zum internen und dann zum extern definierten Zusammenhalt bringen kann.

Nur eine singuläre, auf das gewaltige Instrument wirkende Kraft wäre weit zu wenig, um für Ordnung, Rahmen und doch auch Freiheit zu sorgen. Das erfolgreiche, nahtlose Verschmelzen von Führungskraft und Ausführenden, das gekonnte Anwenden und auch Zulassen unterschiedlicher Verhaltensmuster und das Spiel mit allen uns bekannten Zeitebenen möge in einer unverkennbaren Ästhetik und überwältigenden Pracht von Musik, Kunst im Moment, resultieren.

Diktatur

Die Dirigentin ist eine Art ›Zeitverkürzer‹: Die Musikerinnen möchten und benötigen eine klare Hand, einen klaren Kopf und selbstverständlich auch eine inspirierende Künstlerin, die in kürzester Probezeit sicher das Orchester in Richtung Konzert bewegt. Oftmals sind heutzutage drei, manches Mal sogar nur zwei Proben angesetzt. In der Mitte des 20. Jahrhunderts, bis zum Beginn der 1980er Jahre, war es noch gang und gäbe, an einer Symphonie oftmals mehrere Wochen zu proben – ein Traum, den ich mir als Dirigentin im Trubel unserer Budget-orientierten Gegenwart kaum verwirklichen darf.

Um in so kurzer Zeit wahrhaftig zauberhafte Resultate erzielen zu können, die sich sehen und – vor allem – hören lassen können, braucht es *eine* Person, die Entscheidungsfindung rasant tätigt und diese Idee auch ausführt.

Hat die Dirigentin Macht? Ist Diktatur mit Macht gleichzusetzen? Was ist Autorität?

Die Leitung einer Organisation, einer größeren Gruppe – in diesem Falle des Orchesters – anzunehmen, würde ich nicht mit dem Zuwachs an Macht gleichsetzen, sondern mit der einhergehenden, unvermeidlichen und essenziellen Erweiterung an *Verantwortung* und Verinnerlichung dieser. Die Verkörperung einer verantwortungsvollen Persönlichkeit ist das, was wir als ›natürliche Autorität‹ empfinden.

Viele Personen in leitenden Positionen *verwechseln* Macht mit Verantwortung – ein großer Fehler in der geistigen Ausrichtung der Führungskraft, der oft Narben in der sinnbildlichen Haut der Mikro- und auch Makrogesellschaft zeichnen kann.

In einer Chefposition zu sein, heißt den Überblick zu bewahren, bestmöglichen Gewissens zum Vorteil *aller* zu agieren, Verantwortung in höchstem Maße zu tragen. Dass natürlich auch, trotz größter Bedachtheit, gelegentlich Fehltritte und -entscheidungen passieren können, sei nicht ausgeschlossen und zeichnet die leitende Kraft letztlich nur als menschlich aus.

Als Dirigentin agiere ich nicht nur als Botschafterin der Komposition, sondern diene auch als schützende Kraft meiner Musikerinnen – zusätzlich trage ich ebenso große Verantwortung meinem Publikum gegenüber. Viele Führungskräfte scheinen diese absolut wichtige Komponente zu übersehen: der gleichsam zu respektierende *konsumierende und empfangende* Sektor – im Falle der Dirigentin, die Verantwortung gegenüber jeder einzelnen Zuhörerin.

Wichtig bleibt es, als leitende Kraft schnelle, bestmögliche, dem Kunstwerk dienende Entscheidungen zu treffen – die Probezeit ist knapp, die Verantwortung hoch. Oftmals sind viele Musikerinnen mit der Entscheidungsfindung der Leitung unzufrieden – es ist ein Ding der Unmöglichkeit, alle Mitarbeiterinnen um deren persönliche Meinung unter höchstem Zeitdruck zu fragen – und müssen sich so dem Wort der Dirigentin zumeist in musischem Kontext, letztlich beugen.

Mein erster Professor, Komponist und Dirigent, Thomas Christian David, hatte mir bereits im zarten Alter von zwölf Jahren versichert: »Wenn Du geliebt werden willst, dann darfst Du nicht Dirigentin werden!«

Demokratie

Die Dirigentin trägt ebenso eine immense Verantwortung dem Befinden ihrer Orchestermitglieder gegenüber – ja, eine Art ›atmosphärische‹ Grundverantwortung, die ein fruchtbares Arbeitsklima garantieren soll. Diese Tugend, oftmals übersehen und auch selten an die noch in Ausbildung steckende junge Dirigentin herangetragen, sollte als sozialpolitisches Handwerk verstanden werden, das im Sinne einer produktiven, künstlerisch anregenden und inspirierten Probenphase, vor und auch während der Aufführung, gekonnt angewandt werden will.

Um mich heute als Dirigentin vor meinem Instrument in kürzester Zeit behaupten zu können, muss ich mich – zunächst paradoxerweise – auch dem Zauber der *Demokratie* anvertrauen.

Das Orchester, als selbstständiges, über den Einbruch zweier Weltkriege hinaus sich im 20. Jahrhundert enorm erweiterndes, die Frau als Orchestermitglied nun integrierendes, sich selbst an ständig wachsender Farbpracht und Größe übertreffendes Instrument, *muss* sich, nun angekommen in unserer heutigen Zeit, einer gewissen Meinungsfreiheit und einem gesunden Mitbestimmungsrecht bedienen dürfen. Insbesondere nach dem Zweiten Weltkrieg hat sich das Orchester emanzipiert, ja, emanzipieren *müssen*, um der unausweichlich notwendigen Metamorphose unserer mitteleuropäischen Gesellschaft gerecht zu werden und mit ihr letztlich mithalten zu können.

Als bestes Beispiel wäre auch hier das weltweit exzeptionelle System der Wiener Philharmoniker zu erwähnen, das als Orchester früh die Autonomie gewählt und seitdem beibehalten hat: Seit dem ersten in Wien stattfindenden Konzert im Jahre 1842 der damals noch sogenannten ›Philharmonischen Academie‹, bediente sich dieses Orchester nie eines Chefdirigenten, sondern eines ›Abonnement-Dirigenten‹ (bewusst hier männliche Form), dem Vorläufer der heutigen ›Gastdirigentin‹.

Nach wie vor wird dieser grandiose Klangkörper *ausschließlich* von Gästen geleitet, die vom Vorstand der Wiener Philharmoniker selbständig gewählt werden – es gibt *keine* Chefdirigentin! Spät, aber doch, war im Jahre 2005 Simone Young historisch die erste Dame, die als Gastdirigentin der Wiener Philharmoniker zu zwei Dirigaten vom Vorstand eingeladen worden war.

Ist dies nun die Entmachtung der Dirigentin? Ein einziger Funke von demokratischem Mitspracherecht seitens Orchestermitglieder, der sie ihrer Glaubwürdigkeit berauben kann?

Keinesfalls: Nur durch den gegenseitigen Austausch und auch respektvollen Umgang im Ar-
beitsverlauf kann es zur symbiotischen Darbringung und Entfaltung künstlerischer Ideen
kommen. Die ›Tyrannin‹ ist nicht mehr modern – die neue Führungskraft arbeitet auf Augenhöhe, ohne dabei ihr großes Maß an Verantwortung abzugeben.

Anarchie

Nun folgt auf eine hoffentlich geglückte Probenphase das adrenalingeladene Konzert. Ob hier
in diesem Moment des nun öffentlich konsumierten Kunstschaffens noch an Mechanismen
der Diktatur oder Demokratie gedacht wird?

Nach meiner Bühnenerfahrung sollte fast *jegliches* Denken während der Darbietung von
den Ausführenden eingestellt werden – die Arbeit ist schließlich *vor* dem Konzert bereits voll-
bracht worden: Es wurde, im besten Falle, effizient und gewissenhaft geprobt. Nun soll durch
Loslassen – bis zu einem gewissen Grade auch von der leitenden Kraft, der Dirigentin – freies,
natürliches Musizieren passieren dürfen.

Kompromisslösungen oder gar zu große Kontrolle, auch seitens der Leitung, würden im
Konzertverlauf jeglichen Zauber zerstören, die Musik an gewagten, risikogeladenen und leb-
haften Momenten berauben.

Jede einzelne Musikerin soll sich nun auf ihre selbstbestimmte Art und Weise entfalten und
somit ihr Bestmöglichstes geben können – immerwährend sich selbst *und* ihre Kolleginnen als
unentbehrliches, authentisches und autarkes Mosaik des großen Ganzen, des Kunstwerkes,
verstehend.

Für mich als Dirigentin ist *dies* der Beweis eines geglückten Konzertmomentes: Wenn ich
sehe und höre, wie jedes einzelne Mitglied des wundersamen Instrumentariums, meines Orchesters, nun gelöst aufblüht und sich seiner eigenen Stimme in Freiheit widmet, um mit
größter Überzeugung den Saal mit ehrlich musiziertem Klang zu erfüllen – und um letztlich
jede einzelne Zuhörerin im Innersten zutiefst zu berühren.

Das Mysterium

Nicht umsonst sehen wir, bis zum heutigen Tage, die Arbeit einer Dirigentin als großes Myste-
rium. Was macht sie eigentlich ›da vorne‹? Wird eine Dirigentin wahrhaftig gebraucht? Profi-
musikerinnen können doch von alleine spielen? Sie bewegt ja nur ein ›Staberl‹ und produziert
keinen Ton dabei?

Die Komplexität des Dirigierens besteht nicht nur in der Kunst des Taktierens – die sogenannte ›Schlagtechnik‹ ist eine eigentlich fast mühelos zu erlernende. Die wahre Herausforde-

rung, der ich, sobald ich auf das Podest steige, begegnen muss, ist es, an die hundert – meist weit mehr – Kolleginnen zu überzeugen, *zusammen* mit mir als Dirigentin zu musizieren und sich mir demnach als Künstlerin, Leiterin und Inspiratorin besten Gewissens anzuvertrauen. Das erfordert gegenseitige Akzeptanz und auch ein Maß an Grundvertrauen, das künstlerische Handwerk des Gegenübers respektierend.

Zwischen mir und dem Klangresultat liegt jede einzelne Orchestermusikerin *und* auch ihr Instrument – ein weiter Weg, der zurückgelegt werden will. Erst durch geglückte Projektion der Dirigentin auf ihr Orchester mögen Klänge entstehen, die vorab beabsichtigt waren und, der Komposition absolut dienend, authentisch und sinnträchtig die Ohren der Zuhörer erreichen.

Diese Klangerzeugung sollte auch auf freiwilliger, weit inspirierter Basis passieren. Wenn Dirigentin und Orchestermusikerinnen zu einem Instrument verschmelzen, hat das Musizieren sein wahres Wesen gefunden und der Klangkörper seinen bestmöglichen Aggregatzustand erreicht.

Ja, das Dirigieren ist eine komplexe Berufung: Nicht nur musisches, historisches, philosophisches Wissen und Handwerk mögen gelebt und übertragen werden, sondern auch Gruppenpsychologie gekonnt angewandt.

Selbstverständlich wird auch an mir als Dirigentin des 21. Jahrhunderts der Wandel der Zeit nicht vorübergehen. Die ›Göttin im Frack‹ darf heute ent-heroisiert werden, jedoch soll sie dabei ihr Verständnis für Verantwortung nicht abgeben, damit das Erreichen des gemeinsamen musischen Zieles weiterhin gesichert bleibt. Ihre Führungsqualitäten sind nach wie vor von Nöten und mögen steter Selbstreflexion unterliegen.

Dass das Handwerk des Dirigierens weiterhin ein von Mysterien geprägtes bleiben wird, wage ich zu prophezeien. Der Zauber des Gelingens liegt sichtlich in der Toleranz und Symbiose von – für uns im ersten Moment – gegensätzlich erscheinenden Kräften: der Vermischung von Vergangenheit, Gegenwart und Zukunft, dem Zusammenwirken von diktatorischen, demokratischen und absolut notwendigen anarchistischen Elementen, dem Verschmelzen von altem, immerwährenden, doch auch sich neu gebärendem Wissen.

Vielfalt ist gefragt. Ebenso Toleranz, Innovation und Mut.

Ob ein einfacher Konzertbesuch nicht auch als Inspiration für unseren Alltag dienen darf? Können wir vom Wunder des Zusammenspiels, des Leben und Lebenlassens, des Gebens und Empfangens, des Führens und Geführtseins, der im Moment erschaffenen und sogleich implodierenden Kunst, der Musik, etwas für unsere gemeinsame Existenz auf diesem Planeten lernen? Wäre sogar die Möglichkeit gegeben, dass unser heutiges politisches System von der innovativen Betrachtungsweise des Gemeinsamen, des verantwortungsvollen Leitens, des Agierens auf Augenhöhe, ohne den Mitmenschen zu denunzieren oder in unterschiedliche

Kategorien zu setzen, profitieren könnte? Wäre eine Analogie zwischen einem geglückten Konzertabend und einer wünschenswert bereichernden politischen Gesamtsituation in der Gegenwart zu ziehen, wo leitende Kräfte in höchster Verantwortung ihrer Gesellschaft, dem Volke gegenüber agieren und dienen und nicht Macht missverstehen und als solche missbrauchen?

Ich versichere Ihnen – einen Musikträger im trauten Heim abzuspielen, kann natürlich auch bereichernd wirken und die Stimmung erhellen. Doch sich der Kunst, den Ausführenden, den Künstlerinnen physisch und geistig, ja, persönlich und aktiv zu widmen, ist letztlich *immer* eine Auseinandersetzung mit dem Ich und mit Erweiterung und Bereicherung des eigenen Gedankenspektrums einhergehend – empfehlenswert und sinnvoll für jeden Bürger jeden Alters.

Die Magie des Kunstschaffens, des so essenziellen Zuhörens und auch Zusehens, gepaart mit Achtsamkeit und Hingabe, möge der Menschheit niemals verloren gehen, sondern im Zuge der Zeit sogar noch populärer werden und den Menschen dazu bewegen, sich reflektierter selbst und seinem Gegenüber zu begegnen.

Um hier nun Philosophen Friedrich Nietzsche, etwas erweitert, zitieren zu dürfen: Ohne *jegliche Kunst* wäre das Leben ein Irrtum.

Besonderer Teil (Mitteleuropa)

In der Wahrnehmung vieler Interessierter und Engagierter ist Österreich in der Gestaltung seiner Beziehungen zu den Staaten in seiner Nachbarschaft gerade nach dem Ende des Eisernen Vorhangs weit hinter seinen Möglichkeiten geblieben. Die gegenseitige Wahrnehmung politischer Systeme in Mitteleuropa ist oft von Stereotypen und Simplifikation aufgeladen und überlagert. Das aktuelle Jahrbuch setzt im Halbjahr der österreichischen EU-Ratspräsidentschaft 2018 (also hundert Jahre nach 1918) einen bewussten Schwerpunkt, um Vorder- und Hintergründe nationaler wie kultureller Identität im Herzen des Kontinents mit politischen Akteurinnen und Akteuren aus Mitteleuropa selbst näher, ja anders zu beleuchten.

Magdaléna Vášáryová, slowakische Diplomatin und Politikerin, leitet den Mitteleuropa-Schwerpunkt des Bandes mit einem historischen Rückblick auf mitteleuropäische Föderationspläne gegen Ende der österreichisch-ungarischen Monarchie und in der Zwischenkriegszeit ein. Sie analysiert Stärken und Schwächen der heutigen Visegrád-Gruppe und zeigt deutlich die Versäumnisse Österreichs nach 1989 auf, als dessen Nachbarschaftspolitik zum »Spielball […] taktischer Vorwahlkalküle« degenerierte.

Gerald Schubert, außenpolitischer Redakteur der Tageszeitung ›Der Standard‹, skizziert in seinem Beitrag über das Selbstverständnis Tschechiens in Europa die wesentlichen Meilensteine in dessen Geschichte seit 1989, die zur »häufig nur scheinbaren Widersprüchlichkeit« des Landes geführt haben. Schritt für Schritt dekonstruiert er stereotype Bilder von der tschechischen Politik und ermöglicht einen Eindruck der aktuellen Verortung des Staates jenseits von Klischees.

Maciej Górny, Professor am Institut für Geschichte der Polnischen Akademie der Wissenschaften, analysiert die historischen Grundlagen des gegenwärtigen politischen Selbstverständnisses Polens. Während sich die PiS-Regierung nur auf selektive Vorbilder und Ereignisse in der Geschichte berufe, weist er auf den häufigen Elitenwechsel und die daraus folgende Beeinträchtigung der sozialen Kommunikation hin. Dies habe auch dazu geführt, dass die bürgerliche Gesellschaft in Polen nur schwach ausgeprägt sei.

Stephan Oszváth, Journalist in Wien und Berlin, beschreibt die politische und mediale Situation in Ungarn unter dem Schlagwort des ›Puszta-Populismus‹, den er »weder links noch rechts, sondern situationselastisch« klassifiziert. Die Regierung strapaziere den Duopol ›Wir gegen die Anderen‹, wobei zur zweiten Gruppe je nach Bedarf Flüchtlinge, Konzerne, George Soros, die EU oder ›der Westen‹ ganz allgemein gehören. Auch historische Mythen dienten dabei der Mobilisierung.

Thomas Köhler, Historiker und Publizist in Wien, untersucht die nicht nur rational, sondern auch emotional begründeten Beziehungen zwischen Österreich und Italien im Ringen um ehemals historische Herrschaft bzw. aktuell politische Kooperation im geografischen Zentrum des Kontinents. Sein Blick der großen Linien geht über die ›Wasserscheide‹ des Ersten Weltkriegs hinaus auf den Zeitraum davor wie danach. Dabei bleibt ›mitteleuropeo‹ ein vielsagender italienischer Begriff.

Luis Durnwalder, ehemaliger Landeshauptmann von Südtirol, bricht in einem kurzen Text eine Lanze für die diskutierte Verleihung der österreichischen Staatsbürgerschaft an Südtirolerinnen und Südtiroler. Er erblickt darin ein »wertvolles politisch-kulturelles Element der europäischen Friedensvertiefung«.

Visegrád

Magdaléna Vášáryová

ÖSTERREICH UND MITTELEUROPA, REPRÄSENTIERT DURCH V4[1]

Im Jahr 1942 erschien in London das Buch des letzten demokratischen Regierungschefs der Vorkriegs-Tschechoslowakei, des Slowaken Milan Hodža, ›Federation in Central Europe‹.[2] Dieser interessante Mensch und Politiker, der vor den Faschisten und Kommunisten in die USA flüchtete und an der Universität Yale Vorlesungen über den möglichen Wiederaufbau Europas nach dem Krieg hielt, widmete das Ende seines Exil-Lebens den Überlegungen über das Schicksal Mitteleuropas und dessen Probleme. Er bemühte sich, realistische Lösungen für die Situation nach dem Zweiten Weltkrieg in der ›komplizierten Mitte‹ Europas zu finden. Er hatte dies schon als junger Abgeordneter des ungarischen Parlaments und Berater von Franz Ferdinand in der Zeit versucht, als er zusammen mit weiteren Vertrauten des Thronfolgers im Rahmen der ›Belvedere-Gruppe‹ (benannt nach dem Sitz der Militärkanzlei im Wiener Schloss Belvedere) an einem Konzept der Föderalisierung der Monarchie gearbeitet hatte – eines Reiches, das Jahrhunderte lang den Raum in der Mitte Europas ausfüllte.

»Auch wenn man während des Bestehens der Habsburger-Monarchie noch die Möglichkeit des Aufoktroyierens einer föderalistischen Verfassung und der Umwandlung der Doppelmonarchie in ein föderalistisches Reich in Erwägung ziehen konnte oder eine dem Vertrag von Versailles entsprechende Gestaltung Mitteleuropas bis zum Finis Austriae – durch die Annahme des Prinzips der Selbstbestimmung und der Entstehung der Nationalstaaten, die anschließend in gegenseitige Feindseligkeiten und Streitigkeiten verfielen – wurde die Schaffung einer kooperierenden mitteleuropäischen Gesamtheit nur schwierig möglich«, schrieb in der Einleitung zu der slowakischen Erstausgabe des Buches von Hodža im Jahre 1997 (sic!) der slowakischer Historiker und Politologe Pavol Lukáč. Auch wenn man von den Tschechen sagt, dass sie die Monarchie zerschlagen hätten, ohne dass sie sich deren Bedeutung für die Stabilität der ›Mitte‹ bewusst waren, ist die Mahnung des tschechischen Denkers František Palacký aus dem Jahre 1849 zu bedenken, der eine feurige Rede im Reichstag von Kremsier gegen die Bemühungen um die Zerschlagung der mitteleuropäischen Monarchie hielt, die, wie er meinte, »wie geschaffen als Zuflucht für ihre kleine Völker« war und sowohl »im Interesse Europas«

---

1   ›V4‹ ist eine insbesondere in deren Mitgliedstaaten häufig gebrauchte Abkürzung für die Visegrád-Gruppe [Anm. der Hg.].
2   Milan HODŽA, *Federation in Central Europe* – Reflections and Reminiscences (London 1942); deutsch: *Schicksal Donauraum* – Erinnerungen (Wien/Berlin/München 1995).

und »auch im Interesse der Menschlichkeit« stand. Im Jahre 1849 entschied das ›Schwert‹ des russischen Zaren Nikolaus I., der Kaiser Franz Joseph zu Hilfe eilte und die Lebensdauer des Reiches um ein halbes Jahrhundert verlängerte. Leider Gottes führte im Jahre 1867 die unglückliche Entscheidung über die Dualisierung der Monarchie zu einer Schwächung des Reiches, und – wie wir meinen – später auch von Franz Ferdinand. Woher die Initiative auch gekommen sein mag – vom schwacher Kaiser, vom mit einem Schlag nicht mehr großunga-rischen, sondern nur mehr ungarischer Adel oder nach der romantischen Lesart direkt von Kaiserin Sisi –, die Wirtschaftskraft der slawischen Tschechen wurde außer Acht gelassen. Die alte österreichische Politik vermochte in den Kronländern die komplexe slawisch-deutsche Beziehung nicht zu meistern.

Die sich überstürzende Ereignisse, die in den Ersten Weltkrieg ausuferten, begruben sämt-liche rationalen Überlegungen über die mögliche Zukunft des Reiches. Von der Romantik in-spirierte Politiker, meist Panslawisten, waren geradezu verliebt in nationalistische Folklore und Trachten, um näher am ›Volk‹ zu sein. Diese ›Reichszerstörer‹ grübelten nicht lange über die möglichen Auswirkungen ihrer Ideen nach. Schließlich begann ein Wettkampf darum, welches der Nachfolgevölker das am meisten unterdrückte und gleichzeitig das ›reinste‹ weltweit sei; welches am meisten gelitten hatte und welches keinen sonst braucht – am wenigsten Wien –, um den anderen endlich zu zeigen, dass es das größte und wichtigste sei. Die damalige Entste-hung der Viktimisierung, das Bemühen, sich als Volk von Opfern sehen zu wollen und niemals auch als Verwalter des Unglücks und der Ungerechtigkeiten, als eine mögliche Entschuldigung dafür, nicht auf eigenen Beinen stehen zu können und auf der Augenhöhe mit den großen Nachbarn zu sein, scheint bis heute ein langfristiges und erfolgreiches politisches Projekt der mitteleuropäischer Völker zu sein.

Die Österreicher, vom Rest des ehemaligen Reichs getrennt, »mit den gekappten Bindungen zu Mitteleuropa«, wie es Hodža beschreibt, wandten sich nun Deutschland zu, was tschecho-slowakische Politiker für ein großes Problem hielten. Die Änderung der Einstellung des bisher enthusiastischen Promotors einer mitteleuropäischen Föderation, Karl Renner, oder Gedan-ken einer Union mit Bayern von Ignaz Seipel waren Warnsignale.

Auch deshalb gewährte die reiche Tschechoslowakei Österreich finanzielle Hilfe, aber auch Lebensmittel- bzw. Kohlenlieferungen. Die österreichischen Politiker versuchten, die Isolati-on mit Vorstößen zur Schaffung eines gemeinsamen Zollraumes mit der Tschechoslowakei, Ungarn und Deutschland zu überbrücken – ein Projekt mit nicht nur für Österreich negati-ven Folgen. Die Abwendung der Tschechoslowakei von ihren westeuropäischen Partnern und die Annäherung an die Sowjetunion kann man auch damit erklären. Ein bis heute für die nationaler orientierten mitteleuropäischen Politiker gebliebener Schrecken war der ›Mitteleu-ropa‹-Plan von Friedrich Naumann mitsamt seinem gesamten imperialen Vokabular. »Öster-reich, falls es sich nicht in Mitteleuropa wiederfinden wird, wird einen Anschluss anstreben«, schreibt Hodža. »Die Zukunft der österreichischen Demokratie […] hängt davon ab, ob die gemäßigten Katholiken und gemäßigten Sozialisten fähig sind, die Lehren zu beherzigen und anzunehmen [...] und sich auf einer gemeinsamen Plattform treffen.« Prophetische Worte. Es lohnt, an diese Tatsachen aus vergangener Zeit zu erinnern, wenn man den Misserfolg vieler österreichischer Initiativen um eine nähere Zusammenarbeit mit seinen Nachbarn nach dem Fall des Eisernen Vorhangs im Jahre 1989 verstehen möchte.

Was man jedoch insbesondere eingedenk des 100. Jahrestags des Zerfalls der Monarchie besonders betrachten sollte, ist das einzigartige Ereignis, mit welcher Geschwindigkeit das Reich nach Jahrhunderten des Bestehens auseinanderbrach und noch überraschender der relativ friedliche Zerfall des Königreichs Ungarn nach mehr als 800-jährigem Bestehen, solange wir die revolutionären Launen der ungarischen Kommunisten und einige Zeit der Räterepublik außer Acht lassen.

Das Jahr des Zerfalls der Monarchie 1918 wurde auch zum Jahr einer der bemerkenswertesten und am längsten währenden Kooperationen von zwei mitteleuropäischen Völkern – der Tschechen und der Slowaken, die Ruthenen nicht zu vergessen. Auch wenn sie ein Bestandteil eines Reiches gewesen sind, waren sie wirtschaftlich, legislativ und kulturell getrennt. Die Slowaken und die Ruthenen lebten seit Jahrhunderten im Königreich Ungarn zusammen mit anderen Völkern und das Gebiet der heutigen Slowakei gehörte zu den meist entwickelten industriellen und gebildeten Gebieten des Königreichs. Die Entscheidung, die Kooperation mit Budapest aufzukündigen, war die logische Folge der Bemühungen der Ungarn (insbesondere nach der Dualisierung), sämtliche Völker des Königreichs zu magyarisieren, sie kulturell unterzuordnen und eine Art Groß-Ungarn zu schaffen. Auch wenn die Tschechoslowakische Republik kein Idealstaat ohne Konflikte und Nationalitätenprobleme war, ermöglichten die Tschechen den Slowaken (und Ruthenen), ihre Kultur und ihre Sprache beizubehalten und diese im Umfeld eines demokratischen Regimes, eines Rechtsstaats und der wirtschaftlichen Prosperität weiterzuentwickeln. Ungarn und Polen, die nach einigen Jahren den Pfad der Demokratie verließen, theoretisierten über die Köpfe der Slowaken hinweg über die Aufteilung des Landes entlang der Gipfel der Niederen Tatra und bereiteten so den Nährboden für jene nationalistischen Kräfte in der Slowakei auf, die gemeinsam mit Hitler zum ersten Zerfall der Tschechoslowakei im Jahre 1938 beitrugen.

»Es ist zunächst die Frage zu beantworten, ob die Staaten überhaupt eine nähere gemeinsame Verbindung eingehen müssen. Es doch gut möglich, dass man an der staatlichen Souveränität nicht rühren muss, da diese so kostbar sei, dass man sie nicht durch Verbindlichkeiten gegenüber anderen Staaten reduzieren solle« – mit diesem fast schicksalshaften Satz beginnt Hodža seine Überlegungen über die allfällige Zusammenarbeit der mitteleuropäischen Staaten nach dem Zweiten Weltkrieg. »[...] Sollten wir uns verbinden, so soll es mit denjenigen Staaten

geschehen, die uns sozial, kulturell oder wirtschaftlich nahestehen oder wir uns einander ergänzen«, argumentiert er. Er hat die Jalta-Konferenz der Siegermächte und die Auswirkungen
deren Entscheidungen nicht mehr erlebt, die Europa für lange 40 Jahre in zwei Teile aufgesplittert haben – einen freien und florierenden sowie den anderen hinter dem ›Eisernen Vorhang‹.
Dieser ›Vorhang‹ verlief auch entlang der Grenzen der Tschechoslowakei und Ungarns mit
dem neutralen Österreich. Es ist interessant, dass nach einigen Jahren auch für die Bewohner Ober- und Niederösterreichs aus einer für Jahrhunderte nicht existenten Grenze für 40
Jahre eine Zone quasi mit der Aufschrift ›Ubi leones‹ entstand – eine weiße, leere Zone ohne
Geschichte, Kultur, Menschen und ihren Schicksalen, mit Ausnahme von zwei großen Migrationswellen aus Ungarn und der Tschechoslowakei in den Jahren 1956 und 1968. Damals
tauchten wir angesichts einer Welle der Tragödien und des Unglücks in der österreichischen
Öffentlichkeit auf, um rasch wieder in Vergessenheit zu geraten.

Wie war das möglich? Ich habe mir zu meiner Zeit als erste nicht-kommunistische Botschafterin in Wien sehr oft diese Frage gestellt. Und ich musste Monate lang die offiziellen Vertreter
und Medien überzeugen, dass wir weder verschwunden waren noch uns in Russen verwandelt
hatten, dass die Slowaken existierten und nach wie vor existieren und nicht erst nach der Aufteilung der Tschechoslowakei entstanden, dass Ján Kollár, Initiator des Panslawismus und der
Erwägungen über die Rettung der Slawen im Schatten der ›russischen Eiche‹ an der Universität
in Wien unterrichtet hatte und eine Slowake war. Zurück bekam ich nur Schweigen und entschuldigende Blicke. Die Folgen dieses spektakulären Verschwindens, trotz der Bemühungen
der Emigrantenkreise, beschreiben detailliert Emil Brix und Erhard Busek in ihrem Buch ›Mitteleuropa revisited‹[3] und sagen mit Bedauern: »Österreichs Beziehungen zu den Nachbarstaaten
im Donauraum waren nach 1989 zweifellos besser, als es gegenwärtig der Fall ist.«

Die Republik Österreich versuchte sofort nach der Öffnung der Grenzen, die Beziehungen
neu anzuknüpfen, mit neuer Qualität, treu ihren Plänen, die ›Drehscheibe‹ für die neu entdeckten Nachbarn zu sein, aber diese Bemühungen gingen sofort in dem mitleidlosem innenpolitischem Kampf vor der Nationalratswahl 1990 unter und führte zu einer sehr »emotionalen Lösung von Konfliktthemen«,[4] wie es empfindsam Vladimír Handl charakterisiert. Eines
der ›bevorzugten‹ Hilfsmittel der österreichischen Sozialisten, die zum Wahlsieg führten, war
das Heraufbeschwören unkontrollierter Angst der Österreicher vor den Atomkraftwerken in
Tschechien und in der Slowakei. Dieser Angriff auf die Energiepolitik der Tschechoslowakei,
kontinuierlich erscheinend und genährt von den Medien, insbesondere von der ›Kronen Zei-

---

3   Emil BRIX/Erhard BUSEK, *Mitteleuropa revisited* – Warum Europas Zukunft in Mitteleuropa entschieden wird (Wien 2018).
4   Vladimír HANDL/Miroslav KUNŠTÁT, *Střední Evropa v zahraniční politice České republiky*. In: Gernot
    HEISS et al. (Hg.), *Česko a Rakousko po konci studené války* – Různými cestami do nové Evropy (Ústí nad
    Labem 2008), S. 61-78.

tung‹, lieferte mir eine Bestätigung, dass man auch in einem demokratischem Staat Menschen manipulieren und ihre rationale Denkweise außer Kraft setzen kann, sofern man ein genügend ausdrucksvolles Thema findet. Heute sind das die Flüchtlinge, morgen können es Demokraten sein, so wie in den 1930er Jahren. Es kann in jeder Gesellschaft passieren, insbesondere in einer Situation, in der der Staat keine ausreichend großen und einflussreichen ›Veto-Gruppen‹ hat, wie akademische Autoritätspersonen, Kirchen oder zivilgesellschaftliche Verbände, die diese Entwicklung im Keim ersticken. Und wie wir auch heute sehen können: Panik und Angst verhelfen unverantwortlichen Politikern auch bei aktuellen Wahlen im 21. Jahrhundert zum Sieg. So etwas unterbricht jedoch einen vernünftigen Dialog mit den Nachbarn und vergiftet die Atmosphäre der möglichen vertrauensvollen Zusammenarbeit auf Jahre. Die Österreicher waren so sehr mit ihren Wahlen beschäftigt, dass sie bis auf einzelne überhaupt nicht die Entstehung der Zusammenarbeit hinter ihren eigenen Grenzen gemerkt haben.

Im Mai 1990 hatte der ehemalige tschechoslowakische Dissident und Inhaftierte des kommunistischen Regimes und nunmehrige Präsident (eine typische damalige Karriere) Václav Havel ein Treffen mit den Präsidenten Ungarns und Polens auf der Burg in Bratislava, das zunächst nur ein politisches Symbol sein sollte. Es ging dabei vor allem darum, eine Bereitschaft der vier Völker bzw. drei mitteleuropäischen Staaten zur Zusammenarbeit gegenüber den westeuropäischen Partnern nachzuweisen, deren Bedenken vor der ›Mitte‹ zu zerstreuen und sich ihnen anzuschließen. Als Symbol war es sehr wichtig, weil die V3 die erste sinnvolle Koordinierung dieser in der Geschichte ständig streitenden und nicht kooperierenden Völker darstellte. Anschließende Treffen mündeten in die Vereinbarungen über den Austritt aller drei aus dem aggressiven Militärpakt der Sowjetunion, dem Warschauer Pakt, und aus dem RGW, der im Widerspruch zu der Bezeichnung (Rat für gegenseitige Wirtschaftshilfe) Mitteleuropa finanziell und wirtschaftlich ausbluten ließ und verursachte, dass die Tschechoslowakei, die im Jahr 1948 zu den industriell am meisten entwickelten Staaten weltweit gehört hatte, seit dem Jahr 1972 in großen gesellschaftlich-wirtschaftlichen Problemen steckte. Das Niveau der möglichen Zusammenarbeit der V3 bzw. nach der Teilung der ČSFR der V4 zeigte sich abhängig von den innenpolitischen Problemen der einzelnen politischen Parteien und deren Vorsitzenden. Sehr oft befand sie sich im Stadium des klinischen Todes, die Medien haben sie jedes Jahr begraben. Es gab Zeiten, in denen Viktor Orbán nicht mehr zu den Treffen der Regierungschefs erschien und lediglich subalterne Beamten hinbeorderte, die über nichts entscheiden durften. Einmal war wieder der tschechische Premierminister Miloš Zeman störrisch und erklärte, dass V4 um weitere Staaten (insbesondere Slowenien) zu erweitern wäre. Die anderen Partner haben dies abgelehnt, aber Zeman beharrte störrisch auf seiner Meinung.

Inzwischen hatte Österreich eine ›Regionale Partnerschaft‹ ins Leben gerufen, diese aber gleich am Anfang mit Forderungen an die V4 geschwächt, die diese zu erfüllen hätten, damit Österreich ihren allfälligen Beitritt zur Europäischen Union nicht blockiert. Einmal ging es um die bereits erwähnten Atomkraftwerke, dann wieder um die Frage der Beneš-Dekrete und die Sudetendeutschen, also um eigene innenpolitische Probleme, die sofort nach Öffnung der Grenzen im 1990 aufgekommen waren. Die Zentraleuropäische Initiative, die die Italiener initiiert hatten, konnte man ebenfalls nicht weiterentwickeln.

In den Jahren vor dem EU-Beitritt, 1998 bis 2004, stieß V4 auf breites Verständnis unter den mitteleuropäischen Führern. Die Slowakei, die unter der Regierung von Vladimír Mečiar die Möglichkeit verlor, der NATO beizutreten und die Verhandlungen über den EU-Beitritt zu eröffnen, wurden von den restlichen Visegrád-Staaten nun tatkräftig unterstützt – von Polen beim NATO-Beitritt und von der Tschechischen Republik bei den Verhandlungspositionen in den Gesprächen mit der Europäischen Kommission. In diesen Jahren, auch wenn die abschließenden Verhandlungen mit der EU wiederum eine große Rivalität unter die Freunde brachten, wurde dies zum zweiten Moment, der den Glauben an die Zusammenarbeit zwischen den Polen, Tschechen, Slowaken und Ungarn stärkte.

Die heutige Lage der V4 ist sicherlich nicht ›rosig‹. Die Slowakei befindet sich in der Eurozone, die tschechische Bevölkerung ist ziemlich euroskeptisch eingestellt, die Regierung von Viktor Orbán fordert die EU mit seinen Experimenten einer ›illiberalen‹ oder neuerdings ›christlichen‹ Demokratie heraus und die polnische Regierung von Jarosław Kaczyńskis Gnaden kehrt zurück zu den nationalistischen Theorien von Roman Dmowski vom Ende des 19. Jahrhunderts. Die Tatsache, dass V4 keine institutionalisierte Form besitzt, erweist sich als Manko, obwohl ich es als Vizeministerin des Außenamtes der Slowakei seinerzeit verlangte. Ich habe vorgeschlagen, ein kleines Sekretariat zu errichten, wie es etwa die Staaten des Nordischen Rates haben. Dieses würde mehr Kontinuität für die Projekte bedeuten, institutionelles Gedächtnis gewährleisten und zumindest ein bisschen die Willkür der einzelnen Politiker ausbremsen und die Fortführung der gemeinsamen Projekte ohne innenpolitische Turbulenzen ermöglichen.

Manche beklagen eine ›Politisierung‹ der V4 im Zuge der Orangenen Revolution in der Ukraine. Ich vertrete diese Meinung nicht; V4 kann sich politischen Stellungnahmen nicht verschließen, insofern eine gemeinsame Haltung vereinbart wird. Umgekehrt, falls V4 überleben möchte und den 64 Millionen Bürgern der Mitgliedstaaten eine gewisse Bedeutung beimessen will, muss sie auch über einen gewissen politischen Anspruch verfügen. Die Frage ist, ob es eine hysterische Einstellung zu den Migranten sein muss, auf die sich die Regierenden jetzt einigten. Wie es scheint, ist die Lebensfähigkeit von V4 im Rahmen der EU erst dann gesichert, wenn die Staaten keine Empfänger der Euro-Fonds mehr sind und ihre Solidarität mit den Staaten des Westbalkans beweisen müssen und zu Nettozahlern werden.

Mit dem Beitritt der V4-Staaten zur EU im Jahre 2004 hat sich die geopolitische Lage Österreichs wesentlich geändert. Politiker und Kommentatoren sind sich dessen bewusst und haben sich laufend um den Beitritt Österreichs zur Visegrád-Gruppe bemüht oder deren Marginalisierung angestrebt. Erinnern wir uns an die Worte von Hodža bezüglich der Voraussetzungen der Zusammenarbeit aufgrund gemeinsamer Probleme. Österreich ist zum Beispiel in Sicherheitsfragen von den Problemen, die die V4-Staaten als NATO-Verbündete zu lösen haben, weit entfernt. Man kann Österreich aber nicht vorhalten, dass »es lediglich bei der Sicherheitspolitik anderer Staaten mitfährt«, was sehr oft in Richtung Österreich vorgebracht wird. Auch die Einsetzung von Erhard Busek, dem einzigen kompetenten Kenner des Region, als Regierungsbevollmächtigten für die Fragen der Erweiterung und der Zusammenarbeit mit den Nachbarstaaten hat nicht viel geholfen. Und so wurde die Europa- und Außenpolitik Österreichs nur zum Spielball innenpolitischer Koalitionsstreitigkeiten und taktischer Vorwahlkalküle einiger Politiker, was das außenpolitische Prestige Österreichs wesentlich bedrohte, wie Michael Gehler schreibt. Dies steht im krassen Widerspruch zu den wirtschaftlichen Initiativen der österreichischen Unternehmer und Banken, die große Investoren im V4-Raum wurden. Auch die Schließung des Arbeitsmarktes für die Bürger der V4-Staaten nach dem EU-Beitritt hat uns vor Augen geführt, dass wir eher konkurrieren, als sich gegenseitig unterstützende Nachbarschaft leben. »Die historische Nähe provozierte das Bedürfnis einer notwendigen Entfernung«, schrieb Anton Pelinka hierzu. »Kleine Völker können in der großen Politik lästig sein, wenn sie isoliert und von Rivalitäten umgeben sind«, warnte Hodža bereits im Jahre 1942 und die geplante Wirkung verfehlte auch die neueste ›Austerlitz-Initiative‹, ein Treffen zwischen Österreich, Tschechien und der Slowakei.

Eine gemeinsame Herausforderung für die V4-Staaten und Österreich stellt die Nähe und die Ambitionen von zwei großen Nachbarn – Deutschland, heute in der EU verankert, und Russland – dar. Das Problem der Einbeziehung oder Ausschließung Deutschlands in bzw. aus Mitteleuropa und die Erinnerungen an seinen ›Drang nach Osten‹ – ›Anschluss‹, Aufteilung Polens etc. – wird insbesondere in den letzten Jahren wieder aktuell, wenn etwa ein direkter Kontakt Deutschlands mit Russland via Nord Stream aufgenommen wird, gegen den alle V4-Staaten einheitlich stehen. »Es würde jedoch zu einer künstlichen Deformation einer natürlichen historischen Entwicklung kommen, sollte Deutschland zu einem Faktor werden, der die Entwicklung in Russland beeinflussen sollte«, warnt Hodža. Österreich nimmt russische Investitionen an – legale und insbesondere illegale – und öffnet Russland sein Territorium für verschiedene strategische Aktivitäten, ohne seine Nachbarn darüber in Kenntnis zu setzen. Erwähnenswert sind die Öffnung der Gasspeicher in Baumgarten (Niederösterreich) für Gazprom, der Verkauf der Volksbank an die russische Staatsbank Sberbank oder Probleme mit Anteilen am ungarischen Mineralölkonzern MOL, die auf einmal von der OMV in russische Hände übergegangen sind.

Diese und ähnliche Schritte rufen bei den V4-Ländern viele Bedenken hervor, insbesondere auch deshalb, weil im Fokus der österreichischen Außenpolitik lediglich Handel steht, sonst nichts. Kurz gesagt: Wer mehr gibt, bekommt alles, ohne Rücksicht auf Interesse und strategische Pläne der Nachbarn. Heute kommt es leider zu einer ›Österreichisierung‹ auch in der tschechischen Außenpolitik, was wir in der Slowakei mit Bedenken wahrnehmen. »Die Identität und Position der mitteleuropäischen Staaten ist immer ein Ergebnis ihres Verhältnisses zu den Nachbarn, weil dieses einen wesentlichen Teil der ›eigenen‹ Geschichte ausmacht oder – wie im Falle der großen Nachbarn Deutschland und Russland – diese Nachbarn ungleiche Dialogpartner sind«, schreiben Brix und Busek.

Heute steht die Demokratie vor schweren Prüfungen, behaupten die Experten, aber wann waren die europäischen Prüfungen nicht schwer? Wir hegten die Vorstellung, dass wir mit dem Betritt in den Klub der demokratischen Staaten unsere einzigartige Erfahrung des Überlebens der gegensätzlichsten und utopischen Revolutionen mitbringen, für die sich Tausende von Bewunderern auch in Österreich erwärmt hatten und im Stande wären, diese in die Warnungen vor deren Wiederbelebung einfließen zu lassen. Und das Ergebnis? Populistische, wenn nicht mal faschistische Parteien kommen an die Macht in der ›Mitte‹, die Kommunisten geben die Ausrichtung der Politik in vielen unseren politischen Parteien an, die FPÖ unterstützt direkt slowakische Faschisten, die Wähler erfreuen sich an Populisten, bei denen sie eine bestimmte entfernte Diktator-Qualifizierung vermuten. ›Kleine Imperien‹, die bereits mehrmals die Atmosphäre in Mitteleuropa vergiftet haben, erscheinen wieder, mit autoritären Herrschern, die davon überzeugt sind, dass gerade sie das Volk und dessen Werte repräsentieren. Wir sind mit der Zeit gegenüber den Interessen der gesamten EU gleichgültiger und moralisch immer unfähiger, die Verantwortung für die Hauptprinzipien zu tragen, auf die wir vor Jahren so enthusiastisch unseren Eid geleistet haben. So beschreibt es auch der ungarische Historiker Csaba G. Kiss in seinem Buch ›Lekcja Europy Środkowej‹.[5]

Worauf soll sich also die politische Zusammenarbeit zwischen Österreich und V4 stützen, außer die fade Tatsache, dass wir doch Nachbarn sind? Eine echte, effiziente und vorteilhafte Kooperation und nicht eine, die man diplomatisch als »nützlich und Früchte tragend« präsentiert, was ein Euphemismus für Ratlosigkeit ist. »Wir Österreicher müssen einen aktiven Beitrag zur gemeinsamen Arbeit an der Demokratie in Mitteleuropa leisten und die konkreten Vorzüge offener Gesellschaften für möglichst alle Menschen erlebbar machen, um zum einem eine ›Zweiklassengesellschaft‹ in der EU nicht zuzulassen, und zum anderen, um die Vorbehalte, die seitens mitteleuropäischen Staaten wirtschaftspolitisch gegenüber Deutschland und sicherheitspolitisch gegenüber Russland bestehen, abbauen zu helfen.« Das ist der Plan, den die Österreicher Brix und Busek anbieten. Nur befürchte ich, dass ihre Stimmen bloß ein Ruf in der Wüste des Geschäftemachens, des Populismus und der Konspirationen sind. Seit längerer Zeit sind wir in Mitteleuropa in einem gefährlichen Geflecht von falsch gestellten Fragen und

---

5   Csaba G. KISS, *Lekcja Europy Środkowej* – Eseje i szkice (Kraków 2009).

unüberlegten Antworten gefangen. Wir haben Angst vor großen Problemen und das zwingt uns wieder dazu, Menschen von ›engen Horizonten und kleinem Glauben‹ zu werden. Schade, und es hat so gut angefangen.

»Chcialbym nareszcie wiedziec gdzie koncy sie wmowienie a zaczyna zwiazek realny« (»Ich möchte endlich mal wissen, wo die Lüge endet und das echte Leben beginnt«), fragt der polnische Dichter Zbigniew Herbert.

Tschechien

Gerald Schubert

EXTREME NORMALITÄT

Zum Selbstverständnis Tschechiens in Europa

Am 25. November 1989 erlebte Miloš Zeman zum ersten Mal, wie es sich anfühlt, die Massen mitzureißen. Die Samtene Revolution in der Tschechoslowakei war in vollem Gang, auf dem Prager Letná-Plateau hatten sich 800.000 Menschen versammelt. Zeman – damals ein weitgehend unbekannter Ökonom und ›Prognostiker‹, heute umstrittener tschechischer Staatspräsident – war einer der zahlreichen Redner, die den Text lieferten zur gewaltigen, emotional aufgeladenen, noch taumelnden Atmosphäre des Umbruchs.

Seine Rede bestand hauptsächlich aus nackten Zahlen. Und dennoch war sie eine flammende Anklage gegen das Staatsversagen: Der Anteil von Bürgern mit Hochschulbildung betrage in der Tschechoslowakei sechs Prozent, das Land liege damit weltweit auf Platz 49 – noch hinter Nepal, wo sieben Prozent einen Hochschulabschluss hätten. Beim Bruttosozialprodukt pro Kopf sei die Tschechoslowakei innerhalb von 40 Jahren vom zehnten auf den vierzigsten Platz abgerutscht. Selbst die Umweltpolitik kam nicht zu kurz: Die Schadstoffbelastung pro Quadratkilometer Staatsgebiet sei mit 25 Tonnen fünfzigmal so hoch wie in Schweden – trauriger Platz eins in Europa. »Schande!« schallte es hunderttausendfach zurück, und: »Wer ist daran schuld?« Die rhetorische Frage war einer der vielen Slogans jener Novembertage, die Antwort musste gar nicht erst ausgesprochen werden: Schuld war, darin war man sich auf der Letná einig, die bisherige Staatsführung, die kommunistische Diktatur, die Einparteienherrschaft, die jahrzehntelang auf die Unterstützung der Sowjetunion bauen durfte, und die nun im Begriff war, im Sog von Glasnost und Perestroika unterzugehen.

Die Erinnerung an diesen Auftritt konterkariert das heute im Ausland gängige Bild von Zeman als gealtertem Ex-Apparatschik, der sich mittels einer gewendeten Sozialdemokratie vom kommunistischen ins demokratische Establishment retten konnte und dort in Form offener Nähe zu Moskau seiner alten Sowjetnostalgie frönt. So ziemlich alles an dieser Vorstellung ist falsch. Zeman war 1968 während des Prager Frühlings der Kommunistischen Partei beigetreten und wurde 1970 wegen seiner Kritik an dessen Niederschlagung durch die Invasion der Warschauer-Pakt-Staaten wieder ausgeschlossen. Im August 1989 hatte er dann in einem Artikel, der in einem Technik-Magazin publiziert wurde, scharfe Kritik an der kommunistischen Führung des Landes geübt und damit für jene Aufmerksamkeit gesorgt, die sich später als Sprungbrett auf die Rednerbühne der Samtenen Revolution erweisen sollte.

Zudem war gerade die tschechische Sozialdemokratie, die Zeman in den 1990er Jahren als Parteichef groß gemacht hat, alles andere als ein Sammelbecken von Wendehälsen. Im Unterschied zu anderen ehemals kommunistischen Staaten gab es hierzulande bereits eine sozialdemokratische Tradition, die bis in die österreichisch-ungarische Monarchie zurückreichte. Und es gab Persönlichkeiten des sozialdemokratischen Exils, die nach der Wende des Jahres 1989 den Aufbau funktionierender Parteistrukturen unterstützten. Übrigens ist gerade das mit ein Grund dafür, dass die tschechischen Kommunisten (KSČM) bis heute als vergleichsweise unreformiert gelten: Die genuinen Sozialdemokraten waren schon da, bevor die ehemaligen kommunistischen Machthaber eine tatsächliche oder auch nur vermeintliche politische Wende vollziehen konnten.

Es ist eine der vielen Paradoxien der Nachwendezeit, dass ausgerechnet die durch und durch mitteleuropäische Prägung der tschechischen Politik die dortigen Kommunisten in orthodoxer Schockstarre verharren ließ. Seither sind fast dreißig Jahre vergangen. Beinahe halb so lange, seit Mai 2004, ist Tschechien bereits Mitglied der Europäischen Union. Und doch scheint sich das Land bei der Suche nach seinem Platz in Europa nach wie vor auf einem Schlingerkurs zu befinden, der regelmäßig zu heftigen Debatten im Inland führt und im Ausland immer wieder für Irritationen sorgt.

Das erste Staatsoberhaupt der Nachwendezeit, der Dichter und ehemalige Dissident Václav Havel, hatte die Welt noch mit moralischer Integrität, Humor und einer wohltuenden Dosis Tollpatschigkeit verzaubert. Vor allem aber trug er durch klare Westorientierung und eine ebenso klare Absage an jeglichen Revanchismus gegenüber den alten kommunistischen Eliten entscheidend zur äußeren und inneren Stabilität bei. Die Männer, die das Land außer Havel am meisten geprägt haben, sind zweifellos seine beiden Nachfolger auf der Prager Burg. Beide hatten sie während Havels Präsidentschaft bereits das Amt des Regierungschefs bekleidet: der wirtschaftsliberale Ökonom Václav Klaus, der sich im Lauf der Zeit immer mehr zum nationalkonservativen EU-Kritiker wandelte und heute als Polit-Pensionist gerne auf Veranstaltungen der deutschen AfD auftritt, und der immer noch amtierende ehemalige Sozialdemokrat Miloš Zeman, dessen politische Positionierung sich am ehesten durch den Graben illustrieren lässt, der sich seinetwegen quer durch seine Expartei ČSSD zieht. Zeman hat dort glühende Anhänger, während andere ihn für einen xenophoben Populisten halten, der sich von den Werten der europäischen Sozialdemokratie längst verabschiedet hat.

Zeman ist heute ein Staatschef, der sich zwar selbst als proeuropäisch bezeichnet, der aber immer wieder durch seine Bewunderung für US-Präsident Donald Trump und seine offensiv zur Schau gestellte Nähe zu Russland sowie zu EU-feindlichen Vertretern des rechten Rands der tschechischen Politik von sich reden macht. Nachdem er in der zweiten Runde der Präsidentschaftswahl im Jänner 2018 mit 51,4 Prozent der Stimmen wiedergewählt worden war, ließ er sich bei seiner Siegesansprache am Podium von Tomio Okamura flankieren, dem Chef der Anti-EU- und Anti-Islam-Partei ›Freiheit und direkte Demokratie‹ (SPD). Dieser hatte einmal dazu aufgefordert, vor den wenigen Moscheen im Land »Schweine Gassi zu führen«. Auch Zeman selbst geht in seiner Gegnerschaft zur Einwanderung aus muslimischen Ländern – zumindest rhetorisch – weiter als andere europäische Staatsoberhäupter: Den Islam hat er einmal pauschal als ›Religion des Hasses‹ bezeichnet.

Selbst Gegner Zemans haben dem Präsidenten bisher attestiert, durch instinktsichere Vereinnahmung der politischen Ränder viel dazu beigetragen zu haben, die wahren Extremisten im Land von der Macht fernzuhalten. Die meisten stellen sich inzwischen aber die Frage, wie lange man die politischen Ränder vereinnahmen kann, ohne dabei selbst zum Extremisten zu werden. Im Folgenden soll der Versuch unternommen werden, die wichtigsten Meilensteine der Entwicklung zu skizzieren, die das Land an diesen Punkt gebracht hat, Anhaltspunkte zum Verständnis ihrer häufig nur scheinbaren Widersprüchlichkeit zu bieten und schließlich die aktuelle tschechische Selbstverortung im europäischen Kontext zu beleuchten, die gerade in jüngster Zeit nur als hochdynamischer Diskurs und keinesfalls als gefestigter Status quo beschrieben werden kann.

Der erste tiefe Einschnitt in der tschechischen Nachwendegeschichte – und damit der erste Schlüsselmoment auf dem politischen Weg nach Europa – war zweifellos die Teilung der Tschechoslowakei zum Jahreswechsel 1992/1993. Der Begriff ›Schlüsselmoment‹ soll dabei keinesfalls andeuten, dass der EU-Beitritt nicht genauso gut auch ohne diese Teilung möglich gewesen wäre. Er hätte lediglich unter ganz anderen Voraussetzungen über die Bühne gehen müssen – Voraussetzungen, die damals, elf Jahre vor der großen EU-Erweiterung, allerdings genauso wenig vorhersehbar waren wie sie heute rekonstruiert werden könnten.

Die Gründe für die Trennung sowie deren demokratische Legitimation sind immer noch Gegenstand zahlreicher Debatten. Vor allem die Tatsache, dass die Auflösung der Föderation auf höchster politischer Ebene entschieden und zu dieser essenziellen Frage kein Referendum abgehalten wurde, wird bis heute vielfach kritisiert – auch vor dem Hintergrund von Umfragen, die allesamt auf eine Mehrheit für den Verbleib im gemeinsamen Staat hindeuteten.

Viele sehen hier auch eine verpasste Chance. Ein Ja zur Teilung, meinen sie, hätte diesen Schritt klar legitimiert. Ein Nein hingegen hätte so etwas wie eine demokratische Neugründung der Tschechoslowakei bedeutet, die 1918 nach den Wirren des Ersten Weltkriegs auf den Trümmern der Habsburgermonarchie entstanden war, während des Zweiten Weltkriegs unter Nazi-Vorherrschaft aufgeteilt war in einen slowakischen Marionettenstaat einerseits und das ›Protektorat Böhmen und Mähren‹ andererseits, und schließlich, während der vier Jahrzehnte andauernden kommunistischen Diktatur, einen großen Teil ihrer Souveränität an Moskau abgegeben hatte. Anhänger dieser These, allen voran der Historiker, ehemalige tschechische Premierminister und spätere EU-Kommissar Vladimír Špidla, ein Sozialdemokrat, der sein Land 2004 als Regierungschef in die Europäische Union geführt hat, sehen hinter der ohne

Referendum vollzogenen Teilung vor allem den Machtwillen der beiden starken Männer jener Zeit: Václav Klaus, damals noch konservativer Premier der tschechischen Teilrepublik, und sein slowakisches Gegenüber Vladimír Mečiar wollten, so der Vorwurf, jeweils lieber die Nummer eins in ihrem eigenen Staat sein, als sich föderalen Strukturen unterzuordnen.

Das rasante Vorgehen der beiden Politiker hat aber bis heute auch viele Befürworter. Ihr Hauptargument: Die politischen Landschaften in beiden Teilrepubliken hätten sich so unterschiedlich entwickelt, dass ein Fortbestand der Föderation nur um den Preis instabiler Verhältnisse möglich gewesen wäre. Zudem sei es durch die Teilung gelungen, vor allem in der Slowakei, wo sich viele durch den wirtschaftlich wesentlich stärkeren tschechischen Landesteil übervorteilt sahen, aufkeimenden nationalen Leidenschaften einen Riegel vorzuschieben – und das zu einer Zeit, in der Europa sorgenvoll auf die blutigen Zerfallskriege im ehemaligen Jugoslawien blickte.

Trotz aller Meinungsverschiedenheiten besteht gegenwärtig weitgehender Konsens darüber, dass die Teilung dem Verhältnis zwischen Tschechen und Slowaken zumindest nicht geschadet hat. Die bilateralen Beziehungen gelten als vorbildlich, sprachliche Nähe sowie die Vielzahl verwandtschaftlicher und freundschaftlicher Bande tun dazu ihr Übriges. Mit dem gemeinsamen EU-Beitritt im Mai 2004 verlor die 1993 neu entstandene Grenze wieder viel an Bedeutung; der gemeinsame Beitritt zum Schengenraum im Dezember 2007 machte sie weitgehend unsichtbar.

Kurze Zeit später jedoch, im Jänner 2009, trat die Slowakei der Eurozone bei, während die Tschechen an ihrer Krone als Währung festhielten. Ob dadurch ein nachhaltiges Auseinanderdriften beider Staaten grundgelegt wurde, oder ob es sich dabei letztlich doch nur um eine Fußnote der Geschichte handeln wird, das wird sich wohl erst in der weiteren europäischen Entwicklung mit ihrem permanenten Widerstreit zwischen Bindungs- und Fliehkräften erweisen. In der EU haben Brexit, wirtschaftliche Ungleichgewichte, unterschiedlich ausgeprägter Integrationswille und schwere Differenzen in der Flüchtlingspolitik den politischen Gestaltungsspielraum bekanntlich stark eingeschränkt. Paradoxerweise aber scheinen genau deshalb derzeit mehr Optionen auf dem Tisch zu liegen als je zuvor.

Eine davon, die sich auch in den Vorschlägen von Frankreichs Präsident Emmanuel Macron wiederfindet, rechnet mit einer vertieften Integration innerhalb der Eurozone. Für Tschechien, das westlichste der sogenannten osteuropäischen Länder, könnte die Suche nach seinem Platz in Europa bei einem solchen Szenario noch um einiges schwieriger werden. Die historische und geopolitische Verankerung des Landes im Herzen des Kontinents steht nämlich bisweilen in eigentümlichem Gegensatz zur eher zögerlichen Bereitschaft, daraus auch Anstöße zur Dynamisierung des europäischen Integrationsprozesses abzuleiten, etwa in Form eines Beitritts zur Währungsunion. Im Gegenteil: Wer die Diskussionen im Land verfolgt, kann manchmal den Eindruck bekommen, dass genau diese feste Verankerung die Zugehörigkeit zu Europa als selbstverständlich erscheinen lässt – und weitere Bemühungen zu ihrer politischen Ausgestaltung deshalb als überflüssig. So ist Tschechien etwa ausschließlich von EU-Mitgliedern umgeben, während die kleinere und wirtschaftlich schwächere Slowakei im Osten an die Ukraine grenzt und sich insgesamt auch nach dem EU-Beitritt einem höheren Integrationsdruck ausgesetzt sah. Noch augenfälliger ist der Vergleich zu den baltischen Republiken, die einst Teil der Sowjetunion waren und Russland heute in hohem Maß als geopolitische Bedrohung empfinden. Auch sie sind allesamt längst der Eurozone beigetreten. Sollte letztere zur Avantgarde eines Europas der zwei (oder mehreren) Geschwindigkeiten werden, dann stünde Tschechien vor der Wahl, entweder außen vor zu bleiben und damit den Verlust seines vermeintlich angestammten Platzes im Herzen des Kontinents zu riskieren oder aber die vorsichtige Zurückhaltung gegenüber der Währungsunion aufzugeben und ebenfalls einen baldigen Beitritt anzustreben.

Was die messbaren Parameter und die Erfüllung der Maastricht-Kriterien betrifft, so wäre ein solcher – nach derzeitiger Lage zu urteilen – weitgehend problemlos möglich. Die tschechische Wirtschaft brummt, die niedrige Staatsverschuldung war zuletzt weiter rückläufig und die Arbeitslosigkeit ist mit 2,4 Prozent die niedrigste in der EU. Politisch aber hat sich zuletzt eher Skepsis verfestigt, und zwar vor allem im Zuge der Debatten über die Finanzierung von Rettungsschirmen für Griechenland und die geteilte Verantwortung für die Stabilität der Eurozone. Viele Tschechinnen und Tschechen erinnern sich nur allzu gut an die Verhältnisse, die ihr heutiger Präsident Zeman damals, in den Tagen des Umsturzes, in seiner Rede angeprangert hatte: In so vielen Bereichen hatte ihr Land zu den Schlusslichtern Europas gezählt. Und nun sollte es schon bereit sein, mit der eigenen, nicht immer ganz einfach erarbeiteten Wirtschaftskraft mitzuhelfen, die Schwächen anderer, älterer EU-Mitglieder auszugleichen?

Es ist ein nicht einfacher Mentalitätswechsel, der sich hier vollziehen muss. Dabei geht es nicht nur um die Frage nach der Bereitschaft zur Solidarität, sondern auch um jene nach dem eigenen Selbstbewusstsein und den eigenen Kapazitäten. Das zeigt sich auch in der Diskussion über die Verteilung von Flüchtlingen auf Basis verpflichtender EU-Quoten. Hinter der in der tschechischen Bevölkerung weit verbreiteten Ablehnung der Quotenregelung verbirgt sich gleich ein ganzes Bündel von Motiven. Da ist zunächst die vergleichsweise geringe Erfahrung im Zusammenleben mit Menschen aus anderen Kulturkreisen. Eine Ausnahme ist die weitgehend gut integrierte vietnamesische Minderheit, die ihre Wurzeln noch in der kommunistischen Vergangenheit hat. Mögliche Zuwanderung aus muslimisch geprägten Ländern hingegen löst diffuse Ängste aus und prägt den politischen Diskurs geradezu indirekt proportional zum Ausmaß ihrer tatsächlichen Existenz. Es ist dasselbe Phänomen, das man auch aus alten EU-Ländern kennt, wo fremdenfeindliche Parteien oft gerade in jenen Wahlkreisen besonders gut abschneiden, wo man mit Fremden normalerweise kaum Bekanntschaft macht.

Hinzu kommt die Tatsache, dass Tschechien eines der atheistischsten Länder Europas ist. Bei der letzten Volkszählung im Jahr 2011 machten 45 Prozent der Bürgerinnen und Bürger gar keine Angaben zur Religion, 34 Prozent bezeichneten sich explizit als nicht religiös. Zum römisch-katholischen Glauben bekannten sich nur zehn Prozent. Komplexe Fragen wie etwa die nach dem Begriff der ›christlichen Leitkultur‹, dem Verhältnis der Religionen zueinander oder der Trennschärfe bei der Unterscheidung zwischen Glaubens- und Kulturtraditionen spielen in der Migrationsdebatte Tschechiens daher eine weitaus geringere Rolle als das relativ einfache Bild von der angeblichen Bedrohung einer weitgehend säkularen Gesellschaft durch einen politischen Islam. Wenn manche Politiker dennoch beteuern, zum Beispiel christliche Iraker lieber im Land aufnehmen zu wollen als muslimische, dann bedienen sie sich einer religiös unterlegten Ad-hoc-Rhetorik, die im politischen Diskurs des Landes keinerlei Tradition hat und auch von eingefleischten Migrationsgegnern gerne belächelt wird.

Insgesamt liegen die Gründe für die Ablehnung der Flüchtlingsquoten jedenfalls nicht einfach in eigennütziger Zurückweisung des Solidaritätsgedankens, sondern oszillieren irgendwo zwischen der Angst vor dem Unbekannten, mangelndem Vertrauen in die eigenen sozialen, infrastrukturellen und finanziellen Kapazitäten sowie der tief verwurzelten Überzeugung, für Migranten gar nicht attraktiv zu sein. Das hat auch mit der historischen Erfahrung zu tun, vor 30 Jahren noch selbst Herkunftsland von Flüchtlingen gewesen zu sein. Der gängige Hinweis, dass doch gerade das ein Argument für deren Aufnahme sein müsse, will einfach nicht greifen, wenn das kollektive Bewusstsein trotz wirtschaftlichen Erfolgs und trotz Verankerung in EU und NATO auch vom Selbstbild des kleinen, immer noch schwachen Transformationsstaates auf dem holprigen Weg zum Lohnniveau des Westens geprägt wird.

Besonders schwer aber wiegt in Tschechien der verpflichtende Charakter der Quoten, die gegen den Willen Prags beschlossen wurden. Die entsprechende Entscheidung der EU-Innenminister vom September 2015 fiel zwar mit der in den EU-Verträgen vorgesehenen qualifizierten Mehrheit und ist damit juristisch ausreichend legitimiert. Dennoch verstehen es Politiker fast aller Couleurs, sie als Verletzung der nationalen Souveränität zu interpretieren und als Steilvorlage für ihre eigenen Strategien zu nutzen. Dabei können sie an ein weit verbreitetes Narrativ vom Kampf gegen Bevormundung ›von außen‹ anknüpfen – gegen Bevormundung aus Wien zur Zeit der Habsburgermonarchie, aus Berlin zur Zeit der Nazi-Besatzung und aus Moskau während der mehr als vierzigjährigen kommunistischen Diktatur. Ernsthafte Parallelen lassen sich hier natürlich kaum ziehen – erst recht, wenn man dann noch ›Brüssel‹ an das Ende der Erzählung vom Widerstand gegen vermeintlich äußere Vorherrschaft setzt. Dennoch: Dass der EU-Beitritt auf Basis eines demokratischen Referendums vollzogen wurde und auch Tschechien an den Brüsseler Verhandlungstischen mitbestimmt, wird in diesem Narrativ bewusst ausgeklammert.

Umgekehrt pflegen aber auch die älteren EU-Mitgliedstaaten ihre oft realitätsfernen Narrative gegenüber Tschechien und den anderen Mitgliedern der Visegrád-Gruppe, also der Slowakei,

Polen und Ungarn. In vielen Ländern Westeuropas gibt es immer noch die Vorstellung von einem monolithischen Block, der so ziemlich gegen alles auftritt, was in Brüssel beschlossen wird. Im Fall der Flüchtlingsquoten begründet sich das immerhin auf einer tatsächlichen Ablehnungsfront der ›V4‹ – und auf deren Kommunikationsstrategie, in dieser zentralen Frage häufig gemeinsam vor die Presse zu treten. In vielen anderen Bereichen jedoch könnten die Unterschiede innerhalb der Visegrád-Gruppe kaum größer sein: Die Slowakei ist als einziges V4-Mitglied auch Mitglied der Eurozone. Der nationalkonservative ungarische Premier Viktor Orbán pflegt gute Beziehungen zum russischen Präsidenten Wladimir Putin, während in Polen die Ängste vor einer russischen Großmachtpolitik dominieren. Und die starke katholische Prägung der polnischen Gesellschaft wiederum steht in krassem Gegensatz zum bereits beschriebenen Atheismus in Tschechien. Dort ist man sich der Gefahr einer allzu starken Vereinnahmung durch die V4 übrigens durchaus bewusst: In diplomatischen Kreisen kursiert bereits das Diktum von der ›toxischen Marke Visegrád‹.

Zu den stereotypen und gleichwohl schiefen Bildern von der tschechischen Politik gehört auch die Charakterisierung des aktuellen Premierministers Andrej Babiš als Oligarch russischen Zuschnitts, der das Land näher Richtung Moskau rücken will. Sein Vermögen, das die Zeitschrift Forbes auf mehr als vier Milliarden Dollar schätzt, hat Babiš vornehmlich in der Agrarindustrie erwirtschaftet. Über seine Holding Agrofert, die er als Regierungschef in einen Treuhandfonds ausgelagert hat, kontrolliert er unter anderem auch zwei Tageszeitungen und einen Radiosender. Babiš aber gilt als weitgehend ideologiefreier Pragmatiker. Die von ihm gegründete Partei ANO – auf Tschechisch heißt das ›Ja‹, gleichzeitig handelt es sich um die Abkürzung für ›Aktion unzufriedener Bürger‹ – trägt mit ihrer demonstrativen Ablehnung alles Althergebrachten zwar populistische Züge, positioniert sich aber in wirtschafts- und auch vielen gesellschaftspolitischen Fragen liberal. Und nicht zuletzt sind auch die geschäftlichen Interessen von Babiš klar nach Westen orientiert. Die EU will er zwar – wie viele andere europäische Politiker – von innen reformieren, Austrittsgelüsten von Extremisten im eigenen Land hat er jedoch wiederholt eine klare Absage erteilt.

ANO hat die Parlamentswahl vom Oktober 2017 mit knapp 30 Prozent der Stimmen klar für sich entschieden. Bereits in der Vorgängerregierung unter dem sozialdemokratischen Premier Bohuslav Sobotka hatte Andrej Babiš das Amt des Finanzministers bekleidet. Die Wähler trauten dem Unternehmer wie keinem anderen zu, seine Vorstellungen von einem schlankeren Staat und einer effizienteren Steuereintreibung, die gleichzeitig neue Spielräume für sozialpolitische Maßnahmen eröffnen soll, in die Tat umzusetzen. Dass gegen Babiš wegen des Verdachts auf EU-Subventionsbetrug rund um sein Freizeitressort Storchennest ermittelt wird, schien sie dabei kaum zu stören. Im Gegenteil: Offenbar glaubten die meisten der Version von Babiš, der die Vorwürfe zurückweist und von politisch motivierten Anschuldigungen durch eine korrupte Machtelite spricht. Ähnliches gilt für den Vorwurf, Babiš sei einst Agent der kommunistischen Staatssicherheit gewesen.

Die meisten anderen Parteien sehen all das weniger locker und verweigerten zunächst die Bildung einer Koalition mit Babiš. Also ernannte Präsident Zeman diesen zum Chef eines Minderheitskabinetts und hält seither an ihm fest. Bewegung ins politische Patt kam erst Mitte Juni, nachdem sich die sozialdemokratische Parteibasis in einem internen Referendum für eine Koalition mit ANO ausgesprochen hatte. Diese hat zwar immer noch keine Mandatsmehrheit, lässt sich jedoch von den Kommunisten tolerieren. Für viele stellt das einen Tabubruch dar, denn erstmals seit 1989 konnte die KSČM bei der Zusammensetzung der Regierung ein Wörtchen mitreden.

Das derzeit unsichere politische Fahrwasser in Tschechien hat also durchaus seine ureigenen Charakteristika. Viele Probleme der Gegenwart jedoch, etwa die allgemeine Verunsicherung durch die Globalisierung oder die zeitweise Lähmung des politischen Diskurses durch das Thema Migration, hat das Land mit anderen Staaten gemein – und zwar längst nicht nur mit solchen aus Osteuropa. Im Falle Tschechiens, das wirtschaftlich eng mit Deutschland verzahnt ist, stimmt die Verortung im ›Osten‹ ohnehin nur bedingt. Von Wien aus betrachtet stimmt sie nicht einmal geografisch. Im Herzen des Kontinents gelegen, repräsentiert Tschechien die historischen und aktuellen Bruchlinien Mitteleuropas wie kaum ein anderes Land. Nationalen Besonderheiten muss bei der Einordnung der politischen Dynamik natürlich Aufmerksamkeit geschenkt werden. Auf stereotype Osteuropa-Klischees aber darf man knapp 30 Jahre nach dem Fall des Eisernen Vorhangs getrost verzichten.

Polen

Maciej Górny

ZUM SELBSTVERSTÄNDNIS POLENS IN EUROPA AUS HISTORISCHER UND GEGENWÄRTIGER PERSPEKTIVE

Unter vielen Stereotypen, die sich auf die Polen beziehen, finden wir auch ein solches, das ihnen die Fixierung auf die Vergangenheit, ihre Geschichte zuschreibt. In einer positiven Bedeutung spricht man über die Verbundenheit, den Respekt und (Achtung, ein angesagtes Wort:) das Gedächtnis. In einer kritischen Färbung ist die Rede vom Kult der vergangenen Niederlagen, Wiederaufreißen alter Wunden, von der Vorliebe zum Märtyrertum und vom nationalen Narzissmus. Ein flüchtiger Blick darauf, wovon der politische Diskurs genährt wird, scheint dieses Bild zu bestätigen.[1] Die rechtspopulistische Regierungspartei Polens, Prawo i Sprawiedliwość (PiS; deutsch: Recht und Gerechtigkeit), bedient sich besonders gern der historischen Staffage. Der Staat verehrt Helden des Waffenkampfs, insbesondere die sogenannten ›Verstoßenen Soldaten‹, d. h. die antikommunistischen Partisanen, und gleichzeitig bekämpft er jegliche Konkurrenz im Bereich des kollektiven Gedächtnisses. Selbst die Modernisierungsprojekte der Regierung orientieren sich an der Vergangenheit statt an der Zukunft. Sie sind ein neuer Aufguss des staatlichen Investitionsprogramms aus den 1930er Jahren (der sogenannten ›Kwiatkowski-Reform‹). Das Projekt der Hochgeschwindigkeitsbahn wird z. B. als Anlehnung an Schnellzüge der Zwischenkriegszeit – ›Luxtorpeda‹ – angekündigt. Die historischen Anknüpfungen, vor allem aus der Zwischenkriegszeit, sieht man einfach auf der Straße. Polnische Neonazis rufen die Symbolik der einheimischen Faschisten ins Leben zurück, indem sie unter denselben Standarten marschieren, während Jarosław Kaczyński, von den einen idealisiert und von den anderen als der Anführer der Partei Prawo i Sprawiedliwość dämonisiert, immer wieder als Józef Piłsudskis Inkarnation dargestellt wird – des Vaters der Unabhängigkeit in der Zwischenkriegszeit. Im öffentlichen Bereich betreffen die heftigsten Auseinandersetzungen die Vergangenheit: die Haltung der Polen zur Vernichtung, zum Kommunismus, zur Geschichte der Beziehungen mit Russland und mit Deutschland, zum Antisemitismus. Um die politischen Gegner mit Schmutz zu bewerfen, verwendet man Beschimpfungen, die manchmal

---

1 Die Bemerkung kommt besonders oft in den Zeitungsberichten der deutschsprachigen Presse vor. Vgl. etwa das Interview mit der polnischen Schriftstellerin Olga Tokarczuk, das 2016 in der ›Presse‹ veröffentlicht wurde: Olga TOKARCZUK, »*Polen träumen von Märchen und Legenden.*« In: Die Presse, 08.11.2016 (online: https://diepresse.com/home/kultur/literatur/5114179/Olga-Tokarczuk_Polen-traeumen-von-Maerchen-und-Legenden; abgerufen am 04.05.2018).

aus einer noch ferneren Vergangenheit stammen. Es ist verblüffend, wie oft man z. B. über ›Targowica‹ spricht und sich dabei auf die prorussische Konföderation einer Gruppe polnischer Adeliger bezieht, die 1792 gegründet wurde. Politische Feinde, die sich an Bezeichnungen aus dem 18. Jahrhundert orientieren – ein so hoch entwickeltes Bewusstsein der eigenen Geschichte ist wahrhaftig zu beneiden!

Bei tieferem Einblick verlieren all die historischen Referenzen an Seriosität (und Anmut, wie es ein Historiker bemerkt). Die Oberflächlichkeit springt ins Auge. Unter den faschistischen Fahnen aus der Zwischenkriegszeit stolzieren ziemlich zeitgenössische Skinheads, ohne die geringste Ahnung von ihren Vorgängern und der Tradition des radikalen Nationalismus zu haben. Es bringt nichts, von einem Neubeginn des polnischen modernen ›New Deal‹ zu träumen und die neue Version von ›Luxtorpeda‹ (das Original war übrigens nicht polnisch, sondern stammte von Austro-Daimler-Puch) endet wahrscheinlich als bloße Vorankündigung. Man nutzt die Helden des antikommunistischen Kampfes aus, lediglich um den Präsidenten Lech Kaczyński, eines der Opfer der Flugzeugkatastrophe in Smolensk, im Jahre 2010, mit ihnen in eine Reihe zu stellen. Die Katastrophe von Smolensk (bzw. das gemeinsame Attentat von Wladimir Putin und Donald Tusk, wie dies die Funktionäre der Partei PiS behaupten) dient als Zeithorizont für die Reflexion über die Vergangenheit, die im Rahmen des zeitgenössischen politischen Diskurses in Polen stattfindet.

Am besten beweist dies die Popularität der ›Verstoßenen Soldaten‹. Dieses historische Phänomen kleiner Gruppen von Partisanen nach 1945, die das NKWD und die Armee und anschließend die polnische Miliz umzingelt haben, wurde von der kommunistischen Regierung schnell beseitigt. Einige der ›Verstoßenen‹ zeigten dabei Mut. Andere, bei weitem der größere Teil, unterlagen der Kriegsdemoralisierung. Es gab auch solche, die Bluttaten gegen die Zivilbevölkerung, Verfolgungen der Juden auf ihrem Rückweg aus Lagern, Raubüberfälle, Vergewaltigungen und Diebstähle begingen. Ihr Kult, den die Staatsorganisationen, Rechtsparteien sowie Subkulturen der Fußballfans gemeinsam erschaffen, ignoriert all die Unterschiede und verschmilzt die bekannten mit den imaginären ›Verstoßenen‹ in ein Bild des heroischen Nationalisten. Besonders Fußballfans spielen sich gerne als Erben dieser imaginären, rücksichtslosen Kämpfer auf.[2] Genauso wie jene sehnen sich diese nach einem Kampf mit den Kommunisten. Da jedoch im Moment keine vorhanden sind, bekämpfen sie stellvertretend die Feministinnen, die Linksradikalen, die Grünen, die Farbigen, die Homosexuellen und die Europäische Union. Nach Michael Billig ist das der klassische Fall von »banal nationalism« – er ist sozialschädlich, dennoch behandelt er die Vergangenheit rein instrumental.[3]

---

2 Małgorzata ŚWIDER, ›Verstoßene Soldaten‹ – Die neuen Helden Polens als politischer Mythos der Republik. In: Irene GÖTZ/Klaus ROTH/Marketa SPIRITOVA (Hg.), *Neuer Nationalismus im östlichen Europa* – Kulturwissenschaftliche Perspektiven (Bielefeld 2017), S. 119-137.

3 Michael BILLIG, *Banal Nationalism* (London 1995).

Die ›Verstoßenen Soldaten‹ sind, neben der Flugzeugkatastrophe aus dem Jahre 2010, die wichtigste Quelle der historischen – dieses Wort sollte man in diesem Fall mit Anführungsstrichen versehen – Legitimierung der derzeitigen Regierung. Diese beiden historischen Erscheinungen kommen in einer grotesken Form vor. Die ›Verstoßenen‹, welche intensiv durch die Popkultur ausgenutzt werden, haben mehr gemeinsam mit den Kriegscomputerspielen als mit dem historischen Vorbild. Die Katastrophe in Smolensk, die mit dem Mord des NKWD an den polnischen Offizieren verglichen wird, nennt man hartnäckig ›Attentat‹ und gleichzeitig möchte man nicht zur Kenntnis nehmen, dass sie die Folge einer ganzen Reihe von dummen und tragischen Fehlern, Vernachlässigungen und Unzulänglichkeiten war. Die Realitätsferne der bekanntesten Mythen der zeitgenössischen Politik Polens überrascht nicht besonders. Gerade diese trägt dazu bei, historische Artefakte mit beliebigem Inhalt zu schmücken. Nicht selten transzendiert der Mythos die Wirklichkeit so intensiv, dass diese im Endeffekt ganz verschwindet.

Nicht nur in dieser Hinsicht hat der zeitgenössische Antikommunismus der polnischen Rechten viel gemeinsam mit dem damaligen Nationalkommunismus. Die für die marxistisch-leninistischen Narrationen charakteristische Suche nach ›fortschrittlichen Traditionen‹ war umso einfacher, je vergänglichere Erscheinungen sie betrafen. In dieser Rolle bewährten sich am besten historische Fälschungen, welche ehrgeizige Historiker erfanden. In solchen Fällen schränkten die Quellen die Phantasie nicht ein und die Vergangenheit konnte endlich den Anforderungen der Gegenwart gewachsen sein.[4] Zu solch einem ergiebigen Thema wurden in der ersten Hälfte der 1960er Jahre die Partisanenkämpfe gegen die Deutschen während des Zweiten Weltkriegs. Die sich unter dem Patronat von Mieczysław Moczar entwickelnde Propaganda, deren begabtester Protagonist der Militärhistoriker Zbigniew Załuski war, entwarf einige bedeutsame Verfälschungen, die es der kommunistischen Regierung ermöglichten, ihre Legitimation zu erhöhen.[5] Nach Auffassung von Załuski und den anderen im polnischen Partisanentum bildete sich ein echtes Bündnis der Kommunisten mit den Nichtkommunisten (wobei Recht und Oberhand immer die ersteren hatten). Die ideologischen Auseinandersetzungen überwand Załuski mithilfe einer einfachen Unterteilung in die guten nichtkommunistischen Schützen-Partisanen und ihre bösen Vorgesetzten. Verbunden in einem Bruderbündnis von Kommunisten und Nichtkommunisten (Schützen) trugen sie einen heroischen Kampf mit den Okkupanten aus und fügten ihnen eine ganze Reihe der bedeutendsten Niederlagen zu. In Wirklichkeit war das kommunistische Partisanentum Polens nicht zahlreich und lieferte sich häufiger Bruderkämpfe gegen andere Organisationen als mit ihnen zu kooperieren.

4   Maciej GÓRNY, *Die Wahrheit ist auf unserer Seite* – Nation, Marxismus und Geschichte im Ostblock (Köln/Weimar/Wien 2011), S. 275-307.

5   Zbigniew ZAŁUSKI, *Siedem polskich grzechów głównych* (Warszawa 1962; danach acht Ausgaben bis 1985).

Ein ähnlicher Mythos stellt die Andeutung dar, dass die Partisanen eine ernste Herausforderung darstellten. Das in den 1960er Jahren gepflegte Bild enthielt mehr Begeisterung über die Legende des jugoslawischen Partisanentums als die Bindung an die Wirklichkeit. Die Analogie mit dem heutigen Kult der ›Verstoßenen Soldaten‹ wirkt selbstverständlich. In beiden Fällen wich die Geschichte – sie wurde übrigens ziemlich gut von Historikern untersucht – dem anspruchslosen Comicstrip.

Die beiden Erzählungen definieren die Gruppe der ›echten Polen‹, indem sie diese mit allen anderen, den Fremden und den Verrätern, konfrontieren. Im Namen der Gerechtigkeit sollte man hervorheben, dass die kommunistische ein wenig inklusiver war. Aus dem Polentum schloss sie lediglich die ›reaktionären‹ Führer des nichtkommunistischen Untergrunds aus. Die Narration über die ›Verstoßenen‹ geht verschwenderischer mit dem Zeichen des Betrugs um, obwohl auch die Reihen der antikommunistischen Helden mit der Zeit zu wachsen scheinen. Gleichzeitig beziehen sich die beiden Narrationen, jedoch nicht in offensichtlicher Weise, auf den Antisemitismus. Im Fall von Mieczysław Moczar ging es um die unbestrittene Gegenüberstellung der polnischen ›Jungen aus dem Wald‹ und den jüdischen Kommunisten, die mit der Roten Armee in Polen angekommen sind. Im Fall der ›Verstoßenen‹ wird das Jüdische als Eigenschaft den Feinden und Folterknechten, das heißt den polnischen Kommunisten, zugeschrieben.

Im polnischen politischen Diskurs werden die Geschichte und das Andenken ununterbrochen ins Gedächtnis zurückgerufen, trotzdem bleibt ihre Rolle nicht nur instrumental, sondern auch marginal. Die Regierung, die ständig von der Geschichte erzählt, hat über diese nichts zu sagen. Nun ja, wenn das so ist, lohnt es sich, die Seiten der oben genannten Gleichung umzudrehen und statt darüber nachzudenken, was die polnische Politik über die Geschichte sagt, zu fragen, was die Geschichte über den politischen Diskurs und die Regierung Polens zu sagen hat.

Anfänglich sollte man ein paar Schlüsse aus den obigen Bemerkungen ziehen. Die Oberflächlichkeit der historischen Staffage im polnischen öffentlichen Diskurs deutet auf die augenscheinliche Tatsache hin, dass Polen keine Insel ist. In Polen finden wir ungefähr die gleichen Probleme, welche auch die anderen Gesellschaften Europas und der Vereinigten Staaten quälen: die Renaissance des Nationalismus, die steigende Xenophobie, der Populismus, die Zunahme der Popularität extremer Ideologien. Abgesehen von gewissen Elementen der Symbolik – die übrigens häufig der historischen Genauigkeit widersprechen – gibt es keine Kontinuität zwischen den politischen Organisationen der Zwischenkriegszeit und den heutigen Parteien, die sich auf jene berufen. Die historische Kontinuität sollte man lieber in den unbewussten Anknüpfungen der heutigen antikommunistischen Rechten an die Nationalkommunisten sehen. Das letztere scheint insofern verständlich zu sein, als gerade das kommunistische Ausbildungssystem die Generation der Führer der polnischen Rechten prägte.

Die Geschichte wird uns nicht helfen, Änderungen im polnischen ›Überbau‹ (um es in der den Kommunisten, selbst den Nationalkommunisten, vertrauten Terminologie auszudrücken) zu verstehen. Sie kann dennoch ein Licht darauf werfen, was mit der ›Basis‹ der polnischen Politik passiert, das heißt mit dem Sozialleben. Und hier kann man gewisse historische Regelmäßigkeiten und sogar die polnische Spezifik erkennen.

Ihr Kern scheint die dauerhafte Destabilisierung der Hierarchie und der sozialen Verbindungen. Innerhalb der letzten hundert Jahre kam es zuerst im Jahre 1919 zu einem revolutionären Austausch der Eliten, der mit einer Änderung des Wertesystems verbunden war. Der Umbruch des Jahres 1945 hatte noch ernstere Folgen. Der revolutionäre Zyklus erlebte seinen Höhepunkt durch den langsamen Zerfall des Kommunismus und wurde im Jahre 1989 abgeschlossen. Im ersten Abschnitt der Revolution kam es jedes Mal zu einer Lockerung der bisherigen Normen und dabei häufig zur Stärkung der gesellschaftlichen Gruppen, die bisher entrechtet waren. Der zweite Abschnitt enttäuschte sie, indem neue Hierarchien entstanden, die nicht unbedingt demokratischer waren als die vorigen und die den gesellschaftlichen Erwartungen nicht gewachsen waren.

Fangen wir von vorne an. Die Entstehung des souveränen polnischen Staats leiteten die Massenproteste der Arbeiter ein, die gleichen, welche Österreich-Ungarn und Deutschland Anfang 1918 erschütterten.[6] Die Unabhängigkeit bot ihnen keinen Einhalt, bis Anfang der 1920er Jahre Streik und Straßenprotest zu normalen Kommunikationskanälen in der Gesellschaft wurden. Vielmehr wiesen sie sich als eine sehr wirksame Kommunikationsform aus. Die amerikanischen Wirtschaftswissenschaftler, die damals (und ebenso später, nach 1989) die polnische Wirtschaftstransformation beobachteten, konstatierten erstaunt, dass die steigende Macht der Arbeiter die Arbeitgeber und vor allem den Staat dazu zwang, eine ganze Reihe von Zugeständnissen zu machen. Die anderen gesellschaftlichen Gruppen hatten eine nicht so starke Verhandlungsbasis, was sich auf eine sehr ungewöhnliche Preisstruktur und die Lohnbestimmungen auswirkte.

Der Begriff ›Inflation‹ erinnert an schmelzende Löhne; die verzweifelten Menschen versuchten ihr Geld so schnell wie möglich auszugeben, weil es vielleicht bereits am nächsten Tag weniger wert war als das Papier, auf dem es gedruckt wurde. In Polen konnte indessen die Lohnbewegung nicht nur mit der Inflation Schritt halten, diese überholte jene sogar. In Arbeitsverträgen vereinbarte man oft automatisch Gehaltserhöhungen, die den geschätzten Index der Lebenserhaltungskosten berücksichtigten, was einerseits die Arbeitnehmer gegen den Wertverlust ihrer Löhne schützte, andererseits aber die Inflation in die Höhe trieb. Auch die

---

6   Vor kürzerer Zeit erschien zu diesem Thema die ausgezeichnete Arbeit von Rudolf KUČERA, *Rationed Life* – Science, Everyday Life, and Working-Class Politics in the Bohemian Lands 1914–1918 (New York/Oxford 2016).

Vorschriften zur Kreditbindung begünstigten die Arbeiter. In kurzer Zeit verringerte die Inflation die Kosten für Wohnungsmieten von einem Fünftel auf ein Hundertstel des durchschnittlichen Einkommens einer Arbeiterfamilie. In Verbindung mit der neuen sozialen Gesetzgebung (Achtstundentag) und Ankündigungen der Verstaatlichung mindestens eines Teils der Industrie schien die Inflation dem bedürftigeren Bevölkerungsteil gar nicht die schlechtesten Perspektiven zu eröffnen. Den ›Normalverbrauchern‹ ist es relativ gut gegangen. Gleichzeitig erlangten sie das Gefühl der Mitbestimmung im politischen Sinne. Die Regierung begann ihre Meinung zu berücksichtigen. Umso schmerzhafter zeigte sich der Zusammenbruch. Die Wirtschaftsreformen der 1920er Jahre holten Polen in den Schoß des wirtschaftlichen Liberalismus im Lande zurück, der nach außen mit Protektionismus verbunden war. Bald kam die Weltwirtschaftskrise, welche die Arbeitenden am schmerzlichsten empfunden haben. In Polen dauerte sie besonders lang und klammerte einen Teil der Gesellschaft ganz vom Kapitalismus aus.

Die Übernahme der tatsächlichen Macht durch die Kommunistische Partei 1945 wird meistens als politischer Umsturz, Terrorwelle sowie Sieg der brutalen Geopolitik beurteilt, welche die Konferenz von Jalta symbolisiert. Unter der Oberfläche dieser Erscheinungen bemerkt man interessante und nicht eindeutige Fakten aus der Gesellschaft. Die vom Staat finanzierte Industrialisierung des Landes erreichte in den ersten Jahren der kommunistischen Regierung einen riesigen Umfang, sodass man sie mit der allgemeinen Kontrolle der Untertanen im neuen System nicht in Einklang bringen konnte. Bauernmassen machten sich auf den Weg zur Arbeit in der Industrie und damit wurde die verhärtete Gesellschaftsstruktur Polens der Zwischenkriegszeit zerbrochen, das damals überwiegend ein Agrarland war. Und damit nicht genug. Wie die Sozialhistoriker zeigen, war die große räumliche Bevölkerungsbewegung mit dem Umzug in die Industriestädte noch nicht abgeschlossen.[7] In den sozialistischen Fabriken herrschte eine unglaublich hohe Fluktuation, die in einigen Fällen bis zu 200 Prozent jährlich erreichte (das heißt, im Laufe eines Jahres wurde die Belegschaft einer Fabrik statistisch zweimal ausgetauscht!). In manchen Bereichen, z. B. im Hochschulwesen, förderte der Staat die Kandidaten mit einer ›geeigneten‹ Herkunft, die aus Arbeiter- und Bauernfamilien stammten. Er hat jedoch keine politischen Vorteile daraus gezogen, weil die theoretisch ›fortschrittlichen‹ Studenten bei reaktionären Professoren lernten.[8] In paradoxer Weise vergrößerte die Massenbewegung der Bevölkerung den Freiheitsraum. Paradox, weil alle anderen Handlungen der neuen Regierung in die umgekehrte Richtung ausgerichtet waren; sie schränkten die individuellen und kollektiven Rechte ein und zielten auf möglichst große Kontrolle ab.

Die dritte Sozialrevolution des 20. Jahrhunderts in Polen hat sich lange hingezogen. Sie wurde von der Solidarność-Bewegung initiiert, die 1980 den Arbeitern das Gefühl verlieh, et-

---

7   Błażej BRZOSTEK, *Robotnicy Warszawy* – Konflikty codzienne (1950-1954) (Warszawa 2002).
8   John CONNELLY, *Captive University* – The Sovietization of East German, Czech and Polish Higher Education 1945-1956 (Chapel Hill/London 2000), S. 58-69.

was bewegen zu können – so fühlten auch ihre Vorgänger 1918. Als ähnlich stellten sich auch die Reaktionen der Regierung heraus. In beiden Fällen war sie zu schwach, um sich gegen die Arbeiterforderungen zu stellen. Sie bevorzugten es nachzugeben, was miserable Folgen für die Wirtschaftsergebnisse des Landes hatte. Der ›Karneval der Solidarność‹ wurde jedoch aufgrund des im Dezember 1981 verlautbarten Kriegszustandes brutal abgebrochen. In den darauffolgenden Jahren begann die Regierung mit Wirtschaftsreformen zu experimentieren, sie führte marktwirtschaftliche Elemente in die Zentralverwaltungswirtschaft ein und öffnete zum Teil das Land für ausländische Investitionen. Der Revolutionszyklus wurde 1989 abgeschlossen, als der Niedergang des Sozialismus mit dem Sieg der neoliberalen Ideologie zusammenfiel. Für die selbständigen Mitarbeiter bedeutete der Zusammenbruch gleichzeitig die nächste Etappe des Verlusts der tatsächlichen Teilnahme an der Machtausübung. Und gerade sie trugen letztendlich die Kosten der wirtschaftlichen Transformation.[9]

Jede dieser großen Revolutionen erschütterte die polnische Sozialkultur, zumindest für kurze Zeit. Die unmittelbaren Folgen waren jeweils unterschiedlich, die Schnittmenge hat sich jedoch als ziemlich beträchtlich erwiesen. Alle waren mit dem Austausch der Eliten verbunden. Zunächst machten die Beamtenschaft und hohe Würdenträger der drei Imperien Platz für die Eliten des erneuerten Polens, die großteils aus den Mitarbeiterreihen von Józef Piłsudski rekrutiert wurden. 1945 wählten die Kommunisten die Eliten Polens der Zwischenkriegszeit ab. 1989 wurden die kommunistischen Eliten durch Oppositionsaktivisten abgelöst und im Wirtschaftsbereich entstand eine neue Klasse von Unternehmern und Managern.

Und das ist noch nicht alles. Zwischen dem Umbruch 1945 und den Jahren 1980 bis 1989 kam es zu einem weiteren Austausch der Eliten der 1960er Jahre. In deren zweiter Hälfte brachte der Fraktionskonflikt in der kommunistischen Partei eine antisemitische Kampagne mit sich, nach der tausende Menschen, die oft hohe Ämter in der Regierungsstruktur, im Kultur- und Wirtschaftsleben bekleideten, auswanderten. Diesmal ging es ohne den Sturz der Staatsform und den Ausbruch eines Krieges ab, jedoch erwiesen sich die Nachwirkungen für die polnische Kultur und Ethik des gesellschaftlichen Zusammenlebens als verhängnisvoll. Nach 1968 sprach man von den ›Märzdozenten‹, d. h. von den Wissenschaftlern, welche befördert wurden, obwohl sie inkompetent (meistens nicht habilitiert) waren. Diese besetzten die vakanten Stellen, die von den Menschen geräumt wurden, welche gezwungen waren, Polen

---

9   Jan SOWA, *Inna Rzeczpospolita jest możliwa* – Widma przeszłości, wizje przyszłości (Warszawa 2015); Ds., *Fantomowe ciało króla* – Peryferyjne zmagania z nowoczesną formą (Kraków 2011). Für direkte Kritik am wirtschaftlichen Liberalismus, die über die polnische Problematik hinausgeht, vgl. Rafał WOŚ, *Dziecięca choroba liberalizmu* (Warszawa 2014); Mirosława MARODY, *Jednostka po nowoczesności* – Perspektywa socjologiczna (Warszawa 2014); Philipp THER, *Die neue Ordnung auf dem alten Kontinent* – Eine Geschichte des neoliberalen Europa (Berlin 2014).

zu verlassen.[10] Die Reaktionen der Gesellschaft auf den sogenannten ›März‹ (bzw. jene antisemitische Kampagne) waren meist positiv. Die Säuberungen erfassten das ganze Land. Diesmal wurden nicht alle von der Revolution betroffen, jedoch alle wurden zu ihren Zeugen.

1918, 1945, 1968, 1989 – öfter als die Generationen vergehen, tauchte in Polen immer wieder jemand auf, der die bisherige soziale Hierarchie erschütterte. Die Erfahrung mit dem radikalen Austausch der Eliten wurde zu einem kollektiven Erlebnis aller Polen, die im 20. Jahrhundert lang genug lebten. Mit anderen Worten: Es wurde zu einer neuen Norm. Manchmal war es mit einer historischen Katastrophe verbunden, mit Weltkriegen oder der Niederlage des kommunistischen Projekts. Dennoch kam es einmal, im Jahre 1968, zu einem Austausch der Eliten ohne Revolution. Hat die Spezifik der historischen Erfahrungen in Polen irgendeinen Einfluss auf den heutigen öffentlichen Diskurs? Kann uns das Wissen um diese Erfahrungen helfen, das zu verstehen, was derzeit in diesem Land geschieht?

Wie es scheint, drückten einige Folgen der sozialen Umwälzungen natürlich generell dem öffentlichen Leben ihren Stempel auf, aber auch wie man in Polen Politik betreibt. Erstens erschwerten Unsicherheit und ständige Änderungen die Stabilisierung in jedem Lebensbereich. Autoritäten, politische Dogmen, die Staatsform, Bündnisse, die Wirtschaft – all diese Anker, die es einem normalerweise ermöglichen, sich in der ideologischen Sphäre zu orientieren – wurden mehrmals zerrissen. Das gleiche geschah in einem Mikrobereich, wo die Kontinuität der Arbeit von Unternehmen, Kultur- und Wissenschaftsinstitutionen, Vertretungskörperschaften, sogar in Städten, oftmals unterbrochen wurde. Der Mangel des Gefühls der Verwurzelung, die aus der historischen Erfahrung resultierte, hatte Einfluss auf die Qualität der sozialen Verbindungen. Ein niedriges Sozialkapital, die Schwäche der bürgerlichen Gesellschaft, eine blamabel niedrige Wahlbeteiligung – all diese Probleme kann man im Zusammenhang mit den ständigen Änderungen revolutionärer Art betrachten.

Zweitens hat jener Mangel an Stabilität Einfluss auf die Art der sozialen Kommunikation, die bis heute im öffentlichen Leben in Polen dominiert. Wenn die horizontalen Verbindungen schwach sind, bleibt die vertikale Kommunikation übrig – von oben nach unten und manchmal, eher selten, von unten nach oben. Die antisemitische Kampagne des Jahres 1968 kann als hervorragendes Beispiel für diese Kommunikationsart dienen, die man gegen einen Teil der Eliten anwandte. Der Mechanismus ist einfach und beruht auf Zorn-, Neid- und moralische Panikerregung gegenüber dem stigmatisierten Teil der Gesellschaft. Nach der verbalen kommt die tatsächliche Ausschließung aus der sozialen, öfters aus der nationalen Gemeinschaft. Anders ausgedrückt, je mehr Probleme Menschen mit der gegenseitigen Kommunikation haben,

---

10	Tadeusz P. RUTKOWSKI, *Władze PRL i historycy* – Okres gomułkowski (1956-1970). In: Biuletyn IPN 3/2008, S. 97-103.

desto leichter kann man ihnen eine Information von oben weiterleiten. Wenn sie nicht zusammenarbeiten, werden sie gerne bei der Verfolgung der anderen zuschauen.

Die beiden Fragen führen zur Konklusion, auf welche die langjährigen Studien der polnischen Soziologen hinweisen. In der zeitgenössischen Gesellschaft Polens finden sie überraschend viele Ausdrücke versteckter Triebe bäuerlicher Mentalität, die mit adeligen Sitten geschmückt sind. Mit Sicherheit ist es keine bürgerliche Gesellschaft, in der Leute mehr oder weniger gleich sind. Stattdessen überwiegen hierarchische Patronats- und Klientelbeziehungen. Der Grund dafür ist nicht nur die archaische, patriarchalische Tradition oder irgendeine strukturelle Zivilisationsverspätung. Der Grund ist historisch – es sind die oben erwähnten dramatischen Umwälzungen, die in jeder neuen Generation wiederkehrten.

Hin und wieder wirkt Polen einzigartig. Der Grund dafür ist nicht die außergewöhnliche Popularität irgendeiner Ideologie, nicht einmal das besonders hohe Niveau der Religiosität. Das Land unterliegt denselben weltanschaulichen Strömungen, die wir auch in seinen Nachbarländern finden. Der Unterschied zwischen Polen und den Ländern mit einer weniger tragischen Geschichte äußert sich nicht alleine durch Ideen, sondern in der Art ihrer Wirkung. Die bürgerliche Kultur, die in Polen laut Soziologen fehlt, führt zur Annahme gewisser Brauchtumsnormen, die z. B. eine offene Manifestation von Ansichten verhindern, die man mit der allgemein geltenden Norm nicht in Einklang bringen kann. Kurzum, die bürgerliche Kultur veranlasst zu gewisser Hypokrisie, die noch keine politische Korrektheit ist, obwohl mit ihr verwandt. Ab und zu kann sie irritieren, aber im Grunde macht sie das Leben angenehmer und sicherer.

In dieser Hinsicht gehört Polen zu einer anderen Kultursphäre. Im Vergleich mit dem historisch weit ›bürgerlicheren‹ Nachbarn, der Tschechischen Republik, wird es offensichtlich. Dort zeigen neuerdings Umfragen der Meinungsforscher unverändert einen großen Vorsprung der EU-Gegner vor ihren Befürwortern sowie die allgemeine Abneigung gegen Flüchtlinge. Währenddessen hat die Europäische Union in Polen, trotz der Bemühungen der Propagandamaschinerie der gegenwärtigen Regierung, viel mehr Anhänger als die Regierung selbst, die Einstellung zu Flüchtlingen wiederum wurde erst 2015 radikalisiert. Der Grund dafür war die massive Propagandaaktion des Staates über mögliche Gefahren seitens der Flüchtlinge.[11] Die beiden Ergebnisse widersprechen der Beobachtung des politischen Lebens, die zeigt, dass Tschechien immer noch ein Staat stabiler liberaler Demokratie bleibt, während in Polen das System ernst bedroht ist. Offensichtlich hat die starke Sympathie für extreme Ideen in Tschechien eine kleinere Auswirkung auf die Qualität des öffentlichen Lebens als die schwächere Sympathie dieser Ideen im öffentlichen Leben Polens. Man kann annehmen, dass in Tschechien die für die liberale Demokratie toxischen Ideen vom etwas stärkeren bürgerlichen Filter abgegrenzt werden als es in Polen der Fall ist.

---

11 *Die Einstellung der Polen zur Aufnahme von Flüchtlingen* (Forschungsbericht CBOS 1/2017).

Was bedeutet die oben genannte Überlegung für die Beurteilung der jetzigen Situation in Polen? Es ermöglicht vor allem die Differenzierung im Bereich des zeitgenössischen politischen Diskurses zwischen den Erscheinungen mit dauerhaftem Charakter und den Nebenphänomenen. Wie aus dem Vorstehenden hervorgeht, haben die Parolen, die man in der polnischen Politik anwendet, sowie die beliebten Bezüge auf die Vergangenheit wenig Bedeutung, weil ihnen die starke Anlehnung an die Tradition fehlt. Der Kult der ›Verstoßenen Soldaten‹ ist ganz neu und er kann genauso leicht in Vergessenheit geraten. Die rechtsradikale Abweichung der polnischen Politik kann manchem konstant vorkommen, aber sie kann relativ leicht durch z. B. eine linksradikale Regierung ersetzt werden. Das sind Nebenerscheinungen; sie sind in einem gewissen Sinne zufällig und konjunkturell, genauso wie die Relation des Populismus zu den politischen Ideen.

Die soziale Grundlage, auf der all diese Ideen beruhen, hat dauerhaften Charakter. Es ist ein Paradoxon, weil jene Beständigkeit auf Destabilisierung und die periodische Auflösung der sozialen Verbindungen baut. Dennoch ist die historische Erfahrung des letzten Jahrhunderts offensichtlich günstig für radikale Änderungen. Sie schafft Bereitschaft zu einer Revolution oder zumindest eine kleine Revolution, die auf dem Austausch der Eliten beruht. Es scheint, dass die aktuelle Regierungspartei Prawo i Sprawiedliwość jener Bereitschaft ihren bisherigen politischen Erfolg verdankt. Im Grunde stellt die Politik der polnischen Regierung das Projekt des Elitenaustausches dar, welcher der Kampagne aus dem Jahre 1968 ähnelt. Die übrigen beunruhigenden Erscheinungen wie die Zerrüttung der Institutionen des Rechtsstaates, die Zerstörung des Gleichgewichts zwischen der Exekutive und Judikative, der Kampf gegen die Medienfreiheit, die Umweltzerstörung, kulturelle Reaktion, die Euroskepsis oder die Destruktion des Schulwesens sind bloß mehr oder weniger zufällige ›Nebeneffekte‹ der Verfolgung des grundlegenden Ziels, das einen weiteren Elitenaustauch darstellt. Wenn man an die Zyklizität der Geschichte glaubt und berücksichtigt, dass vom Ausbruch der letzten polnischen Revolution bereits ungefähr so viel Zeit verging wie zwischen allen vorherigen, ist es kaum auszudenken, was hier alles in den nächsten 20 Jahren oder mehr geschehen wird.

Übersetzung aus dem Polnischen: Marta HRUZ.

Ungarn

Stephan Oszváth

UNGARN GEGEN DEN REST DER WELT

Der ›Puszta-Populismus‹ des Viktor Orbán

»Wir werden keine Kolonie sein«, donnert Viktor Orbán seinen Anhängern am Nationalfeiertag 2012 entgegen. Viele Tausende sind gekommen, um der Freiheitskämpfer von 1848 zu gedenken, die sich seinerzeit gegen das Haus Habsburg stemmten. Auch aus Polen sind Unterstützer im Geiste angereist. Mit Schnaps und Liedern bringen sie sich an diesem 15. März in Stimmung und skandieren: »Viktor Orbán – Jarosław Kaczyński«. Sie sind das politische Doppelgespann, das heute in der Europäischen Union für den meisten Ärger sorgt. Sie stehen für eine politische Rolle rückwärts unter christlichen Vorzeichen und für ein Pfeifen auf EU-Grundwerte. Niemand repräsentiere »den reaktionären Geist in Europa derzeit besser als Viktor Orbán«, urteilt der bulgarische Politologe Ivan Krastev. Im Vordergrund der Politik in Warschau oder Budapest steht dabei vor allem eins: der Machterhalt einer Gruppe – in Polen der PiS-Partei um den Strippenzieher Jarosław Kaczyński, in Ungarn der Fidesz-Partei um den mächtigen Regierungschef Viktor Orbán. Der Konflikt bestimmt schon die vergangenen Jahre. Und so wird es wohl auch bleiben. Wegen der massiven Umbauten in der polnischen Justiz hat die EU-Kommission die sogenannte ›Atombombe‹ in Gang gesetzt, ein Rechtsstaatsverfahren nach Artikel 7 der Europäischen Verträge, an dessen Ende ein Entzug der Stimmrechte im Europäischen Rat stehen könnte. Derzeit strengt das Europaparlament dasselbe Verfahren auch gegen Ungarn an. Die Initiatoren sind davon überzeugt, dass sich das Land weit von europäischen Grundwerten entfernt hat. Schließlich hat Viktor Orbán 2014 als Ziel definiert, eine ›illiberale Demokratie‹ aufbauen zu wollen – wirtschaftlich erfolgreich, politisch autoritär. Auf diesem Weg schreitet der machtbewusste Ungar seit 2010 mit Riesenschritten voran. Ob die Artikel-Sieben-Verfahren erfolgreich sein werden, ist fraglich. Denn sie setzen Einstimmigkeit im Rat der EU-Regierungschefs voraus. Warschau und Budapest wedeln bereits mit der Roten Karte – sollte der jeweilige Waffenbruder in Not geraten, werden sie alle Angriffe mit ihrem Veto parieren, haben sie sich gegenseitig versichert. Gerade ist der Ungar erneut mit einer Zweidrittelmehrheit im Parlament ausgestattet worden – was ihm große politische Legitimität verleiht, trotz kritischer Anmerkungen von obersten Richtern und OSZE-Wahlbeobachtern zur Wahlprozedur. Objektiv betrachtet ist der ›Puszta-Populist‹ Viktor Orbán politisch erfolgreich. In der europäischen Rechtsaußen-Szene wird er als Hoffnungsträger gefeiert. In der Flüchtlingspolitik eifert ihm mancher nach. Auch in Österreich. In Polen ist sein Modell des Staatsumbaus zur Blaupause für den Umbau zu einem autoritären Staat geworden. Warum ist

Orbán so erfolgreich – abgesehen von EU-Geldern, niedrigen Steuern, einem kommunalen Arbeitsförderprogramm und schwachen Gewerkschaften, die den Wirtschaftsaufschwung – kurzfristig – ankurbeln?

Message Control

Die meisten Medien in Ungarn pfeifen heute im Wesentlichen – abgesehen von einigen wenigen Ausnahmen – das Lied der Regierung. Guidelines in den Redaktionen geben den Grundton vor, Message Control wird großgeschrieben. Zu diesem Zweck ist aus dem öffentlich-rechtlichen Rundfunk ein Staatsfunk geworden, etwa 1.000 Redakteure wurden nach Orbáns erneutem Machtantritt gefeuert, oder eleganter: man hat ihre Verträge nicht verlängert. Die Fernsehreporterin Klára Kovács bekam ihre Entlassungspapiere »vom Sportchef, mit dem ich nie zu tun hatte«.

Zusammen mit der – einzigen – Nachrichtenagentur MTI wurde eine Holding namens MTVA gegründet. Sie liefert mundgerechte Nachrichtenhäppchen nach Vorgaben aus dem Kommunikationsbüro Orbáns, wie Whistleblower dem Nachrichtensender ›Al Jazeera‹ kurz vor der Parlamentswahl 2018 erzählten. »Wir sollten möglichst die Worte ›Soros‹, ›linksliberal‹ und ›Migration‹ unterbringen«, zitierte einer aus einem Briefing-Papier an leitende Redakteure. Andere Journalisten bestätigen die Vorgaben. János Kárpáti, langjähriger MTI-Korrespondent – zuletzt in Brüssel – flog raus, weil er in einem Bericht aus dem Europaparlament »zu viele Sozialdemokraten, Grüne und Liberale und zu wenig Konservative« zitierte, berichtete er. Nachrichten mit Bezug zu Ungarn hätten »nur bestimmte Redakteure« bearbeiten dürfen, sprich: die Linientreuen. Da auch der Anzeigenmarkt in der Hand regierungstreuer Oligarchen ist und Medien über staatliche Anzeigen alimentiert werden, sind auch diese Geldströme willkommene Werkzeuge, um die Deutungshoheit in der Öffentlichkeit zu erlangen und zu behalten. Regelmäßig freitags tritt Premier Orbán 25 Minuten lang im staatlichen Kossuth-Radio auf. Die Fragen sind abgesprochen, kritisches Nachhaken muss der Regierungschef nicht fürchten. Spötter nennen diesen Monolog mit Fragen-Deko deshalb ›Freitagsgebet‹.

Da die staatlichen Sender aus dem Staatshaushalt bezahlt werden, konnten sie leicht zu Regierungssprachrohren umfunktioniert werden. Die staatliche Medienbehörde, die nicht nur über Lizenzen, sondern auch über Inhalte wacht und auch sanktionieren kann, wird von Getreuen Orbáns regiert, die vom Parlament auf neun Jahre eingesetzt wurden, also länger als zwei Legislaturperioden. In der Vergangenheit hat die Medienbehörde ihre Zähne gegenüber dem regierungskritischen ›Klubradio‹ gezeigt: Über Jahre bekam das Privatradio nur Sechs-Wochen-Lizenzen. »Sie können sich vorstellen, wie viele Werbekunden man dann noch hat«, erzählt Geschäftsführer András Arató. Am Ende errang ›Klubradio‹ vor Gericht einen Pyrrhus-Sieg: Der Sender bekam eine mehrjährige Sendelizenz – allerdings nur in Budapest. Die

Regionalfrequenzen verlor ›Klubradio‹. Auf dem Land dominieren mittlerweile Medien unter Regierungskontrolle – Regionalzeitungen, staatliche Sender, private Radio- und Fernsehsender, auch online übernimmt die Regierung ein Portal nach dem anderen – um regierungskritischen Websites etwas entgegen setzen zu können. »Das ist wie ein Match«, erzählt Péter Új, Chefredakteur des regierungskritischen Online-Portals ›444.hu‹. Das Regierungspendant nennt sich wenig originell ›888.hu‹ und dient als digitaler Pranger.

David gegen Goliath

»Wir werden keine Kolonie sein.« – In wenigen Worten entwirft der ungarische Regierungschef 2012 ein Narrativ, das er in den kommenden Jahren beständig wiederholen wird. Der David Ungarn kämpft gegen übermächtige Goliaths, eine Erzählung, die »Opferkult mit Größenwahn verknüpft«, meint die Publizistin Krisztina Koenen. Gegner in dieser Erzählung kann jeder werden, Budapester Regierungsbüros sind zur Sündenbockfabrik geworden und Orbán ist ihr CEO. »Wir haben dem IWF den Stuhl vor die Tür gestellt«, brüstet sich der ungarische Premier, als es um das Abtragen der Staatsschulden nach der Wirtschaftskrise 2008/2009 geht. Der Ungar kämpft – nach außen – gegen multinationale Konzerne und ausländische Banken. Die Geldhäuser werden mit zur Kasse gebeten, um die Lasten der Fremdwährungskredite zu mildern, mit denen zehntausende Ungarn in finanzielle Schieflage gerieten, weil sie die Zinsen für ihre Häuser und Wohnungen nicht mehr begleichen konnten. Der äußere Feind, die ›Kapitalisten‹, soll davon ablenken, dass die Regierung Orbán kurzerhand die privaten Rentenkassen verstaatlicht hat, um die Staatskasse zu füllen. Orbáns ›Puszta-Populismus‹ ist weder links noch rechts, sondern situationselastisch. Er gibt den Anti-Kapitalisten gegen *die da oben* (IWF, Banken, Großkonzerne), kämpft gegen *die da draußen* (Brüssel, Flüchtlinge, Ausländer – etwa österreichische Bauern, Großkonzerne) und macht Politik gegen *die da unten* (Kürzungen im Sozialbereich, Flat-Tax, ›Mafia-Staat‹), kurzum: *Wir* gegen *die anderen*. Wer zur Gruppe der *Wir* gehört, definiert die Regierung.

Der schwache Westen

»Wir werden keine Kolonie sein.« – Mit wenigen Worten holt Viktor Orbán seine Landsleute bei dem Gefühl ab, Europäer zweiter Klasse zu sein. So kann er aus den Zutaten von Nutella (angeblich im Osten minderwertigerer Qualität) einen Freiheitskampf zwischen Ost und West konstruieren, sich selbst als eine Art Robin Hood des Ostens inszenieren, der für seine entrechteten Bürger gegen multinationale Konzerne kämpft. Orbán schöpft politisch Rahm von dem Minderwertigkeitsgefühl ab, dass Ungarn immer noch weniger verdienen als Österreicher. Und er appelliert an das Opfer-Gefühl, in der Geschichte im Stich gelassen worden zu sein. Während des Aufstandes 1956 etwa, als die ›Pester Jungs‹ (so heißt auch ein regierungstreues Online-Magazin) sich mit Molotowcocktails gegen sowjetische Panzer stellten und ›der Westen‹ zwar Anteil nahm, aber nicht eingriff. Das Motiv ›Auf den Westen kann man sich nicht verlassen‹ musste während der Flüchtlingskrise als Begründung für den Bau eines 173 Kilometer langen Grenzzauns an der Grenze zu Serbien und Kroatien herhalten. Die Botschaft ans heimische Publikum ist: Schaut her, wir sind tatkräftig und nehmen die Dinge selbst in die Hand. Bislang konnte Orbán mit diesem politischen Kleingeld seine Rechnung bezahlen. Zwei Drittel der Ungarn unterstützen den Zaunbau. »Die Flamme« des Westens sei »erloschen«, sagte Orbán schon vor einigen Jahren in Siebenbürgen, mehr noch: Er verkauft sein ›illiberales‹ Gesellschafts-Modell heute als neue Avantgarde. »Die Zukunft wird in ungarischer Sprache geschrieben«, meinte er anlässlich des Reformationsjubiläums. Indem er sich selbst als Gewinner inszeniert, muss es auch Verlierer geben. Diese Rolle bekommt jetzt ›der Westen‹. Es ist die – rhetorische – Rache eines (Ex-)Ostblock-Politikers an seinen einstigen Mentoren. Das neue Narrativ heißt jetzt: »Der Westen ist schwach, die EU kann es nicht« – eine Melodie, die auch in Moskau gerne gespielt wird. »Orbán fährt gut mit dem russischen Propagandazug«, urteilt das Nachrichtenportal ›24.hu‹. Denn: »Der Westen erwartet von Orbán die Einhaltung demokratischer Spielregeln«, urteilt der linke Politiker und Publizist Attila Ara-Kovács. Die wolle Orbán aber nicht erfüllen. »Er identifiziert sich mehr mit Putins Modell«, sagte er dem Nachrichtenmagazin ›Der Spiegel‹.

Historische Mythen als Kommunikationsmittel

»Mythen sprechen unmittelbar Gefühle an«, meint der Linzer Kommunikationsexperte Walter Ötsch, sie sind »kollektive Geschichten, die tief ins Unterbewusstsein eindringen«. Solche Mythen nutzt Viktor Orbán in der politischen Kommunikation. Im südungarischen Ópusztaszer weiht der Regierungschef 2012 eine Turul-Stele ein. Der ›Turul‹ ist ein mythischer Greif, der den Ur-Ungarn bei der Landnahme den Weg ins Karpatenbecken gezeigt haben soll. Er sei das »Urbild der Ungarn«, sagt der politische Schamane, jeder Ungar werde in es hinein geboren. »Das Urbild gehört zum Blut und zum Heimatboden«, und schon schickt er seine Zuhörer in eine demagogische Trance der Stämme, Mythen, Ur-Väter und Legenden, um dann über die Zugehörigkeit über Grenzen hinweg zu philosophieren. (Heute leben etwa 2,5 Millionen Ungarn in den Anrainerstaaten, eine Folge des Friedensvertrages von Trianon 1920.) Nicht nur Legenden, auch die ungarische Geschichte liefert ihm so immer neuen Stoff für die Kommunikation mit seinen (potenziellen) Wählern. In einer feierlichen Zeremonie vereidigt Orbán Anfang 2017 in einer Halle der ›HungExpo‹ die ersten 532 von 3.000 neuen Grenzwächtern und lädt ihnen die ganze Last der ungarischen Geschichte auf die Schultern. »Sie werden Europa verteidigen, wie wir das schon seit 500 Jahren tun«, sagt Orbán. »Betrachten Sie mich als Ihren Grenzschutzkapitän«, erklärt er Anfang des Jahres 2018 als Gast der CSU-Klausurtagung im bayerischen Bad Seeon. CSU-Chef Horst Seehofer quittiert artig, Viktor Orbán stehe »zweifelsfrei auf rechtsstaatlichem Boden« – eine politische Win-Win-Situation für beide. Orbán bekommt den demokratischen Persilschein aus Bayern und die CSU kann sich mit dem europäischen ›Bad Boy‹ gegenüber der deutschen Kanzlerin Merkel profilieren. Was dem deutschen Ex-Kanzler Schröder sein »lupenreiner Demokrat« Putin, ist der bayerischen CSU ihr Orbán »auf rechtsstaatlichem Boden«. Innerhalb der EVP-Fraktion im Europaparlament hat die CSU bisher mit Erfolg die schützende Hand über Viktor Orbán gehalten. In Seehofers Wahlkreis Ingolstadt hat der Autokonzern Audi seinen Stammsitz, im ungarischen Györ eine (große) Zweigstelle. Die deutschen Autobauer profitieren von niedrigen Steuern, gut ausgebildeten Fachkräften und schwachen Gewerkschaften in Orbáns Reich. Der Herrscher in Budapest wiederum profitiert politisch und wirtschaftlich von den 300.000 Jobs, die deutsche Konzerne in Ungarn schaffen. – Hashtag WinWin.

Ungarn als Opfer der Großmächte

Die ungarische Geschichte ist voller Beispiele dafür, wie Ungarn zum Spielball der Großmächte wurde, sei es die 150-jährige Türkenbesatzung, sei es die Habsburger-Herrschaft, die Besatzung durch Nazi-Deutschland oder die Sowjets. Auf dieser Klaviatur spielt Viktor Orbán. Wenn er Brüssel »das neue Moskau« oder »die Brüsseler Bürokraten« oder »Imperium« nennt, rahmt er seine Reden mit dem Begriff »Freiheitskampf« und der historischen Erfahrung, einer Großmacht ausgeliefert zu sein. »Wir Ungarn sind das Volk der Freiheitskämpfer«, sagt der ungarische Regierungschef am 15.März 2012 vor dem Parlament in der ungarischen Hauptstadt. Dass er selbst einen solchen führt, daran lässt der Ungar keinen Zweifel. Mehr als 1.300 Vertragsverletzungsverfahren hat Viktor Orbán in den vergangenen Jahren in Brüssel losgetreten. Bis zu einem gewissen Grad ist das Kalibrieren nationaler Gesetzgebung mit Europarecht normal, im Fall Ungarn ging es häufig um Grundsätzliches, etwa die Unabhängigkeit der Banken, der Justiz oder der Presse, kurzum: europäische Grundwerte.

Viktor Orbán inszeniert sich als *Super-Wir* einer Nation von Freiheitskämpfern. Seine Botschaft heißt: Make Hungary great again. Orbáns Hofhistorikerin Mária Schmidt hat als Ziel schon vor der ersten Fidesz-Amtszeit (1998 bis 2002) benannt, den Ungarn »ihren Stolz wiederzugeben«. Orbán versteht es meisterhaft, den Nationalstolz der Ungarn für seine politischen Zwecke zu instrumentalisieren. Die Sündenbock-Produktion in Budapest garantiert ihm einen permanenten Wahlkampf-Modus, durch den Probleme gezielt verdeckt werden können (etwa das marode Gesundheitssystem), dem Publikum werden ›Feinde‹ wie ein Gummiknochen präsentiert, auf dem es herumkauen kann: Es geht gegen die Linken, die Liberalen, die

›Brüsseler Bürokraten‹, die ›multinationalen Konzerne‹, den ›Spekulanten Soros‹, Nichtregierungsorganisationen, Flüchtlingshelfer (›Migrantenstreichler‹) und Investigativ-Journalisten
(›Soros-Agenten‹). Die Regierung lässt sich diese Kampagnen viel Geld (auch EU-Mittel) kosten – von denen wiederum Fidesz-Oligarchen profitieren, etwa Orbáns Schulfreund Lörinc
Mészáros, der Medienmogul Andy Vajna oder Spindoctor Árpád Habony. So schließt sich der
Kreislauf – die Regierung zieht doppelt und dreifach Gewinn aus dieser Vorgehensweise. Sie
kann loyale Oligarchen belohnen, kann Wähler in ihrem Sinne beeinflussen und politische
Gegner bekämpfen. Ironie der Geschichte: Brüssel finanziert die Akteure, die gegen Brüssel
zu Felde ziehen. »Es gibt ein paar Ställe, wo man gemeinsam mit den Ungarn Pferde stehlen
kann«, sagt der Pole Kaczyński bei einem Besuch des Ungarn in den Beskiden, »den größten
hat die EU«. Gleichzeitig kündigen die beiden nichts weniger als eine »kulturelle Konterrevolution« zur Rettung der EU an. Gemeint ist damit: Nation sticht Europa. Aber auch: Geld
ja, Kontrolle nein. Ungarn will sich nicht an der europäischen Staatsanwaltschaft beteiligen,
die grenzüberschreitend Korruption verfolgen könnte.

Messias-Kult und Personalisierung von Botschaften

»Viktor, so lange haben wir auf Dich gewartet«, stand auf dem Plakat, das eine ältere Dame
2010 vor sich her trug. Sie hatte sich unter tausende Orbán-Fans gemischt um mit ihrem Idol
die Vereidigung der Regierung zu feiern, nach der »Revolution an der Wahlurne« (Orbán). Das
Motto auf dem Plakat wirkt nicht zufällig wie ›Warten auf den Messias‹, wie der Budapester
Soziologe Endre Hann bemerkt. Die Anhänger Orbáns sind seiner Ansicht nach auf ihren Anführer fixiert wie Sektenmitglieder auf ihren Guru. Der nutzt das politisch aus. Fidesz-Frauen
und Geistliche organisieren Gebetsketten für Viktor Orbán, analog und virtuell in Facebook-
Gruppen, seine Auftritte gleichen politischen Hochämtern. Am 15. März 2018 sprach er die
erste Strophe der Nationalhymne wie eine Liturgie – ein vielstimmiger Chor murmelte ihm
nach. Ein Priester und seine Gläubigen. Sogenannte ›Friedensmärsche‹ sind Inszenierungen,
die Orbáns Hassprediger Zsolt Bayer orchestriert – Pro-Orbán-Märsche, zu denen in Bus-
sen polnische Verbündete und Ungarn aus den Anrainerstaaten gekarrt werden, um nur eins
zu signalisieren: Wir sind viele und wir unterstützen Orbán. Transparente, Flaggen, mitunter
auch Husaren umrahmen Orbán – intensiv nutzen die Parteistrategen auch ›analoges Markie-
ren‹, um ihre Botschaften unters ungarische Volk zu bringen. Zentrale Botschaften der Partei
werden so platziert, dass unterbewusst eine Verbindung zwischen der Person Orbán und der
Botschaft entsteht. Einige Beispiele: Zum 500. Jubiläum der Reformation im vergangenen
Jahr hielt Orbán eine Rede in der Budapester Sportarena. Ein Foto, das über die Nachrichtenagentur MTI verbreitet wurde, zeigt den Redner und rechts hinter ihm die Botschaft ›Der
Schwung der Erneuerung‹. Etwas kleiner im Bild war die Reformation erwähnt, Anreisende

aus der Provinz bekamen 50 Prozent Ermäßigung auf ihre Zugtickets. Fotografen und Fernsehkameras tragen auch Bilder von Orbán-Reden in alle Wohnzimmer, auf denen der Redner vor einem Mikrofonwald und einem Schild mit einer zentralen Botschaft zu sehen ist. ›Nur Fidesz‹ stand im Wahlkampf 2010 darauf, ›Für uns kommt Ungarn zuerst‹ im Wahlkampf 2018. Diese zentralen Botschaften konsumieren Zeitungsleser und Fernsehzuschauer unbewusst mit. Schon deutlich vor der Wahl 2014 informierte die Regierung die Bürger in Schreiben an alle Haushalte darüber, wieviel Mietnebenkosten sie dank der Maßnahmen der Regierung spart. Die Schreiben waren an zentralen Stellen orange unterlegt, das ist die Farbe der Regierungspartei Fidesz. Legitimation holt sich die Regierung auch über Fake-Dialoge mit den Bürgern. In millionenschweren ›nationalen Konsultationen‹ – etwa zur Flüchtlingspolitik – befragt die Regierung die Bürger nach ihrer Meinung. Die Fragen sind suggestiv, wirklich ablehnen kann man die Regierungspolitik nicht. »Sie fragt nach der Meinung der Bürger in Dingen, die längst entschieden sind«, umschreibt diese Simulation von Dialog der Politologe László Seres. Aber immerhin: Die Adressaten fühlen sich ernst genommen. Diese Fragebögen vermittelten »einem Teil der Wählerschaft tatsächlich das Gefühl, gehört zu werden«, meint Daniel Hegedüs in einer Untersuchung der deutschen Friedrich-Ebert-Stiftung (SPD-nah). »Es geht darum, den Volkswillen im Sinne eines imperativen Mandats eins zu eins umzusetzen«, beschreibt der Politologe Jan-Werner Müller diese Manipulationstechnik. »Aber da das Volk nicht wirklich kohärent mit einer Stimme sprechen kann, bedarf es eines Akteurs, der dem Volk souffliert, was es eigentlich sagen will.«

Super-Sündenbock Soros

»Lassen wir nicht zu, dass Soros als Letzter lacht«, prangte von Plakaten, in Werbespots und Online-Werbeanzeigen. In allen Medien hämmerte die Regierung Orbán den Ungarn ein neues Feindbild ein: den ungarisch-stämmigen Multimilliardär George Soros, der die Fidesz-Elite – auch Orbán selbst – einst üppig unterstützt hatte. Nun entdeckte die Regierung den liberalen Menschenfreund als Feind. Kein Wunder: Als Feindbild ist Soros der Super-Joker – er ist liberal, er ist Kapitalist, er ist Jude und er ist ungarisch-stämmig. Das macht ihn als Sündenbock ideal. Soros verkörpere »gleichzeitig den Internationalismus, das Kapital, den US-Imperialismus und das Finanzjudentum – und taugt damit als Feindbild für viele Linke und eigentlich für alle Spielarten der extremen Rechten«, urteilt Jonas Schaible in der Zeitschrift ›Capital‹. Als Liberaler widerspricht Soros in jeder Hinsicht dem ›illiberalen‹ Modell des Staates, wie ihn Orbán errichten will. Er setzt auf Bürgerrechte, freie Märkte, Demokratie, Korruptionsbekämpfung. Entsprechende Nichtregierungsorganisationen, die Budapest jetzt verlassen, fördert seine ›Open Society Foundation‹. Das Pferd von hinten aufgezäumt bedeutet das: Wenn die Regierung Orbán – etwa mit dem ›Stop-Soros‹-Gesetzespaket – entsprechende

NGOs bekämpft, sagt uns das etwas über die Natur des Regimes Orbán. »Die NGOs sind eine Art Watchdog der Demokratie«, erläutert Márta Párdavi, Co-Vorsitzende des Budapester Helsinki Komitees: »Sie verlangen von einer Regierung Rechenschaft.«

Blame Game

Genau das stört die Regierung Orbán. Es ist ein offenes Geheimnis, dass im heutigen Ungarn ›checks and balances‹ geschwächt sind und die Korruption blüht. Auch die Familie des Regierungschefs selbst profitiert über die Maßen von staatlichen Aufträgen und EU-Geldern. Vater und Bruder ziehen so lukrative Bauaufträge an Land, Orbáns Schwiegersohn wird von der europäischen Anti-Betrugsagentur OLAF des schweren Betrugs bezichtigt. Er soll bei Projekten zur Straßenbeleuchtung ungarischer Kommunen massiv getrickst haben. OLAF fordert 44 Millionen EU-Förderung zurück. Die Plattform ›Direkt36‹, ein Zusammenschluss von Investigativjournalisten, hat viele der Geschäfte der Orbán-Familie aufgedeckt. Sie tauchten jetzt auf einer Liste von 200 sogenannten ›Soros-Söldnern‹ auf. Mit der ›schwarzen Liste‹ in ›treuen‹ Medien versucht die Regierung, Kritiker zu diffamieren und deren Glaubwürdigkeit zu untergraben. Auch ausländische Korrespondenten wie die NZZ-Korrespondentin Meret Baumann oder der österreichische Politikwissenschaftler Anton Pelinka, der an der von Soros gegründeten Privatuniversität Central European University unterrichtet, wurden so an den Pranger gestellt. Im Herbst 2017 hatte schon das Online-Medium ›888.hu‹ Ungarn, die für ausländische Presseorgane arbeiten, vorgeworfen, sie betrachteten Soros als ihren ›Sugardaddy‹. Diese Art von Dirty Campaigning hat ein Ziel, sagt die Medienwissenschaftlerin Ágnes Urbán von ›Mérték Média Monitor‹ (mittlerweile selbst auf der schwarzen Liste): »Es soll einschüchtern.« Die moralische Integrität der Angeprangerten soll auch dadurch untergraben werden, indem sie vor den Augen der Ungarn gleichsam zu Verrätern werden, weil sie mit dem ›Feind‹ kollaborieren. So produziert man ›Dissidenten‹ – der Ostblock lässt aus der Vergangenheit grüßen. Die Kritiker werden aus der Gruppe der *Wir* ausgegrenzt und zur Gruppe der *Anderen* verschoben. So entstehen Feindbilder. Das ist die Monsterwelle, auf der Viktor Orbán surft.

Italien

Thomas Köhler

MITTELEUROPEO

Österreichisch-italienische Mitteleuropa-Politik vor und nach dem Ersten Weltkrieg im Überblick[1]

1. Zwei Zitate im Fokus

»Der König von Italien hat mir den Krieg erklärt«[2] und *»Entro nella stanza di Metternich«*[3]. Zwischen diesen Sätzen, dessen einer bekannt und dessen anderer unbekannt ist, liegen nicht nur fünfzehn Jahre, sondern Welten.

Der erste stammt von Franz Joseph, geboren 1830 mitten im Biedermeier sowie Kaiser und König des Habsburger Reiches von 1848 bis 1916; der zweite von Dino Grandi, von 1929 bis 1932 Außenminister des faschistischen Italien und gestorben ein Jahr vor 1989, dem Ende des Eisernen Vorhangs, das seinerseits den Schluss des »kurzen 20. Jahrhunderts«[4] ab 1918 markiert.

Dass hundert Jahre nach jener »Urkatastrophe«[5] des Säkulums Mitteleuropa nicht nur aus seinem Zentrum im engeren Sinn, sondern auch aus einer seiner Peripherien, der italienischen, im weiteren Sinn betrachtet wird, verweist auf aktuelle und relevante[6] Erkenntnisse der Wissenschaft, die in den letzten zehn Jahren[7] (und zuvor) teils auf italienischer, teils auf

---

1   Der Essay fokussiert auf Analyse und Kommentar i. e. und i. w. S. aktueller historiografischer Werke zum Themenkomplex. Im Zentrum steht die österreichisch-italienische Mitteleuropapolitik vor und nach dem Ersten Weltkrieg. Bezüge werden hergestellt zum 17. und 18. sowie zur zweiten Hälfte des 20. und ersten Hälfte des 21. Jahrhunderts. Aufbauend darauf erschien eine Rezension in: Die Furche, 06.09.2018, s. FN 3.

2   S. Manfried RAUCHENSTEINER, *Der Erste Weltkrieg und das Ende der Habsburgermonarchie 1914 – 1918* (Wien/Köln/Weimar 2013) S. 369-399.

3   Giorgio PETRACCHI, *Dietro le quinte del convegno Volta sull'Europa* – Un piano per sovvertire l'Europa centro-orientale. In: Maddalena GUIOTTO/Helmut WOHNOUT (Hg.), *Italien und Österreich im Mitteleuropa der Zwischenkriegszeit / Italia e Austria nella Mitteleuropa tra le due guerre mondiali* (Wien/Köln/Weimar 2018), S. 112.

4   S. Eric HOBSBOWM (nach István Bérend), *Das Zeitalter der Extreme* – Weltgeschichte des 20. Jahrhunderts (München 1995), S. 11.

5   George KENNAN, *The Decline of Bismarck's European Order* – Franco-Russian Relations 1875-1890 (Princeton 1979), S. 3.

6   Wissenschaftlich aktuell und relevant ist prinzipiell, was nachhaltig Bedeutung hat, unabhängig davon ob vor Kürzerem oder Längerem erschienen.

7   Vgl. gen. u. a. GUIOTTO/WOHNOUT (Hg.), a. a. O., und spez. GUIOTTO/WOHNOUT, *Vorwort/ Prefazione.* In: Ibidem, S. 7-9, Maddalena GUITTO, *Italien und Österreich: ein Beziehungsgeflecht zweier unähnlicher Nachbarn / Italia e Austria: un intreccio di relazioni tra vicini dissimili.* In: Ibidem, S. 13-61.

österreichischer Seite (und darüber hinaus) zum Thema mitteleuropäischer Konvergenz oder Divergenz gewonnen wurden.[8]

Sie belegen, wie bedeutend die Debatte über gegenwärtige Vergangenheit und vergangene Gegenwart des mittlerweile in der Europäischen Union mehr oder weniger vereinigten Sub-Kontinents Mitteleuropa pro futuro bleibt.

Gegenwärtige Streitfälle[9] wie die Debatte über das Pro und Contra, deutsch- und ladinischsprachigen Bewohnern[10] Südtirols die österreichische Staatsbürgerschaft zu verleihen, widerlegen eine solche These nicht, sondern bestätigen sie.

2. Eine enge Beziehung im Pro und Contra

Eine dazu passende These ist, dass es »im europäischen Bereich kaum andere Länder gibt, deren geschichtlicher Werdegang« bei aller »diversità« und »asimmetria«, so »tief[11] miteinander verbunden war wie der Österreichs und Italiens«.[12] Sie erscheint zwar gewagt, ist aber mit Argumenten zu belegen,[13] wobei der im Westen als ›Großer Krieg‹[14] bezeichnete Erste Weltkrieg mehr als alle anderen Kriege insofern einen, ja *den* Einschnitt markiert, als zumindest Franz Joseph seinen »Erbfeind«[15] in Italien erkannte.[16]

---

8   Vgl. einerseits Paolo DORSI/Maddalena GUIOTTO, *Nuove Ricerche sulle relazioni tra Italia e Austria.* In: Quaderni Giuliani di Storia XXII 2 (2001), S. 303-312; Angelo ARA, *L'immagine dell'Austria in Italia 1848-1918.* In: Ds. (Hg.), *Fra Austria e Italia* – Dalle Cinque Giornate alle questione alto-atesina (Udine 1987), S. 155-214 (jeweils zitiert nach GUIOTTO a. a. O., S. 15.) sowie Gian Enrico RUSCONI, *L'azzardo del 1915* – Come l'Italia decide la sua guerra (Bologna 2006) (zitiert nach GUIOTTO, a. a. O., S. 44) andererseits mit Holger AFFLERBACH, *Dreibund* – Europäische Großmacht- und Allianzpolitik vor dem Ersten Weltkrieg (Wien/Köln/Weimar 2002); Brunello VIGEZZI, *L'Italia di fronte della Prima Guerra Mondiale* (Milano/Napoli 1966[!]) sowie Luigi ALDROVANDI MARESCOTTI, *Der Krieg der Diplomaten* (München 1940[!]), zitiert jeweils nach RAUCHENSTEINER, a. a. O., S. 1100-1105.
9   S. einschlägig Luis DURNWALDER in diesem Band.
10 Alle allgemeinen Personenbezeichnungen sind in der weiblichen wie in der männlichen Form zu verstehen.
11 Tiefen- und höhenpsychologisch (Viktor E. Frankl) ist interessant, dass Guiotto nicht ›eng‹ verwendet.
12 GUIOTTO, *Beziehungsgeflecht/Intreccio*, a. a. O., S. 13 (deutsch) bzw. S. 39 (italienisch).
13 Vgl. GUIOTTO, S. 13-19 bzw. S. 40-44 mit RAUCHENSTEINER, a. a. O. (FN 2).
14 Vgl. Herfried MÜNKLER, *Der Große Krieg* – Die Welt 1914 bis 1918 (Berlin 2013), S. 9-24: »Der Erste Weltkrieg war der erste Krieg, in dem die Intellektuellen, und zwar auf beiden Seiten, eine politisch einflussreiche Rolle gespielt haben: Die Deutungseliten haben sich nachhaltig in das Geschäft der Entscheidungseliten eingemischt [...] und dabei mehr zur Eskalation als zur Moderation des Kriegsgeschehens beigetragen.« (S. 17f.)
15 RAUCHENSTEINER, S. 653 (wobei es sich um kein Zitat des Kaisers, sondern des Historikers in Interpretation der Gedanken- und Gefühlswelt des Monarchen handelt).
16 Vgl. GUIOTTO, S. 19-22 bzw. S. 44-47 mit RAUCHENSTEINER, S. 650-655.

Tatsächlich waren seit der Übernahme der spanischen Erbfolge weite Gebiete Italiens in Nord und Süd, so der ›Mezzogiorno‹ (außerhalb Mitteleuropas) oder die Lombardei (innerhalb), unter die direkte oder indirekte Herrschaft Wiens geraten.[17]

Während das 18. ein »reformfreudiges Jahrhundert österreichisch-italienischer Symbiose«[18] darstellte (man denke vor allem an den Bruder und Nachfolger Josephs II., Leopold II., als absolut aufgeklärter Herzog der Toskana), zerbrach die »bürokratische«[19] Herrschaft Habsburgs im 19. Jahrhundert die konstruktiven Beziehungen Schritt für Schritt!

Hätte es aber – anachronistisch übernational, wie Österreich war, just im nationalistischen Sturm hin zur Einigung Italiens unter dem Haus Savoyen – überhaupt anders sein können?[20]

Nachdem die Drei-Kaiser-Abkommen zwischen Deutschland, Österreich und Russland gescheitert waren, hielt der Dreibund zwischen Deutschland, Österreich und Italien zwar mehr als drei Jahrzehnte. Doch ihm fehlte eine ›psychologische Basis‹, um das latente »gegenseitige Misstrauen« zu überwinden. Der Dreibund »verblieb ein rein instrumentelles Abkommen«[21]: nicht zwischen Freunden, sondern Feinden.[22]

3. Der Vorhang des Emotionalen vor dem Rationalen

Der Wunsch, die in Österreich (in Trentino, Istrien und Dalmatien, vor allem aber in Triest) lebenden Italiener zu ›erlösen‹ – die Wortwahl ›Irredenta‹ belegt, wie wenig bedeutend das rationale oder kognitive Element im Vergleich zum emotionalen oder affektiven Moment war –

---

17 Vgl. Pieter JUDSON, *Habsburg* – Geschichte eines Imperiums 1740 bis 1918 (München 2017), S. 76-344 mit Franz PESENDORFER, *Eiserne Krone und Doppeladler* – Lombardo-Venetien 1814-1866 (Wien o. J.), gen. bzw. S. 99-123 spez., worin das Scheitern einer ›Lega italica‹ analog zum ›Deutschen Bund‹ als früher Indikator eines – wieder: psychologischen – Vorrangs Savoyens gegenüber Habsburg beschrieben wird.

18 GUIOTTO, *Beziehungsgeflecht*, S. 14.

19 Ibidem, S. 15.

20 Vgl. gen. Gordon BROOK-SHEPERD, *Monarchien im Abendrot* – Europas Herrscherhäuser bis 1914 (Wien/Darmstadt 1988) mit Alan PALMER, *Glanz und Niedergang der Diplomatie* – Die Geheimpolitik der europäischen Kanzleien vom Wiener Kongress bis zum Ausbruch des Ersten Weltkriegs (Düsseldorf 1986); Ian KERSHAW, *Höllensturz* – Europa 1914 bis 1949 (München 2016) mit Ernst PIPER, *Nacht über Europa* – Kulturgeschichte des Ersten Weltkriegs (Berlin 2013); Heinrich August WINKLER, *Geschichte des Westens* – Die Zeit der Weltkriege 1914 bis 1945 (München 2011) mit Herfried MÜNKLER, *Der Große Krieg* – Die Welt 1914 bis 1918 (Berlin 2013) sowie spez. Pieter JUDSON, *Habsburg* – Geschichte eines Imperiums 1740 bis 1918 (München 2017), S. 25-33, 345-480 und 480-577 mit Konrad CANIS, *Die bedrängte Großmacht* – Österreich-Ungarn und das europäische Mächtesystem 1866/67 bis 1914 (Paderborn 2016), S. 9-30, 211-304 und 305-494.

21 Ibidem, S. 17.

22 Vgl. ibidem.

wog viel mehr als vage Versprechungen Deutschlands und Österreichs, Italien in Südfrankreich oder Nordafrika zu kompensieren.[23]

So kam es zum anfangs zitierten Satz Franz Josephs: keineswegs gelassen und überlegt, sondern voller Gram und Groll. Italien nämlich war ihm Feind seit Jugend, als er und sein Geschlecht Stück für Stück – zunächst die Lombardei (samt Sekundogenituren in Mittelitalien), sodann Venetien – hatten abtreten müssen.[24]

Dem Rückzug aus Italien folgte jener aus Deutschland, und die Casa d'Austria bzw. Casa de Austria, deren ›Sonne‹[25] einst bis nach Amerika gereicht hatte (und die Franz Josephs Bruder, Ferdinand Maximilian, vergeblich hatte wieder erscheinen lassen wollen), kannte nur noch einen Raum ihrer Geltung, den ›spazio danubiano-balcanico‹.[26]

4. Österreich als Brücke für Italien nach Mitteleuropa

Wenn eineinhalb Jahrzehnte nach 1915, dem Eintritt Italiens in den Weltkrieg aufseiten der Entente, Grandi 1930 am Ballhausplatz das Metternich-Zimmer im Bundeskanzleramt der Republik mit den zitierten Worten betritt, liegt nicht nur die Welt der Monarchie längst in Trümmern, sondern ist auch der Parlamentarismus im Scheitern begriffen.

Den Außenminister eines »gran paese« empfängt ein »piccolo brav'uomo«, der Kanzler, ein Repräsentant der »kleinen Wiener Republik«.[27] Nun sucht das Österreich (noch Demokratie) durch Schober bei Italien (schon Diktatur) um Schutz an.

Grandis Emotionen triumphieren: »Ich bin der erste Außenminister des Königreichs Italien [Viktor Emanuel III. regierte von 1900 bis 1946], der die Stufen dieses Palais emporschreitet, wo die großen Staatsminister von Metternich bis Berchtold« über ein Jahrhundert die »Politik Habsburgs« betrieben haben: »mediato e realizzato con prepotenza«.[28]

---

23   Vgl. RAUCHENSTEINER, a. a. O., S. 369-396.
24   Vgl. PESENDORFER, a. a. O., S. 255-300.
25   Zu Anspruch und Einsicht Karls V. vgl. [emphatisch] Otto HABSBURG-LOTHRINGEN, *Karl V. – Kaiser für Europa* (München 1990), [empiristisch] Alfred KOHLER, *Karl V. – 1500 bis 1558* (München 1999) und [intelligibel, jeweils Anm. des Verf.] Manuel FERNÁNDEZ-ÁLVAREZ, *Carlos V. – El César y el hombre* (Madrid 1999). Zur für das Haus Habsburg typischen Inter-, ja Supranationalität: »*Por lo tanto, una cosa es cierta: Carlos V. tuvo la lengua francesa como la propia de su infancia, llegó a dominar [!] la [lengua] espanyola, se defendió con la [lengua] italiana [!], pero nunca [!] llegó a dominar la [lengua] alemana.*« [»Jedenfalls ist eine Sache sicher: Karl V. hatte die französische Sprache als die seiner Kindheit *inne*, es gelang ihm die spanische zu *beherrschen*, er verteidigte sich mit der italienischen, aber *niemals* gelang es ihm, die deutsche zu beherrschen.«] In: Ibidem, S. 184.
26   Vgl. GUIOTTO, *Intreccio*, S. 45-47.
27   Giorgio PETRACCHI, a. a. O., S. 112.
28   Ibidem.

Dass es nicht Engelbert Dollfuß, sondern Johann Schober war, der die Basis für die in den 1930er Jahren verdichtete Kooperation zwischen Österreich und Italien legte, ist einer der aktuellen und relevanten Hinweise aus der Wissenschaft, der bisher zu wenig bekannt war. Dollfuß griff auf, was Schober grundgelegt hatte.[29]

Um Österreich im Besonderen ging es Mussolini (selbst zwar klein, aber doch größer als Dollfuß und der König) dabei indes weniger als um Italiens Einfluss in Mitteleuropa im Allgemeinen. Die Ambition, die nicht nur Österreich, sondern auch Ungarn und über Dalmatien auch den Balkan im Blick hatte, scheiterte jedoch Schritt für Schritt.[30]

Spätestens nutzlos erschien Österreichs mitteleuropäische Hebelwirkung, als sich Italien wegen des misslungenen ›abessinischen Abenteuers‹ vom Gegner zum Partner Deutschlands wandelte: in der ›Achse Rom-Berlin‹, in der Wien, die Stadt, die Adolf Hitler mehr als jede andere demütigte, ›endlich‹ wegfällt: finis Austriae.

5. Italien und Mitteleuropa vor und nach dem EU-Beitritt Österreichs

Waren sie zwischen 1918 und 1938 immer wieder angedacht worden,[31] entstanden Programme austro-italienischer Kooperation, ja Integration in Mitteleuropa – aufgrund des nach 1945 zwischen Österreich und Italien bis 1992, der offiziellen »Streitbeilegung«[32], weiter schwelenden Konflikts um Südtirol – erst wieder vor dem Fall des Eisernen Vorhangs mit der Gründung einer ›Pentagonale‹.[33]

Solche autonomen Modelle verliefen sich allerdings im Zeitraum danach, als Österreich den Schwerpunkt seiner Außenpolitik einerseits auf den eigenen Beitritt zur Europäischen Union (1995) und andererseits auf jenen der Staaten Ostmitteleuropas und Südmitteleuropas (ab 2004) setzte.

Auf eine historische Verantwortung, die ihm in diesem Rahmen erwachse, bezog sich Österreich – ob geschichtspolitisch richtig oder falsch – dabei weniger offiziell als inoffiziell.

*

---

29   S. Helmut WOHNOUT, *Italien und der politische Systemwechsel in Österreich 1933/34*. In: GUIOTTO/ WOHNOUT, a. a. O., S. 371-422.

30   Vgl. Gianluca VOLPI, *Roma sul Danubio* – La politica italiana verso l'Europa danubiana osservata dagli ungheresi 1921-1926. In: GUIOTTO/WOHNOUT, S. 121-146, sowie Luciano MONZALI, *La Yugoslavia e l'assetto dell'Europa centrale nella politica estera dell'Italia fascista*. In: GUIOTTO/WOHNOUT, S. 147-182.

31   S. Andreas GÉMES, *Österreich, Italien und die mitteleuropäischen Integrationspläne*. In: GUIOTTO/ WOHNOUT, S. 65-85.

32   Vgl.: Ansprache vor dem österreichischen Bundesrat vom 21.05.2008 (https://www.ots.at/presseaussendung/OTS_20080521_OTS0195/die-suedtirol-loesung-ist-ein-beispiel-fuer-viele-minderheiten-der-suedtiroler-landeshauptmann-durnwalder-vor-den-bundesraetinnen; abgerufen am 31.07.2018).

33   S. dazu einschlägig Christian MERTENS in diesem Band.

Auch wenn die österreichische EU-Ratspräsidentschaft 2018 – hundert Jahre nach 1918 –
bewusst oder unbewusst darauf verzichtet, zum nicht wiederkehrenden Kairos einen Fokus
auf Mitteleuropa zu richten, erscheint es angesichts der dargestellten historischen Perspektiven
doch angezeigt, den Sub-Kontinent als Einheit in Vielfalt souveräner Staaten und verwandter
Nationen im Blick zu behalten (ansonsten populistische Bewegungen ohne historisches Bewusstsein gerade im Herzen Europas weiter Oberhand gewinnen).

Eine kooperative Beziehung in Mitteleuropa pro futuro gerade zwischen Österreich und
Italien wäre jedenfalls günstig, um tatsächlich – spes contra spem – aus der Geschichte zu
lernen, allen Zitaten eines Habsburg oder Grandi zum Trotz. Italien nämlich reicht ebenso
nach Mitteleuropa hinein wie aus Mitteleuropa heraus, und ›mitteleuropeo‹[34] ist ein italienischer Kulturbegriff, der die bleibende Verbindung der beiden Staaten wie kein anderer zum
Ausdruck bringt.

*»La poesia è la capacità di immaginare come l'uomo può essere, è l'essenza stessa del senso della
possibilità: è profezia, utopia, saggismo, tentacolare tentativo di sperimentare in tutte le direzioni
[…] della propria essistenza umana.«*[35]

---

34   Zum Verständnis von ›mitteleuropeo‹ s. Claudio MAGRIS, *L'Annello di Clarisse* – Grande stile e nihilismo
     nella letteratura moderna (Torino 1999) gen. bzw. S. 3-31, 177-233 und 364-388 spez.
35   Ibidem, S. 249: »Die Poesie ist die Fähigkeit sich vorzustellen, wie der Mensch sein kann, ist die Essenz
     selbst des Möglichkeitssinns [im Vergleich zum Wirklichkeitssinn, Anm. des Verf.]: ist Prophetie, Utopie,
     Weisheitsstreben, Versuchsfühler, in alle Richtungen […] zu experimentieren«.

LITERATUR:

Holger AFFLERBACH, *Dreibund* – Europäische Großmacht- und Allianzpolitik vor dem Ersten Weltkrieg (Wien/Köln/Weimar 2002)

Luigi ALDROVANDI MARESCOTTI, *Der Krieg der Diplomaten* (München 1940)

Angelo ARA, *L'immagine dell'Austria in Italia 1848-1918*. In: Ds. (Hg.), *Fra Austria e Italia* – Dalle Cinque Giornate alle questione alto-atesina (Udine 1987)

Gordon BROOK-SHEPERD, *Monarchien im Abendrot* – Europas Herrscherhäuser bis 1914 (Wien/ Darmstadt 1988)

Konrad CANIS, *Die bedrängte Großmacht* – Österreich-Ungarn und das europäische Mächtesystem 1866/67 bis 1914 (Paderborn 2016)

Paolo DORSI/Maddalena GUIOTTO, *Nuove Ricerche sulle relazioni tra Italia e Austria*. In: Quaderni Giuliani di Storia XXII 2 (2001)

Luis DURNWALDER, *Ansprache vor dem österreichischen Bundesrat vom 21.05.2008*

Manuel FERNÁNDEZ-ÁLVAREZ, *Carlos V.* – El César y el hombre (Madrid 1999)

Andreas GÉMES, *Österreich, Italien und die mitteleuropäischen Integrationspläne*. In GUIOTTO/ WOHNOUT, a. a. O. (folgend)

Maddalena GUIOTTO, *Italien und Österreich: ein Beziehungsgeflecht zweier unähnlicher Nachbarn bzw. Italia e Austria: un intreccio di due vicini dissimili*. In: GUIOTTO/WOHNOUT, a. a. O. (folgend)

Maddalena GUIOTTO/Helmut WOHNOUT (Hg.), *Italien und Österreich im Mitteleuropa der Zwischenkriegszeit/Italia e Austria nella Mitteleuropa tra le due guerre mondiali* (Wien/Köln/Weimar 2018)

Otto HABSBURG-LOTHRINGEN, *Karl V.* – Kaiser für Europa (München 1990)

Eric HOBSBOWM, *Das Zeitalter der Extreme* – Weltgeschichte des 20. Jahrhunderts (München 1995)

Pieter JUDSON, *Habsburg* – Geschichte eines Imperiums 1740 bis 1918 (München 2017)

George KENNAN, *The Decline of Bismarck's European Order* – Franco-Russian Relations 1875-1890 (Princeton 1979)

Ian KERSHAW, *Höllensturz* – Europa 1914 bis 1949 (München 2016)

Alfred KOHLER, *Karl V.* – 1500 bis 1558 (München 1999)

Claudio MAGRIS, *L'Annello di Clarisse* – Grande stile e nihilismo nella letteratura moderna (Torino 1999)

Luciano MONZALI, *La Yugoslavia e l'assetto dell'Europa centrale nella politica estera dell'Italia fascista*. In: GUIOTTO/WOHNOUT, a. a. O., S. 147-182.

Herfried MÜNKLER, *Der Große Krieg* – Die Welt 1914 bis 1918 (Berlin 2013)

Alan PALMER, *Glanz und Niedergang der Diplomatie* – Die Geheimpolitik der europäischen Kanzleien vom Wiener Kongress bis zum Ausbruch des Ersten Weltkriegs (Düsseldorf 1986)

Giorgio PETRACCHI, *Dietro le quinte del convegno Volta sull'Europa* – Un piano per sovvertire l'Europa centro-orientale. In: GUIOTTO/WOHNOUT, a. a. O.

Franz PESENDORFER, *Eiserne Krone und Doppeladler* – Lombardo-Venetien1814-1866 (Wien o. J.)

Ernst PIPER, *Nacht über Europa* – Kulturgeschichte des Ersten Weltkriegs (Berlin 2013)

Manfried RAUCHENSTEINER, *Der Erste Weltkrieg und das Ende der Habsburgermonarchie 1914 – 1918* (Wien/Köln/Weimar 2013)

Gian Enrico RUSCONI, *L'azzardo del 1915* – Come l'Italia decide la sua guerra (Bologna 2006)

Brunello VIGEZZI, *L'Italia di fronte della Prima Guerra Mondiale* (Milano/Napoli 1966)

Luciano MONZALI, *La Yugoslavia e l'assetto dell'Europa centrale nella politica estera dell'Italia fascista*. In: GUIOTTO/WOHNOUT, S. 147-182.

Heinrich August WINKLER, *Geschichte des Westens* – Die Zeit der Weltkriege 1914 bis 1945 (München 2011)

Helmut WOHNOUT, *Italien und der politische Systemwechsel in Österreich 1933/34*. In: GUIOTTO/WOHNOUT, a. a. O.

Südtirol

Luis Durnwalder

EINE GROSSHERZIGE GESTE[1]

Die Südtiroler waren als Tiroler sechs Jahrhunderte Österreicher. Und sie sind es in Sprache, Kultur und Sitte geblieben.

Deutsche und ladinische Südtiroler und eventuell diejenigen italienischsprachigen Südtiroler, die nach Abschaffung der Donaumonarchie im Jahr 1918 für kurze Zeit Staatsbürger der neuen Republik Österreich waren und deren Nachkommen heute noch in Südtirol wohnen, sollen auf Antrag die österreichische Staatsbürgerschaft erhalten können. Das ist eine großherzige Geste der Verbundenheit des Vaterlandes Österreich mit Südtirol.

Das Programm der Koalitionsregierung in Wien bezieht sich ausdrücklich auf die österreichische Schutzfunktion im Sinne des Pariser Abkommens, also auf Südtirol. Die Schutzfunktion zielt über das unverzichtbare Autonomiestatut hinaus auf eine umfassende Absicherung und immerwährende Verbundenheit Österreichs mit seinen Altösterreichern in Südtirol, die in Italien eine österreichische Minderheit sind.

Die Wiederverleihung der 1919/1920 verlorenen Staatsbürgerschaft ist keine Neuverleihung, wie sie nach Österreich eingewanderte Türken begehren. Die Südtiroler waren als Tiroler sechs Jahrhunderte lang Österreicher, und sie sind es in Sprache, Kultur und Sitte geblieben. Im Geist seiner Landesverfassung unterstützt auch das Bundesland Tirol mit Landeshauptmann Günther Platter und den ehemaligen Landeshauptleuten Wendelin Weingartner und Herwig van Staa das Anliegen.

Die Wiederverleihung der österreichischen Staatsbürgerschaft ist ein souveräner Akt Österreichs. Das Staatsbürgerschaftsrecht ist ein nationales Recht. Italien hat es mit zwei Gesetzen – 1992 für die Italiener in Übersee und 2006 auch für die italienischen Altösterreicher in Istrien, ohne Österreich zu fragen – beispielhaft vorgemacht. Die Mehrzahl der europäischen Staaten hat ähnliche Regelungen.

Die mehrfache Staatsangehörigkeit ändert keine Grenzen, sie räumt dafür aber mit einem in der Geschichte stets abträglichen Nationalismus auf. Ein ›Doppelpass‹ schafft intensive menschliche und politische Verbindungen zwischen Staaten. Europa hat das längst begriffen.

---

1 Erstveröffentlichung in: Die Presse, 12.09.2018 (Abdruck mit freundlicher Genehmigung des Autors).

Österreich möge darum das Pro und Contra eingehend überprüfen und souverän entscheiden – so selbstverständlich, wie ein geschichtsbewusstes Italien für seine Auslandsitaliener
souverän gehandelt hat. In Europa ist kein Staat des anderen Untertan.

Die österreichisch-italienischen Beziehungen in der ›Südtirolfrage‹ werden durch die Wiederverleihung der österreichischen Staatsbürgerschaft an Südtiroler sicher um ein wertvolles
politisch-kulturelles Element der europäischen Friedensvertiefung freundschaftlich bereichert.

Das nützt auch dem europäischen Italien. Österreich möge aus dem ›europäischen Geist‹
heraus handeln, den es dem Kontinent mit anderen bereits seit 1945 befruchtend vermittelt.

Forum

Forum

In den Städten des Imperium Romanum bildete das Forum deren politisches, kulturelles, gesellschaftliches, wirtschaftliches und religiöses Zentrum, gesäumt von Tempeln und Ständen. An diesem Ort der vorder- und hintergründigen Kommunikation verwoben sich diverse Stränge; hier fand der (Meinungs-)Austausch zwischen verschiedensten Interessengruppen mit dem Ziel immaterieller und materieller Bereicherung statt.

Um diese verschiedenartigsten Wechselwirkungen zwischen den Sphären des Politischen, Medialen, Ökonomischen und Kulturellen sowie nicht zuletzt der Zivilgesellschaft geht es auch in diesem Abschnitt. Wo liegen die Berührungspunkte zwischen Wissenschaft und Kunstschaffen, Verwaltung und Interessenvertretung einerseits sowie Politik andererseits? *Wer* sind die Träger des politischen Diskurses abseits konventioneller Politik? *Wo* liegen dessen – der großen Öffentlichkeit oft verborgenen – Orte? *Welche* Rolle kommt zivilgesellschaftlichen Aktivitäten zu?

Daniel Röder, Rechtsanwalt in Frankfurt am Main und Initiator der Initiative ›Pulse of Europe‹, skizziert in einem sehr persönlich gehaltenen Essay die Idee zur Gründung dieser überparteilichen und unabhängigen Bürgerbewegung sowie deren Entwicklung zu einer grenzüberschreitenden Initiative. Ihr Ziel ist die Stimulation einer proeuropäischen Öffentlichkeit, »deren Fundament das Bewusstsein der Zusammengehörigkeit und ein besseres Verständnis für die Verhältnisse der anderen ist«.

Sabine Matejka, Juristin und Präsidentin der Vereinigung der österreichischen Richterinnen und Richter, arbeitet die Wichtigkeit unabhängiger Richtervereinigungen heraus, um Rechtsstaatlichkeit und unabhängige Rechtsprechung zu schützen. Dazu bedürfe es unter anderem auch der Vermittlung elementarer Grundkenntnisse der Rechtskunde in Schulen, aber auch der Unterstützung durch eine objektive, aufklärende Berichterstattung in den Medien.

Harald Katzmair, Gründer und Geschäftsführer eines internationalen Analyse- und Beratungsunternehmens in Wien, beschäftigt sich gemeinsam mit dem Netzwerkanalytiker *Christian Gulas* mit der Machtkrise herkömmlicher Eliten. Traditionelle Strukturen der Durchsetzung sowie des Ausgleichs von Interessen werden zunehmend durch die anonyme ›algorithmische Macht‹ abgelöst. Die Autoren empfehlen als Korrektiv neue Allianzen zwischen Verwaltung, Wissenschaft und Zivilgesellschaft.

Alexander Bogner, Soziologie an der Universität Innsbruck und an der Österreichischen Akademie der Wissenschaften, weist die ›Karriere‹ des Intellektuellen als Sprachrohr für Gesellschaftskritik in der Politik bis in das 19. Jahrhundert nach. Verhandeln Experten Sachfragen, gehe es den Intellektuellen um Wertfragen. In Zeiten politischer Eventkultur treten jedoch die »grelle Message, […] große Erregung und moralische Entrüstung« an die Stelle intellektueller Durchdringung.

Gernot Blümel, Bundesminister im Bundeskanzleramt für EU, Kunst, Kultur und Medien, zählt den wertschätzenden Umgang mit Intellektuellen als politischen Menschen zu den wichtigsten Aufgaben des von ihm skizzierten »neuen Politikertypus«. Über die Rolle als Berater hinaus habe Sebastian Kurz bewusst intellektuelle Vor- und Querdenker in politische (Spitzen-) Funktionen geholt, aber auch einen eigenen Think Tank im Bundeskanzleramt eingerichtet.

Julia Ortner, Journalistin und Kolumnistin in Wien, zieht zehn Schlüsse aus ihrer Beschäftigung mit der Flüchtlingsbewegung 2015. In das Zentrum ihrer Ausführungen stellt sie die handelnden Akteurinnen und Akteure, etwa Gemeinden, die vorbildhafte Initiativen initiiert haben, oder zivilgesellschaftliche Aktivitäten. Sie weist andererseits aber auch Schwachstellen in der Kooperation innerhalb der Verwaltung sowie die ambivalente Rolle der Medien in der Berichterstattung über Flüchtende aus.

Hermann Dikowitsch, Leiter der Gruppe Kultur, Wissenschaft und Unterricht in der Niederösterreichischen Landesregierung, stellt den fortschreitenden Ökonomisierungstendenzen im Kulturleben die im Regionalen verankerte Erlebniskultur mit ihrer Suche nach Ästhetik und Freude gegenüber. Eine zukunftsorientierte Kulturförderung räume der regionalen Verankerung höchste Priorität ein und stärke damit Individualität sowie den Mut zum Außergewöhnlichen.

Peter Loidolt, Intendant der Reichenauer Festspiele, erläutert im Rahmen eines Interviews die Grundlagen seiner von großem Erfolg begleiteten Kulturaktivitäten. Er nimmt Bezug auf die Wechselwirkung von Kulturinstitution und Kulturpolitik, die Möglichkeit eines Intendanten kulturpolitisch Einfluss zu nehmen sowie auf Erfolgschancen jenseits von Mediengunst.

Ingrid Korosec, Präsidentin des Österreichischen Seniorenbundes, beschäftigt sich, unterstützt von ihrer früheren Mitarbeiterin *Susanne Walpitscheker*, mit möglichen Formen der Beteiligung älterer Menschen am demokratischen Prozess. Die Autorinnen weisen auf die zunehmende digitale Vernetzung und das gestiegenen Partizipationsbedürfnis dieser Altersgruppe hin. Es gelte, gerade die Älteren und deren Lebenserfahrung in politische Prozesse einzubinden, die dabei auch als Verbinder der Generationen auftreten könnten.

Europa

Daniel Röder

DEN EUROPÄISCHEN PULSSCHLAG SPÜRBAR MACHEN – JETZT!

9. November 2016, morgens 6 Uhr. Ich habe nicht gut geschlafen. Ein schneller Griff zum Mobiltelefon, ein Blick auf die Nachrichten. Unfassbar, Trump ist wirklich gewählt worden! Sofort bin ich hellwach. Ich fühle mich, als hätte mir jemand ins Gesicht geschlagen. Und wie verkatert. Das kann doch nicht wahr sein! Warum, zum Teufel, entscheiden sich die Amerikaner für einen solchen Mann? Klar, Hillary Clinton hatte ihre Schwächen. Sie stand für das US-Politestablishment, war farblos und versprühte kaum Aufbruchsstimmung. Sie war mehr Ex-First Lady als Mrs. President. Aber Trump?

Und ausgerechnet direkt nach Barack Obama! Einen größeren Kontrast kann ich mir nicht vorstellen. Obama ist Intellektueller, Charismatiker und Menschenfreund. Außerdem historisch: der erste schwarze Präsident. Yes, we can! Er und seine Frau Michelle wirken sympathisch, positiv, einnehmend. Und jetzt folgt auf Obama Trump. Mir scheint, als spiegele sich in dieser merkwürdigsten Amtsübergabe in der US-Geschichte die gesellschaftliche Zerrissenheit der USA wider. Der 45. Präsident der Vereinigten Staaten von Amerika heißt Donald Trump. Das hört sich falsch an. Wie konnte das nach einem derart surrealen Wahlkampf passieren? Trump hatte gehetzt, gelogen, Minderheiten verspottet, Behinderte hämisch imitiert und immer wieder seine Unkenntnis von einfachen politischen oder allgemeinen Zusammenhängen bewiesen. Belgien ist eine schöne Stadt. Statt eines Programms gab es schwindlige Ankündigungen, bei denen man sich ungläubig die Augen rieb. – »Wir bauen eine Mauer an der Grenze zu Mexiko, und die Mexikaner bezahlen dafür.« Wie bitte? Fernsehproduktionen in verschiedenen Ländern hatten sich übertroffen mit ihren ›Okay, Amerika first, aber bitte Österreich/ Niederlande/Deutschland/Hessen/Hintertupfingen etc. second‹-Clips. Im Netz wurde Trump als Witzfigur verhöhnt wie kein Politiker vor ihm. Ist der Begriff eigentlich passend – Politiker? Nein, kein Politiker. Das ist er nicht, im Wahlkampf trat er auch nicht wie einer auf. Ganz im Gegenteil: Er grenzte sich bewusst von der politischen Klasse ab. Das machen Populisten so. Dabei ist es unglaublich, dass der weiße Mann im Mittleren Westen tatsächlich dem sehr durchschaubaren Schwindel aufgesessen ist. »Ich bin einer von Euch. Wir treten den Kampf gegen die korrupten Eliten an.« So sprach der Multimilliardär, Immobilien-Tycoon mit dubiosen Kontakten nach Russland, der Dealmaker, die Fernseh-Celebrity. You are fired!

Und nun soll es diese Person also richten. Doch Politiker sein. Der mächtigste Mann der Welt sein. Eine ungeheuerliche, eine gruselige Vorstellung. Noch mehr Sorgen muss man sich

machen, wenn man sein Team anschaut. Steve Bannon, die Propagandamaschine als Präsiden-
tenflüsterer. Ehemaliger Chef von Breitbart News. Ein Ultrarechter, dessen erklärtes Ziel »the
deconstruction of the state« ist. Der Abbau des Staates in seiner bisherigen Form. Ein Bewun-
derer Lenins. Nicht, weil er Kommunist wäre, sondern weil ihn die Revolution beeindruckte.
Die Art, wie die Roten damals im Oktober die Macht übernahmen, wie bestehende Strukturen
blitzschnell radikal auf- und abgelöst wurden. Die schnelle öffentliche Diskreditierung und
Unterwanderung der Medien. Fake News – im Trump-Wahlkampf wurde dieses Schema bereits praktiziert. Was – so schießt es mir an diesem Morgen durch den Kopf –, wenn das ganze
Bannon-Programm umgesetzt wird? Wenn die staatliche Ordnung wirklich demontiert wird?
Wenn eine auf der ›America-first-Doktrin‹ aufbauende nationalistische Politik konsequent
umgesetzt wird? Ich frage mich, worin genau der Unterschied zwischen ›America first‹ und
›Deutschland, Deutschland über alles‹ liegt. Dabei wird mir flau im Magen.

Tagsüber gibt es kein anderes Thema als die Wahl. Manche nehmen die Sache mit sarkas-
tischem Humor, andere meinen, man solle nicht überdramatisieren. Im Amt werde Trump
schon domestiziert werden. Eingebettet in das Washingtoner System schleife er sich ab und
könne nichts von seinem kruden Wahlkampfgetöse umsetzen. Komischerweise sind die, die
so reden, die gleichen, die schon nicht an Trumps Nominierung durch die Republikaner geschweige denn an seine Wahl geglaubt hatten. Mir deucht, dass Trump Trump bleiben wird.
Die Welt bekommt genau den, den sie im Wahlkampf erlebt hat. Vielleicht macht ihn das Amt
sogar noch überzeugter von dem, was er so von sich gibt. Vielleicht leckt er Blut und berauscht
sich an der Macht. Bekommt eigentlich auch Trump den Koffer mit dem roten Knopf?

Abends sitze ich mit meiner Frau in unserem Wohnzimmer. Wir schauen uns die Berichterstattung aus den USA an. Weil wir es noch immer nicht ertragen können, trinken wir
ein Glas Rotwein. Dann ein zweites … Besonders bemerkenswert finden wir die spontanen
Anti-Trump-Demonstrationen in den Großstädten an den beiden Küsten. Viele Menschen
machen ihrem Ärger über das Wahlergebnis, ihrem Frust, ihrer Wut, ihrer Angst Luft.

Das hatten wir vor kurzem doch schon einmal …

24. Juni 2016, morgens 6 Uhr. Ich habe nicht gut geschlafen. Ein schneller Griff zum Mobiltelefon, ein Blick auf die Nachrichten. Unfassbar, die Briten haben wirklich für den Brexit
gestimmt! Sofort bin ich hellwach. Ich fühle mich, als hätte mir jemand ins Gesicht geschlagen. Und wie verkatert. Das kann doch nicht wahr sein! Warum, zum Teufel, wollen sie raus
aus der Europäischen Union? Klar, die EU hat ihre Schwächen. Sie wird oft als Elitenprojekt
wahrgenommen, als zu bürokratisch, nicht ausreichend demokratisch legitimiert und wenig
handlungsstark. Aber gleich ein ganz raus?

51,89 Prozent der Wählerinnen und Wähler haben für den Austritt des Vereinigten Königreichs aus der Europäischen Union gestimmt. Allein in dieser Zahl spiegelt sich die gesellschaftliche Zerrissenheit Großbritanniens wider. Die EU der 27 – das hört sich falsch an. Wie

konnte das nach einem solchen ›Wahlkampf‹ passieren? UKIP, Boris Johnson und die übrigen Leave-Campaigners hatten gegen die EU gehetzt, Überfremdungsangst geschürt und gelogen. Das machen europäische Rechtspopulisten so. Statt einer Idee, wie die Zeit nach dem Brexit gestaltet werden könnte, gab es schwindlige Zahlen auf einem roten Bus mit Aussichten, die kaum ernst zu nehmen waren. – »Wir überweisen jede Woche 350 Millionen Pfund an die EU. Stattdessen sollten wir damit unser Gesundheitssystem finanzieren.« Wie bitte? Es ist unglaublich, dass der sechzigjährige Mann in der englischen Countrysite tatsächlich dem sehr durchschaubaren Schwindel aufgesessen ist.

Tagsüber gibt es kein anderes Thema als das Referendum. Manche nehmen die Sache mit ›britischem‹ Humor, andere meinen, man solle den Brexit nicht so hoch hängen. Die Briten seien nie überzeugte Europäer gewesen. – »I want my money back!« Außerdem hätten sie auf EU-Ebene vieles blockiert. Die Abstimmungsprozesse im Rat würden jetzt leichter, die EU-27 handlungsfähiger. Mir deucht, dass es schwieriger wird. Richtig schwierig. Wie soll der Brexit eigentlich vonstatten gehen? Wie soll das Verhältnis zwischen Großbritannien und der EU gestalten werden? Was passiert während des Austrittsprozesses? Beide Seiten sind in einem Verhandlungsdilemma: die Briten, weil sie einerseits dem Willen des Volkes Rechnung tragen müssen, andererseits aber ohne geordnete Beziehungen zur EU wirtschaftlichen Schiffbruch erleiden könnten; die EU, weil sie einerseits einen komfortablen Austritt verhindern muss, damit der Austritt nicht zum Passepartout für Nachahmer wird, die Union andererseits aber ohne geordnete Beziehungen zu Großbritannien erheblichen Schaden nehmen kann. Welche EU-Staaten kompensieren künftig den Ausfall des Nettozahlers Großbritannien? Und wie soll man eigentlich die Frage der EU-Außengrenze regeln, die an der inneririschen Grenze verlaufen wird? Nach langen Jahren voller Heckenschützen, Bombenanschlägen, Protestanten gegen Katholiken, IRA und Co. erkennt man heute keine Grenze mehr. Der Brexit kann sie wieder ziehen. Kommt dann das Blut auf die Straßen Irlands zurück? Und Gibraltar? Die Briten sind schon einmal wegen einer Insel in den Krieg gezogen. Alles keine guten Gedanken.

Abends sitze ich mit meiner Frau in unserem Wohnzimmer. Wir schauen uns die Berichterstattung aus England an. Weil wir es noch immer nicht ertragen können, trinken wir ein Glas Rotwein. Dann ein zweites … Besonders bemerkenswert finden wir die spontanen Anti-Brexit-Demonstrationen vor allem in London. Viele Menschen machen ihrem Ärger über das Abstimmungsergebnis, ihrem Frust, ihrer Wut, ihrer Angst Luft.

Und so sitzen wir nun nach wenigen Monaten zum zweiten Mal an gleicher Stelle, fühlen uns wie in dem Film ›Und täglich grüßt das Murmeltier‹. Nur eben leider statt als Komödie als Tragödie. Brexit-Votum und Trump-Wahl weisen für uns erschreckend ähnliche Strukturen auf. Uns ist klar: Wir sind Zeugen fundamentaler Änderungen. Da ist etwas in Unordnung geraten, was sich in der Nachkriegszeit, zumindest seit dem Fall der Mauer so schön gefügt zu haben schien. Hier geht es um mehr als um die Wahl eines neuen Präsidenten oder einen herkömmlichen Volksentscheid. Beide Urnengänge haben weitreichende Folgen, die über die beiden Einzelmaßnahmen hinausreichen. Es drohen globale Umwälzungen: Das transatlantische Verhältnis steht ebenso auf dem Prüfstand wie die Zukunft der EU. Aber was liegt dem eigentlich zugrunde? Gespaltene Gesellschaften allenthalben. Viel zerstörerische Wut. Wo kommt die her? Ist es das Gefühl des Verlorenseins in einer Welt, in der globalisiert alles mit allem zusammenhängt? Eine Welt, die mit der Digitalisierung und der immer schnelleren Entwicklung künstlicher Intelligenz sich inmitten einer ihrer größten und gleichzeitig besorgniserregendsten Evolutionen befindet? Meine Erklärungsversuche bleiben in Fragen stecken. Die Sozialpsychologen sind gefragt. Sie sollten besser schnelle Antworten liefern!

Wir schauen wieder auf die Demonstrationen im Fernsehen und fragen uns, wo während des Trump-Wahlkampfs und vor dem Brexit-Referendum diese Kraft, diese Energie war, die sich nun, da es zu spät ist, Bahn bricht? Hätten die beiden Kinder in den Brunnen fallen müssen, wenn diese Menschen mit der gleichen Inbrunst vor den beiden Urnengängen sichtbar und hörbar auf der Straße gewesen wären? Hätten die Remainers mehr Jüngere zur Teilnahme an der Abstimmung motivieren können, wenn sie zum richtigen Zeitpunkt kraftvollere Zeichen gesetzt hätten? Im Nachhinein stellte sich heraus, dass viele das Brexit-Referendum unterschätzt hatten. Etliche, gerade jüngere Menschen blieben der Abstimmung fern. Sie hätten angesichts des knappen Ergebnisses den entscheidenden Unterschied machen können.

Meine Frau und ich wenden den Blick nach vorne: Und wenn das jetzt so weiter geht? Was, wenn bei der im nächsten Frühjahr anstehenden Parlamentswahl in den Niederlanden Geert Wilders mit seiner islamophoben Partij voor de Vrijheid (PVV) – ein Euphemismus sondergleichen, das machen Populisten so – zur stärksten Fraktion im niederländischen Parlament wird? Was, wenn bei der französischen Präsidentschaftswahl Marine Le Pen gewinnt? Das Wort ›Frexit‹, den Austritt Frankreichs aus der EU, hat sie schon öfter in den Mund genommen. Das wäre das Ende der EU. Und dann die Bundestagswahl in Deutschland im Herbst. Wenn die Alternative für Deutschland (AfD) in den Bundestag einziehen würde, wäre ein neues, schwieriges Kapital in der bundesrepublikanischen Geschichte aufgeschlagen. Dann Wahlen in Österreich mit der FPÖ in den Startlöchern, Wahlen in Tschechien, Ungarn, Italien …

Werden wir und die anderen Europäer dann auch im Nachgang gegen unliebsame, als bedrohlich empfundene Wahlergebnisse öffentlich protestieren? Das fühlt sich so falsch an. Hilflos, resigniert, unnütz. Man müsste vorher tätig werden. Dann, wenn die Handlungen wenigstens die Chance auf eine Wirkung haben. Warum macht das niemand? Wo sind denn all die Pro-Europäer, die Demokraten? Es müssen sich doch viele ähnliche Gedanken machen wie wir jetzt gerade.

Und dann plötzlich die Überzeugung, die Klarheit: Wir machen es selbst! Wir warten nicht auf andere. Irgendwer muss es machen. Es müssten öffentliche Kundgebungen sein. Es müssten deutlich sichtbare Zeichen für eine klare pro-europäische, demokratische, rechtsstaatliche Überzeugung sein. Natürlich sind wir Amateure. Wir haben noch nie eine politische Demonstration organisiert. So schwer kann das aber nicht sein. Wir brauchen ein Motto, eine Marke, hinter der sich andere versammeln können. ›Let's get loud‹ war die Idee meiner Frau. Schwungvoll, letztlich aber zu unklar. Worum geht es? Es geht um die Zukunft Europas. Um die europäische Idee, die von vielen schon totgesagt wird. Wir wollen zeigen, dass der Patient noch lebt. Dass der Puls noch schlägt. Der Puls Europas. Wir würden ihm helfen wieder lauter zu schlagen. Damit es alle in Europa verstehen auf Englisch: ›Pulse of Europe‹. Wir sind der Pulse of Europe! Mit dieser Idee schlafe ich ein.

Manchmal vertreibt der heranbrechende Tag die Schatten der Nacht und weht mit ihr nicht nur Sorgen, sondern auch Vorsätze fort. Uns bleiben Zweifel, aber die Gewissheit, dass die Zivilgesellschaft gefragt ist, ist stärker. Wir sind entschlossen, den ›Pulse‹ ins Leben zu rufen.

Es gibt keine Zeit zu verlieren. Ich kontaktiere ein befreundetes Paar, die am Vortrag im Entsetzen über die Wahl Donald Trumps schon eine sorgenvolle E-Mail geschrieben haben. Sie sind dabei. Auch ein weiteres Freundespaar macht spontan mit, ohne genau zu wissen, wobei eigentlich. Ich formuliere eine E-Mail für einen großen Verteiler im Freundes- und Bekanntenkreis. Ein Aufruf zu einer Demonstration am 27. November 2016 um 16 Uhr. Ein ›Resonanztest‹, wie wir es nennen. Werden ausreichend viele Menschen kommen? Aus symbolischen Gründen wählen wir das Frankfurter Europa-Viertel, Pariser Straße vor dem Café Liebe Laube Hoffnung. Abgesehen von der Symbolik eine schlechte Wahl: Das neue Europaviertel ist nicht zentral gelegen und mit öffentlichen Verkehrsmitteln schlecht zu erreichen. Auch das Datum ist – vorsichtig gesagt – suboptimal: der erste Adventssonntag. Da denken viele an Kekse, Lieder und Adventstee, aber nicht an Europa. Und 16 Uhr ist viel zu spät, weil es schon dämmert. Trotz dieser Fehler kommen sage und schreibe 200 Menschen! Wir gewinnen weitere Mitstreiter und entschließen uns, nach der Weihnachts- und Urlaubszeit ab dem 15. Januar 2017 wöchentlich demonstrieren zu gehen. Die Zeit wollen wir für den Aufbau einer gewissen Infrastruktur nutzen (Website, Social Media etc.). Vor allem müssen wir anschlussfähige Grundsätze formulieren, um überhaupt zu definieren, worum es uns geht. Ein Team von neun Aktivistinnen und Aktivisten macht sich an die Arbeit.

Da die Sache nur etwas werden kann, wenn sie nicht auf Frankfurt beschränkt ist, beginnen wir, Freunde und Bekannte in anderen Städten zu kontaktieren und zum Mitmachen zu animieren. Freiburg ist am schnellsten und bereits am 15. Januar mit am Start. Dann geht es ganz schnell. Woche für Woche kommen immer mehr Städte dazu: Karlsruhe, Köln, Amsterdam, Paris, Hamburg, Essen usw. Nicht mehr nur Freunde und Bekannte, sondern wildfremde Menschen kontaktieren uns und wollen den ›Pulse‹ in ihrer Stadt, in ihrem Ort schlagen lassen. Wir werden überrollt von einer Welle, die wir nicht vorhergesehen hatten. Sie ist stark, spült uns immer wieder unter und lässt uns kaum Gelegenheit zum Durchatmen. Von Februar bis Mai sind wir aus unserem bisherigen Leben vollständig herausgerissen. Pulse of Europe

24/7! Wenn die Kundgebung am Sonntag beendet ist, die notwendigen Utensilien wieder verstaut und alle Medienanfragen beantwortet sind, geht es an die Nachlese und Planung der nächsten Woche. Die Sonntage enden regelmäßig erst nach Mitternacht. Und dann kommt der Montagsblues. Das Wochenendrhythmus ist noch strammer als die Woche. Die Akkus werden aufgeladen durch die positive Resonanz und den unerwarteten Erfolg. Der Kreis der freiwilligen Helfer steigt. Wir gründen einen gemeinnützigen Verein. Wir erhalten viele Spenden insbesondere von Privatleuten.

Da die Arbeit nicht zu bewältigen ist, etablieren wir eine Geschäftsstelle und stellen zwei Festangestellte an. Das schafft Erleichterung. Inhaltlich setzen wir positive Botschaften und große Bilder. Die Niederländer und Franzosen sollen sehen, dass uns an ihnen gelegen ist. Europäische Sympathiebekundungen über die Grenzen hinweg. Blijf bij ons! Plus forts ensemble! Das kommt an. Am Wochenende vor der Parlamentswahl in den Niederlanden wird ein Clip über Pulse of Europe auf der Website eines großen niederländischen Fernsehsenders mehr als eine Million Mal aufgerufen. Unsere Bewegung ist mittlerweile in 132 Städten und 21 europäischen Ländern aktiv. 70.000 Menschen gehen jeden Sonntag um 14 Uhr europaweit auf die Straße. Das beeindruckt uns immer wieder. Aber was ist mit den übrigen 511,73 Millionen innerhalb der EU? Deutschland bleibt das mit Abstand größte Pulse of Europe-Land, auch wenn wir gerne in anderen Ländern ähnlich stark werden würden. Für einen gezielten Aufbau fehlt aber die Zeit. Nach den in unserem Sinne mehr oder weniger erfolgreichen Wahlen in den Niederlanden kommt es zum Showdown in Frankreich. Emmanuel Macron gewinnt die Stichwahl gegen Marine Le Pen. Was für eine Erleichterung! Viele unserer Demonstranten rollen die Europafahnen beruhigt ein und fahren in den Sommerurlaub, aus dem sie nicht mehr auf die Plätze zurückkehren. Sie halten die Messe für gelesen, Europa für gerettet.

Wir sehen das anders und machen weiter. Allerdings im Monatsrhythmus. Das wöchentliche Format ist auf Dauer nicht zu halten. Zu kräftezehrend, zu monoton. Man kann auf Dauer nicht jede Woche für eine Sache demonstrieren gehen. Manche Standorte gehen ausgelaugt auf Stand-by. Die anderen konzentrieren sich auf die Bundestagswahl. Die Umfragewerte der AfD sind erschreckend hoch. Unglaublich ist, dass Europa als Wahlkampfthema nicht vorkommt. Haben die deutschen Parteien von Macron nichts gelernt? Warum haben sie Angst vor dem Thema? Entweder man steht zu Europa oder man tut es nicht. Das Gemeinschaftsprojekt kann nicht gelingen, wenn es nicht mit Vehemenz und Leidenschaft vorangetrieben und weiterentwickelt wird. Dazu braucht es den Rückhalt in der Bevölkerung und den bekommt man nur, wenn die Zukunft der EU im Wahlkampf thematisiert und diskutiert wird. Welcher Berater der SPD hat Martin Schulz, der als EU-Parlamentspräsident in den deutschen Wahlkampf kam, eigentlich eingeflüstert, Europa nicht als Wahlkampfthema zu platzieren? – »Lieber Martin, Du musst zeigen, dass Du deutscher Kanzler kannst. Nicht Europa sagen.« Das ist genauso, als würde man einen Torwart bei der WM in den Sturm stellen, um den Gegner zu überraschen.

Überrascht wurde die Kanzlerin jedenfalls nicht. Sie konnte das Thema Europa geflissentlich außen vor lassen. Die CDU lancierte lediglich ein Wahlplakat, das man in diesem Kontext erwähnen könnte: »Europa stärken heißt Deutschland stärken.« Das hier klar zum Ausdruck kommende verkappte nationale Denken steht symbolisch für die Haltung vieler europäischer Regierungen zu Europa: Uns geht es um unsere Nation, Europa ist nur Mittel zum Zweck. Europäisches Denken geht anders. Wenn das alles ist, hat die Gemeinschaft keine Zukunft.

Wir versuchen die Parteien zu zwingen, sich öffentlich europapolitisch zu erklären. Ihre Antworten auf unseren offenen Brief zur Europapolitik werten wir vergleichend aus und stellen sie auf den Plätzen vor. Um das europäische Profil der verschiedenen Wahlprogramme testen können, entwerfen wir den ›Euromaten‹. Vor allem aber rücken wir von unserem Grundsatz ab, dass bei Pulse of Europe nur Bürgerinnen und Bürger am offenen Mikrofon zu Wort kommen: Wir holen die Direktkandidatinnen und -kandidaten auf die Bühnen und diskutieren mit ihnen europäische Themen. Eingeladen sind die Parteien, die auf unseren offenen Brief geantwortet haben. Die AfD zählt nicht dazu.

Anstatt dessen gehört sie mit unfassbaren 12,6 Prozent dem 19. Bundestag an. Eine Zeitenwende in der Nachkriegsgeschichte der Bundesrepublik Deutschland. Am Wahlabend verkündet Alexander Gauland kampfeslustig: »Wir werden uns unser Land und unser Volk zurückholen.« Wer ist »wir«? Gehört das Land der AfD? Was meint er mit »zurückholen« und von welchem Volk spricht er? Auch wenn der Satz inhaltlich unklar erscheint, ist der düstere, rechtspopulistische Jargon bekannt. Er klingt wie ein Ruf aus längst vergangenen Tagen. Eine Sprechweise, die wieder salonfähig geworden ist in Europas Parlamenten und Regierungen.

Man darf die Augen nicht verschließen: Das Nationale ist auf dem Vormarsch. Das Nationale, das egozentriert auf das eigene Volk schaut und sich über andere Nationen stellt. Innerhalb der Europäischen Union fällt die Bestandsaufnahme ein Jahr nach den hoffnungsvollen Wahlen in Frankreich ernüchternd bis erschreckend aus: Viktor Orbán rühmt sich seiner illiberalen Demokratie, in Ungarn werden systematisch Grundrechte eingeschränkt, der Staat wird autokratisch. Gleiches gilt für Polen, wo im Juli 2018 ein Gesetz in Kraft getreten ist, mit dem dutzende Richter, darunter Verfassungsrichter, entlassen wurden und durch von der Regierung ernannte Richter ersetzt werden – nur ein Beispiel für die zielgerichtete Erosion des Rechtsstaats. In Tschechien regiert die Partei ANO unter Duldung der Kommunisten. Der wiedergewählte Präsident Zeman führte mitunter einen völkischen Wahlkampf. In Österreich ist die FPÖ zum zweiten Mal Regierungspartei. Während zu Haiders Zeiten noch ein Aufschrei durch Europa ging, ist das Echo auf die Neuauflage der schwarz-blauen Regierung verhalten. Vielerorts nichts als Achselzucken. Man scheint sich an national-konservative Regierungen in Europa erschreckend schnell gewöhnt zu haben. Offenbar auch an deren Töne. Wenn z. B. der österreichische Vizekanzler Strache die Personenfreizügigkeit innerhalb der Union und damit eine der Grundfreiheiten infrage stellt, regt sich kaum Widerspruch. Wenn in Italien Sinti und

Roma gezählt werden sollen, nehmen die meisten das gar nicht zur Kenntnis. Dabei können wir gar nicht wissen, ob wir im kommenden Jahr noch mit dem Euro bezahlen, wenn Lega und Cinque Stelle in Italien ihre Wahlkampfäußerungen als Regierungsprogramm umsetzen. Bei den Brexit-Verhandlungen zeichnet sich keine Einigung ab und der von Donald Trump angezettelte Handelskrieg beginnt so langsam, seine fatale Wirkung für die Weltwirtschaft zu erzielen.

Um es auf den Punkt zu bringen: Starke zerstörerische Kräfte wirken derzeit auf die gesamte EU. Mehr noch: Es geht um das Überleben der westlichen Welt mit ihren liberalen Demokratien. Brexit-Referendum, Trump-Wahl, Fidesz, PiS & Co. haben uns vor Augen geführt, dass die freien Gesellschaften in höchstem Maße manipulierbar und höchst anfällig für Nationalpopulisten sind. Wenn die Entwicklung so weitergeht, wird es vielleicht bald keine Demokratien im herkömmlichen Sinne mehr geben. Was eine freie Demokratie ausmacht, scheint aber selbst im bürgerlichen Lager anders beurteilt zu werden als noch vor wenigen Jahren. Wenn sich z. B. Horst Seehofer über die Wahl Victor Orbáns freut, den Wahlsieg als Vertrauensbeweis der Bevölkerung preist und meint, es gäbe keine »stärkere Bestätigung als den Erfolg an der Wahlurne«, muss man sich ernsthafte Sorgen machen. Und auch sonst ist die politische Antwort auf diese Entwicklungen merkwürdig verhalten. Wo bleibt die Kampfeslust der überzeugten Demokraten? Wo die Inspiration? Emanuel Macron wirkt wie ein einsamer Rufer in der Wüste.

Wir dürfen aber nicht nur auf die Politik zeigen und Defizite anmahnen. Zukunftsgestaltung geht nur im Zusammenspiel zwischen Politik und Zivilgesellschaft. Wir alle sind als Zukunftsgestalter gefragt. Unsere Aufgabe ist es, an einer Gesellschaft zu arbeiten, die in Umbruchzeiten zusammensteht. Eine Gesellschaft, die die Ambivalenz aushält, dass nicht alles zum Guten läuft und dennoch Mut und ein positiver Gestaltungswille vorherrscht. Zugleich lassen sich die Herausforderungen der Welt sicher nicht national lösen. Wenn es um Globalisierung, Klimaerwärmung und große Migrationsbewegungen geht, muss die Weltgemeinschaft, zumindest die europäische, gemeinsam agieren.

Grundlage dafür ist, dass wir Europäer uns wieder mehr füreinander interessieren. Wir sind zwar durch Institutionen und Verträge der EU auf das Engste miteinander verbunden. Eine wirkliche europäische Öffentlichkeit gibt es jedoch nicht, Debatten werden meist nur national geführt. Stimmen und Stimmungen aus anderen Mitgliedstaaten kommen nur indirekt und gefiltert an. Es ist bislang das Privileg einer mobilen Minderheit, sich ein eigenes Bild zu machen. Dieser Zustand ist eine permanente Bedrohung für die Einheit Europas. Sie macht die Europäer anfällig für Populisten, denen es gelingt, Vorurteile zu schüren und die Nationen gegeneinander aufzuwiegeln. Das Entstehen einer europäischen Öffentlichkeit, einer Zivilgesellschaft, deren Fundament das Bewusstsein der Zusammengehörigkeit und ein besseres Verständnis für die Verhältnisse des anderen ist, ist dringend nötig und steht im Mittelpunkt der Bemühungen von Pulse of Europe.

Das vereinte Europa und die Demokratie wurden uns von Menschen geschenkt, die beides unter den Mühen der Nachkriegszeit aufbauten. Wir stehen in deren Pflicht, uns für den Erhalt und die Fortentwicklung des Gemeinschaftsprojekts einzusetzen. Das sind wir vor allem auch unseren Kindern und künftigen Generationen schuldig. Es ging in der Geschichte der Menschheit wohl noch keiner Gesellschaft besser als uns heute. Es ist müßig zu hinterfragen, ob das gerecht ist, denn Gerechtigkeit ist kein geeigneter Maßstab hierfür. Aber diese Erkenntnis verpflichtet!

Wir haben Verantwortung, das europäische Geschenk zu hegen und zu pflegen. Das erfordert Einsatz, Mut und den Aufbruch aus der Gemütlichkeit – jeden Tag und immer wieder. Die Alternativen zu einem vereinten Europa sind undenkbar viel schlechter.

Und wenn wir etwas aus der deutschen Geschichte lernen können, dann dies: Untätige Sorglosigkeit und das Gefühl, dass alles schon gut wird, führte vor rund 90 Jahren in eine der größten Katastrophen der letzten Jahrhunderte. Heute ist nicht damals. Aber auch heute gilt es, die Zeichen der Zeit zu erkennen und nicht zuzuwarten, bis es zu spät ist. Leider leben die meisten immer noch so, als sei nichts. Dabei scheitert Demokratie nie an ihren Feinden, sondern an der Untätigkeit der Demokraten. Jean Monnet hat gesagt: »Mit der Europäischen Union werden keine Staaten, sondern Menschen verbunden.« Das braucht es wieder. Wir brauchen einen neuen europäischen Gesellschaftsvertrag! Daran müssen wir alle arbeiten. Heute und morgen! Nur so kann die europäische Idee eine Zukunft haben.

Let's be the Pulse of Europe!

Justiz

Sabine Matejka

DER WERT DES RECHTSSTAATS UND DIE ROLLE DER RICHTERVEREINIGUNGEN

Die negativen Entwicklungen in mehreren Staaten Europas haben in den letzten Jahren den Wert des Rechtsstaats und einer unabhängigen Rechtsprechung[1] wieder stärker in den Fokus der Öffentlichkeit gerückt. Auch innerhalb der Europäischen Union scheinen diese Werte und Begriffe nicht mehr unumstritten und selbstverständlich.

Doch was ist der Wert des Rechtsstaats? Er hat viele Dimensionen: Als wichtige Säule der Demokratie dient er der Sicherung eines friedlichen Zusammenlebens, steht für die Wahrung von Grundrechten und schafft ganz allgemein Rechtssicherheit für die Menschen sowie einen florierenden Wirtschaftsstandort. Es scheint jedoch, dass man sich darüber erst dann Gedanken macht, wenn dem Rechtsstaat Gefahr droht und die Unabhängigkeit nicht mehr gewahrt ist.

Gewaltentrennung, die Garantie rechtsstaatlicher Prinzipien und eine unabhängige Gerichtsbarkeit sind in unserer Gesellschaft offenbar schon so selbstverständlich, dass sie als Wert kaum noch bewusst wahrgenommen werden und ihre Bedeutung unterschätzt wird. Das ist eine gefährliche Entwicklung, denn diese Werte müssen verteidigt werden, nicht nur von der Justiz, der Gerichtsbarkeit und ihren Vertretern, sondern vor allem von den Bürgerinnen und Bürgern. Eine unabhängige Rechtsprechung und ein funktionierender Rechtsstaat sind unverzichtbar für eine Demokratie und zählen zu ihren stärksten Säulen. Doch wer ihren Wert nicht (er-)kennt, wird sie auch nicht verteidigen.

Die Entwicklungen in einigen Staaten Europas zeigen, wie leicht es ist, dieses Gefüge zu zerstören. Auch innerhalb der Europäischen Union ist die Wahrung der Unabhängigkeit der Rechtsprechung keine Selbstverständlichkeit mehr. Das Beispiel Polens, aber auch Ungarns, zeigt auf dramatische Weise, wie wenig wir dem entgegensetzen können. Auch die Europäische Union steht diesen Entwicklungen relativ hilflos gegenüber. Die betroffenen Richterinnen und Richter versuchen so gut es geht, dem entgegen zu treten. Die Richterschaft spürt negative Veränderungen oft schon sehr früh und kommt ihrer Warnpflicht nach. Doch nicht immer wird die Warnung auch gehört oder verstanden.

---

[1] Landläufig wird oft von der unabhängigen Justiz gesprochen, was jedoch begrifflich falsch ist. Zum Überbegriff ›Justiz‹ zählen Gerichte, Staatsanwaltschaften, der Strafvollzug, die gesamte Justizverwaltung und vieles mehr. Tatsächlich ist nur die Unabhängigkeit der Rechtsprechung und damit die Unabhängigkeit der Richterinnen und Richter in Ausübung dieser Rechtsprechung verfassungsrechtlich garantiert; in allen anderen Bereichen gibt es eine Weisungsbefugnis der Exekutive.

Die Rolle der Richtervereinigungen

Eine wichtige Rolle spielen dabei unabhängige Richtervereinigungen. Sie haben es sich zur Aufgabe gemacht, nicht nur die Interessen ihrer Mitglieder zu wahren, sondern auch für Rechtsstaatlichkeit und die Unabhängigkeit der Rechtsprechung einzutreten und zu kämpfen. Eine starke Richtervereinigung zählt zu den maßgeblichen Garanten für richterliche Unabhängigkeit. Dabei wird auch die internationale Vernetzung immer wichtiger. Wenn man im eigenen Land im Kampf gegen Einflussnahme und Eingriffe in die richterliche Unabhängigkeit nicht mehr weiterkommt, dann braucht man Unterstützung auf europäischer und internationaler Ebene. Die Internationale Richtervereinigung (IAJ)[2] und ihre europäische Untergruppe (EAJ), deren Mitgliedervereinigungen strenge Standards erfüllen müssen, unterstützen ihre Mitglieder so gut es geht. Die Richtervereinigungen müssen immer öfter in die Rolle der Verteidiger der Unabhängigkeit und der Rechtsstaatlichkeit schlüpfen. Es geht dabei längst nicht mehr um vorübergehende Missstände, sondern oft um gezielte Angriffe gegen die Justiz und ihre Organe.

Das wohl drastischste Beispiel unserer Zeit ist die Türkei. Bereits in den Jahren vor dem Putschversuch gab es Prozesse gegen Richter, die nicht im Sinne der Regierung entschieden hatten. Wer es sehen wollte, konnte die Entwicklungen in der Türkei vorausahnen. Die Anzeichen, dass die Richterschaft und ihre unabhängige Rechtsprechung der türkischen Führung ein Dorn im Auge war, mehrten sich. Die türkischen Richterinnen und Richter sowie die unabhängige – mittlerweile verbotene – Richtervereinigung YARSAV hatten bereits gewarnt und internationale Hilfe gesucht. Auch die Internationale Richtervereinigung hat mehrfach auf die gefährliche Entwicklung hingewiesen und Regierungen, Europäische Kommission und Europarat informiert. Wirklich ernst genommen hat diese Warnungen leider niemand. Ein trauriges Beispiel, dass sich nicht wiederholen darf. Mittlerweile wurden über 4.000 Richter und Staatsanwälte ihres Amtes enthoben und teilweise sogar inhaftiert. Die Liste dieser Personen war innerhalb weniger Tage nach dem Putschversuch im Umlauf und lag wohl schon lange wohlgehütet in einer Lade.

Entwicklungen in Ländern wie der Türkei und Polen lehren uns, dass wir sensibel sein müssen für Angriffe gegen unabhängige Richter und deren Rechtsprechung. Wer die ersten Anzeichen nicht ernst nimmt, wer nicht genau hinsieht und Probleme ignoriert, ebnet den Weg für Willkür und Einflussnahme. Auch die Richtervereinigungen in Europa haben sich darüber Gedanken gemacht und suchen nach Lösungen, rechtsstaatliche Defizite möglichst früh zu erkennen und zu bekämpfen. Auch für das Fortbestehen der Europäischen Union ist es unabdingbar, dass in allen Mitgliedstaaten die Unabhängigkeit und das Rechtsstaat-

---

2   Für nähere Informationen siehe die Website der Internationalen Richtervereinigung (http://www.iaj-uim.org/).

lichkeitsprinzip gewährleistet sind. Artikel 2 des EU-Vertrags lautet: »Die Werte, auf die sich die Union gründet, sind die Achtung der Menschenwürde, Freiheit, Demokratie, Gleichheit, Rechtsstaatlichkeit und die Wahrung der Menschenrechte einschließlich der Rechte der Personen, die Minderheiten angehören. Diese Werte sind allen Mitgliedstaaten in einer Gesellschaft gemeinsam, die sich durch Pluralismus, Nichtdiskriminierung, Toleranz, Gerechtigkeit, Solidarität und die Gleichheit von Frauen und Männern auszeichnet.« Das darin festgeschriebene Rechtsstaatlichkeitsprinzip muss geschützt und gestärkt werden. Eine Checkliste zur regelmäßigen Überprüfung der Rechtsstaatlichkeit durch eine unabhängige Kommission wäre ein wichtiger Schritt in diese Richtung. Mit Resolution vom 25. Mai 2018 hat die Europäische Richtervereinigung diese Bemühungen ausdrücklich unterstützt und ihre Mitwirkung angeboten.[3] Zur Überprüfung der Wahrung der Rechtsstaatlichkeit müssen aber Begriffe wie die Unabhängigkeit der Gerichtsbarkeit definiert werden. Dazu gibt es bereits mehrere Empfehlungen des Europarats und wurden in den vergangenen Jahren zahlreiche Standards entwickelt (von den Vereinten Nationen, dem Consultative Council of European Judges [CCEJ], der Venedig-Kommission des Europarats, den European Networks of Councils for the Judiciary [ENCJ] und anderen).

Die Bedeutung der Öffentlichkeit und deren Vertrauen in die Gerichtsbarkeit

Organisationen können den Kampf um Rechtsstaatlichkeit und eine unabhängige Rechtsprechung jedoch nicht alleine gewinnen. Es bedarf einer aufmerksamen und gebildeten Bevölkerung, um Angriffe gegen den Rechtsstaat rechtzeitig abzuwehren. Hier bestehen jedoch große Defizite. Sowohl im Bekanntenkreis als auch bei Gericht stoße ich immer wieder auf massive Wissenslücken in diesen Bereichen. Oft sind nicht einmal Grundkenntnisse vorhanden, völlig unabhängig von Herkunft und Bildungsgrad. Die meisten Menschen können den Unterschied zwischen Staatsanwalt und Richter kaum erklären, ganz zu schweigen von Instanzenzug oder der Differenzierung zwischen Straf- und Zivilverfahren. Fächer wie Staatsbürgerkunde und Rechtskunde werden nur in wenigen – vor allem berufsbildenden – Schulen unterrichtet. Interessanterweise besteht vor allem in allgemeinbildenden Schulen ein großes Manko. Das ist verwunderlich (genau genommen erschreckend), denn gerade von jenen Absolventinnen und Absolventen, die in der Regel ein Hochschulstudium anschließen, würde man sich eine solide Wissensbasis zu Rechtsstaat und Verfassung erwarten. Jungen Menschen müssten verstärkt die Grundzüge der Rechtsordnung, aber auch demokratisches

---

3   International Association of Judges, *Resolution on Article 2 of the Treaty on European Union* (http://www. iaj-uim.org/iuw/wp-content/uploads/2018/05/resolution-final-on-art-2.pdf; abgerufen am 25.06.2018).

und rechtsstaatliches Basiswissen vermittelt werden. Richterinnen und Richter stehen deshalb gerne für Exkursionen und Besuche von Verhandlungen zur Verfügung und gehen auch in Schulen, um Fragen zu beantworten und einen Einblick in die Arbeit der Justiz zu geben. Dieser Beitrag ist uns sehr wichtig, denn fehlendes Wissen und mangelnde Bildung bereiten den Boden für Angriffe gegen den Rechtsstaat. Wem die entsprechenden Kenntnisse und das Grundverständnis fehlen, der wird allzu leicht zum ›Opfer‹ von falscher oder unvollständiger Information. Wer Meldungen in den Medien und Äußerungen von Politikern nicht objektiv beurteilt kann, wird beeinflussbar.

Wer den Rechtsstaat schützen will, muss aber auch das Vertrauen in seine Institutionen und deren Arbeit fördern. Eine Grundvoraussetzung für Vertrauen ist Verständlichkeit. Wir müssen die berechtigte Kritik, Urteile seien oft unverständlich und Verfahren intransparent, ernst nehmen. Diese Botschaft ist in weiten Teilen der Richterschaft bereits angekommen. Die Justiz selbst hat in den letzten Jahren durch die Bestellung und Schulung von Mediensprechern bei Gerichten und Staatsanwaltschaften einen wichtigen Schritt in die richtige Richtung getan. Doch es bedarf sicher weiterer Maßnahmen, will man die große Unbekannte Justiz den Menschen näherbringen und vor allem verständlich machen. Nur dann wird man der Justiz auch Vertrauen entgegenbringen. Am Bewusstsein mangelt es mittlerweile nicht mehr, die dafür nötigen Ressourcen stehen jedoch fast nirgends zur Verfügung. Letztlich liegt es aber auch an jeder Richterin und jedem Richter, in den Entscheidungen und in der Verhandlung, den Bürgerinnen und Bürgern die Handlungen des Gerichts verständlich zu machen. Das ist nicht immer leicht und kostet Zeit. Verständlichkeit ist aber Voraussetzung für Vertrauen. Wer nicht versteht, fühlt sich hilflos und sieht – oft fälschlicherweise – Hürden vor sich, die kaum überwindbar scheinen. Die ›Angst‹ vor einem Gerichtsverfahren ist oft unbegründet und resultiert auch aus einem mangelnden Verständnis der Abläufe bei Gericht und in einem Gerichtsverfahren.

Die Rolle der Medien und ihre Verantwortung

Diese Hürden abzubauen und Vertrauen zu schaffen ist auch Aufgabe einer Richtervereinigung. Das ist nicht leicht, denn das Bild der Öffentlichkeit von der Justiz ist unvollständig und oft verzerrt. Doch was prägt dieses Bild? Es sind natürlich persönliche Erfahrungen bei Gericht, vor allem aber die Berichterstattung in den Medien. Letztere spielt vor dem Hintergrund mangelnder Bildung eine besonders bedeutende Rolle. Medien könn(t)en durch fundierte und für den Nicht-Juristen aufbereitete Informationen den Wissensmangel zum Teil ausgleichen. Dies setzt jedoch voraus, dass Journalistinnen und Journalisten über die entsprechenden Kenntnisse verfügen, was jedoch ebenfalls nicht immer der Fall ist. Themen wie Justiz im Allgemeinen und Gerichtsbarkeit im Besonderen spielen in der Ausbildung von jungen Journalistinnen und Journalisten keine Rolle, Wissen müssen sie sich in Eigenregie aneignen, wofür aber meist keine Zeit ist, sobald endlich der erste Job gefunden wurde. Nachrichten müssen in immer kürzerer Zeit bearbeitet werden, Recherche erfolgt fast immer unter Zeitdruck, Ungenauigkeiten und Fehler sind die Folge. Als Richtervereinigung helfen wir gerne weiter, wenn Journalistinnen und Journalisten nachfragen und sich rechtliche Zusammenhänge oder Verfahren erklären lassen, auch ohne Interviewanfrage. Problematisch erscheint mit, dass die mediale Berichterstattung nur ein sehr eingeschränktes Bild von der Arbeit der Justiz zeichnet. Strafverfahren, Prozesse prominenter Personen und vielleicht noch das eine oder andere große Zivilverfahren – darum dreht sich das journalistische Justiz-Weltbild. Doch das ist nur ein sehr kleiner Ausschnitt dessen, was Gerichte leisten. Der durchschnittliche Bürger bzw. die durchschnittliche Bürgerin hat mit diesen Verfahren nichts zu tun. Frau und Herr Österreicher sind allenfalls einmal als Zeuge vor Gericht, im eigenen Scheidungsverfahren oder im Rechtsstreit nach einem Verkehrsunfall. Auseinandersetzungen mit Mietern und Vermietern oder zahlungsunwilligen Geschäftspartnern sind viel häufiger als die sogenannten clamorosen Strafverfahren. Aber daraus lässt sich keine Story machen, für Medien sind diese Verfahren naturgemäß uninteressant. Es sei denn, ein vermeintlicher Skandal oder eine massive Fehlleistung kommen zu Tage. Dass das Gros der Fälle vor Gericht mit den genannten medientauglichen Fällen nicht viel gemein hat, muss man eigentlich nicht erklären. Trotzdem prägen sie das Bild von der Arbeit der Justiz in einem Ausmaß, das ihrer Bedeutung und ihrem Anteil an der justiziellen Tätigkeit überhaupt nicht entspricht. Und sie kreieren damit ein völlig verzerrtes Bild von der Justiz.

Aber auch die mediale Berichterstattung über Prozesse ist immer wieder Gegenstand von Kritik. Journalisten tragen eine hohe Verantwortung, denn Medien haben nicht nur großen Einfluss auf das allgemeine Bild von der Arbeit der Justiz, sondern auch auf die öffentliche Meinung zu Prozessen. Strafverteidiger werfen Journalisten gerne Vorverurteilung vor. Tatsächlich hat wohl jede Medienberichterstattung – mag sie noch so objektiv und sachlich sein – große Auswirkung auf die betroffenen Personen. Selbst ein nachfolgender gerichtlicher Freispruch kann den gesellschaftlichen und wirtschaftlichen Schaden nicht wieder gut machen. Mit Litigation-PR versuchen jene, die es sich leisten können, gegenzusteuern. Doch dreht sich dadurch das Karussell nicht noch schneller? Auch die betroffenen Richterinnen und Richter werden bisweilen Opfer solcher Kampagnen. Die Justiz kann diesen Entwicklungen und den medialen und PR-technischen Gefechten kaum etwas entgegensetzen. Sie ist zur Zurückhaltung und in vielen Fällen zur Verschwiegenheit verpflichtet. Oft hätte man viel zu sagen, aber man darf nicht. In skandinavischen Ländern sind im Gegensatz dazu praktisch alle Informationen und Daten öffentlich zugänglich, auch zu Gerichtsverfahren. In manchen Ländern werden an Journalisten bereits im laufenden Verfahren alle Informationen weitergegeben und es liegt in deren Verantwortung, welche sie davon öffentlich machen, ohne dem laufenden Verfahren oder den involvierten Personen zu schaden. Ein Modell, das sicher nicht ohne weiteres in Österreich umgesetzt werden könnte.

Konstruktive versus destruktive Kritik

Wenn es um Kritik an der Justiz geht, spielen Medien unbestritten eine wesentliche Rolle. Sie berichten über die Arbeit der Gerichte und Staatsanwaltschaften, kritisieren bisweilen Urteile oder Verfahren. Sachliche Kritik und Diskussion sind berechtigt und wichtig, auch für die Richterschaft. Niemand ist unfehlbar, auch Richterinnen und Richter nicht. Doch leider ist nicht jede Kritik sachlich und berechtigt, manchmal liegt ihr ein unvollständiges Bild und/oder mangelndes Basiswissen zugrunde. Unbegründete oder falsch begründete Kritik stellt jedoch eine Gefahr für den Rechtsstaat dar, da sie das Vertrauen erschüttert. Jede falsche oder verzerrte Medienberichterstattung beeinflusst das Bild der Öffentlichkeit von der Gerichtsbarkeit nachhaltig und im schlimmsten Fall negativ. Das haben sich in einigen Ländern auch Politiker zunutze gemacht. Der zunehmende Populismus macht auch vor der dritten Staatsgewalt nicht halt. Emotionen werden geschürt und politisches Kleingeld mit zum Teil irrationalen Ängsten gemacht. Es werden aber auch gezielt falsche Informationen gestreut, um die Gerichtsbarkeit zu schwächen und Eingriffe in ihre Unabhängigkeit zu rechtfertigen. Wenn Politiker nicht mehr vor unsachlicher und populistischer Kritik an der Justiz und an Gerichtsurteilen zurückschrecken, liegt darin eine besondere Gefahr. Vor allem jene Politiker, die Regierungsverantwortung tragen, sollten eigentlich den Rechtsstaat verteidigen und stärken. Wer jedoch unter Missachtung der Gewaltentrennung und der Unabhängigkeit der Gerichte missliebige Entscheidungen öffentlich und unsachlich kritisiert, stellt den Rechtsstaat in Frage. In einer modernen Demokratie darf dafür kein Raum sein. Doch auch in stabilen Demokratien nehmen wir diese Tendenzen wahr. Etwa als in Österreich die sogenannte ›Dritte Piste-Entscheidung‹ von (enttäuschten) Politikern kritisiert wurde und die Daseinsberechtigung des zuständigen Bundesverwaltungsgerichts in Zweifel gezogen wurde. In Großbritannien sind die zuständigen Regierungsmitglieder nicht eingeschritten, als Medien die Richter der Brexit-Entscheidung als »enemies of the people« bezeichneten. Ganz zu schweigen von gezielten Angriffen auf die Justiz in Polen und anderen EU-Staaten. Ist dies bloß Ausfluss des mangelnden Bewusstseins für den Wert des Rechtsstaats oder ist eine unabhängige Gerichtsbarkeit ein Störfaktor für die Regierenden und wird diese Kritik gezielt eingesetzt und gefördert? Tatsache ist, dass machtbewusste und zunehmend autoritär agierende Regierungen auch in demokratischen Staaten vor allem zwei Institutionen angreifen: die freien Medien und die unabhängige Justiz. Beide können ihnen gefährlich werden, beide können sie zu Fall bringen.

Als Richtervereinigung dürfen wir uns aber nicht darauf beschränken, auf Kritik von außen zu reagieren. Wir müssen auch kritisch mit uns selbst sein und unser Verhalten reflektieren. Mit unserer Ethikerklärung, der sogenannten ›Welser Erklärung‹[4], haben wir bereits vor

---

4   Vereinigung der österreichischen Richterinnen und Richter, *Ethikerklärung* (https://richtervereinigung.at/ueber-uns/ethikerklaerung/; abgerufen am 25.06.2018).

mehr als zehn Jahren einen wesentlichen Schritt gesetzt. Wir haben es uns auch zur Aufgabe gemacht, die Menschen wieder davon zu überzeugen, dass es unabhängige Gerichte und vor allem unabhängige Richterinnen und Richter braucht, wenn wir in einem funktionierenden Rechtsstaat leben wollen. Wir müssen bewusst machen, dass es nicht selbstverständlich ist, dass wir in einem Rechtsstaat leben und unsere Gerichtsbarkeit unabhängig ist. Darauf müssen wir verstärkt hinweisen und diese Werte wieder begreifbar machen. Denn jene Menschen, die ihm gleichgültig begegnen und ihn als unwichtig oder gar überflüssig betrachten, sind eine ebenso große Gefahr für den Rechtsstaat wie jene, die sich gegen ihn wenden, um ihre Macht zu erweitern. Deshalb müssen wir den Menschen besser erklären, was wir tun, und warum es wichtig ist, dass wir es tun.

Gefahren für die richterliche Unabhängigkeit

Die Internationale Richtervereinigung hat in ihrer ›Universal Charta of the Judge‹[5] die Mindestanforderungen und Kriterien für die Unabhängigkeit der Richterinnen und Richter definiert. In ihrer Einleitung findet sich folgendes Zitat des amerikanischen Staatsmannes und Rechtsanwalts Alexander Hamilton, der in den 1780er Jahren in Artikel 78 der ›Föderalistischen oder neuen Verfassung‹ die Stellung der Rechtsprechung gegenüber den anderen Staatsgewalten wie folgt beschrieb: »Wer die verschiedenen Gewalten aufmerksam betrachtet, muss erkennen, dass in einer Regierung, in der diese voneinander getrennt sind, die Gerichtsbarkeit aufgrund der Natur ihrer Aufgabe stets diejenige sein wird, die den verfassungsmäßigen politischen Rechten am wenigsten Gefahr bietet; da sie am wenigsten in der Lage sein wird, diese zu beeinträchtigen oder zu verletzen. […] Die Gerichtsbarkeit ist die unvergleichlich Schwächste der drei Bereiche der Staatsgewalt; sie kann nie mit dem Erfolg der beiden anderen angreifen; und alle denkbare Sorgsamkeit ist erforderlich, um sie in die Lage zu versetzen, sich selbst gegen Angriffe zu verteidigen.«

Unbestritten ist, dass wir uns gegen jede Form der Einflussnahme auf die unabhängige Rechtsprechung zur Wehr setzen müssen. Dabei geht es nicht nur um die unmittelbare Beeinflussung von richterlichen Entscheidungen. Die richterliche Unabhängigkeit kann in vielerlei Hinsicht direkt negativ beeinflusst werden: durch die Absetzung oder willkürliche Versetzung von Richtern, Herabsetzung des Pensionsantrittsalters, Eingriffe in rechtskräftige Entscheidungen usw. Aber es kann auch indirekt Einfluss genommen und die Unabhängigkeit beschnitten werden.

---

5   International Association of Judges, *The Universal Charter of the Judge* (http://www.iaj-uim.org/universal-charter-of-the-judge-2017/   bzw.   http://www.iaj-uim.org/iuw/wp-content/uploads/2018/06/IAJ-Booklet-Universal-Charter_5-languages.pdf; abgerufen am 25.06.2018).

Eingriffe in die richterliche Unabhängigkeit können nicht nur durch unmittelbare politische Einflussnahme erfolgen, sondern auch durch gesetzliche Eingriffe in das Dienstrecht oder durch Kürzungen von Budget und Ressourcen. In Österreich liegen die letzte Entscheidung über die meisten Richterernennungen (nachdem zuvor unabhängige Personalsenate Besetzungsvorschläge erstattet haben) und die Verhandlung des Budgets in den Händen des Justizministers. Eine echte strukturelle Unabhängigkeit der Gerichte sowie der Richterinnen und Richter existiert de facto nicht. Forderungen nach ausreichenden Mitteln zur Aufrechterhaltung der Rechtspflege auf hohem Niveau und transparenten Besetzungsverfahren, um politische Einflussnahme oder auch nur den Anschein einer solchen hintan zu halten, sind daher kein egoistischer Akt, sondern Ausfluss einer Verantwortung, die alle Richterinnen und Richter tragen, im Speziellen aber die richterliche Standesvertretung.

Der österreichischen Justiz stehen in den nächsten Jahren große Veränderungen bevor. Die Digitalisierung wird sowohl das Arbeitsumfeld und die Arbeitsweise der Richterinnen und Richter stark verändern, als auch den Zugang der Bevölkerung zu den Gerichten. Die anstehende Pensionierungswelle ist eine große Herausforderung, denn auch die zunehmende Digitalisierung kann viele persönliche ›Leistungen‹ der Justiz nicht ersetzen. Die rechtzeitige Aufnahme und Ausbildung von Nachwuchskräften (in allen Bereichen der Justiz) wäre dringend geboten. Umso wichtiger ist es, dass sich die Vertreter der Gerichtsbarkeit und die richterliche Standesvertretung dafür einsetzen, dass ausreichend Ressourcen zur Verfügung stehen, damit sie weiterhin ihre Aufgaben in angemessener Zeit, ohne Einbußen an Qualität und Rechtsschutz erfüllen können und ihre Unabhängigkeit gewahrt bleibt.

Wenn nicht genügend Ressourcen zur Verfügung stehen (Personal, EDV, geeignete Räumlichkeiten), Budgets gekürzt und die Arbeit dadurch erschwert wird, oder wenn der Beruf an sich nicht mehr attraktiv genug ist, sodass sich immer weniger bestens geeignete Kandidaten finden, dann beeinträchtigt dies die Unabhängigkeit der Gerichtsbarkeit. Die Internationale Richtervereinigung hat sich diesem Thema bereits 2017 in einer Arbeitsgruppe ›Threats to the independance of the judiciary and the quality of justice‹ gewidmet. Sie hat unter anderem die folgenden wesentlichen Einflussfaktoren identifiziert:

- (politischer) Einfluss auf Besetzungsverfahren von Richterinnen und Richtern,
- mangelhafter Schutz vor Versetzung,
- steigende Arbeitsbelastung – oft in Zusammenhang mit Gesetzesänderungen – versus mangelnde Ressourcen (was letztlich zu Verfahrensverzögerungen führt),
- unzureichende Ausstattung und Unterstützung durch EDV und IT,
- negative Auswirkungen von Budgetkürzungen und generell unzureichende finanzielle Mittel,
- nachteilige oder unattraktive Gestaltung von Gehalts- und Pensionssystemen sowie ganz allgemein der Arbeitsbedingungen von Richterinnen und Richtern.

Zu den Gefahren für die Unabhängigkeit zählen aber auch die bereits genannte negative (zum Teil gesteuerte) Medienberichterstattung und gezieltes ›Bashing‹ von Richterinnen und Richtern. Dabei gehen die Akteure zum Teil recht subtil vor und für den justizfremden Laien sind solche Meldungen nicht immer leicht zu erkennen. Es ist für die Justiz und die Richterschaft oft schwierig, darauf angemessen zu reagieren und falsche oder tendenziöse Meldungen zu widerlegen. Den Richtervereinigungen kommt dabei eine wichtige Rolle zu, um Falschmeldungen zu widersprechen, ungerechtfertigte Anschuldigungen zurückzuweisen und wieder mehr Sachlichkeit in die Diskussion zu bringen.

Zu den wichtigsten Zielen der Vereinigung der österreichischen Richterinnen und Richter[6] – und in ihrer Satzung festgelegt – zählen die Förderung der Rechtspflege und der Rechtsstaatlichkeit Österreichs sowie die Wahrung und Stärkung der richterlichen Unabhängigkeit. Richterliche Unabhängigkeit ist ein Privileg. Sie ist jedoch kein Privileg der Richterinnen und Richter, sondern ein Privileg der demokratischen Gesellschaft. Wenn wir diesen Unabhängigkeitsbegriff und das Verständnis für den Wert des Rechtsstaats den Menschen wieder näherbringen können, dann haben wir unsere Aufgabe erfüllt – als Stütze und Verteidigerin des Rechtsstaats.

---

6   Die Vereinigung der österreichischen Richterinnen und Richter wurde 1907 gegründet. Rund 95 Prozent der Richterinnen und Richter der sogenannten ordentlichen Gerichtsbarkeit sind Mitglieder der Richtervereinigung. Dazu kommen immer mehr Kolleginnen und Kollegen der neuen Verwaltungsgerichte.

Eliten

Harald Katzmair / Christian Gulas

TRADITIONELLE UND ALGORITHMISCHE MACHT

Über die Krise der Macht von ›Eliten‹ und ›Logen‹

Mit den Begriffen ›Elite‹ und ›Loge‹ ist eine ganz bestimmte Vorstellung von ›traditioneller‹ Macht verbunden. In der Netzwerktheorie lautet die Formel der Macht: ›Macht = Ressourcen x Vernetzung‹. Mit Ressourcen sind sowohl materielle als auch immaterielle gemeint, also zum Beispiel Geld, Einkommen und Vermögen (finanzielles Kapital) einerseits und Wissen, Kompetenzen und Ideen (kulturelles Kapital) andererseits. Diese Ressourcen, und das ist der zweite Faktor der Machtformel, können nur in und durch soziale Beziehungen (soziales Kapital) alloziert und akkumuliert werden, die für sie die Zugangskanäle darstellen. Nach den Logiken von Gabe, Kredit und Tausch werden die vorhandenen Ressourcen in Beziehungen investiert und zurückgewonnen, in der Absicht, sie im Zuge dieses ›Spiels‹ zu vermehren. Nach dieser Konzeption ist Macht das Vermögen, Ressourcen kraft sozialer Beziehungen zu akkumulieren.[1]

Dieses Vermögen hängt demnach von der Güte des Netzwerks ab – je ›besser‹ jemand ›vernetzt‹ ist, desto besser der Zugang zu materiellen wie immateriellen Ressourcen. Die Netzwerkforschung unterscheidet verschiedene Typen von Netzwerken je nach Struktur und Zusammensetzung der Beziehungen, aus denen sie bestehen. Zwei Dimensionen des Sozialkapitalportfolios sind besonders relevant: Brokerage und Closure. Mit Closure sind Verbindungen zu Akteuren – Menschen ebenso wie Organisationen – gemeint, die ihrerseits in Kontakt zueinanderstehen, oder anders gesagt: die Zugehörigkeit zu sozialen Gruppen. Die Dichte der Vernetzung innerhalb der Gruppe führt mit einer gewissen Wahrscheinlichkeit zu einer Homogenisierung der Gruppenmitglieder im Hinblick auf ihre Werte, Verhaltensweisen und Denkmuster sowie auf die Ressourcen, über die sie verfügen. Die Kontakte innerhalb der Gruppe führen eher zu Menschen, die einem ähnlich sind. Sie dienen daher weniger der Vermehrung von Ressourcen, sondern ermöglichen eher, sie zu behalten, zu speichern und sie umzusetzen. In einer sozialen Gruppe kommt es weniger auf die Transaktion von Ressourcen als vielmehr auf die Ausbildung einer gemeinsamen Identität an. Und die Beziehungen zwischen den Mitgliedern resultieren weniger aus dem Fluss von Ressourcen als aus dem Teilen dieser Identität (Identitätsbeziehungen). Anders beim Brokerage Capital: Dieses besteht dar-

---

1 Harald KATZMAIR/Harald MAHRER, *Die Formel der Macht* (Salzburg 2011).

in, Kontakt zu sozialen Akteuren zu haben, die nicht miteinander verbunden sind (zwischen denen ›strukturelle Löcher‹ bestehen). Die Akteure sind, da zwischen ihnen kein oder nur ein geringer Austausch besteht, mit größerer Wahrscheinlichkeit heterogen in Bezug auf die Ressourcen, die sie besitzen. Diese Art von Sozialkapital ermöglicht daher eher Zugang zu neuen Ressourcen, und bei den Beziehungen steht nicht die gemeinsame Identität, sondern der Ressourcenfluss im Vordergrund (Deal-Beziehungen). Closure lässt soziale Akteure eher bleiben, wie sie sind; Brokerage verändert sie.[2]

Ein gutes Netzwerk ist durch ein ausgewogenes Verhältnis zwischen kurzlebigen Deal-Beziehungen und langlebigen Identitätsbeziehungen, zwischen Dynamik und Stabilität, gekennzeichnet. Die Netzwerkforschung bezeichnet jene Strukturen, die am besten diese beiden Dimensionen in sich vereinigen, als strukturelle Falten.[3] Es handelt sich um jene Netzwerkzonen, in denen sich soziale Gruppen überlappen und damit auf eine stabile Art und Weise verbinden. Sie ermöglichen, was häufig mit einem gewissen Spannungsverhältnis verbunden ist: den Austausch zwischen unterschiedlichen Akteuren und das Ausbilden gemeinsamer Identitäten. Es ist diese Balance zwischen Neuem und Altem, die Beziehungen resilient macht – im Sinne des Vermögens, den Zyklus aus Entstehung, Wachstum, Krise und Erneuerung immer wieder von Neuem durchlaufen zu können. Macht, die sich nicht erneuern kann, wird eines Tages zerfallen.[4]

Soziale Felder, wie zum Beispiel Wirtschaft und Politik, sind dadurch gekennzeichnet, dass die Akteure, die ihnen angehören, nach ganz bestimmten Ressourcen – Kapitalformen oder Währungen – streben. In der Wirtschaft stehen Umsatz und Gewinn im Vordergrund, in der Politik geht es vorrangig um das Gewinnen von Legitimität für politische Entscheidungen. Oft besteht ein Spannungsverhältnis zwischen diesen Währungen und den mit ihnen verbundenen Interessen. Das bedeutet, es muss gesellschaftliche Bereiche und Institutionen geben, in denen die Eliten verschiedener sozialer Felder – jene Menschen und Organisationen, die in besonders hohem Maße über die je eigene Währung verfügen – aufeinandertreffen und einen Ausgleich

---

2 Ronald S. BURT, *Brokerage and Closure* – An Introduction to Social Capital (Oxford 2007).
3 Balázs VEDRES/David STARK, *Structural Folds* – Generative Disruption in Overlapping Groups. In: American Journal of Sociology 115 (2010), Nr. 4, S. 1150-1190.
4 Lance H. GUNDERSON/Crawford S. HOLLING (Hg.), *Panarchy* – Understanding Transformations in Human and Natural Systems (Washington/London 2002); Harald KATZMAIR, *Soziales Kapital und Resilienz* – Adaptive Netzwerke in einer Welt der ›schöpferischen Zerstörungen‹. In: Wirtschaftspolitische Blätter 1/2012; Ds., *Alles hat seine Zeit* – Resilienz in sozio-ökologischen Systemen und ihre Rolle in der (Umwelt-)Didaktik. In: Forum Umweltbildung, *Bildung für nachhaltige Entwicklung* – Jahrbuch 2014 (Wien 2014), S. 98-108; Brian D. FATH/Carly A. DEAN/Harald KATZMAIR, *Navigating the adaptive cycle* – An approach to managing the resilience of social systems. In: Ecology and Society 20 (2015), Nr. 2, Art. 24 (online: http://dx.doi.org/10.5751/ES-07467-200224; abgerufen am 26.04.2018).

zwischen den unterschiedlichen Währungen und Interessen schaffen können.[5] Genau dies geschieht in den strukturellen Falten: Sie sind die Begegnungszonen der unterschiedlichen Eliten, und die ›Logen‹ im klassischen Sinn sind typischerweise in den Falten zu finden, ebenso wie Clubs und Vereine, Institutionen der Kunst und Kultur, der Wissenschaft sowie des Sports. In den Aufsichtsräten, Beiräten, Kuratorien und Vorständen dieser gesellschaftlichen Einrichtungen versammeln sich die Führungskräfte, die Angehörigen unterschiedlicher Eliten, nicht nur, aber auch zum Zweck des Ausgleichs ihrer Interessen. Dieser Interessenausgleich besteht vor allem in Aushandlungsprozessen, die sich auf die Frage beziehen, welche gesellschaftliche Währung, welche Kapitalform als besonders wertvoll erachtet und wie über ihre Verteilung in der Gesellschaft entschieden wird.

Wenn wirtschaftliche oder politische Entscheidungsträger nach ihrer Position gefragt werden, geben sie oft zur Auskunft, dass sie sich ganz und gar nicht mächtig fühlen. Das deutet darauf hin, dass es, um Macht zu haben, nicht ausreicht, über viele und unterschiedliche Ressourcen zu verfügen. Wirklich mächtig ist jemand, der Einfluss auf die Regeln des ›Spiels‹ um Status und Einfluss hat, d. h. auf die Regeln, die darüber entscheiden, welche Ressourcen als wertvoll gelten und wie sie verteilt werden. Die strukturellen Falten, die Überlappungszonen aus Wirtschaft, Politik und Gesellschaft, sind der gesellschaftliche Ort, an dem über diese Regeln verhandelt und entschieden wird.

Diese ›traditionelle‹ Art der Macht sieht sich nun einer Reihe von Herausforderungen gegenübergestellt.[6] Diese Herausforderungen haben damit zu tun, was derzeit im Zusammenhang mit den Begriffen Legitimitäts- und Vertrauenskrise der Eliten diskutiert wird. Insgesamt geht es darum, dass der politischen und wirtschaftlichen Elite nicht mehr zugetraut wird, mit ihren Entscheidungen die großen gesellschaftlichen Probleme lösen zu können, mit denen wir auf globaler ebenso wie auf lokaler Ebene konfrontiert sind. Aber nicht nur politische und wirtschaftliche Entscheidungsträger, sondern generell die, die über ein überdurchschnittliches Maß an symbolischen und materiellen Ressourcen verfügen, sind vom Vertrauensverlust betroffen. Die Gründe dafür sind vielschichtig, und wie man sie beurteilt, hängt selbst wiederum davon ab, in welcher sozialen Position man sich befindet.

Von vielen Menschen wird eine wachsende Ungleichverteilung der Ressourcen konstatiert. Die Finanz- und Bankenkrise erschütterte das Vertrauen vor allem in wirtschaftliche Führungskräfte zusätzlich. Der tatsächliche ebenso wie der wahrgenommene Konkurrenzdruck steigt, und dies führt bei jenen sozialen Akteuren, die in Bezug auf die Verteilung des materiellen und symbolischen Reichtums benachteiligt sind, vielfach zu Ohnmachtsgefühlen, Wut

5   Pierre BOURDIEU, *Der Staatsadel* (Köln 2004); Ds., *Politik* – Schriften zur Politischen Ökonomie 2 (Frankfurt am Main 2012).
6   Harald KATZMAIR, *Datenmonopole im Zeitalter von ›like‹ und ›dislike‹* – Vortrag bei der European Cities Conference Dataprotection 2018 (unveröffentlichtes Manuskript, März 2018).

und Ressentiment. Parallel dazu haben sich im Zusammenhang mit der Digitalisierung und dem Internet neue Kommunikationstechnologien entwickelt, die perfekt dazu geeignet scheinen, die Angst, die daraus entsteht, zu bedienen und in Profit umzuwandeln.

Soziale Beziehungen können danach unterschieden werden, ob sie eher nahe oder distanziert sowie ob sie tendenziell stabil oder dynamisch sind. Familie, Stammtisch oder Nachbarschaft sind klassische Beispiele für nahe und stabile Beziehungen. Teams setzen sich aus eher nahen und dynamischen Beziehungen zusammen. Hierarchien sind dagegen als stabil und distanziert anzusehen, und die digitalen Netzwerke schließlich sind distanziert und dynamisch. Nun dürfte eine Auswirkung des zunehmenden Konkurrenzdrucks sein, dass der Nähe-Pol der Verbindungen zwischen Menschen immer mehr erodiert; hierarchische Beziehungen sowie distanzierte Online-Beziehungen scheinen einen immer größer werdenden Anteil in den Beziehungsportfolios der Menschen auszumachen.

Social Media dürften auf besondere Art und Weise dazu geeignet sein, diese Statusängste zu verwerten, weil sie selbst Status erzeugende und Status messende Maschinen sind. Dahinter steckt das Menschenbild der Verhaltenswissenschaften, die nicht auf das Denken bzw. auf innerpsychische Vorgänge, sondern auf die Verhaltensweisen der sozialen Akteure abzielen, die wiederum primär als lustsuchend und angstvermeidend angesehen werden (›Like‹ und ›Dislike‹ sind die entsprechenden Stichworte). Typische Reaktionsmuster auf (Status-)Ängste sind die Anpassung (an das, was die Peergroup sagt); zunehmende Apathie gegenüber dem persönlichen Umfeld (zuhause bleiben); Vermeidung von Handeln (»Schauen wir mal, was es auf Facebook gibt.«); Verdrängung von dem, was Angst macht; Ausblenden dessen, was dem eigenen Weltbild, mit dem wiederum die Zugehörigkeit zu einer Peergroup verbunden ist, widerspricht (die viel zitierten »Filterblasen«[7]); sowie durch die Anonymität erleichterte Machtspiele (der Versuch z. B. durch Shitstorms andere zu dominieren, zu kontrollieren und zu bedrohen). Gerade diese Verhaltensweisen werden durch die von den sozialen Medien benutzten Technologien und Algorithmen genutzt, um die Verweildauer der User zu verlängern. ›Digital Tribes‹ bilden sich aus, die durch die algorithmische Anordnung nach Ähnlichkeit und Übereinstimmung gestärkt werden. Diese teilen Nachrichten und Inhalte, wobei es nicht auf deren Wahrheitsgehalt ankommt, sondern darauf, ob sie dem Weltbild, das der jeweilige Tribe vertritt, entsprechen;[8] kognitive Dissonanzen – die in pluralisierten Gesellschaften und angesichts der medialen Gleichzeitigkeit der Ereignisse notwendigerweise zunehmen – wer-

---

7   Eli PARISER, *The Filter Bubble* – How the New Personalized Web Is Changing What We Read and How We Think (New York 2011); Ds., *Gefangen im Echoraum* (http://www.ustinov.at/blogs/gefangen-im-echoraum; abgerufen am 26.04.2018).

8   Michael SEEMANN/Michael KREIL, *Digitaler Tribalismus und Fake News* (http://www.ctrl-verlust.net/digitaler-tribalismus-und-fake-news; abgerufen am 26.04.2018).

den so gut wie möglich vermieden,[9] ›Polarization by Design‹ ist die Folge. Fake News, Click Baits und Social Bots fokussieren auf die Vulnerabilität von Status-unsicheren Usern und entwickeln skalierbare Techniken, um existenziell-soziale Unsicherheit in ›Verhalten‹ (d. h. Clicks) zu transformieren. Eine Radikalisierung dieser Entwicklung kann schließlich darin gesehen werden, dass die zugehörigen Gadgets gleich Glücksspielautomaten so konstruiert sind, dass sie Menschen abhängig machen können, weil sie nach dem Prinzip der variablen Belohnung designed sind (der Zufall entscheidet über die Belohnung und damit über die entsprechende Dopamin-Ausschüttung, der Vorgang des Scrawlens: Gibt es neue Nachrichten, hat sich jemand gemeldet, wie oft wurde mein Post geliked?).[10]

Die Forschung über die Auswirkungen dieser Vorgänge befindet sich erst am Anfang und nicht immer scheint sie sich die richtigen Fragen zu stellen bzw. die Dinge in einem Zusammenhang zu denken; einige Vermutungen über zu erwartende Folgen und Entwicklungen lassen sich aber anstellen. Zunächst besteht eine Kluft zwischen ›traditioneller‹ und ›algorithmischer‹ Macht; das Feld der Politik und das Feld der Macht scheinen immer mehr auseinanderzutreten. Das bedeutet, dass der Ort des politischen Agenda Settings, an dem die Themen gesetzt und priorisiert werden, nicht mehr deckungsgleich mit dem Ort ist, an dem die politischen Entscheidungen im Zusammenhang mit diesen Themen getroffen werden. Das Misstrauen gegenüber politischen Entscheidungsträgern sowie den Institutionen der repräsentativen Demokratie (dem Vorgang der Interessenausbildung und des Interessenausgleichs durch Aushandlungsprozesse einer funktionierenden Öffentlichkeit) sowie nicht zuletzt gegenüber den klassischen Medien, die diese Öffentlichkeit zuallererst herstellen sollen, führt dazu, dass sich digitale Gegen-Öffentlichkeiten ausbilden, die zum Teil nach den oben beschriebenen Prinzipien funktionieren. Sie sind besonders beeinflussbar durch eine Politik der strategischen Destabilisierung sowie der skalierbaren Propaganda und Desinformation (z. B. durch Troll Factories), die ganz bestimmte Themen mit den Statusängsten der Menschen verknüpfen. Auf der individuellen Ebene ziehen sich Menschen, die besonders von diesen Entwicklungen betroffen sind, aus der Lebenswelt in die eigene Subjektivität zurück und entwickeln eine spezifische Form des Ressentiments (»Die anderen sind schuld.«), das Ambiguitäten auszuschalten versucht und auf Nachrichten, die kognitive Dissonanzen auslösen, mit Aggressionen und Revanchefantasien reagieren. Und nicht zuletzt kann auf Seiten der politischen Entscheidungsträger die Versuchung groß sein, mit den neu entstandenen digitalen Öffentlichkeiten Allianzen zu bilden, weil – und das ist nun nichts Neues – Statusängste und die damit verbundenen Themen besonders gut dazu genutzt werden können, politische Entscheidungen

9   Leon FESTINGER, *A Theory of Cognitive Dissonance* (Stanford, CA 1957).
10 Natasha Dow SCHÜLL, *Addiction by Design* – Machine Gambling in Las Vegas (Princeton 2012).

durchzusetzen, auch dann, wenn diese eigentlich den Interessen der Menschen, die zu diesen Gegen-Öffentlichkeiten gehören, widersprechen.

Was könnte getan werden? – Zunächst einmal gibt es eine Reihe von politischen Maßnahmen, die bereits – vor allem auf EU-Ebene, denn nur dort können sie Wirksamkeit entfalten – diskutiert bzw. umgesetzt werden: eine hinreichende Besteuerung der globalen Datenmonopol-Konzerne sowie Datenschutzverordnungen, die auch wirklich auf ebendiese Konzerne angewendet werden. In diesem Zusammenhang – Stichwort ›dark knowledge‹ – könnte auch dafür gesorgt werden, dass die Monopolanbieter die Algorithmen offenlegen, mit denen sie die Daten sammeln, verknüpfen und verarbeiten, die sie verwerten und auf deren Basis sie Inhalte und Botschaften verbreiten. Um diese Anliegen durchzusetzen, bedarf es neuer Allianzen, z. B. zwischen Stadtverwaltungen, Wissenschaftlerinnen und Wissenschaftlern, Ingenieurinnen und Ingenieuren sowie der Zivilgesellschaft zum Zwecke einer gemeinsamen Situationsanalyse und zur wechselseitigen Abstimmung. Es bräuchte Awareness-Kampagnen in der Öffentlichkeit und vor allem an den Schulen. Und auch die Forschungs- und Technologiepolitik könnte darauf reagieren, etwa indem sie die Entwicklung von Plattformen und Tools fördert, die auf die Minimierung statt auf die Maximierung der verbrachten Online-Zeit abzielen und die die neuen technologischen Möglichkeiten sinnvoll nutzen. Es könnte angedacht werden, ein europäisches Netzwerk ins Leben zu rufen, welches die Grundlage für einen neuen ›Digitalen Europäischen Humanismus‹ bildet.

Insgesamt ginge es um eine Politik, die den Absolutheitsansprüchen der ›Digital Tribes‹, der Fragmentierung und der Partikularisierung insofern etwas entgegensetzt, als sie versucht, nicht in Gegensätzen, sondern in Zyklen zu denken.[11] In Zyklen zu denken bedeutet zu erkennen, dass unterschiedliche Interessen und Bedürfnisse, die auf den ersten Blick unvereinbar erscheinen, in Wirklichkeit auch darauf zurückzuführen sind, dass sich soziale Akteure immer in unterschiedlichen Zyklusphasen befinden. Ein Mensch, der gerade voller Energie ist und optimistisch etwas aufzubauen versucht, hat eine andere Weltsicht als einer, der sich gerade auf dem Höhepunkt der Macht befindet; und beide wiederum haben ganz andere Bedürfnisse und Interessen als Menschen, die sich in der Krise befinden und davon überzeugt sind, keinerlei Einfluss auf den Lauf der Dinge zu haben, und die auf diese Erkenntnis mit Aggression oder Lethargie reagieren. Individuen ebenso wie ganze Gesellschaften sind nur dann zukunftsfähig, wenn sie sich im Sinne dieser Zyklen immer wieder erneuern können; und Politik muss insofern integrierend wirken, als sie die für diese Erneuerungen nötigen Räume und Möglichkeiten zur Verfügung stellt. Dies bedeutet nicht, den Umstand zu verkennen, dass es unterschiedliche Interessen gibt, und dass die mit ihnen verbundenen sozialen Gruppen über ein unterschied-

---

11   Harald KATZMAIR, *Crack Signals* – Über Strategien in Übergangszeiten und Signale, die Krisen ankündigen. In: Matthias HORX (Hg.), *Zukunftsreport 2018* (Wien 2017).

liches Maß an Ressourcen verfügen, diese Interessen zu vertreten. Vielmehr geht es darum, den existierenden – und technologisch verstärkten – zentrifugalen Kräften eine systemische, in Zyklen und Zusammenhängen denkende Politik entgegenzusetzen, die bedenkt, dass unterschiedliche politische Standpunkte nicht nur mit Interessen verbunden sind, die einander entgegenstehen, sondern auch mit sozialen Identitäten, die, so unterschiedlich sie auch sein mögen, in ihrem Existenzvermögen voneinander abhängen.

LITERATUR:

Pierre BOURDIEU, *Der Staatsadel* (Köln 2004)

Ds., *Politik* – Schriften zur Politischen Ökonomie 2 (Frankfurt am Main 2012)

Ronald S. BURT, *Brokerage and Closure* – An Introduction to Social Capital (Oxford 2007)

Brian D. FATH/Carly A. DEAN/Harald KATZMAIR, *Navigating the adaptive cycle* – An approach to managing the resilience of social systems. In: Ecology and Society 20 (2015), Nr. 2, Art. 24 (online: http://dx.doi.org/10.5751/ES-07467-200224)

Leon FESTINGER, *A Theory of Cognitive Dissonance* (Stanford, CA 1957)

Lance H. GUNDERSON/Crawford S. HOLLING (Hg.), *Panarchy* – Understanding Transformations in Human and Natural Systems (Washington/London 2002)

Harald KATZMAIR, *Soziales Kapital und Resilienz* – Adaptive Netzwerke in einer Welt der ›schöpferischen Zerstörung‹. In: Wirtschaftspolitische Blätter 1/2012

Ds., *Alles hat seine Zeit* – Resilienz in sozio-ökologischen Systemen und ihre Rolle in der (Umwelt-) Didaktik. In: Forum Umweltbildung, *Bildung für nachhaltige Entwicklung* – Jahrbuch 2014 (Wien 2014), S. 98-108

Ds., *Gefangen im Echoraum* (http://www.ustinov.at/blogs/gefangen-im-echoraum)

Ds., *Crack Signals* – Über Strategien in Übergangszeiten und Signale, die Krisen ankündigen. In: Matthias HORX (Hg.), *Zukunftsreport 2018* (Wien 2017)

Ds., *Datenmonopole im Zeitalter von ›like‹ und ›dislike‹* – Vortrag bei der European Cities Conference Dataprotection 2018 (unveröffentlichtes Manuskript, März 2018)

Ds./Harald MAHRER, *Die Formel der Macht* (Salzburg 2011)

Eli PARISER, *The Filter Bubble* – How the New Personalized Web Is Changing What We Read and How We Think (New York 2011)

Natasha Dow SCHÜLL, *Addiction by Design* – Machine Gambling in Las Vegas (Princeton 2012)

Michael SEEMANN/Michael KREIL, *Digitaler Tribalismus und Fake News* (http://www.ctrl-verlust.net/digitaler-tribalismus-und-fake-news)

Balázs VEDRES/David STARK, *Structural Folds* – Generative Disruption in Overlapping Groups. In: American Journal of Sociology 115 (2010), Nr. 4, S. 1150-1190

Intellektuelle

Alexander Bogner

DIE ROLLE DES INTELLEKTUELLEN IN DER POLITIK

Als Donald Trump zum US-amerikanischen Präsidenten gewählt worden war, hagelte es von Seiten der Intellektuellen Kritik – auch und vor allem an den Intellektuellen selbst. Nassim Taleb, Autor des Bestsellers ›The Black Swan‹, bemängelte, dass die Intellektuellen zwar ständig über die Trump-Wähler herzögen, diese aber weder kennen noch verstehen würden. Die Intellektuellen seien nichts anderes als eine überhebliche Elite-Klasse von Kritikern und Besserwissern, die den Menschen vorschrieben, wie sie denken und sprechen sollten und was sie essen und tun dürften. Doch die Wahl Trumps zum Präsidenten könnten sie sich genauso wenig erklären wie den Ausstieg Großbritanniens aus der EU oder die breite Bewegung der sogenannten ›Klimawandel-Leugner‹. Diese »Intellectual-Yet-Idiot Class«[1] erschien in Talebs Polemik fast als der wahre Verlierer der US-Wahl.

Unterstützung erhielt diese Intellektuellenschelte von liberaler Seite. Mark Lilla erregte große Aufmerksamkeit mit seiner Interpretation, wonach die strikte Konzentration der politischen Linken auf Kultur- und Identitätsthemen den Sieg der Rechten erst möglich gemacht habe.[2] Weil die Linksintellektuellen, etwas überspitzt formuliert, sich stärker für Transgender-Toiletten interessiert hätten als für die Armut im ›Rust Belt‹, habe die linke Politik sich selbst entwaffnet. Von Trump hätten sich die Abgehängten und Beleidigten wenigstens verstanden gefühlt. Mit Blick auf unser Thema hieß das: Die politische Bedeutungslosigkeit der Intellektuellen resultiere aus ihrer Realitätsvergessenheit und dem Aberglauben, dass jede Minderheit mit Benachteiligungsgefühl eine emanzipative Bewegung sei.

Im Folgenden will ich zeigen, dass diese Interpretationen mit Blick auf den Bedeutungsverlust der Intellektuellen wichtige Aspekte berühren, insgesamt jedoch zu kurz greifen, weil sie weder den Strukturwandel des Politischen noch die Normalisierung der Kritik in den Blick nehmen. Dies will ich im Folgenden nachholen. Denn ohne diesen Wandel zu berücksichtigen, lässt sich auch nicht präzisieren, auf welche Weise die Intellektuellen heute wieder eine Rolle in der Politik spielen könnten.

---

1   Nassim Nicholas TALEB, *The Intellectual Yet Idiot* (https://medium.com/incerto/the-intellectual-yet-idiot-13211e2d0577; abgerufen am 15.04.2018).
2   Mark LILLA, *The Once and Future Liberal* – After Identity Politics (New York 2017).

1. Die Geburtsstunde des Intellektuellen

Um die Bedeutung des Intellektuellen für unsere Gegenwart zu diskutieren, ist es nützlich, sich den historischen Kontext zu vergegenwärtigen, der dem Begriff des Intellektuellen seine eigentümliche Prägung verleiht. Erst vor diesem Hintergrund wird deutlich, dass sich mit dem Intellektuellen ein neuartiger und spezifisch moderner Sozialtypus herausbildet, der seine politische Bedeutung darin findet, dass er außerparlamentarische Opposition im Alleingang betreibt und in seinem Engagement die Geltung universeller Werte einklagt.

Der Begriff ›Intellektueller‹ ist erstmals nachgewiesen bei Henri Saint-Simon in seinem Buch ›Du système industriel‹ aus dem Jahr 1821. Darin unterscheidet der Frühsozialist ›intellectuels‹ und ›intellectuels positifs‹ als zwei Gruppen der ›produktiven Klasse‹. Die ›normalen‹ Intellektuellen, das sind die alten Schichten, bestehend aus Adel, Klerus, Juristen und müßigen Eigentümern. Die ›intellectuels positifs‹ verkörpern das Neue; sie haben die Fähigkeit, gegen Vorurteile anzukämpfen und gemeinsam mit den Industriellen das alte Regime abzulösen. Zu diesen politisch progressiven Intellektuellen rechnet Saint-Simon nicht – wie es unserer Vorstellung naheliegen mag – Philosophen, Soziologen und Literaten, sondern Geometriker, Physiker und Chemiker, weil deren exaktes Wissen das Allgemeininteresse der Nation fördert.[3]

Wirklich geprägt wird der Begriff allerdings erst im Zuge der Dreyfus-Affäre. Auch wenn es zuvor – der Art ihres Engagements nach – Intellektuelle (wie Voltaire etc.) gegeben haben mag: Erst in der Dreyfus-Affäre konstituiert sich der Intellektuelle als kollektive Sozialfigur.[4] Zur Erinnerung: Der Hauptmann Alfred Dreyfus war 1894 in Frankreich wegen Landesverrats von einem Militärgericht zu lebenslanger Haft und Verbannung verurteilt worden. Man warf ihm vor, Geheimdokumente an das deutsche Kaiserreich verraten zu haben. Die Verurteilung des jüdischen Militärs basierte auf zweifelhaften Gutachten und gefälschten Unterlagen. Bald weitete sich der Justizirrtum zu einem Skandal aus, der ganz Frankreich erschütterte. Höchste Kreise im Militär wollten die Rehabilitierung Dreyfus' und die Verurteilung des tatsächlichen Verräters, eines Major Esterhazy, verhindern. Antisemitische, klerikale und monarchistische Kräfte hetzten die Bevölkerung auf, während Menschen, die Dreyfus zu Hilfe kommen wollten, ihrerseits bedroht, verurteilt oder aus der Armee entlassen wurden. In diesem Hexenkessel bewies Émile Zola besonderen Mut, als er 1898 einen öffentlichen Brief an den französischen Staatspräsidenten richtete mit der berühmten Titelzeile »J'accuse …!« (»Ich klage an …!«). Darin prangerte er offen das tendenziöse Gerichtsverfahren an; unmittelbar darauf floh Zola nach London, um einer Haftstrafe zu entgehen.

---

3 Ingrid GILCHER-HOLTEY, *Eingreifendes Denken* – Die Wirkungschancen von Intellektuellen (Weilerswist 2007), S. 10.

4 Dietz BERING, *Die Epoche der Intellektuellen: 1898-2001* – Geburt – Begriff – Grabmal (Berlin 2010).

Aus dem Fall Dreyfus wird die Affäre Dreyfus, weil Zola zu einer abstrahierenden Deutung des Geschehens aufsteigt, und zwar unter Berufung auf universalistische Prinzipien. Zola macht klar, dass es in dieser Angelegenheit nicht einfach nur um einen (zu Unrecht) Verurteilten geht, der durch die Wiederaufnahme des Verfahrens rehabilitiert gehört. Vielmehr hat dieser Fall für Zola überindividuelle Bedeutung, ja er ist eine politische Frage ersten Ranges, weil hier Prinzipien mit dem Anspruch auf allgemeine Gültigkeit zur Diskussion stehen. Mit seiner Intervention verwandelt Zola den individuellen Fall in einen grundsätzlichen Wertkonflikt. Er initiiert eine grundlegende Debatte über Gerechtigkeit, Wahrheit und Moral, in der sich bald zwei Lager, die ›Dreyfusards‹ und die ›Antidreyfusards‹, gegenüberstehen. Erstere werden – in pejorativer Absicht – als Intellektuelle charakterisiert, und das heißt in diesem konkreten Zusammenhang: als sachlich inkompetente und politisch verantwortungslose Aufrührer, die mit ihrem Engagement den nationalen Interessen schaden.[5]

Fortan versteht man unter Intellektuellen Leute, deren kritischer Impuls sich aus der Verteidigung universalistischer Werte speist und deren Ungebundenheit und persönlicher Mut in sozialer Hinsicht einer eigentümlichen Ortlosigkeit entspricht. Mit Blick auf die Politik bedeutet dies, dass die Intellektuellen in keiner politischen Verantwortung stehen. Intellektuelle operieren in ihrer Oppositionshaltung gewissermaßen verantwortungsbefreit, und konservative Denker wie Arnold Gehlen haben bei dieser Charakterisierung des (Links-)Intellektuellen stets mit der Assonanz zwischen »verantwortungsfrei« und »verantwortungslos« gespielt.[6]

2. Im Dienst der Gesellschaftskritik und der großen Ideen

Die gesellschaftliche Funktion des Intellektuellen besteht im persönlichen Einsatz für allgemeine Werte, für Fortschritt, Emanzipation und Wahrheit. Das heißt allerdings nicht, dass der Intellektuelle über allen Parteien steht und damit quasi unangreifbare, transzendentale Werte repräsentiert. Der Intellektuelle ergreift im konkreten Streitfall vielmehr Partei für jene Seite, die in Verfolgung ihrer Eigeninteressen das Allgemeininteresse durchsetzt. Weil dieser Zusammenhang nicht offensichtlich ist, sondern theoretisch begründet werden muss, kam den Intellektuellen stets die Rolle einer politischen Avantgarde zu. So wurden revolutionäre Bewegungen in der Regel von Intellektuellen angestoßen und angeführt, in Russland (Lenin), in China (Mao) und in Vietnam (Ho Chi Minh). Wo eine revolutionäre Klasse fehlte, um Veränderungen auf den Weg zu bringen, füllten Intellektuelle diese Lücke (Fidel Castro). »Es

---

5   Ebenda.
6   Arnold GEHLEN, *Die Chancen der Intellektuellen*. In: Ds. (Hg.), *Einblicke* – Gesamtausgabe. Band 7 (Frankfurt am Main 1978), S. 267-278.

hat keine größere Revolution in der modernen Geschichte ohne Intellektuelle gegeben, wie es umgekehrt auch keine größere Konterrevolution ohne Intellektuelle gegeben hat.«[7]

Dass sich Intellektuelle insbesondere für die Idee des Sozialismus begeistern konnten, hat Friedrich Hayek mit dem Glamour erklärt, der von großen Ideen ausgeht.[8] Der Sozialismus, so argumentierte der Radikalliberale, stellt eine faszinierende Vision und eine umfassende Gesellschaftstheorie zur Verfügung. Der Liberalismus hingegen, nachdem seine Basisprinzipien in allen westlichen Ländern wenigstens dem Anspruch nach durchgesetzt worden sind, hat seine philosophische Potenz verloren und ist mit Detailproblemen befasst. Gleichwohl war der Sozialismus zunächst und in erster Linie eine abstrakte Lehre von Intellektuellen, auf die die Arbeiterklasse erst einmal eingeschworen werden musste.

Genau dies macht einen Teil ihres Charismas aus: Intellektuelle kämpfen nicht um Macht und Einfluss für eigene Zwecke, sondern sprechen und handeln – ähnlich wie die Propheten – im menschheitsgeschichtlichen Auftrag; sie sprechen im Namen der Nation oder des dritten Standes (Jakobiner), im Namen der Unterdrückten und Ausgebeuteten (Marxisten) oder im Namen der Menschenrechte und der Menschheit. Eine paradoxe Angelegenheit: Man gibt vor, über allen Interessen zu stehen, engagiert sich aber für eine bestimmte Klasse oder Bewegung, weil diese das Interesse der Menschheit zu repräsentieren scheint.[9] Der Wille der Intellektuellen zur Macht artikuliert sich auf diese Weise nicht offen, sondern verdeckt. Schließlich bestimmen Intellektuelle mittels ihrer Repräsentationsarbeit maßgeblich darüber, welche Werte, welche Weltsicht und welche Interpretationen als relevant und legitim gelten dürfen. Die Interessen der Subalternen, mit anderen Worten, liegen nicht einfach vor, sondern müssen erst einmal definiert und interpretiert werden; dasselbe gilt für kollektive Erlösungsformeln wie ›Fortschritt‹ oder ›Emanzipation‹. Von daher greift es zu kurz, Intellektuelle als herrschafts- und interessenfreie Vertreter des Gemeinwohls zu verstehen, denn Intellektuelle herrschen, wie Helmut Schelsky mit Blick auf das Wirken der Linksintellektuellen in der BRD formuliert hat, »durch Sinngebung«.[10]

Diese Sinngebung funktioniert allerdings nur unter der Voraussetzung, dass die von den Intellektuellen vertretenen Werte gesellschaftlich anschlussfähig sind. Anders gesagt: In ihrer Gesellschaftskritik müssen die Intellektuellen auf Werte rekurrieren, die im Prinzip von der Gesellschaft als erstrebens- bzw. verteidigenswert erachtet werden. Es ist also letztlich ein gesellschaftlich hegemonialer Wertekanon, der der Kritik ihren Stachel verleiht. Schließlich

---

7   Edward W. SAID, *Götter, die keine sind* – Der Ort des Intellektuellen (Berlin 1997), S. 16.
8   Friedrich A. HAYEK, *The Intellectuals and Socialism*. In: George B. DE HUSZAR (Hg.), *The Intellectuals* – A Controversial Portrait (Glencoe, Ill. 1960), S. 371-384.
9   Gil EYAL/Larissa BUCHHOLZ, *From the Sociology of Intellectuals to the Sociology of Interventions*. In: Annual Review of Sociology 36 (2010), S. 117-137.
10 Helmut SCHELSKY, *Die Arbeit tun die anderen* – Klassenkampf und Priesterherrschaft der Intellektuellen (Opladen 1975), S. 39.

kritisiert der oder die Intellektuelle nicht konkretes, institutionalisiertes Verhalten (da würde ihm die Kompetenz abgesprochen), sondern er oder sie kritisiert mit Bezug auf Werte, über deren Gültigkeit als Leitbild sozialen Handelns in der Gesellschaft Konsens besteht.[11] Die Legitimität der (notwendigerweise) inkompetenten Intellektuellenkritik hängt vom Geltungsstatus jener allgemeinen Werte ab, deren Realisierung der Intellektuelle einmahnt. Mit anderen Worten: Noch die bissigste Kritik, die sich selbst in einem unversöhnlichen Gegensatz zur Gesellschaft versteht, muss sich letztlich auf gesellschaftlichen Konsens verlassen (etwa über die Bedeutung elementarer Menschen- und bürgerlicher Freiheitsrechte). Anders wäre auch gar nicht vorstellbar, dass Kritik gesellschaftlich wirksam werden könnte. Kurz: Der gesellschaftliche Wertekonsens bildet den Resonanzboden wirksamer Intellektuellenkritik.

3. Das Ende der Utopie und der Zwang zur Detaillierung

Macht und Autorität der Intellektuellen hängen ganz wesentlich davon ab, inwieweit politische Streitfragen in den Kategorien von ›oben‹ und ›unten‹ bzw. ›rechts‹ und ›links‹ reformuliert werden können; sie hängen, mit anderen Worten, vom Grad der Politisierung ab. Die Glanzzeiten der Intellektuellen sind jene Phasen, in der sie eindeutig Partei ergreifen können, weil sie begründen können (oder besser: weil sie gar nicht begründen müssen), dass das Recht und die Wahrheit auf Seiten einer bestimmten (diskriminierten, entrechteten, ausgebeuteten) Gruppe sind.

Die letztlich geschichtsphilosophisch inspirierte Vorstellung, dass sich vermittels der Emanzipation dieser Gruppen der soziale Fortschritt realisiert, der dem Menschen irgendwann einmal Erlösung vom Fortschritt verschafft, weil er auf einen Ruhepunkt hinsteuert, hat jedoch an Überzeugungskraft verloren. Mit dem Ausfall aller geschichtsphilosophisch sanktionierten Erlösungsgarantien hat sich der »Geist der Utopie«[12] erschöpft. Wir Modernen sind fast schon utopieresistent. »To make the world a better place« erscheint uns weniger als eine politische Verheißung, denn als Sprechblase aus der Pharma-Werbung. Der landläufige Anspruch der Intellektuellen, Kollektivsubjekte zu repräsentieren, die universelle Werte verkörpern, verliert vor diesem Hintergrund an Plausibilität. Die Diskreditierung der sozialistischen Idee spätestens durch Stalin und der Zusammenbruch des Kommunismus haben die Idee, das Paradies im Diesseits zu errichten, diskreditiert. Die Warnung Poppers, wir würden in so einem Paradies unsere eigene Verantwortung delegieren (an die Partei oder die Intellektuellen) und zu willfährigen Objekten einer totalitären Erlösungsmission regredieren, hat sich als hellsichtig erwiesen.[13]

---

11 M. Rainer LEPSIUS, *Kritik als Beruf* – Zur Soziologie der Intellektuellen. In: Ds., *Interessen, Ideen und Institutionen* (Opladen 1990), S. 270-285.

12 Ernst BLOCH, *Der Geist der Utopie* (Frankfurt am Main 1985).

13 Karl R. POPPER, *Die offene Gesellschaft und ihre Feinde*. Band 1: *Der Zauber Platons* (Tübingen 2003).

Eine naheliegende Schlussfolgerung aus diesen Beobachtungen lautet: Nur unter den Bedingungen politischer Eindeutigkeit findet der Intellektuelle ideale Resonanzbedingungen vor.[14] Denn sein Engagement setzt voraus, dass die Subalternen ausschließlich als Opfer von Unterdrückung gesehen werden und die Unterdrücker nur als Unterdrücker. Genauer gesagt: Unter den Bedingungen einer politischen Eindeutigkeit und eines stabilen Wertekonsenses ergibt sich für den Intellektuellen ein verringerter Zwang zur Detaillierung seiner Argumentation: Jean-Paul Sartre muss sein Engagement im Algerienkrieg nicht dadurch absichern, dass er erklärt, inwiefern der algerische Befreiungsnationalismus und der eigenartige Islamo-Sozialismus der FLN eine Chance auf Demokratisierung eröffnen sollen. Foucault muss sich nicht mit Übergriffen von Strafgefangenen auf das Gefängnispersonal auseinandersetzen, weil selbst ihm – dem Kritiker des intellektuellen Prophetenhabitus[15] – von vornherein klar scheint, wer die Opferrolle hat und gegen wen man Partei ergreifen muss. Heinrich Böll kann zu Weihnachten 1972 freies Geleit für Ulrike Meinhof fordern, ohne eine zugesicherte Haftverschonung ins Verhältnis zu deren Straftaten zu setzen.

Was wir in zeitdiagnostischer Absicht Wertepluralismus nennen oder »neue Unübersichtlichkeit« (Habermas), äußert sich in politischen Streitfragen als Detaillierungszwang. Heute muss der Intellektuelle im Einzelnen argumentieren, wie sich der Zusammenhang zwischen Streitgegenstand und gesellschaftlicher Wertebasis genau darstellt. Was gut oder böse, fortschrittlich oder reaktionär ist, kann nach dem Ende der »großen Erzählungen« (Lyotard) nicht mehr vorausgesetzt werden, sofern überhaupt noch mit derartigen Begrifflichkeiten operiert wird. In der Finanzkrise etwa wurden endlose Berechnungen darüber angestellt, auf welche Weise eine weltweite Wirtschaftsdepression zu vermeiden ist und wie die Banken besser kontrolliert werden können. Doch es gab kaum ernsthafte Appelle zur Zerschlagung der Banken und keine Aufrufe, diese Krise revolutionär zuzuspitzen, jedenfalls nicht von Seiten der Intellektuellen. Auch die Klimakrise wird kaum als Zeichen für das nahe Ende eines Kapitalismus verstanden, der Raubbau an der Natur betreibt. Anstelle plakativer Systemkritik erleben wir aufwändige Berechnungen zur globalen Klimaerwärmung und zähe Verhandlungen über transnationale Regelwerke zur Eindämmung der CO_2-Emmissionen. Militärische Interventionen der westlichen Staatengemeinschaft in Syrien, Afghanistan oder gegen den ›Islamischen Staat‹ geschehen nicht mit Fahnen, Trompeten und dem glücklichen Bewusstsein, endgültig das Böse aus der Welt zu tilgen, sondern vielmehr mit dem schlechten Gewissen, auf Kosten vieler Unschuldiger eine labile Zwischenlösung zu schaffen, die allenfalls durch die Verhinderung des Allerschlimmsten gerechtfertigt ist. In diesen ›postheroischen‹ Einsätzen werden

---

14 Jean-François LYOTARD, *Grabmal des Intellektuellen* (Wien 2007).
15 Michel FOUCAULT, *Die politische Funktion des Intellektuellen*. In: Ds., *Schriften*. Band 3 (Frankfurt am Main 2003), S. 145-152.

humanitäre, politische und kulturelle Kollateralschäden berechnet, es werden Alternativen erwogen, es wird zugewartet – und wenn es nicht mehr anders zu gehen scheint, interveniert.

Der Bezug der politischen Entscheidung zu bestimmten Werten wird in diesen Konflikten anlassbezogen und situativ hergestellt – und er muss begründet werden. Für die Intellektuellen bedeutet dies offensichtlich: Sie sehen sich in gesteigertem Maße gezwungen, ihre Anklagen unter Rekurs auf entsprechendes Expertenwissen zu argumentieren, um den konkreten Streitgegenstand auf nachvollziehbare und überzeugende Weise mit den entsprechenden gesellschaftlichen Basiswerten zu verknüpfen. Politische Streitfragen bekommen heute immer mehr epistemischen Charakter, d. h. sie werden zu Wissensfragen, weil Risiken und nicht-intendierte Nebenfolgen in den Blick geraten, weil Finanzierbarkeit, Nachhaltigkeit und zukünftige Generationen berücksichtigt werden wollen. Oder auch nur: weil die Komplexität des Problems sich nicht mehr ausblenden lässt, weil sich das Problem nicht mehr so einfach in eine politische Interessenfrage transformieren lässt.

In diesem Sinne agierte die deutsche Bundeskanzlerin Merkel auf dem Höhepunkt der Flüchtlingskrise im Jahr 2015 eindeutig als Intellektuelle (»Wir schaffen das!«), machte sie doch noch vor aller Analyse klar, was gut und daher moralisch geboten sei. Ihr offensiver Rekurs auf Moral versinnbildlichte, dass es um Unverfügbares, nicht durch Berechnung zu Suspendierendes geht. Andere waren sich da nicht so sicher und forderten eine Flüchtlingspolitik, die die Grenzen der Integrationsfähigkeit ins Kalkül zieht. Es geht hier gar nicht darum, wer letztlich Recht hat. Entscheidend in unserem Zusammenhang ist vielmehr die Tatsache, dass in diesem Fall der moralische Appell der Kanzlerin einem sachlichen Begründungszwang ausgesetzt wurde, der aus dem gesellschaftlichen Dissens resultierte. Mit anderen Worten: Der oder die Intellektuelle sieht sich im Kontext des Wertepluralismus gezwungen, seine Position zu argumentieren, und das heißt im Regelfall: auf gute Gründe und auf Spezialwissen zu rekurrieren. Damit wird der Intellektuelle dem Experten immer ähnlicher oder anders gesagt: Im Zeitalter politischer Uneindeutigkeit (Kritiker würden vielleicht sagen: der Entpolitisierung) schlägt die Stunde der Experten.

Experten verhandeln Sachfragen, Intellektuelle hingegen Wertfragen. Experten gehören dem Bereich von Wissenschaft und Technik an, Intellektuelle dem Bereich von Öffentlichkeit und Politik. Experten vertreten Kompetenzen, Intellektuelle Ideale. So oder ähnlich lauten die gängigen Unterscheidungen. Doch heute ist eben selten klar, welches Handeln am besten einem bestimmten Ideal dient, und oft bleibt der Streit offen. Aber weil es eben nicht einfach nur um die Repräsentation von Idealen durch die Figur des Intellektuellen geht, sondern die Anrufung von Idealen vielmehr einen Interpretationsprozess eröffnet, in dem um Wirkungen, Kausalitäten und Nebenfolgen gestritten wird, wird Expertise zu einer zentralen Ressource. Dies provoziert im öffentlichen Disput die provokante Nachfrage, welche Expertise der Intellektuelle denn eigentlich habe. Diese Frage blitzt im Übrigen schon am Beginn der modernen

Intellektuellengeschichte auf: Warum und auf Basis welcher Kompetenzen darf sich Zola, ein Romancier, in die Angelegenheiten eines Militärgerichts einmischen? Was versteht er schon, so fragen seine politischen Gegner, von juristischen Dingen? Das heißt: Sofern die Intellektuellen die zur Verhandlung stehenden Streitfragen nicht im Rekurs auf gesellschaftliche Basiswerte monopolisieren können, kommen Sachfragen und damit die Frage nach der Expertise ins Spiel.

Man kann diese Beobachtung generalisieren und sich fragen, warum uns die Figur des universellen Intellektuellen letztlich doch etwas unzeitgemäß erscheint. Aus soziologischer Perspektive kann die Antwort nur lauten: Unser Unbehagen hat mit dem Prozess gesellschaftlicher Differenzierung zu tun.[16] Denn mit der Herausbildung und Stabilisierung eigenlogischer Handlungssphären (wie Wirtschaft, Politik oder Wissenschaft) wird funktionsspezifische Expertise zum Ausweis wissenschaftlicher Leistungsfähigkeit. Die weitausgreifende Weltdeutung hingegen wird zum Ausweis des Dilettantismus. Wahrscheinlich resultiert unser Unbehagen auch aus unserer Skepsis gegenüber dem Modell einer einheitlichen Repräsentation, denn dieses hat sich in vielen Gesellschaftsbereichen überlebt. So ist an die Stelle der Monarchie die Herrschaft der Vielen getreten, an die Stelle der Staatsreligion der Wertepluralismus, an die Stelle der Kernfamilie eine bunte Vielfalt von Lebensformen und an die Stelle des Propheten eine Unmenge an Lifestyle-Gurus und Glücksratgebern. Die Sozialfigur des Intellektuellen, so lässt sich daraus schließen, vermittelte im 20. Jahrhundert so lange großen Glanz, wie man an die geglückte Einheit von Wissen und Gewissen glauben wollte.

4. Die Fragmentierung der Öffentlichkeit

Der Aufstieg des Intellektuellen im 19. Jahrhundert hing nicht zuletzt mit der Herausbildung einer bürgerlichen Öffentlichkeit zusammen. Salons, Kaffeehäuser, Journale und andere »free market places of ideas«[17], wie Coser es nennt, boten einen Resonanzraum, in dem die freie Rede geschützt war und aufgeklärte Bürger wie auch Intellektuelle ihren Raum fanden. »Die Intellektuellen wenden sich, wenn sie sich mit rhetorisch zugespitzten Argumenten für verletzte Rechte und unterdrückte Wahrheiten, für fällige Neuerungen und verzögerte Fortschritte einsetzen, an eine resonanzfähige, wache und informierte Öffentlichkeit.«[18] Aus dieser Definition des Intellektuellen ergibt sich mit Blick auf den gegenwärtigen Strukturwandel der Öffentlichkeit ein neuartiger Problemhorizont: Wenn die Öffentlichkeit gleichsam entleert

---

16   Talcott PARSONS, *Comment on ›American Intellectuals: Their Politics and Status‹*. In: Daedalus 88 (1959), S. 493-495.

17   Lewis A. COSER, *Men of Ideas* – A Sociologist's View (New York 1965).

18   Jürgen HABERMAS, *Heinrich Heine und die Rolle der Intellektuellen in Deutschland*. In: Ds., *Eine Art Schadensabwicklung* – Kleine politische Schriften VI (Frankfurt am Main 1987), S. 25-54, hier S. 29.

wird, sei es durch Prozesse der Boulevardisierung der Medieninhalte oder durch deren Personalisierung im Kontext der Digitalisierung, dann fehlt dem Intellektuellen der notwendige Resonanzraum.

Daniel Drezner hat in diesem Zusammenhang argumentiert, dass intellektuelle Auseinandersetzungen in unserer Gegenwart an Bedeutung verlieren, weil sich aufgrund der Personalisierung der Medieninhalte und der Polarisierung der Politik eine Reihe autonomer Suböffentlichkeiten entwickeln, die den Kontakt zwischen divergierenden Subkulturen und politischen Gruppierungen verhindern.[19] Dabei hat Drezner insbesondere die Polarisierung der amerikanischen Politik im Auge, also die Aufteilung des Landes zwischen Republikanern und Demokraten, die dazu führt, dass man jeweils abgeschirmt bleibt von anderen Weltsichten und Ansichten. Man macht seine Karriere innerhalb der institutionellen Strukturen eines parteilichen Regimes, d. h. man besucht ein bestimmtes College, das durch eine entsprechende Stiftung finanziert wird, verlässt sich auf parteikonforme Nachrichtenkanäle usw. Aufgrund der zunehmenden politischen Polarisierung braucht man klare Schlagworte und parteikonforme Statements; differenzierte Analysen sind da eher fehl am Platz. Die ideologische Homogenität der beiden Lager (die in den letzten 20 Jahren deutlich zugenommen hat) sowie die strikte Ablehnung der Gegenseite macht aus dem politischen Konflikt einen Glaubenskampf, in dem die Intellektuellen als »thought leader«[20] eine wichtige Rolle für die politische Identitätsbehauptung spielen.

Mit anderen Worten: Der klassische Intellektuelle wird im Zeitalter der politischen Eventkultur vom »Medienintellektuellen«[21] abgelöst. An die Stelle überraschender Deutungen tritt die grelle ›Message‹, an die Stelle der intellektuellen Durchdringung die große Erregung und moralische Entrüstung. Im Kampf um die mediale Aufmerksamkeit wird das Empörungslevel hinaufgeschraubt, und wer in diesem Spiel erfolgreich ist, gehört – als Intellektueller – zu den ›Celebrities‹, was heißt: Er oder sie war erfolgreich darin, eine Marke aus sich zu machen.

Die Pluralisierung der Medien, zweitens, resultiert tendenziell in einer Fragmentierung der Öffentlichkeit, wobei dieser Trend gegenwärtig durch die Digitalisierung noch verstärkt wird. Auf individuelle Präferenzen abgestimmte Informationsangebote führen dazu, dass abweichende Meinungen erst gar nicht mehr ins Bild bzw. auf den Bildschirm kommen. Die Debatte verästelt und zersplittert sich in diverse Suböffentlichkeiten oder Subkulturen, die keine Notiz mehr voneinander nehmen. Die Rede ist deshalb schon von einer »Cyberbalkanisierung« (Putnam) der Kommunikation im Zeitalter des Internet. Die Meinungsvielfalt und eine lebendige Debattenkultur scheinen bedroht, weil letztlich nur noch abgeschottete Milieus miteinander kommunizieren, die sich gegenseitig in ihren Weltsichten bestätigen. Durch die Algorithmen

---

19 Daniel W. DREZNER, *The Ideas Industry* (New York 2017).
20 Ebenda.
21 Stephan MOEBIUS, *Der Medienintellektuelle*. In: Ds./Markus SCHROER (Hg.), *Diven, Hacker, Spekulanten – Sozialfiguren der Gegenwart* (Frankfurt am Main 2010), S. 277-290.

der Konzerne bekommen Mitglieder in sozialen Netzwerken vorgefilterte Informationen zu sehen, die ihrem Standpunkt entsprechen. Irritationen sind damit weitgehend ausgeschlossen.

Im Zuge verstärkter Medienkonkurrenz jedenfalls steigert sich der Zwang zur Aufmerksamkeitsbindung. Im Vordergrund steht der Sensations- oder Unterhaltungswert; leichte Verständlichkeit ersetzt die langatmige Analyse. Axel Honneth zufolge bringt dieser Prozess Intellektuelle und das Projekt der Gesellschaftskritik in einen Gegensatz.[22] Im Kampf um Aufmerksamkeit hat der Intellektuelle strategisch abzuschätzen, welche seiner Argumente und Standpunkte medial anschlussfähig sind. Eine grundsätzliche Problematisierung von gängigen Problembeschreibungen, von nicht mehr weiter hinterfragten Routinen und Institutionen findet daher kaum noch statt. Das heißt: Im Zeitalter des »normalisierten Intellektuellen«, wie Honneth den kleinformatigen politischen Kommentator unserer Tage nennt, scheint sich Gesellschaftskritik zu einer – wie schon zu Horkheimers Zeiten – wirklich kleinen Gruppe unerschrockener Intellektueller zu flüchten, die aufgrund einer gelungenen Mischung von Distanzierung und Engagement etablierte Beobachtungsformen und Weltsichten in Frage stellen. Doch es ist letztlich die Frage, inwieweit man heute, im Zeitalter digital vernetzter Bürgerbewegungen und vielfältiger Proteste, die Kritik überhaupt noch als eine exklusive Angelegenheit der Intellektuellen verstehen kann.

5. Die Normalisierung und Vervielfältigung von Kritik

Intellektuelle wurden lange Zeit sehr ernst genommen, von Freund und Feind. Sie galten wahlweise als aufrührerisch und unbequem oder – im Kalten Krieg – als nützliche Esel Moskaus; sie galten als Gewissen der Nation, als Sinnstiftungsmonopolisten oder gleich als neue revolutionäre Klasse.[23] Das hat sich gründlich geändert. Heute gibt es nicht einmal mehr eine Strömung, die man Anti-Intellektualismus nennen könnte. Es gibt kaum Aufregung mehr um die Deutungen der Intellektuellen und ihre Kritik. Wer heute Kritik übt, gilt als humorlos, aber nicht als gefährlich. In der Universität, dem klassischen Habitat der Intellektuellen, wird das klare Verfechten von Argumenten mittlerweile fast schon als Einschüchterungsversuch gewertet oder gleich als eine Variante des akademischen Mobbing, das Ausfechten von Kontroversen

---

22 Axel HONNETH, *Idiosynkrasie als Erkenntnismittel* – Gesellschaftskritik im Zeitalter des normalisierten Intellektuellen. In: Herfried MÜNKLER/Marcus LLANQUE/Clemens K. STEPINA (Hg.), *Der demokratische Nationalstaat in den Zeiten der Globalisierung* – Politische Leitideen für das 21. Jahrhundert (Berlin 2002), S. 241-252.

23 Alvin GOULDNER, *Die Intelligenz als neue Klasse* – 16 Thesen zur Zukunft der Intellektuellen und der technischen Intelligenz (Frankfurt am Main/New York 1980).

erscheint als Ausdruck schlechter Manieren.[24] Es gibt nun Kurse zur Vermeidung ›feindseliger‹ Debattenführung und zur Einrichtung eines ›supportive environment‹ – akademische Seminare werden auf diese Weise zu Kuschelkursen, in denen niemand etwas lernt, aber alle sich wohlfühlen. Wer für bestimmte Positionen und Theorien einsteht, wer sich für die Idee eines besseren Wissens engagiert, gilt als peinlich. Der Streit um Theorien und Paradigmen wird, wenn überhaupt noch, in den Hinterzimmern der Berufungskommissionen ausgefochten. Auf der Vorderbühne dominiert die Kavaliersattitüde des ›anything goes‹. So trifft der Intellektuelle heute im Regelfall auf eine freundlich-ironische Gleichgültigkeit gegenüber seinen Wahrheitsansprüchen. Der Anspruch auf besseres Wissen, das systematisch, experimentell und unter Rekurs auf theoretisches Wissen entwickelt wurde, gilt als Ausdruck eines hoffnungslosen Elitarismus. Der »Tod der Expertise«[25] wird dementsprechend als Demokratisierungsindiz gefeiert: Jetzt sind wir alle gleichermaßen Experten, so lautet die Schlussfolgerung eines epistemischen Populismus, der nicht nur die (fragwürdige) Sonderstellung der Wissenschaft bekämpft, sondern auch die zutiefst progressive Idee eines besseren Wissens.

Dieser Relativismus auf der epistemischen Ebene wird begleitet von einem Relativismus auf der Werteebene. Anstelle universeller Werte repräsentieren die gegenwärtigen Intellektuellen oftmals nur noch bestimmte Gruppen. »Today we have English intellectuals, Black intellectuals, Feminist, Gay and Jewish intellectuals«,[26] konstatiert der britische Soziologe Frank Furedi. Das würde bedeuten, dass sich die Ambitionen des Intellektuellen fundamental gewandelt haben: Anstelle universeller Werte verteidigt und unterstützt man jene Ethnien, Subkulturen und Milieus, die tatsächlich Diskriminierung erfahren oder auch sich einfach nur benachteiligt oder unterschätzt fühlen. Die Zugehörigkeit zu einer bestimmten Gruppe oder die Teilhabe einer bestimmten (Sub-)Kultur begründet dann den Anspruch auf einen privilegierten Zugang zur Wahrheit: Nur Frauen kennen Frauen, nur Afroamerikaner können die Geschichte der Afroamerikaner schreiben usw. Auf diese Weise wird die subjektive Erfahrung, die Authentizität des oder der Sprechenden zur Grundlage besseren Wissens.

Diese Subjektivierung und Relativierung wissenschaftlicher Wissensansprüche wird begleitet von einer Veralltäglichung und Vervielfältigung von Kritik. Öffentliche Kritik (am ›System‹ oder an den ›Verhältnissen‹) ist längst nicht mehr ein Privileg der Intellektuellen. Anhaltende Kontroversen um neue (oder wie im Fall der Gentechnik: alte) Technologien, Dauerkonflikte um umweltgefährdende Chemikalien, Emissionen oder Baumaßnahmen, eine rege Medizinkritik mit dem Klassiker ›Impfgefahren‹ im Mittelpunkt, transnationale Protestbewegungen gegen deregulierte Finanzmärkte und Turbokapitalismus, Bürgerinitiativen für und gegen Wind- und Solarparks, für und gegen Flüchtlinge, steigende Inklusionsansprüche der Bürger

---

24 Frank FUREDI, *Where Have All the Intellectuals Gone?* (London 2006).
25 Tom NICHOLS, *The Death of Expertise* – The Campaign Against Established Knowledge and Why it Matters (New York 2017).
26 FUREDI, *Where Have All the Intellectuals Gone?*, S. 44.

in praktisch allen gesellschaftlichen Bereichen – schon diese wenigen Beispiele verdeutlichen, dass wir es mit einem »Aufstand des Publikums«[27] zu tun haben und dass Kritik zu einer Normalform öffentlicher Erwägungskultur geworden ist. Jene politischen Forderungen und Praktiken, die aktuell unter dem Begriff der Identitätspolitik gebündelt werden, sind nicht zuletzt eine Illustration für die gegenwärtige Vervielfältigung von Kritik. In den zahlreichen Varianten der Selbstthematisierung in Identitätskategorien äußert sich ein hochentwickelter, manchmal fast schon manisch anmutender Spürsinn für Benachteiligung und (symbolische) Ausgrenzung.

Im Zeitalter politischer Uneindeutigkeit, eines stabilen Wertepluralismus und einer Normalisierung der Kritik erscheinen klassische Intellektuelle, die noch heute unser Bild vom Intellektuellen prägen, überholt. Die Intellektuellen – das waren in der Nachfolge Zolas jene, die für das Ideal des Universalismus einstanden und das Prinzip des besseren Wissens verkörperten. Das waren jene, die sich ins Getümmel stürzten (paradigmatisch: Sartre spricht 1968 zu den Renault-Arbeitern), die für den Fortschritt kämpften (also festlegten, was man als gesellschaftlichen Fortschritt zu verstehen hatte), und die daher wussten, wo es in Zukunft langzugehen habe. Dieser ›GPS-Intellektuelle‹ hat sich überlebt. Im Zeitalter eines unüberwindlichen Pluralismus, so hat Zygmunt Bauman argumentiert, braucht man den Intellektuellen als Übersetzer und Vermittler zwischen verschiedenen Traditionen und Werten, um den öffentlichen Diskurs am Laufen zu halten, damit sich nicht Positionen gegeneinander verhärten und mit Hegemonieansprüchen aufladen.[28] Das wäre dann wohl der ›Multikulti-Intellektuelle‹, der als unaufgeregter Interpret von erhöhter Warte aus die Vielfalt der Positionen als Eigenwert versteht und sich selbst nicht in politischen Kampagnen und Initiativen verschleißt. Dieser postheroische Intellektuelle mag einerseits zeitgemäß erscheinen. Andererseits kann uns der Rückzug auf die Rolle des Vermittlers in Wertkonflikten heute wahrscheinlich nicht mehr überzeugen.

Angesichts gegenwärtiger Kontroversen um Migration und Integration, um religiösen Fundamentalismus und Rechtspopulismus, um Mehrheitskultur und Minderheitsrechte, um Nationalismus und die Zukunft Europas, angesichts all dieser Herausforderungen geht es heute nicht zuletzt wieder um die Basisfrage, wie sich der Universalismus, die Idee des Fortschritts und das Ideal besseren Wissens verteidigen lassen. Es reicht nicht mehr, Buntheit als einen Wert an sich zu begreifen und das Lob der Differenz zu singen oder den westlichen Universalismus als versteckten Partikularismus zu dekonstruieren. Das waren die Themen der vergangenen Dekaden. Die Krise des Intellektuellen hängt ganz zweifellos mit der Krise der Moderne zusammen, sofern man die Moderne als ein westliches, auf Vernunft und Freiheit basierendes

---

27 Jürgen GERHARDS, *Der Aufstand des Publikums* – Eine systemtheoretische Interpretation des Kulturwandels in Deutschland zwischen 1960 und 1989. In: Zeitschrift für Soziologie 30 (2001), S. 163-184.
28 Zygmunt BAUMAN, *Legislators and Interpreters* – On Modernity, Post-Modernity and Intellectuals (Cambridge 1987).

Fortschrittsprojekt versteht, das sich selbst als universales Modell sieht. Wie dieses Modell, das gegenwärtig aus ganz unterschiedlichen ideologischen Perspektiven unter Druck gerät, doch noch vollendet werden könnte – in der Auseinandersetzung mit dieser Frage besteht gegenwärtig die Chance für Intellektuelle, sich in der politischen Debatte wieder Gehör zu verschaffen.

LITERATUR:

Zygmunt BAUMAN, *Legislators and Interpreters* – On Modernity, Post-Modernity and Intellectuals (Cambridge 1987)

Dietz BERING, *Die Epoche der Intellektuellen: 1898-2001* – Geburt – Begriff – Grabmal (Berlin 2010)

Ernst BLOCH, *Der Geist der Utopie* (Frankfurt am Main 1985)

Lewis A. COSER, *Men of Ideas* – A Sociologist's View (New York 1965)

Daniel W. DREZNER, *The Ideas Industry* (New York 2017)

Gil EYAL/Larissa BUCHHOLZ, *From the Sociology of Intellectuals to the Sociology of Interventions*. In: Annual Review of Sociology 36 (2010), S. 117-137

Michel FOUCAULT, *Die politische Funktion des Intellektuellen*. In: Ds., *Schriften*. Band 3 (Frankfurt am Main 2003), S. 145-152

Frank FUREDI, *Where Have All the Intellectuals Gone?* (London 2006)

Arnold GEHLEN, *Die Chancen der Intellektuellen*. In: Ds. (Hg.), *Einblicke* – Gesamtausgabe. Band 7 (Frankfurt am Main 1978), S. 267-278

Jürgen GERHARDS, *Der Aufstand des Publikums* – Eine systemtheoretische Interpretation des Kulturwandels in Deutschland zwischen 1960 und 1989. In: Zeitschrift für Soziologie 30 (2001), S. 163-184

Ingrid GILCHER-HOLTEY, *Eingreifendes Denken* – Die Wirkungschancen von Intellektuellen (Weilerswist 2007)

Alvin GOULDNER, *Die Intelligenz als neue Klasse* – 16 Thesen zur Zukunft der Intellektuellen und der technischen Intelligenz (Frankfurt am Main/New York 1980)

Jürgen HABERMAS, *Heinrich Heine und die Rolle der Intellektuellen in Deutschland*. In: Ds., *Eine Art Schadensabwicklung* – Kleine politische Schriften VI (Frankfurt am Main 1987), S. 25-54

Friedrich A. HAYEK, *The Intellectuals and Socialism*. In: George B. DE HUSZAR (Hg.), *The Intellectuals* – A Controversial Portrait (Glencoe, Ill. 1960), S. 371-384

Axel HONNETH, *Idiosynkrasie als Erkenntnismittel* – Gesellschaftskritik im Zeitalter des normalisierten Intellektuellen. In: Herfried MÜNKLER/Marcus LLANQUE/Clemens K. STEPINA (Hg.), *Der demokratische Nationalstaat in den Zeiten der Globalisierung* – Politische Leitideen für das 21. Jahrhundert (Berlin 2002), S. 241-252

M. Rainer LEPSIUS, *Kritik als Beruf* – Zur Soziologie der Intellektuellen. In: Ds., *Interessen, Ideen und Institutionen* (Opladen 1990), S. 270-285

Mark LILLA, *The Once and Future Liberal* – After Identity Politics (New York 2017)

Jean-François LYOTARD, *Grabmal des Intellektuellen* (Wien 2007)

Stephan MOEBIUS, *Der Medienintellektuelle*. In: Ds./Markus SCHROER (Hg.), *Diven, Hacker, Speku-lanten* – Sozialfiguren der Gegenwart (Frankfurt am Main 2010), S. 277-290

Tom NICHOLS, *The Death of Expertise* – The Campaign Against Established Knowledge and Why it Matters (New York 2017)

Talcott PARSONS, *Comment on ›American Intellectuals: Their Politics and Status‹*. In: Daedalus 88 (1959), S. 493-495

Karl R. POPPER, *Die offene Gesellschaft und ihre Feinde*. Band 1: Der Zauber Platons (Tübingen 2003)

Edward W. SAID, *Götter, die keine sind* – Der Ort des Intellektuellen (Berlin 1997)

Helmut SCHELSKY, *Die Arbeit tun die anderen* – Klassenkampf und Priesterherrschaft der Intellektu-ellen (Opladen 1975)

Nassim Nicholas TALEB, *The Intellectual Yet Idiot* (https://medium.com/incerto/the-intellectual-yet-i-diot-13211e2d0577)

Querdenker

Gernot Blümel

DER UMGANG MIT INTELLEKTUELLEN IN SYSTEMPARTEIEN UND ERNEUERUNGS-BEWEGUNGEN AM BEISPIEL DER LISTE KURZ

> *»Der kritische Intellektuelle steht am Rande seiner Gesellschaft,*
> *aber er bleibt in ihr. Angelpunkt seiner Kritik ist seine Zugehörigkeit,*
> *in der auch die Hoffnung beschlossen liegt,*
> *durch die Kritik etwas auszurichten.«*

Ralf DAHRENDORF

Neue Zeiten

Es ist eine Zeitenwende: Dass die Gesellschaft weltweit gerade einen ihrer umfangreichsten Paradigmenwechsel seit der Industrialisierung erlebt, ist unübersehbar. Und hinter den Schlagworten Digitalisierung, Automatisierung, Roboterisierung und künstlicher Intelligenz verbirgt sich eine Revolution des sozialen, wirtschaftlichen, rechtlichen und zwischenmenschlichen Zusammenlebens. Der technische Fortschritt, gerade in Hinblick auf die Digitalisierung, hat in den letzten Jahrzehnten ungeachtet aller zugeschriebener Rasanz eine ›behutsame‹, beherrschbare exponentielle Entwicklung erfahren. Auch wenn sie uns eben derart rasant erschienen ist, so konnten doch die politischen, ethischen, aber auch rechtlichen Rahmenbedingungen relativ gut ›mithalten‹. In den letzten Jahren aber weisen der technische Fortschritt und die damit einhergehenden ökonomischen Umstände eine massive Beschleunigung auf.

Nach der Einführung des Smartphones, der gesteigerten mobilen Kommunikation generell und dem Erscheinen und Wachsen der sozialen Medien veränderte sich der gesellschaftliche Umgang der Menschen, sozialen Gruppen und Schichten untereinander – und damit ein bestimmendes Element von Politik im weitesten Sinn – dramatisch. Die heutigen technischen Möglichkeiten haben völlig neue Kommunikations- und Geschäftsfelder eröffnet, gleichzeitig aber jahrzehntelang erfolgreiche Geschäftsmodelle marginalisiert und vollkommen neue Wirtschaftsformen wie beispielsweise die Shared Economy überhaupt erst ermöglicht. Gleichzeitig wird in Teilen der Bevölkerung eine Vernichtung von Arbeitsplätzen durch die Digitalisierung befürchtet. In Folge wird ein energisches politisches Handeln eingefordert, um die gesellschaftlichen Prozesse den neuen Bedingungen anzupassen.

Eine neue Politik – ein neuer Politikertypus

So wie beinahe alle anderen Bereiche, ist natürlich auch die Politik von einer neuen, generellen Schnelligkeit erfasst. Auch die Politik muss, aufgrund der mittlerweile in weiten Teilen der Gesellschaft verankerten und gelebten Geschwindigkeit, viel schneller als zuvor auf immer komplexere Probleme in immer kürzeren Abständen reagieren. Durch den permanenten Wandel und ständige Weiterentwicklung können die Rahmenbedingungen oftmals nicht Schritt halten und die Gesetze, Verordnungen und Vorschriften hinken den tatsächlichen Entwicklungen unserer Zeit hinterher – im ständigen Versuch, diesen Fortschritt nachträglich in ein passendes Korsett zu zwängen.

Multinationale Konzerne, die heute oft schon Jahresgewinne einfahren, die jenseits von durchschnittlichen Volumina von Volkswirtschaften einzelner Länder liegen, geben in vielen Bereichen das Tempo, aber vermehrt auch die Richtung der wirtschaftlichen Entwicklung auf der ganzen Welt vor. Nationale Regelungen greifen oft nicht mehr oder nur zu spät, weil sich manche Konzerne strategisch geschickt die rechtlichen und ökonomischen ›Rosinen‹ herauspicken und ihre Gewinne auf Kosten dieser Volkswirtschaften maximieren. Die herausragende Migrationswelle des Jahres 2015 hat die europäischen Wohlfahrtsstaaten an ihre sozialen und politischen Belastbarkeitsgrenzen gebracht, die Gerechtigkeitsfrage in den betroffenen Ländern verstärkt in den Fokus gerückt und plötzlich mit aller Wucht elementare Fragen des Zusammenlebens, des Selbstverständnisses und der Zukunft der Nationen an die Politik und an den einzelnen Menschen gestellt. All das verschärft durch eine neue Art der niederschwelligen öffentlichen Diskussion in den sozialen Medien als Massenphänomen.

In solchen Zeiten sind speziell Personen in der Politik gefordert und im Vorteil, die diese Zusammenhänge erkennen, die die sich daraus ergebende Probleme voraussehen und gewillt und fähig sind, zu schnellen, klaren und oft auch kompromisslosen Formulierungen und Entscheidungen zu kommen. Ein solcher durch eine exponentielle fortschrittliche Entwicklung verursachter gesellschaftlicher Paradigmenwechsel bedingt daher auch einen ebensolchen politischen. Tragende Säulen der europäischen Einigung wie die gemeinsame Währung, die offenen innereuropäischen Grenzen werden auf den Prüfstand gestellt. Und über allem stehend wird die Gerechtigkeitsfrage in einem neuen Kontext intensiv diskutiert.

Die zunehmend unübersichtlicher empfundene Welt hat im Gleichschritt zu einer Verunsicherung weiter Gesellschaftsschichten geführt. Die Umwelt der Menschen wird als hektischer, kurzlebiger, komplexer und unverständlicher empfunden – und auch als ›härter‹ und unnachgiebiger. Diesen breiten Empfindungen – in besagte Eigenschaftsworte gegossen – muss die Politik begegnen. Die Gesellschaften einzelner gereifter demokratischer Staaten ›gebaren‹ als Souverän in einer Gegenbewegung darauf eine neue Generation von Politikern, die – so unterschiedlich sie in Charakter und ideologischen Überzeugungen im Einzelfall sein mögen

– auf diese Umwälzungen und Herausforderungen reagieren. Es ist der Politikstil und die Art der Herangehensweise an Probleme, die sie eint.

Dieser Generationenwechsel in der Politik ist weltweit zu beobachten. Beispielsweise in Frankreich mit Emmanuel Macron, in Kanada mit Justin Trudeau, oder eben auch hier in Österreich mit Sebastian Kurz. Politiker, die Systeme aufbrechen mit althergebrachten Gewohnheiten brechen, gewillt sind, unangenehme politische Entscheidungen zu treffen, aber in ihrem Handeln Empathie und soziale Kompetenz in Hinblick auf die Wünsche weiter Teile der Bevölkerung zeigen. Politiker, die Pragmatismus in vielen – aber nicht in allen Bereichen – über Ideologien stellen, aber dennoch nicht bloß verwalten, sondern ihre und die Zukunft ihrer Nationen hochaktiv gestalten wollen. Sie sind gebildet, neugierig und tatkräftig risikobereit. Sie wissen, dass man – um Veränderungen herbeizuführen – auch ein gewisses Maß an Macht in Form von Legitimation benötigt und diese wird ihnen auch vom Souverän eingeräumt. Diese Generation wird in ihren Ländern bei Wahlen mit einem Vertrauensvorschuss ausgestattet. Wahrscheinlich auch mit der Hoffnung, dass der Primat der Politik wieder greift und eine aus den Angeln geratene Gesamtsituation wieder in richtige Bahnen gelenkt wird.

Sebastian Kurz wird genau das offensichtlich von einem großen Teil der Bevölkerung zugetraut. Aber warum eigentlich? Seine Jugend, die man ihm am Anfang seiner Karriere als Staatssekretär eher als Nachteil auslegte, wurde, als er zum Bundeskanzler ernannt wurde, plötzlich zwar zum Asset, kann aber den Erfolg allein bestimmt nicht begründen. Auch dass er zweifelsfrei als Meister der Kommunikation gilt, als Zuhörer und Verstehender angesehen wird, hat wohl das Vertrauen der Wähler in ihn gestärkt, aber hätte vielleicht auch noch nicht für seinen Erfolg gereicht.

Um diesen Erfolg zu verstehen, muss man sich seinen Politikstil näher ansehen. Sebastian Kurz hat eine klare politische Mission, eine dazu passende unmissverständliche politische Botschaft und drückt diese in einer klaren Sprache aus, die jedenfalls von den meisten Menschen verstanden wird. Um aber dann schlussendlich auch zu solchen klaren Meinungen zu kommen, muss man sich mit politischen Fragestellungen und Problemen intensiv auseinandersetzen. Und genau hier setzt das Grundvertrauen der Bevölkerung in einen Politiker an, wenn man annehmen kann, dass diese seine Meinung offensichtlich sehr fundiert und gut überlegt ist. Niemand erwartet von Entscheidungsträgern, auch nicht von Politikern, dass sie alles wissen. Aber jeder spürt instinktiv, ob die Aussagen fundierten Überlegungen bzw. einer guten Beratung entspringen. Von Bedeutung ist in diesem Zusammenhang der sichtbare Umgang und die mögliche Wertschätzung von Beratern, Intellektuellen aber auch versierten Mitarbeitern.

Systemwechsel im Umgang mit Intellektuellen – können Intellektuelle Politiker sein?

Der philosophische Grundsatz, der sich im geflügelten sokratischen Wort »Ich weiß, dass ich nichts weiß« ausdrückt, beschreibt einen klugen Umgang von Politikern mit Themen, in denen sie zwar fachlich nicht ›zu Hause‹ sind, aber dennoch weitreichende Entscheidungen zu treffen haben. Die ideale Vorgehensweise für solche Situationen ist, dass man sich vor solchen Entscheidungen eben fachlichen Beistand holt, diesen Rat bewertet, abwägt, eine politische Einschätzung versucht, und diese dann intern mit engen Vertrauten diskutiert, bevor man in die öffentliche Auseinandersetzung geht. Das dies so nicht immer gelingt, liegt auf der Hand. Den Rat speziell von Intellektuellen zu politischen Themen einzuholen und selbst daraus eine Entscheidung zu formen, beherzigten auch andere Spitzenpolitiker. Eher selten wird aber Intellektuellen eine Bühne geboten, um ein politisches Thema öffentlich zu erläutern, um ›Politik zu machen‹.

Doch wer sind die Intellektuellen, die Politik machen sollen, die es einzubinden gilt? Können Intellektuelle Politiker sein? Der deutsche Sozialwissenschaftler und Vertreter der Kritischen Theorie Alex Demirovic bejaht dies. Der Intellektuelle sei schlicht ein Politiker – in einem weiten Sinn. Max Webers Definition – »›Politik‹ würde für uns also heißen: Streben nach Machtanteil oder nach Beeinflussung der Machtverteilung, sei es zwischen Staaten, sei es innerhalb eines Staates zwischen den Menschengruppen, die er umschließt.«[1] – scheine Intellektuelle davon auszuschließen, würden diese nicht als Akteure im Parteienwettbewerb um die Gunst der Wähler und andere Gruppen gelten und auch nicht im Sinne einer Suche nach einem Konsens für bestimmte politische Maßnahmen aktiv werden. Intellektuelle sind aber für Demirovic sehr wohl Politiker in einem anderen, grundlegenderen Sinn: »Sie können als Personen betrachtet werden, die durch ihre Funktion in der gesellschaftlichen Arbeitsteilung zur Organisation, Reproduktion und Verallgemeinerung von sozialer Herrschaft partikularer Gruppen beitragen.«[2] Moderne bürgerliche Intellektuelle seien diejenigen, die jene für das kollektive Leben verbindlichen allgemeinen Begriffe ausarbeiten und damit den sozialen Kompromiss und die Zustimmung der Subalternen zur Herrschaft organisieren. Demirovic knüpft schließlich wieder bei Max Weber an, wenn er schreibt: »Intellektuelle bestimmen, indem sie die Organisationsformen der Kultur einer Gesellschaft und die verbreiteten Lebensgewohnheiten normalisieren, die Machtverteilung zwischen Menschengruppen im Staat.«[3] Da es sich um eine funktionale Definition handelt, können viele Tätigkeiten als solche von In-

---

1   Max WEBER, *Gesamtausgabe*. Band 1/17: Wissenschaft als Beruf, 1917-1919 – Politik als Beruf, 1919 (Tübingen 1992), S. 159.
2   Alex DEMIROVIC, *Intellektuelle und Politik*. In: Eva KREISKY (Hg.), *Von der Macht der Köpfe* – Intellektuelle zwischen Moderne und Spätmoderne (Wien 2000), S. 88-98, hier S. 88.
3   Ebenda, S. 89.

tellektuellen gelten: »die des Bibliothekars, des Juristen, des Schriftstellers, des Politikers, des Ingenieurs wie des Sportlers.«[4]

Diese weite Definition über den klassischen haupt- wie nebenberuflichen Politiker sowie über den Berufsbeamten, welche Weber gegenüberstellt, hinaus weist auf Personen der so-genannten Zivilgesellschaft hin, die ganz allgemein als wesentliche Säule der Politik gesehen werden muss.

Aber können diese Personen ›Politik machen‹? Der unterschiedliche Zugang von Personen aus dem Kreis von Politikern einerseits und Intellektuellen auch in einem weiteren Sinn zeigt sich eben auch und nicht zuletzt im Zugang zur von gesellschaftlichen Realitäten, unvorhergese-henen Ereignissen und (Sach-)Zwängen, die rasche Entscheidungen erfordern. »Ereignisse, mein Lieber, Ereignisse«, soll der ehemalige britische Premierminister Harold Macmillan auf die Frage entgegnet haben, was die größten Herausforderungen und Probleme für ihn als füh-render Politiker waren.

Ein Intellektueller kann ein Problem mit all seinen Facetten durchdeklinieren, ohne schluss-endlich zu einem Ergebnis kommen zu müssen. Für Intellektuelle gilt es, an dem, was man weiß oder zu wissen glaubt, immer aufs Neue zu zweifeln; sie wägen ab, ob die Sätze des Wis-sens und Erkennens (noch) zutreffen oder nicht (mehr). Ein Politiker hat aber im Idealfall schnelle Entscheidungen zu treffen, um ein genau definiertes Problem – gesellschaftspolitisch verträglich – einer Lösung zuzuführen und diese breitenwirksam zu erläutern. Das Intellektu-elle an sich scheint dem gegenüber im Widerspruch, ja im Weg zu stehen. Meist werden daher intellektuelle Ratgeber lieber im Hintergrund gehalten. Oft ist auch gar nicht erwünscht, dass die Öffentlichkeit etwas über die Person erfährt, auf deren Grundlage eine politische Entschei-dung basiert. Wie viele Intellektuelle und Persönlichkeiten der Zivilgesellschaft verstehen sich bewusst und offensiv als ›Nicht-Politiker‹?

Nicht selten ist eine den Herausforderungen gebotene rasche oder unangenehme politische Entscheidung weit vom intellektuellen Anspruch des Zweifelns und des Abwägens entfernt. Und dann ist es wohl besser, wenn die öffentliche intellektuelle Auseinandersetzung des The-mas ausbleibt. In einer reifen Demokratie ist dies aber eigentlich kaum möglich. Im Zeitalter der sozialen und digitalen Medien, die mehr Einfluss auf die öffentliche Meinung haben als dies früher der Fall war, ist ein solcher Versuch eigentlich nur mehr zum Scheitern verurteilt.

Der Diskussionsprozess hat sich verlagert – in die sozialen Medien. Bevor heute das Pro-blem überhaupt in eine politische Agenda gegossen werden kann, findet schon eine häufig sehr kontroversielle öffentliche Diskussion darüber statt. Wenn die Politik Themen aufwirft, er-wartet man sich, dass die damit befassten Politiker schon einen Plan haben, sich ernsthaft mit der Thematik auseinandergesetzt haben und kompetent über ihre Absichten Auskunft geben

---

4   Ebenda.

können. Geschwindigkeit dominiert auch hier. Emotionale Themen werden in der Öffentlichkeit und in den Medien eben auch entsprechend diskutiert. Eine solche Diskussion politisch wieder einzufangen, ist im Gegensatz zu früher kaum möglich. Gerade darum ist trotz allem die intellektuelle Auseinandersetzung mit den Themen so wichtig geworden. Sebastian Kurz, der in diesem neuen Kommunikationszeitalter sozialisiert wurde, hat das erkannt und auch seinen Schluss daraus gezogen. Damit wird aber auch deutlich, dass der Wandel der öffentlichen politischen Auseinandersetzung, zumindest teilweise, auch eine Generationenfrage ist.

Intellektuelle vom Rand in die Mitte der Gesellschaft holen

Was liegt also näher, als jene, die sich intellektuell mit ihnen vertrauten Problemen auseinandersetzen, direkt in die Politik zu holen? Personen der Zivilgesellschaft, Juristen, Schriftsteller, Gelehrte, Sportler? Vielleicht die Tatsache, dass eben die intellektuelle Auseinandersetzung mit einem Problem eben nicht zu einem Ergebnis führen muss, die öffentlich politische allerdings sehr wohl. Ausgehend vom eingangs zitierten Dahrendorf'schen Diktum von den Intellektuellen, die vom Rande der Gesellschaft aus versuchen, dieselbe zu verändern, zu verbessern, gilt es den Versuch zu wagen, neue Persönlichkeiten an der Gestaltung der Gesellschaft, der res publica, ja an den ›Regierungsgeschäften‹ zu beteiligen.

Und es ist gewiss ein Risiko, das Sebastian Kurz mit seinem Zugang zur Listenerstellung und Ministerbesetzung eingegangen ist. Am Anfang war das Gespräch. Der Schritt aus dem politischen Elfenbeinturm war für Sebastian Kurz in der Wahlbewegung ein ganz entscheidender. Gemeinsam mit der Zukunftswerkstatt der Politischen Akademie wurden die ›Österreich-Gespräche‹ ins Leben gerufen. Aber auch hier mit einer klaren Struktur und dem sprichwörtlichen Zug zum Tor. Sebastian Kurz gab die drei großen Themenfelder – Standort, Sozialsystem und Sicherheit – vor, holte Meinungen von Expertinnen und Experten ein und spiegelte sie in die Bevölkerung. Die Ergebnisse bildeten letztlich das Fundament für das umfassende Wahlprogramm der Liste Kurz.

Sebastian Kurz hat unter anderen mit Heinz Faßmann, Martin Engelberg und Rudolf Taschner drei Persönlichkeiten in das Zentrum der österreichischen Innenpolitik geholt, die durchaus mit zu den Aushängeschildern der intellektuellen Politikszene dieses Landes gezählt werden können. Und er hat auch dafür gesorgt, dass deren Expertise in der ÖVP gehört und beachtet wird. Insbesondere gilt das für den Bundesminister für Bildung, Wissenschaft und Forschung, Heinz Faßmann, der faktisch als Experte dieses Ministeramt übernommen hat. Der Umstand, dass mit Faßmann ein Wissenschaftler an die Spitze des Ministeriums gerückt ist, zeigt, wie ernst es Kurz um die Einbeziehung der Intellektuellen in die politische Entscheidungsfindung im Rahmen seines Neustartes ist. Ähnliche Impulse sind von den nunmehr dem ÖVP-Parlamentsklub angehörenden Abgeordneten zum Nationalrat Martin Engelberg und Rudolf Taschner zu erwarten. Beides langjährige Vor- und Querdenker, die sich beide als Kolumnisten einer Tageszeitung einen Ruf als Intellektuelle, die oftmals durchaus gegen den scheinbar herrschenden Meinungskonsens schrieben, erworben haben.

Kurz ist es damit gelungen, einen ganzen Stab von im politischen Leben stehenden Fachleuten in die Politik zu holen, die dafür sorgen sollen, neue Akzente in der öffentlichen Diskussion zu setzen, deren Output auch in der Folge umgesetzt werden kann. Politikberatung findet daher seit Sebastian Kurz nicht mehr an der Politik-Peripherie, sondern in deren Zentrum statt. Das Ziel ist klar: Das unabhängige, freie politische Denken von Intellektuellen soll nicht nur Einzug in die politische Debatte in den Entscheidungsgremien von Parteien halten, sondern ein ›Neues Regieren‹ erlauben, das mit Sebastian Kurz eine Chance auf Umsetzung bekommen hat.

Aktueller Schritt: der Think Tank des Kanzlers. Dass die Einbindung von Experten und Intellektuellen nicht nur ein ›Wahlkampfgag‹ zur Stimmenmaximierung war, zeigt Sebastian Kurz mit der Installierung der Denkfabrik ›Think Austria‹ direkt im Bundeskanzleramt. Kurz möchte damit das Bundeskanzleramt für neue Ideen öffnen und die besten Köpfe aus dem In- und Ausland in seine Arbeit einbinden. Er reagiert damit auch auf die Herausforderungen, denen sich Österreich als Teil einer globalisierten Welt stellt. Ähnliche Denkfabriken gibt es auch in anderen Ländern, etwa in Frankreich, Deutschland, Singapur oder Indien.

›Think Austria‹ soll nach seinem Dafürhalten »Zukunftsradar, Wirksamkeitsbarometer und Expertenpool für seine Arbeit sein und dabei im engen Dialog mit den führenden Ideenschmieden der Welt stehen. Dabei sollen drängende Themen früh erkannt und systematisch analysiert werden. Durch regelmäßiges Benchmarking, Best Practice-Analysen und Impact-Assessments soll es seine Rolle als Wirksamkeitsbarometer erfüllen. Österreich soll mit den bedeutenden nationalen und internationalen Expertinnen und Experten vernetzt werden, um von erprobten Denk- und Lösungsansätzen für die Herausforderungen von Staat und Gesellschaft zu lernen.«[5] Zusammengefasst in den Worten der Leiterin Antonella Mei-Pochtler: »›Think Austria‹ wird den Bundeskanzler als Schnittstelle zwischen Zivilgesellschaft, Wissenschaft und Politik unterstützen. Ziel ist die systematische Suche nach den weltweit besten Lösungsansätzen, die man übertragen, umsetzen und hochskalieren kann.«[6]

---

5   Bundeskanzleramt, *Bundeskanzler Sebastian Kurz richtet Denkfabrik ›Think Austria‹ im Bundeskanzleramt ein* (https://www.bundeskanzleramt.gv.at/-/bundeskanzler-sebastian-kurz-richtet-denkfabrik-think-austria-im-bundeskanzleramt-ein; abgerufen am 08.05.2018).

6   Ebenda.

Politik machen durch Vordenken – der Beweis steht noch aus

In der schnelllebigen Welt – sowohl was die realen Entwicklungen als auch was die öffentliche Debatte betrifft – ist der Schritt der Neuen ÖVP unter Sebastian Kurz, Vor- und Querdenker, Intellektuelle im weiten Sinn, Intellektuelle qua Profession, Mitglieder der Zivilgesellschaft abseits der klassischen Parteikarrieren unmittelbar als Politiker einzubinden und Politik machen zu lassen, mutig und erfolgversprechend zugleich. Wer Vor- und Nachdenken sowie Umsetzen in einer Person vereinen kann, scheint – so der Gedanke – einen Wettbewerbs- und Geschwindigkeitsvorteil zu haben. Man ist fast geneigt, einen Vergleich mit dem IT-Konzern Apple zu wagen, der sich immer rühmt, Hard- und Software aus einer Hand anzubieten und dadurch weniger anfällig gegen Marktturbulenzen zu sein und auch ausgereiftere, aufeinander abgestimmte und schnellere Endprodukte zu liefern. Nachdenker und Umsetzer in einer Hand, in einem Produkt – der Neuen ÖVP, der Liste Sebastian Kurz. Ein Geschwindigkeits- und Nachhaltigkeitsvorteil bei Reformen, den es unter Beweis zu stellen gilt. Es wird keine leichte Aufgabe sein. Apple ist übrigens derzeit der wertvollste Konzern der Welt.

Zivilgesellschaft

Julia Ortner

WEIL WIR ES SCHAFFEN MÜSSEN

(Zehn) Erkenntnisse aus der Fluchtbewegung

Am Ende geht es ja immer um die Flüchtlinge. Oder eigentlich schon zu Beginn jeder Debatte. Egal ob die heimische Politik über Arbeitslosigkeit, Sozialsysteme oder innere Sicherheit diskutiert, die Angst vor den Fremden überdeckt nahezu jedes Thema. Problemstellungen aller Art diskutiert man seit der Fluchtbewegung 2015 gerne anhand der Flüchtlinge im Land; Sparvorhaben im Sozialstaat setzen vorzugsweise bei den Fremden an, wie etwa bei der Mindestsicherung. Gerade auch die letzte Nationalratswahl hat gezeigt, dass der Umgang mit den Fremden – mit jenen, die zu uns nach Europa kommen wollen und mit jenen, die schon bei uns leben – für viele Wählerinnen und Wähler ein wesentliches Motiv für ihre Entscheidung war. Der ehemalige ÖVP-Politiker Ferry Maier und ich haben uns vergangenes Jahr im Sachbuch ›Willkommen in Österreich?‹ mit der großen Flucht und den Erkenntnissen daraus beschäftigt – Maier hatte 2015 gemeinsam mit dem langjährigen Raiffeisen-Generalanwalt Christian Konrad die Flüchtlingskoordination der Republik übernommen. Aus dieser Zeit stammen einige Einblicke, die auch in der aktuellen Debatte ihre Gültigkeit haben.

Die Gemeinden als Vorbild

Grenzzäune, Obergrenzen, Notverordnungen, damit beschäftigte sich 2015 die damalige SPÖ-ÖVP-Bundesregierung angesichts der vielen Menschen auf der Flucht. Es war aber auch die Zeit, in der viele Gemeinden selbst beschlossen, ihren Umgang mit den Fremden zu finden, die in ihren Ortschaften untergebracht wurden – und damit exemplarisch vormachten, wie man Humanität und pragmatische Problemlösungen auf der kommunalen Ebene gut vereinen kann. Ohne ihren Einsatz vor Ort wäre die Hilflosigkeit der hohen Politik noch größer gewesen; ohne die Bürgermeister und Bürgermeisterinnen, ohne die Politik an der Basis, gibt es keine Lösungen in der Flüchtlingspolitik.

Ein Beispiel von vielen ist Bruck an der Leitha, eine 8.000-Einwohner-Stadt in Niederösterreich. Hier diskutierte man schon früh, wie man mit den geflohenen Menschen umgehen sollte. 120 von ihnen kamen 2015 in den Ort, die meisten aus dem Irak und Syrien, aber auch aus Afghanistan. »Der wichtigste Schritt war, die Bevölkerung von Anfang an zu informieren und proaktiv an mögliche Probleme heranzugehen«, sagt Helga Longin heute. Longin engagiert sich seit Jahren in der Flüchtlingshilfe, mit dem überparteilichen Verein ›Unser Bruck hilft‹ arbeitet sie eng mit der Gemeinde zusammen. Man organisierte hier also 2015 gemeinsam zwei große Informationsveranstaltungen für die Einwohner, bei der die Gemeinde alle Fakten, mögliche Problemstellungen und die dafür zuständigen Leute präsentierte. Deutsch lernen, psychologische Betreuung, Sportmöglichkeiten, soziales Leben – diese vier Arbeitsgruppen mit freiwilligen Helfern unterstützten die Flüchtlinge hier vom ersten Tag an. Die Schulen richteten Übergangsklassen ein, die Kinder lernten schnell Deutsch. Das größte Problem? Das waren und sind die spärlichen Arbeitsmöglichkeiten für Asylwerber, außer drei Plätzen pro Woche für einfache Tätigkeiten bei der Gemeinde gibt es nicht viel Angebot.

Natürlich, es sind nicht nur Atomphysiker zu uns gekommen, sagt Longin. Aber Sicherheitsprobleme oder gar einen Anstieg der Kriminalität, den manche Politiker und Boulevardmedien so gerne im Kontext mit Asylwerbern beschwören, hat man hier nicht registriert. Gelernt habe man dafür einiges: Integration vom ersten Augenblick an, Transparenz bei Entscheidungen, Hilfe zur Selbsthilfe. Heute engagieren sich nicht mehr so viele Einwohner bei ›Unser Bruck hilft‹ wie 2015, mittlerweile läuft die Mathematik-Nachhilfe für das Flüchtlingskind oft schon unter Nachbarschaftshilfe abseits des Vereins. Die große Flucht ist vorbei, aber viele geflohenen Menschen sind hier geblieben. Manche haben ihren Asylbescheid schon, andere warten noch immer auf die Entscheidung, ob sie überhaupt in Österreich bleiben dürfen.

Konfrontation als Integrationshilfe

Wer fremd ist muss nicht fremd bleiben. Viele Menschen bauen diffuse Ängste vor dem Unbekannten auf. Sobald man aber einmal wirklich mit einem Flüchtling in Kontakt kommt, verschwindet diese Angst oft. Gerry Foitik, Bundesrettungskommandant des Roten Kreuzes, war zur Zeit der Fluchtbewegung im Großeinsatz und glaubt an direkte Konfrontation als Mittel der Integration. »Ein typisches Beispiel: Ein Grundversorgungsquartier in der Oststeiermark, da sind 15 Afghanen und fünf Syrer untergebracht. Und irgendwann fangen sie mit kleinen Arbeiten in der Nachbarschaft an, dann sehen alle: So zuwider sind die gar nicht und sie können auch etwas. Mit der Zeit setzt sich im Ort die Meinung durch, ›unsere‹ Flüchtlinge sind in Ordnung – der Mohammed und der Ali und die anderen jungen Leute«, sagt Foitik. Wenn man die Flüchtlinge vernünftig verteilen würde und die Menschen in Österreich in einem moderierten, strukturierten Prozess in Kontakt mit den Fremden bringen könnte, würde das viel zur Integration beitragen; Arbeitsintegration, also zum Beispiel ein paar Monate Praktikum in einem Unternehmen, wären auch ein guter Weg, meint Gerry Foitik.

Eine These, die man auch durch die bisher größte Studie zum Thema Asylbetreuung in den österreichischen Gemeinden belegen kann, die das Fessel-GfK-Institut 2015 im Auftrag der

Flüchtlingskoordinatoren erstellte. Eine der wichtigsten Erkenntnisse der Studie: Wer Flüchtlinge in der Gemeinde aufgenommen hat, ist gelassener, pragmatischer und lösungsorientierter.
Viele Gemeinden haben neues Potenzial an freiwilligem Engagement entdeckt und hoffen,
sich durch Zuzug sogar neue Chancen zu eröffnen. Das Institut hatte Bürgermeisterinnen und
Bürgermeister befragt, die Flüchtlinge im Ort betreuten, und andere, die keine versorgten. Jene,
die keine Flüchtlinge vor Ort hatten, hatten größere Ängste und ein größeres Ablehnungs-
potenzial. Überall dort, wo geflohene Menschen untergebracht waren, gab es hingegen mehr
Kooperationsbereitschaft und Verständnis. Interessant ist in diesem Zusammenhang auch das
Ergebnis einer SORA-Umfrage in Wien vom Jänner 2017, in der Anrainer von sechs Asylwer-
ber-Heimen befragt wurden: Vor der Eröffnung hatten bis zu 45 Prozent der Befragten nichts
gegen eine Unterkunft in der Umgebung, nach der Inbetriebnahme waren es bis zu 70 Prozent.

Zu Beginn der Flüchtlingskoordination gab es in einem Drittel der Gemeinden Flüchtlinge,
nach einem Jahr waren es mehr als zwei Drittel der Gemeinden, die geflohene Menschen aufgenommen hatten – manche natürlich auch durch den sanften Druck des von der Regierung
beschlossenen Durchgriffsrechts, das es dem Innenministerium grundsätzlich ermöglichte, in
säumigen Gemeinden Flüchtlingsunterkünfte zu errichten, egal ob das den Kommunen passt
oder nicht; eine wichtige Maßnahme, die aber laut Flüchtlingskoordinator Christian Konrad
nur in wenigen Ausnahmefällen bis hin zum Zwang durchgesetzt werden musste, oft reichte
ein bilateraler Anruf von ihm in der Gemeinde. Eine österreichische Variante des ›Durchgriffs‹.

Beamten die Angst nehmen

Was wollen denn die hier? Den Flüchtlingskoordinatoren Konrad und Maier schlug gerade
zu Beginn ihrer Tätigkeit 2015 eine gewisse Irritation der Beamtenschaft entgegen. Es war
einem Teil der Beamten und Beamtinnen unangenehm, dass jemand von außen kam, die
Koordinatoren hatten auch den Eindruck, dass manche zur Zeit der Fluchtbewegung ziemlich
passiv agierten, sie wollten offenbar in heiklen Entscheidungssituationen für möglichst wenig
verantwortlich gemacht werden können – wohl auch aus Angst vor Anzeigen wegen Amts-
missbrauchs, Untreue oder vor Amtshaftungsklagen. Wenn schnelle Entscheidungen gefragt
waren, wie etwa bei Transportmöglichkeiten oder Gesundenuntersuchungen für geflohene
Menschen, versuchte man also gerne, sich mit der Idee von europaweiten Ausschreibungen
aus der Affäre zu ziehen, die Monate gedauert hätten – was in einer akuten Situation natürlich
nicht möglich ist. Doch am Ende gab es auch immer wieder Beamte und Beamtinnen, die sich
solche heiklen Entscheidungen zutrauten.

Bevor man sich in irgendeiner Form in ein Risiko begibt, versucht man eher, nichts zu
machen oder die Dinge wegzuschieben: Dieses Verhaltensmuster bemerkte Ferry Maier auch

im Erstaufnahmezentrum Traiskirchen. Beamte delegierten dort Entscheidungen an die Betreiberfirma ORS, um Probleme so in irgendeiner Form zu lösen. Und Maier erkannte, dass besonders manche Beamte des Innen- und des Finanzministeriums ein tiefes Misstrauen gegenüber NGOs hegen: Sie hatten den Verdacht, dass die Hilfsorganisationen trotz ihrer statutarischen Gemeinnützigkeit lediglich das Eine wollten: Geld verdienen. Eine Aversion, die auch damit zusammenhängt, dass die NGOs immer wieder Kritik an der offiziellen Flüchtlingspolitik und den zuständigen Behörden äußern. Dieser kritische Blick auf das System ist auch Teil ihrer Aufgabe, beliebt macht man sich dabei bei Teilen der Politik und Beamtenschaft allerdings nicht.

Bund und Länder: Jeder spielt sein Spiel

Zur dieser Zeit gab es ohnehin genügend Konfliktfelder zwischen den Beteiligten. Auch die Art und Weise, wie Bundes- und Landesdienststellen teilweise zusammenarbeiteten oder eben nicht, war befremdlich. So in der Art: Ich bin der Bund und das Land hat zu tun, was ich sage. Die Kunst der Kommunikation und Motivation beherrschten viele in den Ministerien nicht, das führe teilweise zu bösem Blut und zu Gegenmaßnahmen der Länder. So kann eine gute Zusammenarbeit in der Bewältigung der großen Flucht und ihrer Auswirkungen wohl nicht funktionieren. Als ein Grundproblem stellte sich 2015 auch heraus, dass es kein integriertes Immigrationsmanagement zwischen Bund und Ländern gibt, nicht einmal bei Basis-Daten über die Geflohenen – die Daten der 77.000 Menschen, die sich damals gerade in der Grundversorgung befanden, wurden also händisch verwaltet und als Excel-Dateien im Land herumgeschickt.

Die Aufsetzung eines integrierten Systems schien dem Innenministerium zu komplex, die Idee wurde vorerst schubladisiert. Ein professionelles Immigrationsmanagement ist allerdings laut dem internationalen Fluchtexperten Kilian Kleinschmidt Grundbedingung für einen geordneten und vernünftigen Umgang mit jenen Menschen, die zu uns kommen. Bis heute fehlt so ein österreichweites System.

Deutschlernen ist das Wichtigste! Nur wie?

Wenn man nicht einmal den klaren Überblick hat, welche Flüchtlinge mit welchen Bedürfnissen gerade wo im Land leben, kann man natürlich auch den jeweiligen Bedarf nach Deutschkursen und anderer Bildungsmaßnahmen schwer einschätzen. Würde man ein EDV-System aufbauen, in dem jeder Flüchtling einmal mit seinen Stammdaten erfasst wird, dann wüsste man, wo er sich gerade aufhält, wo er allenfalls hingebracht werden soll, wann er das erste Interview beim Bundesasylamt gehabt oder welche Schulungen er schon absolviert hat. Mit Hilfe so eines Immigrationsmanagements könnte man auch einen österreichweiten Bildungsplan erstellen und die Bundesländer nach ihrem konkreten Bedarf ausstatten.

Im Zuge der Fluchtbewegung gab es dann – wie oft gefordert – zwar mehr Deutschkurse für die geflohenen Menschen, aber das Angebot ist bis heute relativ unkoordiniert, wie ein ›Fleckerlteppich‹, ohne wirkliches Konzept. Für die Betroffenen heißt das zum Beispiel oft, auf einen Kurs warten zu müssen – obwohl ja seitens der Politik von den Fremden zu Recht erwartet wird, möglichst zügig Deutsch zu lernen, wenn sie hier leben wollen. Dennoch möchte die ÖVP-FPÖ-Regierung nun über Budgetkürzungen beim AMS gerade auch im Flüchtlingsbereich sparen, etwa bei den Förderungen für das erst 2017 angelaufene Integrationsjahr, das geflohene Menschen strukturierter an den Arbeitsmarkt heranführen sollte; aber auch bei sonstigen Fördermitteln für Asylberechtigte, das betrifft natürlich auch Deutschkurse. Wir haben weniger Flüchtlinge, also brauchen wir auch weniger Budget für sie, diese Rechnung der Politik ist wohl zu simpel. Integration – das Land erfassen, die Sprache lernen – ist ein Prozess, der eben nicht innerhalb von ein, zwei Jahren abgeschlossen ist. Gerade dann nicht, wenn die Unterstützungsangebote für eine erfolgreiche Integration knapper werden.

Der Blick auf die Welt

Nicht wegschauen, sondern genau hinsehen – hätte Österreich 2011 auf die Prognosen des Heeresnachrichtenamts gehört, das vor verstärkter Migration aus Krisengebieten und wirtschaftlich benachteiligten Regionen warnte, wäre das Land 2015 wohl besser vorbereitet gewesen. 2012 flohen bereits 500.000 syrische Flüchtlingen in die Nachbarländer Türkei, Jordanien und Libanon. Die UNO bat damals um 490 Millionen Dollar Unterstützung, nur ein Drittel davon hat die Staatengemeinschaft aufgestellt. Im österreichischen Innenministerium hielt man ein drittes Aufnahmezentrum für Flüchtlinge neben Traiskirchen und Thalham für nicht erforderlich.

2014 veröffentlichte die UNO den größten Hilfsappell in der Geschichte: Das Welternährungsprogramm könne seine Hilfe in Syrien und der Region nur mehr wenige Wochen finanzieren. Die UNO bat die Staatengemeinschaft um 7,7 Milliarden Euro – und bekam 3,5 Milliarden. Es gab auch schon damals die Diskussion über die Aufnahme von Flüchtlingen, die nach Italien, Griechenland und Malta gekommen waren. Österreich lehnte genauso wie die deutsche Regierung eine Quote ab, die Flüchtlinge auf alle EU-Staaten aufteilen sollte. Die damalige Innenministerin Johanna Mikl-Leitner meinte, Österreich sei nicht verpflichtet, noch mehr Flüchtlinge aufzunehmen. Wenige Monate später sollte sich diese Einschätzung ändern. Die Folgen all dieser Versäumnisse zeigten sich im Jahr 2015: Das Welternährungsprogramm, das massiv unterfinanziert war, musste im Sommer auch noch die Essensgutscheine für die syrischen Flüchtlinge im In- und Ausland kürzen. Im Libanon und Jordanien fehlten 80 Prozent der Mittel. Dadurch verstärkte sich die Fluchtbewegung noch mehr. 2015 förderte Österreich das World Food Programme mit 5,3 Millionen und die Flüchtlingshilfsorganisation UNHCR mit 3,6 Millionen Euro – dabei geht es um jene Hilfe vor Ort, die laut Regierungspolitik ja so wichtig wäre. Im vergangenen Jahr erhielt UNHCR Beiträge in Höhe von 3,8 Milliarden Dollar, von der Republik Österreich kam mit 9,37 Millionen gerade ein Viertelprozent davon.

2016 kündigte die damalige Bundesregierung übrigens eine stufenweise Aufstockung der Entwicklungshilfe an, die davor jahrelang sukzessive gesenkt worden war. 2017 gab Österreich 0,3 Prozent des Bruttoinlandsprodukts für Entwicklungszusammenarbeit und damit wieder weniger als 2016 aus – Österreich wollte diesen Betrag bis 2030 schrittweise auf 0,7 Prozent des Bruttoinlandsprodukts anheben. Ankündigungen, die bisher Ankündigungen bleiben.

Wer hat Angst vor Flüchtlingen? Alle!

Die Angst vor den Fremden, die täglich genährt wird: Flüchtlinge kommen fast nur in den Medien vor, wenn sie eine Straftat begangen haben oder dieser verdächtigt werden. Seit der Kölner Silvesternacht 2015 hat sich das noch verschärft, vor dem Kölner Dom war es zu sexuellen Übergriffen auf Frauen durch Männer meist nordafrikanischer Herkunft gekommen, darunter waren auch Flüchtlinge. Nicht nur die großen Boulevardmedien setzen seitdem vorzugsweise auf Geschichten über kriminelle Asylwerber oder Asylberechtigte – die Willkommenskultur des Sommer 2015 ist mit Köln gestorben.

Dass Kriminalfälle mit Flüchtlingen als mutmaßlichen Tätern in den Medien überrepräsentiert sind, zeigen auch Untersuchungen des Wiener Zentrums für sozialwissenschaftliche Sicherheitsforschung. Sie weisen etwa nach, dass vier Fälle von sexuellen Gewalttaten zum Gegenstand von 40 Presseaussendungen nur einer politischen Partei wurden, der FPÖ – weil der Verdächtige ein Flüchtling war. Das führte wiederum dazu, dass die großen Boulevardblätter tagelang über diese Fälle geschrieben haben. Die Soziologin Rojin Ali ist 2013 aus Syrien nach Österreich geflohen und arbeitet heute in Wien als Integrationsberaterin bei der Caritas. Sie beobachtet die verschärfte Stimmung gegenüber Flüchtlingen in ihrer täglichen Arbeit. »Man sollte deshalb in den Medien nicht nur Ängste schüren, sondern auch positive Beispiele von Menschen zeigen, die geflohen sind und sich hier einbringen, das passiert noch zu wenig. Zeigen, dass das ganz normale Leute sind. Und die Politiker sollten nicht so viel über die Ängste der Österreicher sprechen, sondern diese Ängste bearbeiten«, sagt Ali.

Doch die Politik reagiert im Regelfall anders: Sobald ein Flüchtling ein Verbrechen verübt, bekommt das gleich eine Bedeutung über den Kriminalfall hinaus und löst Reaktionen aus – vor allem neue, verschärfte Sicherheitsstrategien. Dabei orientiert man sich stark am subjektiven Sicherheitsgefühl der Menschen, das auch durch die vielen Negativschlagzeilen über Flüchtlinge tendenziell schlechter wird, obwohl die Kriminalitätsstatistik 2017 eine positive Entwicklung belegt: Vergangenes Jahr wurden 20.100 Asylwerber als Verdächtige einer Straftat geführt, 2016 waren es noch 22.288. Damit ist die Zahl der tatverdächtigen Asylwerber um knapp zehn Prozent gesunken. Und dennoch, das Unbehagen vieler bleibt und führt politisch zu immer weiteren Verschärfungen des Fremden- und Asylrechts – eine Entwicklung, die man in Österreich allerdings seit Jahren beobachten kann.

Bekommen die Fremden Asyl zugesprochen, betrachtet die Politik vor allem die Kosten, die sie im Sozialstaat verursachen. Asylberechtigte und subsidiär Schutzberechtigte sollen nach der Vorstellung der ÖVP-FPÖ-Bundesregierung künftig weniger Mindestsicherung erhalten. Diese Gruppe wächst aufgrund der Fluchtbewegung, im März 2018 waren es 45.800 Personen, um 4.400 mehr als vor einem Jahr. Die Flüchtlinge stellen natürlich eine zusätzliche Herausforderung für den Sozialstaat und seine Sicherungssysteme dar, sie bedeuten aber nicht das Ende des Sozialstaates. Dennoch spricht man im Kontext von geflohenen Menschen seit 2015 vor allem über Probleme, Ängste und Verschärfungen. Jede positive Erzählung fehlt, etwa wie jene von Flüchtlingen als Bereicherung oder Wirtschaftsfaktor. Den Traiskirchner Geschäften und Supermärkten ging es etwa sehr gut, als viele Kunden im Ort waren; in zahlreichen Landgemeinden bedeuten die Neuzugezogenen mit ihren Familien, dass man die eigene Schule, die eigene Infrastruktur aufrechterhalten kann.

Neue Wege, anderer Ton

Und wir haben auf der atmosphärischen Ebene aus dem Fluchtsommer 2015 das gelernt: Es sollte in der Frage des Asylwesens zwischen allen Beteiligten, also Bund, Ländern, Gemeinden, NGOs, Zivilgesellschaft und Wirtschaft eine andere Gesprächskultur geben. Dass hier manches im Argen liegt, hängt wohl auch damit zusammen, dass das Innenministerium in Flüchtlingsfragen die Federführung hat und vieles traditionell aus dem Blickwinkel der Kriminalität betrachtet – und dann auch gleich bei Sicherheitsfragen und Kriminalitätsbekämpfung landet.

Einen Versuch, mehr zusammenzuarbeiten, stellt die Allianz ›Menschen.Würde.Österreich‹ dar, die der ehemalige Flüchtlingskoordinator Christian Konrad gemeinsam mit Mitstreitern im vergangenen März präsentierte: eine Plattform, die Initiativen, NGOs und Einzelpersonen, die sich im Integrationsbereich engagieren, miteinander vernetzen und ihnen mehr öffentliches Gehör verschaffen möchte. Außerdem will man auf die Bundesregierung einwirken, manche Pläne im Asylbereich noch einmal zu überdenken. Wie etwa jenes Vorhaben aus dem Regierungsprogramm, statt der bisherigen Rechtsberatung für Asylwerber, die NGOs durchführen, eine dem Innenministerium unterstellte Bundesagentur zu gründen – dadurch würde die unabhängige Rechtsberatung de facto eingestellt, erklärt die Plattform ›Menschen.Würde‹.

Österreich‹ und veröffentlicht einen offenen Brief an die Bundesregierung, den zahlreiche Juristen, Künstler oder Politiker unterzeichnet haben. An solchen Initiativen wird sich zeigen, ob es zu einem echten Dialog aller Beteiligten kommt – damit aus der Willkommenskultur des Sommers 2015 so etwas wie eine neue Kultur des Zusammenlebens werden kann.

Lernen aus dem Chaos

In der Überforderung passieren Fehler, in Extremsituationen zeigen sich Schwachstellen im System. Gerade beim Grenzeinsatz 2015 kam es zu einer großen Fehlleistung, die auch zu bleibender Verunsicherung im Land geführt hat. »Die berechtigte Kritik der Öffentlichkeit am Grenzeinsatz war ja, dass da Menschen in unser Land gekommen sind, die nie kontrolliert, zum Beispiel auf Waffen untersucht wurden. Das hätte man nicht am ersten Wochenende machen können, aber danach. Die Sicherheitsbehörden haben gut und vor allem verhältnismäßig gearbeitet, doch ähnliche Kontrollen wie an jedem Flughafen hätte man wahrscheinlich relativ rasch auch an den Grenzen zu Ungarn und zu Slowenien umsetzen können«, sagt Gerry Foitik, Bundesrettungskommandant vom Roten Kreuz im Rückblick.

Dank der Menschen auf der Flucht konnte man aber auch die Schwachstellen unserer eigenen Gesellschaft erkennen, gerade jene im Sozialbereich – und den mangelnden Zusammenhalt in Europa, die überholten Regelungen der Asylpolitik, die Schwachstellen der Entwicklungshilfe. »Ganz wichtig war auch, dass wir uns als Bürger auf einmal wieder für politische Themen engagiert haben«, meint Fluchtexperte Kilian Kleinschmidt. »Das war im Grunde eine riesige Mobilisierung der Bevölkerung – in beide Richtungen: Als leider negative Bewegung gegen die fremden Menschen und als positive Bewegung, die man schon fast mit dem Einsatz der Trümmerfrauen vergleichen kann.« Dieses Erwachen der Zivilgesellschaft habe allerdings auch einen Nachteil: »Hätten wir den Staat mehr gefordert, wäre er vielleicht daran gewachsen.«

Mehr Perspektiven geben

Einen Job finden, arbeiten dürfen, ein eigenständiges Leben beginnen: für viele Asylsuchende ein Ziel, dass sie nur schwer erreichen. Asylwerber schon nach sechs Monaten im Land arbeiten zu lassen, ist eine alte Forderung der Wirtschaft, die Regierung, aber auch Gewerkschaft ablehnen. Im Herbst 2016 erstellte der damalige Innenminister Wolfgang Sobotka einen neuen Katalog für gemeinnützige Arbeit, der Asylsuchenden und Asylberechtigten mehr Möglichkeiten geben sollte – zumindest ein Anfang. Die notwendige bundesweite Unfall- und Haftpflichtversicherung für die Betroffenen gibt es allerdings noch nicht.

In den vergangen Monaten häufen sich auch die Fälle von gut integrierten Flüchtlingen, die schlussendlich kein Asyl zugesprochen bekommen und abgeschoben werden, obwohl ihre Gemeinde, ihre Nachbarn, ihr Chef sich für sie einsetzen. Flüchtlingshelferin Helga Longin kennt solche Fälle auch aus ihrer Stadt Bruck an der Leitha, gerade Menschen aus Afghanistan bekämen hier »zu 95 Prozent« einen abschlägigen Bescheid. »Man sagt den Leuten, lernt schnell Deutsch, engagiert euch in eurer Gemeinde, arbeitet tüchtig, zeigt, dass ihr hier leben wollt – und obwohl sie alles tun, ein Gewinn für Österreich sein könnten, ist das alles am Ende manchmal leider egal«, sagt Longin. Wirklich gut integrierte Asylsuchende, die Wohnung und Job haben, sollten die rechtliche Möglichkeit bekommen, im Land zu bleiben, auch wenn ihr Asylgrund am Ende nicht hält.

Perspektiven geben – ein Ziel, das derzeit zum Beispiel auch Oberösterreichs grüner Landesrat Rudi Anschober mit seiner Initiative ›Ausbildung statt Abschiebung‹ verfolgt. Denn auch viele Lehrlinge mit guten Aussichten bekommen Negativbescheide, obwohl sie gerade in Mangelberufen gebraucht würden. Anschober versucht gemeinsam mit Gemeinden, Unternehmern und Zivilgesellschaft Druck für eine bundesweite Lösung für gut integrierte junge Menschen in Ausbildung zu schaffen. Wenn die Bundesregierung nicht bald eine Regelung beschließt, können Hunderte Lehrlinge von Abschiebung bedroht sein. Im Laufe des Jahres 2018 ist mit den meisten Bescheiden in zweiter Instanz zu rechnen. Und nicht nur für die jungen Leute, sondern auch für Österreich gilt dann: Mit Verlusten ist zu rechnen.

Kultur

Hermann Dikowitsch

DER REGIONALE ANKER –
ZUKUNFTSORIENTIERTE KULTURPOLITIK

Provinz – das war einmal. Künstlerisch und kulturell gibt es heute keine Provinz mehr. Die Einteilung in urbane Kultur versus Provinz ist ebenso überholt wie die Unterscheidung in Hochkultur und Alltagskultur.

Die Trennlinien laufen heute anderswo. Heute sollte man eher von Eventkultur versus Erlebniskultur reden. Auf der einen Seite geht es um große Namen und ein Sehen-und-gesehen-werden, um ein Dabei-gewesen-sein, und das noch dazu im Zusammenhang mit großer Kunst, egal aus welchem Bereich und welcher Sparte. Auf der anderen Seite geht es um Nähe zum Künstler und zur Künstlerin und um ein emotionales Erlebnis, das ganz wesentlich von dieser Erfahrung der Nähe geprägt ist. Darin, in diesem emotionalen Erlebnis, liegt eine große Herausforderung für beide Seiten.

Die regionale Verankerung wird sehr viel stärker zum entscheidenden Erfolgskriterium werden als das bereits bisher der Fall ist. Dabei darf nicht vergessen werden, dass die regionale Verankerung aus zwei Teilen besteht. Zum einen geht es darum, Projekte und Institutionen inhaltlich so aufzusetzen, dass sie nicht von einer örtlichen Beliebigkeit geprägt sind, dass es also nicht irrelevant ist, wo sie stattfinden. Projekte sind dann gut aufgesetzt, wenn sie sich inhaltlich mit ihrem Aufführungsort verbinden lassen, wenn sie darauf reflektieren, wenn sie reagieren, wenn sie den Ort zum Teil der künstlerischen Aktivität machen.

Klar ist, dass dies nicht jedes Kunstprojekt im gleichen Maß umsetzen kann. Das ist aber auch gar nicht notwendig. Es ist der Wille, der zählt. Die Aufgabe liegt darin, ein immer besser funktionierendes Sensorium für dieses wesentliche Kriterium zu entwickeln, und zwar bei allen Teilnehmern auf dem Spielfeld der Kunst und Kultur. Es betrifft die Künstler und Künstlerinnen ebenso wie die Organisatoren – und auch das Publikum. Es ist selbstverständlich aber auch eine Herausforderung für die Politik und die Verwaltung, also die Geldgeber.

Die alte Ordnung gibt es nicht mehr, eine neue ist erst in Ansätzen erkennbar. Dennoch liegt die Herausforderung für uns alle darin, neue, andere Strukturen zu schaffen und damit diesem Neuen Rahmenbedingungen zu geben, die ausreichend Platz für Entwicklungsmöglichkeiten bieten. Klar ist, dass eine zukunftsorientierte Kulturpolitik heute sehr viele unterschiedliche Strömungen berücksichtigen muss. Und nicht nur das. Die Aufgabe besteht darüber hinaus darin, auch ein Klima des Respekts vor der Leistung des Anderen zu unterstützen und zu erhalten. Naturgemäß sind nicht nur die Player auf dem Feld von Kunst und Kultur sehr unterschiedlich; das gilt auch für den jeweiligen Background und für die Rahmenbedingungen, unter denen Kunst und Kultur produziert werden. Es ist wesentlich, dass hier Wertungen wenig Platz haben und dort, wo sie notwendigerweise eingesetzt werden müssen, nämlich im künstlerischen Bereich, immer die Rahmenbedingungen und damit die Möglichkeiten der jeweiligen Akteure mitgedacht werden. Die künstlerische Herausforderung ebenso wie der dafür benötigte Mut kann für eine örtliche Gruppe, die sich an ein Thema heranwagt, das sie noch nie behandelt hat, eine wesentlich größere sein als für den Weltstar, der sich in seinem abgesteckten Feld bewegt, wenn auch auf höchstem Niveau.

Die Kunst war immer geprägt von zwei wesentlichen Komponenten: den Menschen, die sie geschaffen haben, und äußeren Rahmenbedingungen wie etwa die sozialen, politischen oder auch klimatischen Verhältnisse. Kunst und Kultur waren immer maßgeblich gekennzeichnet von den Lebensbedingungen der Künstler und Künstlerinnen und verfügen deshalb über eine regionale Verankerung. Heute lässt sich das noch am ehesten in der Weltmusik nachfühlen, die es uns auf einfache und unkomplizierte Weise ermöglicht, andere bis sehr andere Lebenswelten nachzufühlen.

Der (urban geprägten) Kunstszene steht ebenso wie vielen anderen gesellschaftlichen Institutionen und Gruppierungen ein enormer Umbruch bevor. In einer Spiegelung des politischen und wirtschaftlichen Establishments wird auch in der Kunstszene folgende Entwicklung spürbar: Es wird immer mehr selbstreferenziell agiert; die ›Kunstszene‹ wird immer mehr zum geschlossenen Kreis, in dem man sich gegenseitig aufs Neue in seiner Bedeutung und Wichtigkeit bestätigt und dabei mehr und mehr darauf vergisst, dass die Kunst nur in ihrer gesamtgesellschaftlichen Relevanz eine Existenzberechtigung hat. Dabei nimmt die Bedeutung der Kunst gerade in ihrer Funktion für die Menschen an sich eher zu als ab. Sie hätte also eine wichtige Funktion, die sie aber nur unzureichend erfüllt.

Wir leben in einer Zeit, in der immer mehr Bereiche des Lebens ökonomisiert werden. Nicht nur alles Tun an sich wird durch ökonomische Kennzahlen bestimmt, es ist vor allem auch der ›Erfolg‹ dieses Tuns, der de facto ausschließlich durch quantitative Kennzahlen gemessen wird. Die Beschäftigung mit Kunst und Künstlern, gerade in einer Form des Erlebnisses, stellt dem einen deutlich anders aufgesetzten Entwurf gegenüber. Hier geht es um Emotionen, um Ästhetik, um Freude an etwas, das im ökonomischen Sinn ebenso wie im Sinn der Konsumierbarkeit eher wertlos und sinnlos ist, weil es anstelle des quantitativen ›Mehr‹ etwas anderes haben möchte, eine andere Art von ›Mehr‹.

Dieses Andere in Begriffe zu kleiden ist keine leichte Aufgabe. Es ist naturgemäß nicht quantifizierbar und vielleicht am ehesten als Freude zu bezeichnen. Die Eventkultur mit ihrer Suche nach ›mehr‹ wird es und soll es immer geben. Sie wird auch weiterhin stark, sehr öffentlichkeitswirksam, massentauglich und bedeutungsvoll bleiben. Daneben wird aber die Erlebniskultur mit ihrer Suche nach einem ›Mehr‹ an Freude an Zuspruch und an Bedeutung gewinnen.

Es ist bewundernswert, wie bereitwillig sich Menschen auf neue, fremde, schwierig zu verstehende Kunst- und Kulturangebote einlassen, wenn sie nur entsprechend vermittelt werden. Darin liegt eine große und bis dato noch zu wenig genutzte Chance, gerade für ehrenamtlich agierende Kulturaktivistinnen und Kulturaktivisten. Der Begriff des ›Audience Development‹ wird hier in einer besonderen Ausprägung gelebt: in der persönlichen Bindung an die Akteure, die Entscheidungsträger und Umsetzer vor Ort.

Bei den etablierten Häusern wird ein wichtiger Teil dieser Vermittlungsleistung oft auf eine ebenfalls sehr spezielle, aber gut versteckte Art erbracht. Wenn man kunstaffine Orte wie Museen, Theater oder Musikbühnen aufsucht, wird man durch den Ort an sich und seine Konnotation auf die Kunst eingestimmt und vorbereitet. Der Ort des Geschehens als Kunstvermittler. Die Architektur als Verstärker.

Umso spannender und spannungsvoller ist es, diese geschützten Orte zu verlassen und die Kunst und Kultur zu den Menschen hin zu tragen. Raus aus den Tempeln! Rein ins Leben!

Dass der Kunstmarkt trotz seit rund zehn Jahren andauernder wirtschaftlicher Turbulenzen stabil bleibt, ist ein wichtiger Beleg für diese Thesen. Wirtschaftlich liegt es daran, dass es weltweit zu viel Geld und zu wenig – und immer weniger – Profit versprechende Anlagemöglichkeiten gibt. Es gab eine solche Entwicklung zuletzt in den frühen 1990er Jahren, als vor allem japanisches Geld massiv in den Markt für bildende Kunst gepumpt wurde, bis dann die dortige Immobilienblase geplatzt ist.

Solche Entwicklungen sind zwar schön für diejenigen Künstler und Künstlerinnen, die ›drin‹ sind und davon profitieren. Dennoch sind sie ein doppeltes Alarmzeichen. Zum einen verändern sie die Kunst noch mehr und schneller als schon in der Vergangenheit hin in Richtung Kunstmarkt, und zwar ausschließlich. Die Kunst wird auf ihren pekuniären Wert reduziert; die emotionalen und ästhetischen Qualitäten verschlechtern sich. Kunst wird zum Spekulationsobjekt wie Gold, Öl oder Weizen. Sie wird beliebig, was auch zu einer deutlich spürbaren Ratlosigkeit bezüglich der Frage führt, wo denn die Reise inhaltlich hingehen soll, nachdem alles ausprobiert und ausgereizt wurde und sich lediglich die Ästhetiken ändern. Diese Entwicklung ist in der bildenden Kunst am massivsten zu verzeichnen, kann aber auch in anderen Bereichen beobachtet werden, wie im Theater oder in der modernen E-Musik.

Und sie führt dazu, dass auch in der Kunst marktwirtschaftliche Kriterien vorherrschend sind und zu einer Kapitalisierung der Kunst führen.

Beides ist nicht positiv. Die Kunst verliert immer mehr ihre gesellschaftliche Bedeutung. Sie wird zum einen immer beliebiger. Zum anderen verliert sie zunehmend die Fähigkeit, die

Menschen zu berühren. Dass damit mittel- bis langfristig die Bereitschaft der Gesellschaft abnehmen wird, eine Kunst, die immer weniger bereit ist, sich mit den Menschen und ihren Emotionen auseinanderzusetzen, zu finanzieren, ist ein wahrscheinliches Szenario.

Es gibt kein Allheilmittel gegen diese Entwicklung. Aber es gibt Möglichkeiten, diesen Tendenzen etwas entgegenzusetzen. Die wichtigste Maßnahme ist dabei die regionale Verankerung von Kunst und Kultur. Das gelingt heute umso leichter, als die inhaltlichen Rahmenbedingungen dafür hervorragend sind. Denn es gibt, wie eingangs erwähnt, keine Provinz mehr. Man findet überall für jede Form des kulturellen und künstlerischen Ausdrucks ein interessiertes Publikum. Freilich muss man sich dafür zumindest teilweise vom Konzept des (Groß-)Events verabschieden, da man dafür nicht genügend Publikum findet. Aber man findet genügend Publikum für ein funktionierendes Kunst- und Kulturleben, auch mit sehr ungewöhnlichen, zukunftsweisenden, innovativen Inhalten, die noch immer für grundsätzlich urban gehalten werden, obwohl sie es längst nicht mehr sind. Man findet genügend Interesse, Offenheit und Neugier. Man findet Menschen, die auf der Suche nach Neuem sind, und die es sehr schätzen, wenn sie für dieses Neue nicht stundenlange Anreisen in Kauf nehmen müssen, sondern es in ihrem direkten Lebensumfeld erleben können.

Für eine zukunftsorientierte Kulturpolitik hat das weitreichende Konsequenzen. Daher wird in Niederösterreich der Regionalität in der kürzlich entstandenen, neuen Kulturstrategie des Landes auch höchste Priorität eingeräumt. Schon im Zuge des Entstehungsprozesses, der nicht im stillen Kämmerlein erfolgte, wurden die Eckpfeiler unter breiter Beteiligung aller niederösterreichischen Akteurinnen und Akteuren erarbeitet und in allen Landesvierteln öffentlich diskutiert. Aber auch inhaltlich wurde in der Kulturstrategie ein eigener Schwerpunkt mit der Vision ›Kultur für jede und jeden erreichbar‹ zu machen definiert.

In der Segmentierung und ausgewogenen Verteilung der Kulturentwicklungs- und Kulturpflegeaufgaben auf regionale, überregionale wie auch auf zentrale Einrichtungen sehen wir einen Weg, unser Ziel einer kulturellen Nahversorgung der Bürgerinnen und Bürger in optimaler Weise zu erreichen. Dies ermöglicht den gezielten Einsatz von Mitteln der öffentlichen Hand, den Ausbau gewachsener Standortqualitäten sowie die behutsame Weiterentwicklung und Verbesserung der Kulturangebote in den Regionen.

Die Neuausrichtung der Ausstellungs- und Museumslandschaft verfolgt diesen Weg im Ausbau überregionaler Kompetenzzentren. Bestehende Kompetenzzentren in Carnuntum für römische Archäologie, Asparn/Zaya für Ur- und Frühgeschichte sowie in Niedersulz für Volkskunde werden durch den Bau einer Landesgalerie für bildende Kunst in Krems sowie das neue Haus der Geschichte in St. Pölten ergänzt und werden dem Land zusätzliche Strahlkraft verleihen.

Auf der anderen Seite steht das Land den zahlreichen kulturellen Einrichtungen in den Regionen zur Seite stehen, um sie zu stärken und zu fördern. Einen Erfolgsfaktor dafür stellen die

Viertelbüros der Kulturvernetzung Niederösterreich und deren Aktivitäten wie die jährlichen ›Tage der offenen Ateliers‹ sowie das Viertelfestival dar.

Die regionale Verankerung stellt inhaltlich unterschiedliche Herausforderungen. Für ehrenamtlich geführte Betriebe und Einrichtungen liegt sie darin, in der Programmierung und der Wahl der Location(s) eine ›regionale Erkennbarkeit‹, besser noch eine ›örtliche Erkennbarkeit‹ zu leben. Darüber hinaus ist programmatisch eine klar erkennbare eigene Handschrift zu entwickeln. Ein Gestaltungswille muss erkennbar und nachvollziehbar sein, zum Beispiel aus den Biografien der Akteure. Dasselbe gilt für die Auswahl und Gestaltung der Location(s). Der Mehrzwecksaal ist bestenfalls die Notlösung. Besondere Orte werden geschätzt und gesucht. Ehemalige Gewerbe- und Industrieobjekte sind schon seit Jahrzehnten hervorragende Plätze für kreatives Schaffen in jeglicher Form. Doch dabei bleibt es nicht. Die Entwicklung ist längst weitergegangen. Kunst und Kultur soll die Vitrinen und Veranstaltungssäle verlassen und überall stattfinden.

Auch die künstlerischen Inhalte können davon profitieren. Der Druck zur Beschränkung ist aus kreativer Sicht nicht unbedingt nur ein Nachteil, auch wenn das vielleicht zynisch klingen mag. Die Einschränkung ist ein – legitimes – künstlerisches Ausdrucksmittel, das zu erstaunlichen Ergebnissen führen kann. Kleine Gruppierungen können oft in der gebotenen Qualität mit den Großen nicht mithalten, was ganz banal daran liegt, dass ihnen weniger Mittel zur Verfügung stehen. In Fragen der Originalität, der Freude am Experiment und am Neuen sowie der emotionalen Kraft des künstlerischen Ausdrucks ist dieser Unterschied weit weniger eindeutig; zum Teil ist es sogar umgekehrt.

Eines ist klar: Kunst, die sich mit ihren Aktionen ausschließlich in den definierten Kunsträumen bewegt, verzichtet auf wesentliche Elemente der künstlerischen und kulturellen Arbeit. Sie bleibt in einer in sich geschlossene Welt und verzichtet auf die Konfrontation mit dem übergroßen Rest der Wirklichkeit. Sie verzichten auf alle Menschen, die die Kunsttempel nicht betreten und nie betreten werden – und auch auf wesentliche Elemente des Risikos des Scheiterns. Dabei ist gerade das Scheitern ein wesentlicher Aspekt jeglicher künstlerischer und kultureller Arbeit.

Für hauptamtlich geführte größere Betriebe stellt sich die Situation differenzierter dar. Die Bedeutung der regionalen Verankerung ist gegeben und es wäre spannend, sie auch inhaltlich umzusetzen, allerdings wird dieser Zugang vom stets vorhandenen Qualitätsdruck überlagert und meist verhindert. Dabei ist die Qualitätsdiskussion eine besonders schwierige, nicht nur weil sie subjektiv ist. Jede künstlerische Ausdrucksform kann, zumindest in der professionellen Beurteilung, nur dann richtig verstanden werden, wenn sie in Bezug gesetzt wird zu ihrem Handlungsrahmen, also den formalen und finanziellen Möglichkeiten.

Als Konsequenz daraus ergibt sich die logische Schlussfolgerung: Man kann nicht überall alles machen. Je größer und besser positioniert ein Haus ist, umso klarer und enger sind die Grenzen des Machbaren bzw. umso größer wird der Kommunikationsaufwand, um etwas ›machbar zu machen‹, das nicht den Erwartungen entspricht. Die Qualitätsfrage ist eng verknüpft mit Erwartungshaltungen und daher nur bedingt bewertbar.

Eine zukunftsorientierte Kulturförderung sollte den Aspekt der regionalen Verankerung entsprechend berücksichtigen und gezielt fördern. Damit wird darüber hinaus die Stärkung der Unterscheidbarkeit, der Individualität, des Persönlichen und des Ungewöhnlichen gefördert. Man kann über das Wesen von Kunst und Kultur viel sagen, aber hier liegt mit Sicherheit eine Essenz: Kunst und Kultur sind nur als individueller Ausdruck von Personen oder Personengruppen denkbar. Wird dieser Bereich verlassen, wird aus der Kunst sehr schnell ein – anonymes – Produkt oder Massenprodukt. Die Digitalisierung stellt hier ganz neue Herausforderungen: Mit der digitalen Reproduzierbarkeit von Kunst verschwindet das Original und damit auch das Individuum. Zudem verschwinden die Grenzen zwischen den verschiedenen Disziplinen und Kunst und Kultur öffnen sich auch anderen Fachgebieten wie jenen der Wissenschaft.

Dafür ist die Bereitstellung entsprechender Mittel ebenso notwendig wie ein grundsätzliches und auch gelebtes Bekenntnis dazu, dass kleinere, also regional stärker verankerte und auch leichter verankerbare Projekte und Initiativen und große überregionale oder international agierende Projekte und Initiativen als grundsätzlich gleich wichtig zu betrachten und daher mit der gleichen Wertschätzung zu behandeln sind. Dabei ist selbstverständlich zu beachten, dass die Bedürfnisse, die Rahmenbedingungen, die zur Verfügung stehenden Mittel, die öffentliche Wahrnehmung und auch die erzielbaren künstlerischen und kulturellen Outputs sehr unterschiedlich sein werden und sein müssen. Dennoch ist es notwendig, alle Player als auf einem gemeinsamen Feld agierend zu erkennen. Diese Erkenntnis ist die notwendige Voraussetzung für eine in die Zukunft gerichtete regional verankerte Kulturpolitik. Die Wertschätzung seitens der Entscheidungsträger auf Seiten von Verwaltung und Politik ist eine wichtige Voraussetzung dafür, um noch selbstbewusstere und stolze Akteure in den Regionen zu gewinnen. Stolz ist dabei aber nicht mit billigem Chauvinismus zu verwechseln. Es geht nicht darum, sich selber im Vergleich zu anderen als besser, höherwertig oder sonst wie herausragend zu definieren. Die Aufgabe besteht darin, den Wert der eigenen Arbeit und der eigenen Leistung zu erkennen. Auch hier gilt wie in allen anderen Lebensbereichen: Nicht das Trennende ist in den Vordergrund zu stellen, sondern das Verbindende. Das Land hat die Aufgabe, hier als Motor und treibende Kraft zu wirken und das Seine dazu beizutragen, um ein Gelingen zu ermöglichen.

Eine tragende Säule einer lebendigen Kulturszene sind nicht zuletzt die zahlreichen ›Ehrenamtlichen‹. Laut einer Studie, die die Donau-Universität Krems im Auftrag des Landes Niederösterreich erstellt hat, sind 77.863 Personen in mindestens einer kulturellen Institution oder einem Kulturverein tätig und leisten dabei pro Woche 463.000 Stunden an ehrenamtlicher Arbeit. Damit leisten sie einen enormen Beitrag zum Funktionieren der Gesellschaft und bringen Klang und Freude in die Regionen. Ihnen soll durch Bewusstseinsbildung in der Bevölkerung jene Wertschätzung zuteilwerden, die ihnen kraft ihrer Unverzichtbarkeit für das kulturelle und soziale Leben in der Region zukommt.

Für eine zukunftsorientierte Kulturpolitik ist es ganz wesentlich, diejenigen Leute zu erkennen und als Partner zu gewinnen, die ›etwas wollen‹, eine Vision haben, ein Ziel, eine Vorstellung davon, welche Angebote und Interventionen sie künstlerisch in ihrer direkten Umgebung setzen wollen. Die verstehen, dass Gestalten nicht einfach nur darin besteht, sich aus dem Kreis der üblichen Verdächtigen diejenigen Künstler herauszusuchen, die einem gerade am besten gefallen. Es geht auch darum, ein Gesamtbild in seiner bunten Palette zu haben und um den Willen, diesem Bild so nahe wie möglich zu kommen.

Gerade in der regionalen Verankerung von Kunst- und Kulturprojekten entsteht ein Mehrwert, der nicht hoch genug bewertet werden kann.

Stehen wir am Ende der Entwicklung? Natürlich nicht. Die Welt hat sich immer verändert und wird das auch weiterhin tun. Lediglich das Tempo dieser Veränderung hat stark angezogen.

Es hilft, sich vor Augen zu halten, dass Kunst und Kultur – soweit wir das einschätzen können – von Anbeginn an für die Menschen und mit den Menschen gemacht wurden.

Theater

Peter Loidolt

»ICH NEHME REGIETHEATER NICHT ERNST.«

Interview

1988 riefen Sie die Festspiele Reichenau ins Leben und bauten diese zu einem der größten und erfolgreichsten Theater-Festspiele in Österreich mit über 40.000 Besucherinnen und Besuchern pro Saison aus. Worin besteht das Erfolgsrezept?

Vorweg: Es gibt kein Rezept. Wenn das so wäre, dann gäbe es nur mehr Massenware, in der wir medial und im gesamten Kunstbetrieb ertrinken. Jeder kopiert jeden. Jeder überschreit jeden. Ich bin mit meiner Frau den individuellen komplizierten und risikoreichen Weg gegangen. Mit viel Leidenschaft. Diese hat die Künstler, das Publikum die Mitarbeiter und unser Umfeld in unseren Bann gezogen. Unser Buch ›30 Jahre Festspiele Reichenau‹, das soeben erscheint, ist da sehr intim und informativ.

Immer war die Qualität, die Einmaligkeit der von uns angesetzten Produktionen im Mittelpunkt. Nicht Namen, nicht Kritiken, nicht Reputationen. Neue Wege, wie die Dramatisierung von Literatur (erst von Theaterleuten heruntergemacht, dann eben von diesen übernommen und heute üblich), der Themenkreis ›Berühmte Frauenschicksale‹, Auftragswerke einerseits und als Basis aufregende Interpretationen von Arthur Schnitzlers Bühnenwerken, Stefan Zweigs und Franz Werfels Romanen, Auftragswerke wie etwa ›Oberst Redl‹, ›Die Strudlhofstiege‹, in einem Mix von Literaturdramatisierungen wie ›Madame Bovary‹, ›Anna Karenina‹, ›Lady Chatterly‹ oder mit gebürtigen Tirolern wie Katharina Straßer und Bernhard Schir den ›Weibsteufel‹ tirolerisch zu interpretieren, haben eine neue österreichische Note definiert, für die uns das Publikum liebt.

Besonders stolz sind Sie auf einen Selbstfinanzierungsgrad von rund 90 Prozent. Verhilft der geringe Subventionsbedarf tatsächlich zu größerer Unabhängigkeit von Politik und Medien? Oder umgekehrt: Korrespondieren höhere Förderungen mit stärkerer politischer Einflussnahme?

Ohne Zweifel. Politiker kennen meist – schon aus Zeitmangel – die wenigsten Theater oder Opernproduktion oder lesen Bücher. Medienwirksamkeit ist deren Maßstab, Sachkenntnis in den wenigsten Fällen vorhanden. Kunstsubvention wird viel zu oft mit Sozialleistung verwechselt. Ein Komponist oder Autor, der nicht gespielt wird, aber provoziert, ein Maler, ein Regisseur, der sich wortreich selbst verwirklicht, wird mit Kunst verwechselt. Diese Gruppierungen haben mit den Medien ein ausgezeichnetes Lobbying. Den Menschen wird hier vorgespielt, daß man in einer Zeit der bedenklich wachsenden Manipulationen und Unfreiheit eigentlich in einem Paradies der Individualität lebt.

Die meisten Künstler brauchen und suchen bis zur Selbstvernichtung einen brutalen Leistungsdruck. Und der kommt vom Publikum und nicht von den Subventionen. Schon gar nicht heute. Preise, medialer Jubel sind unbedeutend gegenüber der Mund-zu-Mund-Information. Mozart, Verdi, Shakespeare, Nestroy – um nur wahllos vier zu nennen – haben damit gelebt und sind noch hunderte Jahre später auf den Spielplänen unglaublich erfolgreich. Mir fällt derzeit kein Zeitgenosse ein, der dies erreichen könnte.

Bis vor einigen Jahren fungierten Sie auch als Obmann des ›Theaterfestes Niederösterreich‹. Wie erlebten und erleben Sie die Wechselwirkung zwischen Kulturinstitutionen und (Kultur-)Politik?

Da hat sich viel bewegt, vor allem weil Erwin Pröll hier viel Sendungsbewusstsein hatte und oft seinen eigenen Apparat angetrieben hat. Vieles ist ihm gelungen. Ohne ihn hätten wir in Reichenau die Festspiele nicht in dieser Form umsetzen können. Aber es ist auch deswegen so gut gegangen, weil wir eine eigene Kraft und Umsetzungskapazität sowie ›Standing‹ hatten. Und das tut der Kunst gut.

In einem Interview mit einer Kulturzeitschrift kritisierten Sie einmal jene Bühnen, die Theater in erster Linie »für Kulturjournalisten« machten. Was meinten Sie damit und was unterscheidet Reichenau von solchen Institutionen?

Nun, das ist eigentlich vorher ausreichend beantwortet worden. Irgendwie muss man ja an das öffentliche Geld kommen und Unterstützer generieren, wenn man keine Einnahmen aus dem Kartenverkauf hat.

Es ist aber blanker Unsinn, jene zu bestrafen und deren Subventionen zu kürzen, die erfolgreich im finanziellen Bereich sind. Eher würde es dem Theater, der Oper, dem Musikverein und somit dem Staat nützen, wenn bei Erfolgen weiter ausgebaut wird.

Durch die Auswahl der Stücke aus dem Zeitraum des ›Magischen Wien‹ rund um 1900 und darüber hinaus einer- sowie der Akteurinnen und Akteure auf der Bühne andererseits setzt eine Intendanz bewusst Signale. Welchen kulturpolitischen Einfluss kann ein Intendant im Allgemeinen bzw. können Sie im Speziellen ausüben?

Indem man uns kopiert. Wenn ich mir die Initiativen oder Spielpläne und den regen Kultur-
betrieb in dieser Region ansehe, wo unsere Entdeckungen an Spielstätten wie der Thalhof, das
Südbahnhotel, Schloss Wartholz oder das Dodererhaus von Dritten als ›Erfindung‹ angeprie-
sen werden. Oder wenn wir ganz sorgsam in der Geheimhaltung unserer Zukunftsprojekte
vorgehen müssen.

Wir haben all diese Spielstätten aber aufgegeben, weil wir ganz aufwändiges Theater machen
und es dort nicht umsetzten konnten. Und dazu braucht es eine ungeheure Infrastruktur – wie
eben den ›Neuen Spielraum‹ im Theater Reichenau, wo wir über eine Million investierten.

Mit dem Südbahnhotel ist einerseits die Investitionsgröße seinerzeit (und auch heute) nicht
zu stemmen gewesen und andererseits ist es nur eine abbröckelnde Kulisse, in der man ganz
beschränkt Stücke produzieren kann, die wir alle ausgelotet haben. Mit der relativ geringen
Publikumskapazität ist es auch hoch unrentabel. Lesungen zu subventionieren ist politischer
Schwachsinn. Man muss auch nicht alle Ruinen bespielen, wo so viele Theater leer stehen.

**Ist ein auf kritische Tradition bezogenes Theater wie Ihres heute mehr denn je ein bewus-
ster Gegenpart zur unbewussten unkritischen Konvention eines Regietheaters?**

Ich nehme Regietheater nicht ernst. Das ist nicht Kunst, sondern ein Egotrip. Ich zitiere
George Tabori in einem ORF-Radiointerview: »Regie führen kann ein jeder Dummkopf und
tut es auch.« Das Theater braucht gute Autoren – hier gibt es einen überaus großen Mangel,
denn schreiben ist nicht ›schreiben‹. Regie kann ein Turbo sein, aber auch der Untergang.

**Kulturfestspiele sind immer auch ein Treffpunkt von Persönlichkeiten des öffentlichen
Lebens, auch aus der Politik. Wie hoch schätzen Sie den ›Networking‹-Faktor der Reichenauer Festspiele ein?**

Das kann ich nicht einschätzen. Viele sagen, er ist sehr hoch.

**In diesem Jahrbuch wird symbolisch zwischen Agorá, Forum und Market als Kulturträger
einer Polis unterschieden. Wo würden Sie hier Ihren Anspruch in Bezug auf Reichenau in
Vergangenheit, Gegenwart und Zukunft setzen?**

Den Beweis zu erbringen, dass Theater eine unsterbliche Form in allen Epochen ist und bleibt
– hochwertig und anspruchsvoll. Und dass Menschen eine Theatervorstellung als Höhepunkt
in ihrem kulturellen Leben sehen, abseits vom medialen und elektronischen Getöse.

Das Interview wurde von den Herausgebern schriftlich geführt.

Senioren

Ingrid Korosec (unter Mitarbeit von Susanne Walpitscheker)

BÜRGERSINN UND ZIVILCOURAGE

Zur (möglichen) Rolle von Seniorinnen und Senioren in der Demokratie

Die Gesellschaft hat sich in den vergangenen Jahren in allen westlichen Industriestaaten zunehmend individualisiert, so freilich auch in Österreich. Konnte man seitens der Politik früher von einem recht homogenen Lebensverlauf in drei Lebensphasen ausgehen – von der Jugend und Bildungsphase bis maximal Mitte 20, von der Familien- und Erwerbsphase ab Mitte 20 bis Mitte 60 und von einer nachberuflichen Phase in der Pension, die deutlich weniger als 20 Jahre dauerte –, so sind die konkrete Lebensphase und damit verbundene Interessen oder Bedürfnisse heute immer weniger alleine am kalendarischen Alter festzumachen: Die Erstausbildung dauert länger und es wird – insbesondere in formell höheren Bildungsschichten oder höheren Einkommensgruppen – im Laufe des Lebens immer häufiger eine weitere Ausbildung absolviert, zunehmend auch noch nach dem 40. oder 50. Lebensjahr. Der in der Jugend eingeschlagene Berufsweg wird immer häufiger zur Mitte des Lebens auf einen ganz anderen Berufszweig verändert, zunehmend sogar rund um die Zeit des Pensionsantritt nochmals neu überdacht. Familien werden immer später gegründet, das Alter der Eheschließung steigt ebenso an wie das Alter der Erstgebärenden; nach der ersten Familie wird immer häufiger die Patchwork-Familie gegründet. Das Pensionsantrittsalter verschiebt sich zuletzt endlich wieder nach hinten, in Richtung des gesetzlich vorgegebenen Alters von 65. Zudem nimmt die Erwerbstätigkeit der Personen im Alter über 65 ebenso zu wie deren Beteiligung an Freiwilligenarbeit.

Dennoch ist die Dauer des Pensionsbezuges, die Zeit der Nacherwerbsphase, heute so lange wie noch nie. Und so ist zum früheren ›dritten Lebensabschnitt‹ längst ein vierter hinzugekommen. Die ersten Pensionsjahre, im Alter zwischen 60 und rund 85 Jahren, gelten heute als das ›dritte Alter‹ oder als die ›gewonnene Generation‹ und werden statistisch nachweisbar bei relativ hoher (subjektiver) Gesundheit, hoher Mobilität und auch Produktivität erlebt. Die hochbetagten Jahre ab rund 85 Jahren gelten heute als das ›vierte Alter‹ oder als die ›Gruppe der Hochbetagten‹ und sind geprägt von wachsendem Unterstützungsbedarf, was dazu führt, dass heute mehr als die Hälfte aller Pflegeheimbewohner im Alter über 85 Jahren sind. Doch selbst diese Gruppe ist nur zu rund 50 Prozent von so gravierenden gesundheitlichen Einschränkungen betroffen, dass eine selbständige Lebensführung im Alltag nicht mehr ohne (zeitweise) Unterstützung möglich ist.

Dies zeigt klar, dass jede Generation ›anders‹ alt wird. Mehr als das kalendarische Alter zählen subjektiv empfundener Gesundheitszustand, Art und Qualität der sozialen Kontakte sowie gelebte und erlernte Kommunikations- und Informationsmuster. Wir erleben daher immer wieder neue Senioren-Generationen – deren Individualisierung ebenso nachvollziehbar ist wie jene der jüngeren Generationen. Für Politik und Medien wird es daher zunehmend schwieriger ein Programm, ein Angebot für ›die Senioren‹ zu erstellen – denn ›die Senioren‹ als homogene Gruppe gibt es so nicht mehr.

Mehr Zeit – weniger Social Media: Findet Beteiligung heute schon statt?

Dennoch lässt sich für die Zeit der Nachberufsphase eines klar festhalten: Diese Gruppe verfügt – in jedem Senioren-Alter – über größere Zeitressourcen als Menschen, die täglich einer außerhäuslichen Erwerbsarbeit nachgehen oder täglich Familienarbeit leisten.

Zugleich lässt sich für diese Altersgruppen auch heute noch eine ›digitale Kluft‹ zu jüngeren Generationen darstellen. Zwar haben Seniorinnen und Senioren in den vergangenen Jahren hinsichtlich der Nutzung von Internet, E-Mails und sogar von Social Media deutlich aufgeholt. Doch sind weiterhin – insbesondere in der Gruppe der Hochbetagten – Menschen anzutreffen, die keine dieser modernen Kommunikationsmethoden nutzen können oder wollen.

Beide Punkte sind relevant, betrachtet man die mögliche Rolle der Seniorinnen und Senioren in der Demokratie. Schließlich werden in Österreichs Politik – wie in ganz Europa – zunehmend Methoden, Mittel und Wege der direkten Demokratie diskutiert. Um der – durch viele Fachbereiche immer wieder festgestellten – ›Demokratieverdrossenheit‹ der Bevölkerung entgegenzutreten, werden Online-Beteiligungsmodelle immer wieder diskutiert, zum Teil auch entwickelt und sogar umgesetzt. Nun hätten zwar gerade Seniorinnen und Senioren besonders viel Zeit, sich auf diesem Wege an Österreichs Politik zu beteiligten, doch schließt die besprochene ›digitale Kluft‹ zugleich große Teile von ihnen wieder aus.

Überhaupt ist für die Gestaltung der Zukunft kritisch zu hinterfragen ob diese, von der Politik ›von oben herab‹ vorgegebenen Beteiligungsmodelle zu möglicherweise auch von dort vorgegebenen Themen überhaupt geeignet sein können, die demokratische Arbeit der kommenden Jahrzehnte zu gestalten. Vielmehr scheint es so, als würden sich Bürgerinnen und Bürger – völlig unabhängig von ihrem kalendarischen Alter – immer öfter zu themenbezogenen Gruppen, zu Interessengemeinschaften lose zusammenschließen und würden, insbesondere unter Zuhilfenahme der neuen Medien, die ihnen wichtigen Themen selbst aufbereiten, verbreiten, kampagnisieren und so durch eigene Kraft in den Fokus der Öffentlichkeit – und somit der Politik – stellen.

Die zuvor angesprochenen ›Hochbetagten‹ bleiben von diesen Prozessen dabei großteils ausgeschlossen: Sie bekommen ›Facebook-Aktionen‹ oder ›Twitter-Storms‹ erst gar nicht mit. Sie können ihre Erfahrung, ihre Bedürfnisse und Sichtweisen daher nicht einbringen. Seniorenrat und Seniorenbund sorgen daher dafür, dass – so lange eine Bevölkerungsgruppe noch von dieser Form der Teilhabe ausgeschlossen ist – auch persönliche, (hand-)schriftliche Wege der Beteiligung offen gehalten werden müssen.

Schlagzeilen sprechen von ›Gerontokratie‹: Sollen Alte überhaupt mitbestimmen?

Das zuletzt Formulierte, die fehlende Beteiligung der Hochbetagten an Online-Prozessen, wird von manchen Gruppen jedoch durchaus positiv gesehen. Die Abstimmung der Briten über den sogenannten ›Brexit‹ zeigte in ihrer Nachbetrachtung klar, was hier gemeint sein soll: Schon am Tag, an dem das Ergebnis bekannt wurde, titelten mehrere Medien, insbesondere aber auch Online-Medien: »Die Alten haben über die Zukunft der Jungen bestimmt!« Weil die Zustimmungsraten zum EU-Austritt bei den Älteren höher als bei den Jüngeren waren, wurden umfassende mediale Diskussionen geführt. Die Älteren hätten »über eine Zukunft bestimmt, die sie selbst nicht erleben werden«. Schnell machten auf den – hauptsächlich von den Jüngeren benutzten – Online-Foren Tabellen die Runde, die das Abstimmungsverhalten mit der erwarteten weiteren Lebenserwartung verglichen. Mehrfach wurde dort vorgeschlagen, Menschen ab einem bestimmten Alter das Wahlrecht zu entziehen oder »auf deren Themen« zu begrenzen.

Ähnliche Diskussionen wurden Anfang 2013 in Österreich geführt, als die Volksbefragung über die Wehrpflicht für deren Erhalt ausging und Wahltagsbefragungen auch dort ein deutlich unterschiedliches Stimmverhalten von Jung und Alt feststellten.

Erst einige Tage nach der ›Brexit‹-Abstimmung wurde anhand derselben britischen Befragungen festgestellt, dass die Wahlbeteiligung der Jungen dramatisch niedriger war als jenes der Alten. Konnte man also den Alten den Vorwurf machen, dass sie ihr Wahlrecht genutzt hatten? Sollten Alte überhaupt zu allen Themen wählen, abstimmen beziehungsweise mitbestimmen dürfen?

Auch hier ist freilich die Rolle der Senioren-Interessenvertretungen klar: Sie verlangen, dass man in jedem Alter zu jedem Thema mitbestimmen muss, kann und soll. Auch in Zukunft, wenn der Anteil der Älteren und sogar jener der Hochbetagten an den Wahlberechtigten in Österreich wie in allen westlichen Industrieländern deutlich zulegen wird. Das Zensuswahlrecht haben unsere hochentwickelten Demokratien zu Recht hinter sich gelassen und durch das allgemeine, freie Wahlrecht ersetzt. Den Alterswandel haben daher nicht bloß soziale Systeme oder Gesundheitssysteme zu überwinden, sondern auch die Demokratien haben sich dieser Aufgabe zu stellen.

Am Rande sei hier betont, dass all diese Ausführungen aufgrund des bekanntlich geheimen Wahlvorganges lediglich auf Wahltagsbefragungen beruhen können, häufig sogar auf schon vor dem Wahltag erhobenen ›Absichtserklärungen‹ beruhen, und deren Aussagekraft daher unter anderem von der Größe der Stichprobe, der Auswahl der Befragten (Geschlecht, Alter, Wohnort, …) und der gewählten Methode abhängt. So weiß man zum Beispiel von Online-Befragungen, dass eine statistisch korrekte Beteiligung der über 75-Jährigen kaum zu erreichen und Aussagen über diese Gruppe daher entsprechend unhaltbar sind. Hier muss daher insgesamt klar sein, dass auch mit diesen Zahlen und deren Interpretation umfassend Stimmung – und zwar nicht zum Wohle der Gemeinschaft oder zur Förderung der Generationenzusammenarbeit – gemacht wird.

Egozentrierte Individualisten? Wie kann da noch Gemeinschaft gelingen?

Gehen wir heute also von der Zunahme der Individualisierung in jedem Alter aus, gehen wir zudem davon aus, dass dies auch die Konzentration auf das Ego befördert, so müssen wir uns für die Zukunft unserer Demokratien, für die Regierbarkeit eines Landes umfassend fragen: Was kann Gemeinschaft stiften? Wie kann der Ausgleich dieser individuellen Interessenlagen gelingen? Welche Akteure können hier Quell von Innovation sein und wie können bestehende Netzwerke genutzt oder neue Netzwerke bewusst ermöglicht werden?

Mehrere Sozialstudien – sowohl Jugend- als auch Altersstudien – zeigen für Österreich ein bestehendes festes Wertefundament in allen Altersgruppen. Neben der stattfindenden Individualisierung sind der Wunsch nach Familie – nach deren Gründung in der Jugend, nach deren Erhalt im Alter –, nach stabilen Beziehungen und nach eigenen Kindern und lebenslangem guten Kontakt mit denselben weiter im Fokus des größten Teils der Österreicherinnen und Österreicher. Dabei werden auch Lebensgemeinschaften, Patchwork-Familien etc. heute vom Großteil als Familien empfunden und auch von außen so bezeichnet. Entscheidend ist die stabile soziale Beziehung, sei sie auch über eine räumliche Distanz gelebt.

Hier findet ein großer Teil des täglichen Interessenausgleichs statt. Eltern haben immer ihre persönlichen Bedürfnisse zurückgestellt, wenn es um Bedürfnisse, Wünsche oder gar Zukunftsinvestitionen ihrer Kinder ging. Dies gilt heute in uneingeschränktem Maße – und zwar in jedem Alter der Kinder, auch wenn sowohl Eltern als auch Kinder längst erwachsen sind, auch gegenüber Enkelkindern. Diese Wertehaltung hat alle Individualisierungstendenzen und anderen, die Gesellschaft verändernden Trends überstanden. So lange man irgendwie helfen kann, hilft man. In jedem Alter. Den medial beschriebenen Generationenkonflikt gibt es in den Familien in dieser Form nicht.

So geben Österreichs Seniorinnen und Senioren alleine an Geldleistungen im Schnitt rund 235 Euro monatlich an ihre Kinder und Enkelkinder weiter – selbst wenn sie die sogenannte Mindestpension beziehen, werden die jüngeren Generationen so weit wie irgend möglich auch finanziell unterstützt. Hinzu kommt die wertmäßig gar nicht erfassbare Gabe von Sachleistungen – zumeist in der Form von Zeitspenden, wie zum Beispiel indem Enkelkinder nach der Schule betreut, Hausübungen mit ihnen erledigt werden oder der Abenddienst übernommen wird, damit auch berufstätige Eltern einmal für sich allein sein können. Zugleich werden in Österreich weiterhin 80 Prozent der Pflegegeldbezieherinnen und -bezieher zu Hause durch Angehörige betreut – zumeist durch die (Ehe-)Partner oder durch – sehr häufig selbst schon im Pensionsalter befindliche – Kinder. Zugleich schenken vor allem Jugendliche und junge Erwachsene ihren Großeltern Zeit und Unterstützung, zum Beispiel indem sie gerade das Erlernen von Online-Fähigkeiten mit viel Geduld und dem ihnen eigenen Zugang der ›Digital Natives‹ spielend übernehmen.

Zudem gilt Österreich weiterhin zu Recht als das ›Land der Vereine‹, wobei der Umfang an Leistungen der Ehrenamtlichen und Freiwilligen an Europas Spitze liegt. Die Beteiligung an deren Aktivitäten findet dabei in der Jugend, vor Eintritt in das Erwerbsleben, und im Alter, nach dem Austritt aus ebendiesem, in besonders hohem Maße statt. Dort arbeitet man zusammen, schafft den Interessenausgleich in der Gruppe, setzt gemeinsame Forderungen gegenüber Behörden oder Politik leichter durch. Zu beachten ist in diesem Zusammenhang, dass diese Vereinsarbeit zum einen am Interesse der einzelnen Gruppe orientiert ist – sei es nun Sport, Musik, soziales Engagement, Religion oder was auch immer der Vereinszweck sei –, zum anderen aber in höchstem Maße den Regionalbezug herstellt und lebt.

Gemeinschaft bildet sich daher noch heute sehr stark am Wohnort, an der Familiensituation und an der – häufig in Vereinen gelebten – persönlichen Interessenlage aus. Religion und Kultur gelten in Österreich weiterhin als Wertestifter – auch jenen, die formell keiner Kirche angehören oder die in ihrem Alltag persönlich wenig mit Kultur in Kontakt zu kommen glauben. Hier werden Werte geschaffen, die Politik nicht vorgeben und nicht selbst schaffen kann. Diesen Werten und den daraus resultierenden Bedürfnissen, Wünschen und Forderungen zu entsprechen, bleibt Aufgabe von Politik und Interessenvertretungen auf allen Ebenen. Sie muss verstehen, dass sie selbst weder Werte noch Gemeinschaft stiften kann.

Aufgabe der Seniorinnen und Senioren: aktiver Teil der Politik werden!

Dies festgestellt habend, wollen wir uns der Rolle der Seniorinnen und Senioren zuwenden. Auch sie führen zunehmend individualisierte Leben. Die Scheidungsraten der Generation 60 plus steigen ebenso wie deren Wiederverheiratungsquoten. Die Zahl noch minderjähriger oder zumindest unselbständiger, weil zum Beispiel noch im Studium befindlicher Kinder, die in einem Haushalt mit zumindest einem Pensionisten wohnen, nimmt ebenfalls zu. Auch die Anzahl der Unternehmensgründungen 50 plus ist so hoch wie nie zuvor – auch sie gelten vor dem Gesetz und hinsichtlich der entsprechenden Förderungen als ›Jungunternehmer‹, werden von Politik und Medien aber nur in den seltensten Fällen als solche erfasst oder gar öffentlich so bezeichnet. Ebenfalls im Steigen begriffen ist die Zahl jener, die nach dem 65. Geburtstag mit oder ohne Pensionsbezug sozialversicherungspflichtig – also in höherem Ausmaß als der geringfügigen Beschäftigung – beschäftigt sind, wobei zugleich die geringfügige Beschäftigung im Pensionsalter heute Höchstwerte erreicht.

So zeigt sich auch in dieser Altersgruppe eine zunehmend fragmentierte Interessenlage, die weit über jene Themen hinausgeht, die den Seniorinnen und Senioren seitens der öffentlichen oder veröffentlichten Meinung gerne zugebilligt werden. Dies spüren auch die Senioren-Interessenvertretungen in ihrer täglichen Arbeit: Zunehmend sind es einzelne Personen, die gänzlich neue – früher die Zeit nach dem Erwerbsleben gar nicht betreffende – Themenbehandlungen einfordern.

Um die Rolle der Seniorinnen und Senioren in der Demokratie zu stärken beziehungsweise eine neue Rolle überhaupt zu ermöglichen, ist daher ein entscheidender Ausgangspunkt das Überwinden althergebrachter Klischees des Alters beziehungsweise altersbedingter Lebensphasen oder Interessenlagen.

Doch das alleinige Fordern einer Themenbehandlung oder gar der Lösung von Problemen, noch dazu in einer ganz bestimmten, von nur einer Interessengruppe erarbeiteten Art und Weise, wird für eine erfolgreiche Zukunft von Demokratie und Politik in Österreich ebenfalls nicht ausreichen. Auch für die Seniorinnen und Senioren muss in Zukunft klar sein: leisten statt fordern! Es gilt, sich persönlich zu engagieren, sich einzubringen, in seinem eigenen Umfeld zu diskutieren und Interessenkonflikte auszudiskutieren – auch jene Konflikte in politischen Bereichen.

Im klassischen politischen System lässt sich dies schon an einer in den vergangenen Jahrzehnten stark gestiegenen Beteiligung von Seniorinnen und Senioren auf Ebene der Gemeinderäte feststellen. Kandidatinnen und Kandidaten für Gemeinderatswahlen, sogar als Bürgermeisterin oder Bürgermeister, lassen sich immer häufiger auch im Kreise der Seniorinnen und Senioren finden. Sie kennen die Gemeinde, teilweise seit ihrer Geburt; sie haben nach der Pensionierung die Zeit, diese wenig bezahlte, dafür zeitlich umso anspruchsvollere Aufgabe zu übernehmen. Sie trauen sich ihre Mitarbeit auf dieser Ebene zu. Hinzu kommt freilich die Abwanderung der Jungen aus ländlichen Regionen – hier ist die Erstellung einer Wahlliste oft überhaupt nur noch unter Einbeziehung der Älteren möglich. Für Wahlen zu Landtagen oder gar zum Nationalrat sind hingegen kaum Neueinsteiger (!) als Bewerberinnen und Bewerber aus diesen Altersgruppen zu gewinnen. Wer mit 60 plus oder gar 65 plus auf einer dieser Wahllisten zu finden ist, ist zumeist schon seit Jahrzenten mit dabei.

Österreichs ist eine repräsentative Demokratie. Daher muss es auch gelingen, die älteren Generationen als Verantwortungsträger dieses Systems zu etablieren. So sollen die Älteren nicht bloß die ständig größer werdende Gruppe an Wählerinnen und Wählern stellen, sondern sollen selbst auf allen Ebenen der Demokratie Verantwortung übernehmen. Von außen Aktivität einzumahnen, ist leicht, selbst für den Interessenausgleich und die Umsetzung der daraus entstandenen Lösungen zu sorgen, ist ungleich schwieriger. Die direkte Beteiligung auch dieser Bevölkerungsgruppe an diesen Prozessen ist unausweichlich.

Aufgabe der Seniorinnen und Senioren: am Aufbau neuer Mitbestimmungswege mitarbeiten!

Neben dieser Beteiligung am bestehenden, gewachsenen demokratischen System Österreichs gilt es freilich auch für Seniorinnen und Senioren, neue Wege zu beschreiten. Wenn heute auf allen Ebenen die Stärkung der direkten Demokratie, die Stärkung der Bürgergesellschaft und deren aktiver Mitbestimmung diskutiert wird, so dürfen sich Seniorinnen und Senioren von diesen Entwicklungen nicht ausnehmen.

Wenn in der Debatte Methoden der Online-Mitbestimmung im Vordergrund stehen, so müssen jene Älteren, welche selbst schon längst Online-Angebote nutzen, ihre generationenbedingte Sichtweise unbedingt einbringen. Ein Abwinken nach dem Motto »Das geht eh nur die Jungen was an!« führt hier schnell zu Irrwegen. Denn die Einführung solcher Systeme ohne der überzeugten – weil selbst erarbeiteten – Beteiligung der Älteren verhindert einen raschen Strukturwandel. Denn: Machen die Älteren nicht mit, bleibt jedes so entwickelte Programm ein Minderheitenprogramm und setzt sich erst mit großer zeitlicher Verzögerung durch.

Hinzu kommt die Pflicht der Älteren, ihre Erfahrung einzubringen. Es wird Österreich nicht voran bringen, wenn man die Jungen mit der Gestaltung neuer Systeme alleine lässt, ohne ihnen das persönliche Erfahrungswissen im wohlgemerkt gleichberechtigten Diskussionsaustausch zur Verfügung zu stellen. Dies gilt auch für neue Demokratiemodelle, die unabhängig von der technischen Form der Umsetzung besprochen werden.

Der zuvor schon festgestellte Zeitreichtum der Älteren kompensiert dabei die Nachteile hinsichtlich der Tatsache, dass die älteren Generationen eben nicht zu den ›Digital Natives‹ gehören. Hinzu kommt die Aufgabe der ›gewonnenen Generation‹ – die heute schon fast im selben Ausmaß Online-Angebote nutzt wie die heute Erwerbstätigen – in diesen Diskussionen für die Generation ihrer Eltern, für die Hochbetagten, einzutreten, die man eben nicht mehr für den Einstieg in diese modernen Kommunikationsmittel gewinnen kann. Wie bleiben Wege für die sogenannten ›Non-Liner‹ offen? Was kann die Generation der Älteren, die sehr wohl schon online sind, dazu beitragen, dass auch jene auf der anderen Seite des ›digitalen Grabens‹ gehört und ernst genommen werden?

Für eine Neuaufstellung von Österreichs Demokratie wird entscheidend sein, dass diese Seniorinnen und Senioren ihre Verantwortung erkennen und es ihnen möglich gemacht wird, dass sie an den Entscheidungsprozessen dieser neuen Strukturen gleichberechtigt und in vollem Umfang teilnehmen können: Wie können barrierefreie Diskussionsforen geschaffen werden, in denen unabhängig von Alter, Herkunft, Geschlecht, Wohnort, Erwerbs- oder Familienstatus etc. auf Augenhöhe miteinander die Argumente ausgetauscht werden können? Auch in diesem Punkt können Lebenserfahrung und vorhandene Zeitressourcen den Älteren eine besondere Rolle zuweisen – ihnen könnte es leichter gelingen, solche Foren zu organisieren und dazu einzuladen, ohne dass eine Bevölkerungsgruppe von der Teilnahme ausgeschlossen oder durch bestimmte Rahmenbedingungen abgehalten wird. Bloß: Es muss den Seniorinnen und Senioren diese Rolle auch aktiv zugetraut werden.

Die Aufgabe der Politik: strukturübergreifend zuhören!

Genau hier muss nun der Ansatz von Politik für die Entwicklungen der nächsten Jahre liegen: Es muss gelingen, die Alltagsthemen der einzelnen Bevölkerungsgruppen zu erfassen, zu bearbeiten und wo möglich auch zeitnahe einer Veränderung oder Verbesserung zuzuführen. Dabei muss Politik auf allen Ebenen bewusst sein, dass diese Themen und Interessenlagen sich längst nicht mehr nach den Linien der zur Gründung der Republik oder seither entstandenen Strukturen abbilden lassen. Nehmen wir nur das Beispiel jener, die zugleich Angestellte und daneben als Selbständige tätig sind. Ihre Zahl steigt, ihre Interessenlagen können von den alten Systemen nicht abgebildet werden. Diese und ähnliche Entwicklungen gelten zudem ohne Bezug zum kalendarischen Alter.

Wollen wir Österreichs demokratische Systeme neu aufstellen, so müssen wir strukturierte Wege aufbauen, wie jene Themen, die Bürgerinnen und Bürger direkt und zeitnahe diskutiert haben wollen, umfassend in die politische Tagesarbeit einfließen können. Der Eindruck, die aktuelle Politik beschäftige sich zu oft mit Themen, die (zu) weit von der Lebensrealität der Menschen entfernt seien, hat sich heute schon in vielen Bevölkerungsgruppen, auch in allen Altersgruppen, umfassend verfestigt. Häufig wird im Rahmen dieser Diskussion auch die Kritik vernommen, dass insbesondere Alltagsthemen der Frauen auf der Strecke bleiben. Mehre Analysen zeigen, dass Frauen in vielerlei Hinsicht zurückhaltender agieren, wenn es um ihre Anliegen oder Interessen geht. Dies wird nicht alleine im Zusammenhang mit Gehaltsverhandlungen so beschrieben, sondern auch im Zusammenhang mit dem Einbringen von Themen in allgemeine Diskussionen.

Diese Feststellung ist deshalb von Bedeutung, wenn man die Rolle der Seniorinnen und Senioren in der Demokratie betrachtet, weil man in Österreich – wie in anderen westlichen Industriestaaten – von der ›Feminisierung des Alters‹ spricht: Laut Statistik Austria (2015) stellen Frauen bei den Menschen 60 plus schon einen Anteil von 57 Prozent, im Alter über 85 sind allerdings schon 70,5 Prozent der österreichischen Wohnbevölkerung weiblich.

Wie auch immer die Politik in Zusammenarbeit mit der Bürgergesellschaft in den kommenden Monaten und Jahren die Neugestaltung der österreichischen Demokratie plant, welche neuen Beteiligungsformen, Wahlrechtsänderungen oder Strukturverschiebungen man auch immer einplant: Es muss dabei sicher gestellt werden, dass alle Altersgruppen und ganz besonders viele Frauen aktiven und gleichberechtigten Anteil an diesen Entscheidungen haben können. Dabei wird es nicht ausreichen, sich die Mitbeteiligung dieser Gruppen als Ziele zu setzen, sondern wird für den Erfolg schon entscheidend sein, dass die systematische Einbindung dieser – bis heute eher zurückhaltenden Gruppen – strategisch in den Entscheidungsprozess eingeplant wird.

Die explizite Rolle der Seniorinnen und Senioren außerhalb der politischen Strukturen

Abschließend ist festzuhalten, dass auch Mitbestimmungsmodelle und vor allem Selbstregelungsprozesse außerhalb der Politik stetig an Bedeutung gewinnen. Nicht alles, was die Zukunftschancen oder das Alltagsleben der Einzelnen oder der Gemeinschaft an sich verbessert, bedarf der politischen Behandlung, der Verabschiedung von Gesetzen oder ähnlicher Schritte. Einer zunehmenden Zahl von Bürgerinnen und Bürgern wird dies in den vergangenen Jahren wieder stärker bewusst; sie fordern ihre klassischen bürgerlichen Freiheiten verstärkt ein.

Im Sinne der Subsidiarität – auf die wir uns bei der Aufstellung unserer Demokratie für die Zukunft besinnen wollen – soll Politik nur die nötigen Rahmenbedingungen für ein gelingendes Zusammenleben der Individuen in unserer Gesellschaft schaffen. Es gilt, diese Lösungskompetenz den jeweils kleinstmöglichen Einheiten zurückzugeben.

Hier nehmen die Seniorinnen und Senioren eine explizite Rolle ein: Sie müssen sich ihrer Verantwortung wieder bewusst werden können. Sie müssen bereit sein, ihre Zeit für diese Arbeit an der Gesellschaft, an Lösungen für die Zukunft einzubringen. Sie müssen bereit sein, ihre reiche Lebenserfahrung zur Verfügung zu stellen. Sie müssen ihre Rolle als Generationen-Verbinder annehmen und leben.

Österreichs Politik hingegen braucht nicht viel mehr zu tun, als diese Beteiligung der Älteren nicht nur zu dulden, sondern aktiv zuzulassen. Man muss sich dabei von den althergebrachten Altersklischees verabschieden und muss verstehen: Ohne die Älteren werden wir Bürgersinn und Zivilcourage nicht ausreichend stärken können. Nur mit Österreichs Seniorinnen und Senioren wird die Neustrukturierung von demokratischen Systemen rasch genug gelingen.

Market

Market

Mehr als bei seinen antiken Vorgängern liegt am Market der Schwerpunkt auf dem Nutzen-Aspekt. Er ist der Ort, an dem sich Angebot und Nachfrage treffen, an dem Verkäufer und Käufer von Gütern und Diensten ins Gespräch und Geschäft kommen. Eng verknüpft mit dem Market ist das Marketing, dessen Aufgabe es ist, Umsatz und Absatz zu stimulieren sowie Kunden- und Klientelbeziehungen aufzubauen.

Dieser Abschnitt befasst sich folgerichtig mit dem *Wie*, den Strukturen und der Performanz von Interessenorganisationen, vor allem mit Aspekten kommerziellen oder nicht-kommerziellen Lobbyings und Consultings: Welchen Einfluss üben professionelle Consulter und Lobbyisten tatsächlich auf Politik aus? Können sich auch Non-Profit-Organisationen erfolgreich in der Politik einbringen? Wie transparent sind die Beziehungen zwischen den Akteurinnen und Akteuren?

Christian Mertens, Historiker und Publizist in Wien, nimmt im Rahmen des Mitteleuropa-Schwerpunktes Anspruch und Praxis der Zentraleuropäischen Initiative sowie der regionalen Kooperation Centrope unter die Lupe. An der Gründung beider Institutionen waren österreichische Stellen maßgeblich beteiligt. Im Laufe der Jahre sei der anfängliche Elan trotz einzelner verdienstvoller Maßnahmen einer gewissen Erstarrung im Pragmatismus gewichen.

Herbert Vytiska, Publizist und Politikberater in Traiskirchen, analysiert Funktions- und Arbeitsweise der ›Neuen Volkspartei‹. Er konstatiert u. a. einen radikalen Generationswechsel in den politischen Büros, eine Zurückdrängung der klassischen Teilorganisationen, aber auch grundsatzpolitische Unschärfen im Profil der Partei sowie einen »gewisse[n] Mangel an Think Tanks«. Abschließend geht er auf das Phänomen von Politikberatern und PR-Fachleuten ein, die zunehmend zwischen den Parteien wechseln.

Waltraud Klasnic, ehemalige Landeshauptfrau der Steiermark, beschreibt gemeinsam mit *Herwig Hösele*, Generalsekretär des Zukunftsfonds und ehemaliger Präsident des Bundesrates, Auftrag und Arbeit der von ihr geleiteten Unabhängigen Opferschutzkommission für Betroffene von Missbrauch und Gewalt im Bereich der Katholischen Kirche. Neben konkreten politischen Konsequenzen wie etwa dem Heimopfergesetz 2017 gelte es pro futuro vor allem, Maßnahmen in den Bereichen Prävention und Bewusstseinsbildung zu setzen.

Verena Fabris und *Daniela Kern-Stoiber,* beide leitend im Bundesweiten Netzwerk Offene Jugendarbeit (bOJA) mit Sitz in Wien tätig, beleuchten die Lobbying- und Consultingtätigkeit ihrer Organisation anhand mehrerer Beispiele. Dazu zählen etwa die Beratung politischer Stellen in jugendkulturellen Fragen, die Etablierung einer Beratungsstelle Extremismus, Lobbying für kommunale Jugendarbeit oder Expertise und Gutachtertätigkeit in den Bereichen Extremismus und Gesundheitskompetenz.

Lobbying

Christian Mertens

LOBBYING FÜR MITTELEUROPA

Zu Anspruch und Praxis von Zentraleuropäischer Initiative (ZEI) und Centrope

Das Regierungsübereinkommen zwischen SPÖ und ÖVP vom 17. Dezember 1990 – gut ein Jahr nach dem Fall der kommunistischen Regime in Mittel- und Osteuropa – bekannte sich in einer Reihe von Punkten zur engen politischen, wirtschaftlichen, kulturellen und wissenschaftlichen Zusammenarbeit mit den neuen Demokratien in den Nachbarländern. Explizit hebt das Papier die Förderung von »Gruppierungen wie die Pentagonale und die Arbeitsgemeinschaften Alpe-Adria, Alpen und Donau, die zum Aufbau eines bürgernahen Europas der Regionen und zur Überwindung der Folgen der europäischen Teilung beitragen«,[1] hervor. Auch in der Regierungserklärung vor dem Nationalrat betonte Bundeskanzler Vranitzky »aufgrund unserer geographischen Lage, aber auch aufgrund der vielen gewachsenen menschlichen und kulturellen Verbindungen zu diesen Staaten […] eine spezielle Verantwortung«[2] Österreichs.

Im aktuellen Regierungsübereinkommen findet sich hingegen nur ein sehr allgemein gehaltenes Bekenntnis, die »Zusammenarbeit mit den mitteleuropäischen Nachbarstaaten weiter«[3] zu stärken. Welche Konsequenzen dies für zwischenstaatliche oder regionale Kooperationen in Mitteleuropa bedeutet, geht aus dem Papier nicht hervor. Auch in seiner Regierungserklärung ging Bundeskanzler Kurz auf diese Frage nicht ein.

Umso überraschender war es daher, als wenige Monate später bekannt wurde, dass Österreich beabsichtige, aus der von ihr mitbegründeten Zentraleuropäischen Initiative auszutreten, da eine weitere Teilnahme »nicht zielführend« sei.[4] Auch um eine Vorzeigeinitiative auf regio-

---

1 *Arbeitsübereinkommen zwischen der Sozialistischen Partei Österreichs und der Österreichischen Volkspartei über die Bildung einer gemeinsamen Bundesregierung für die Dauer der XVIII. Gesetzgebungsperiode des Nationalrats.* In: Andreas KHOL/Günther OFNER/Alfred STIRNEMANN, Österreichisches Jahrbuch für Politik 1990 (Wien/München 1991), S. 203-260, Zitat S. 211.

2 *7. Sitzung des Nationalrates der Republik Österreich* – XVIII. Gesetzgebungsperiode; Dienstag, 18. Dezember 1990. Stenographisches Protokoll, S. 14.

3 *Zusammen: Für unser Österreich* – Regierungsprogramm 2017-2022, S. 22 (https://www.oevp.at/download/Regierungsprogramm.pdf; abgerufen am 25.07.2018).

4 ORF, *Österreich tritt aus Zentraleuropäischer Initiative aus* (https://orf.at/stories/2442418/; abgerufen am 25.07.2018).

naler Ebene – Centrope – wurde es in letzter Zeit erstaunlich ruhig.[5] Stellen diese beiden maß-geblich von Österreich unterstützten mitteleuropäischen Initiativen tatsächlich nicht mehr die richtigen Formate der Kooperation dar oder gibt es andere Gründe für das schwindende Interesse an ihnen? Auf den folgenden Seiten sollen daher Anspruch und Praxis der beiden Organisationen gegenübergestellt werden.

Von der *Quadragonale* zur *Zentraleuropäischen Initiative*

Als 1989 erste Erosionserscheinungen im Gefüge des sowjetisch dominierten Ostblocks zutage traten, lancierte der damalige italienische Außenminister, der aus Venedig stammende Gianni De Michelis, den Plan einer italienischen ›Ostpolitik‹ und konnte das neutrale Österreich, das blockfreie Jugoslawien und das damals noch dem Warschauer Pakt angehörige Ungarn für eine Initiative nachbarschaftlicher Zusammenarbeit gewinnen. Am 11. November 1989 wurde die regionale Kooperation in Budapest aus der Taufe gehoben. Die Auflösung des östlichen Militärpakts und der ab 1991 mit gewaltsamen Mitteln ausgetragene Auflösungsprozess Jugoslawiens schufen neue Grundvoraussetzungen. Rasch verstand sich die Organisation – durch den Beitritt der Tschechoslowakei (1990) zur Pentagonale und durch jenen Polens (1991) zur Hexagonale mutiert – als Brücke der Reformstaaten zur Europäischen Union.

Nach einer neuerlichen Erweiterung der Organisation um drei Nachfolgestaaten Jugoslawiens – Slowenien, Kroatien und Bosnien-Herzegowina – im Jahr 1992 erhielt diese den noch heute gültigen Namen Zentraleuropäische Initiative (ZEI). Rasch wuchs die Organisation bis zum Jahr 2000 an und umfasste Anfang 2018 schließlich 18 Mitglieder: Albanien, Bosnien-Herzegowina, Bulgarien, Italien, Kroatien, Mazedonien, Moldau, Montenegro, Österreich, Polen, Rumänien, Serbien, Slowakei, Slowenien, Tschechien, die Ukraine, Ungarn und Weißrussland. Damit reichte die ZEI bereits in den 1990er Jahren weit über den mitteleuropäischen Kernraum hinaus.

1996 wurde der jährlich zwischen den Mitgliedstaaten rotierende Vorsitz um ein permanentes Büro mit Sitz in Triest – einer Stadt an der Schnittstelle mehrerer Sprachen und Kulturkreise – ergänzt, dessen Kosten Italien übernahm, während Österreich den Generaldirektor finanzierte und die längste Zeit auch stellte: Botschafter Paul Hartig fungierte von 1996 bis 2001, Botschafter Harald Kreid von 2002 bis 2007 und Botschafter Gerhard Pfanzelter von 2010 bis 2012. Zuletzt wirkte Botschafterin Margot Klestil-Löffler von 2015 bis Anfang 2018 als Co-Generalsekretärin der Organisation.

---

5   Die Tatsache, dass die offizielle Website von Centrope (http://centrope.com/) aktuell auf eine Informationsseite der Stadt Wien umgeleitet wird (https://www.wien.gv.at/wirtschaft/eu-strategie/centrope.html), bestätigt diese Vermutung (Stand: 25.07.2018).

Die Kooperation erfolgt auf mehreren, aufeinander abgestimmten Ebenen: Neben politischen Treffen auf Regierungsebene zwecks Verständigung über die Grundlagen der Zusammenarbeit gibt es regelmäßige Treffen auf diplomatischer Ebene (›Nationale Koordinatoren‹) sowie auf Expertenebene zur Betreuung von Projekten und Koordination von Unterstützungsmaßnahmen.[6]

Auch auf parlamentarischer Ebene wird der Meinungsaustausch gepflogen und zwar im Rahmen jährlicher Treffen der Parlamentarischen Versammlung, in der Österreich fünf der 84 Mitglieder stellt(e), im Rahmen des Parlamentarischen Komitees (Österreich: zwei Mitglieder) sowie durch Konferenzen der Parlamentspräsidenten.[7]

In materieller Hinsicht ging und geht es der Organisation um den Transfer von Know-how und Best Practice, gerade auch im Hinblick auf die Heranführung der Mitgliedstaaten an die Europäische Union und deren Standards. Die Finanzierung von Projekten erfolgt auf mehreren Schienen. Der Kooperationsfonds der ZEI dient der Unterstützung kleinerer, zeitlich begrenzter Aktivitäten wie Seminare, Workshops oder Trainings. Der 1992 von Italien eingerichtete ZEI-Fonds bei der Europäischen Bank für Wiederaufbau und Entwicklung wickelt größere Projekte wie Studien, Management-Trainings oder Projekteinführungen ab, daneben gibt es noch Know-how-Austauschprogramme und institutionelle Kooperation bei EU-geförderten Projekten.

Alle drei Jahre legt die ZEI thematische Schwerpunkte fest. Für den Aktionsplan 2018-2020 sind dies die Megaziele Konnektivität und Diversität, die sich wiederum in die Subziele Governance (Erfahrungsaustausch zur Migration, E-Government-Lösungen, Anti-Korruptionsmaßnahmen), Wirtschaftswachstum (Stärkung der Transport-Netzwerke, Verbesserung der Forschungssysteme, nachhaltiges Wirtschaften), Umweltschutz (Maßnahmen gegen den Klimawandel, Forcierung erneuerbarer Energien und der Energieeffizienz, Erhaltung der Biodiversität), interkulturelle Kooperation (Unterstützung des interkulturellen Dialogs und ›kreativer Industrien‹, Verbesserung der Integration von sozialen Risikogruppen), Medienfreiheit (Transparenz und Unabhängigkeit der Medien, Förderung von Qualitätsjournalismus) sowie Wissenschaftskooperation gliedern.[8]

Welchen Stellenwert aber maßen und messen Österreichs Politik und Diplomatie der ZEI bei?

---

6   Vgl. die Angaben auf der Website der Central European Initiative (http://www.cei.int/; abgerufen am 18.07.2018) sowie ergänzend Harald KREID, *Die Zentraleuropäische Initiative im veränderten europäischen Umfeld* – Vortrag vor dem Institut für den Donauraum und Mitteleuropa, Wien, 20.01.2003 (http://www.idm.at/veranstaltungen/veranstaltungsarchiv/veranstaltungsarchiv-2003; abgerufen am 24.07.2018).

7   Parlament, *Parlamentarische Dimension der Zentraleuropäischen Initiative* (https://www.parlament.gv.at/ PERK/PI/PKON/INIT/index.shtml; abgerufen am 24.07.2018).

8   Central European Initiative, *CEI Plan of Action 2018-2020* (http://www.cei.int/sites/default/files/ file/502.001-17%20PoA%202018-2020%20FINAL.pdf; abgerufen am 18.07.2018).

Von politischer Seite wurde die Kooperation Anfang der 1990er Jahre insbesondere vom damaligen Außenminister Alois Mock und vom damaligen Vizekanzler und Wissenschaftsminister Erhard Busek tatkräftig und aus Überzeugung gefördert. Als frühes Beispiel kann eine vom österreichischen Wissenschaftsministerium unterstützte Konferenz zum Thema Biotechnologie gelten. Busek bekannte sich dabei ganz klar zum Teilen wissenschaftlicher Erkenntnisse, bei denen Österreich eine gewisse Kompetenz vorweisen könne, mit den Partnern der Zentraleuropäischen Initiative.[9] Insbesondere Thomas Klestil aber war die Kooperation ein Herzensanliegen, so dass er zurecht als »Doyen« der ZEI gewürdigt wurde.[10]

Im Gegensatz dazu fielen Stimmen auf der Ebene der Diplomatie bereits in den frühen 1990er Jahren deutlich verhaltener und pointiert pragmatisch aus. So konstatierte der österreichische Spitzendiplomat Stefan Lehne, dass die anfängliche »Manie« angesichts des Untergangs des kommunistischen Imperiums einer »depressiven Phase«[11] gewichen wäre. Die Beziehungen zu den mittelosteuropäischen Ländern wurde mehr und mehr von innenpolitischen Themen wie der Diskussion um tschechische und slowakische Atomkraftwerke oder illegal beschäftigte Polen dominiert.[12] Lehne betonte die Bedeutung der Initiative bei der Überwindung der Teilung Europas, im Regionalismus als wichtigem Konzept einer ›Neuen Europäischen Ordnung‹, in der pragmatisch-technischen Orientierung und in der Verknüpfung mit der (damals noch so bezeichneten) Europäischen Gemeinschaft. Sein Kollege Ernst Sucharipa sah die Aufgabe der Organisation ebenfalls in der pragmatischen Konzentration auf ganz konkrete Projekte. Beide Wortmeldungen lassen deutlich Vorbehalte der Diplomatie gegenüber einer allzu engen Kooperation, die »neue Blöcke oder Allianzen« etablieren könnte, durchklingen. In diesem Kontext ist auch die Beschwörung des Diplomaten, keinesfalls andere interessierte Staaten von der Teilnahme auszuschließen (somit aber die Etablierung einer engeren regionalen Gruppe zu verunmöglichen) zu sehen. Niemals dürfe der Anschein einer »rückwärtsgewandten mitteleuropäischen Mentalität« erweckt werden.[13] – Zu große Bedenken haben bekanntlich auch schon andere Projekte zu ›zahnlosen‹ Gebilden mutieren lassen.

---

9   Erhard BUSEK, *Foreword*. In: Federal Ministry for Science and Research/Austrian Society for Biotechnology, *Biotechnology in Central European Initiative Countries (formerly ›Hexagonal‹ Countries)* – Graz, Austria, 13-15 April 1992 (Wien 1992), o. S.

10   So Heinz Fischer anlässlich der *Gemeinsamen Trauersitzung des Nationalrates und des Bundesrates der Republik Österreich aus Anlass des Ablebens des Bundespräsidenten Dkfm. Dr. Thomas Klestil* (https://www.parlament.gv.at/ZUSD/STENOPROT/GemTrauersitzung040708.pdf; abgerufen am 18.07.2018). Ihm selbst waren die ZEI und ähnliche Kooperationen in Mitteleuropa ein deutlich geringeres Anliegen als seinem Vorgänger.

11   Stefan LEHNE, *The Foreign Policy of Austria in the 1990s*. In: Hanspeter NEUHOLD (Hg.), *The Pentagonal/Hexagonal Experiment – New Forms of Cooperation in a Changing Europe* (Wien 1991), S. 47-56, hier S. 54. Offen bleibt in diesem Beitrag, für welchen Personenkreis dieser Befund galt.

12   Ein Befund, den Magdaléna VÁŠÁRYOVÁ in ihrem Beitrag stützt (vgl. S. 156f.).

13   Ernst SUCHARIPA, *The Pentagonal Initiative* – An Austrian View. In: NEUHOLD (Hg.), *The Pentagonal/Hexagonal Experiment*, S. 83-88, hier S. 85f.

Noch im Mai 2016 würdigte der damalige Generalsekretär für auswärtige Angelegenheiten Michael Linhart die »wichtige Brückenfunktion« der ZEI zwischen den Regionen Europas. Die Transformation der Staaten des Weltbalkans und der östlichen EU-Nachbarn Moldau, Ukraine und Weißrussland in eine Zone der Stabilität und Wohlstand bleibe »eine wichtige Priorität der österreichischen Außenpolitik«.[14] Dennoch vollzog Österreich im Mai 2018 seinen Rückzug aus der Organisation. Auf der Website des Außenministeriums findet sich folgende Begründung: »Eine Überprüfung der Mitgliedschaften Österreichs in diversen Organisationen und Vereinen hat ergeben, dass eine weitere Teilnahme an der Zentraleuropäischen Initiative insofern nicht zielführend ist, als sich das Format dieser Organisation nicht mehr in derselben Weise wie früher dazu eignet, den heutigen europäischen Herausforderungen zu entsprechen.«[15] Dies bedeute keinesfalls ein Nachlassen des Engagements für den südosteuropäischen Raum; durch Konzentration auf weniger Akteure soll aber die Wirkung erhöht werden. Kritik an diesem Schritt kam unter anderem von Erhard Busek, der die Entscheidung als Verlust eines wichtigen Kontakts bedauerte.[16]

Kooperation auf der regionalen Ebene: Centrope

Auf Ebene der Bundesländer und vergleichbarer territorialer Entitäten galt Centrope lange Zeit als Vorzeigeprojekt grenzüberschreitender Kooperation. Nach rund einjähriger Vorbereitungszeit auf Beamten- und Expertenebene schufen regionale Spitzenrepräsentanten aus den Ländern Österreich, Tschechien, der Slowakei und Ungarn im September 2003 mit der Unterzeichnung der ›Deklaration von Kittsee‹ die Grundlagen für die Bildung einer mitteleuropäischen Region. In dieser Willenserklärung vereinbarten die Verantwortlichen wenige Monate vor der EU-Osterweiterung des Jahres 2004 eine Intensivierung und Optimierung der Kontakte durch eine »systematische, multilaterale Kooperation« über die Grenzen hinweg. Die Region solle sich »als attraktive Standortregion und somit als hochwertiger Qualitätsstandort für alle Lebensbereiche« präsentieren.[17] Der Name ›Centrope‹ (aus ›Central Europe‹) war zuvor im Rahmen eines grenzüberschreitenden Schülerwettbewerbs ermittelt worden.[18]

---

14 *Außenamtsgeneralsekretär Linhart: »Die Zentraleuropäische Initiative hat eine wichtige Brückenfunktion zwischen den Regionen Europas«* – OTS-Presseaussendung, 30.05.2016 (https://www.ots.at/presseaussendung/OTS_20160530_OTS0135/aussenamtsgeneralsekretaer-linhart-die-zentraleuropaeische-initiative-hat-eine-wichtige-brueckenfunktion-zwischen-den-regionen-europas; abgerufen am 24.07.2018).

15 Bundesministerium für Europa, Integration und Äußeres, *Zentraleuropäische Initiative* (https://www.bmeia.gv.at/europa-aussenpolitik/europapolitik/zentraleuropaeische-initiative/; abgerufen am 18.07.2018).

16 ORF, *Österreich tritt aus Zentraleuropäischer Initiative aus.*

17 *CENTROPE – »Wir werden Europaregion«.* In: Rathauskorrespondenz, 27.09.2003.

18 *Centrope – Die Europaregion lebt.* In: Rathauskorrespondenz, 08.04.2003.

Die Organisation besteht aus den österreichischen Bundesländern Wien, Niederösterreich und Burgenland, der tschechischen Region Südmähren (Jihomoravský kraj), den slowakischen Kreisen Bratislava/Pressburg und Trnava/Tyrnau, den ungarischen Komitaten Györ-Moson-Sopron/Raab-Wieselburg-Ödenburg und Vas/Eisenburg sowie den Städten Bratislava/Pressburg, Brno/Brünn, Eisenstadt, Györ/Raab, Sopron/Ödenburg, St. Pölten, Szombathely/Steinamanger und Trnava/Tyrnau. Als weitere Partner fungieren unter anderem regionale Planungsagenturen und das Institut für den Donauraum und Mitteleuropa. Die Region umfasst rund 54.500 Quadratkilometer und beheimatet etwa sieben Millionen Einwohner. Einen herausragenden Stellenwert nehmen die beiden nur 55 Kilometer voneinander entfernten Hauptstädte Wien und Bratislava/Pressburg als ›Twin Cities‹ ein.[19]

Unterstützt wurde der Aufbau der Region durch zwei von 2003 bis 2007 laufende INTERREG IIA/IIIA-Projekte unter dem Titel ›Building an European Region‹. Seither wurden diverse Pilotprojekte des Lobbyings auf den Gebieten Wirtschaft, Kultur, Tourismus, Bildung und Mobilität lanciert, von denen einige hier kurz vorgestellt werden sollen:

Der Centrope-Preis wurde von der Stadt Wien und einer österreichischen Bank für herausragende grenzüberschreitende und völkerverbindende Leistungen in der mitteleuropäischen Region ins Leben gerufen. Erster Preisträger war 2007 der Bürgermeister der Grenzgemeinde Wolfsthal, Gerhard Schödinger, für seine jahrelangen Bemühungen der Kooperation mit der slowakischen Hauptstadt.[20] Im Folgejahr erhielten Boris Šimkovic, Bürgermeister der slowakischen Grenzgemeinde Záhorská Ves – er bemühte sich um Errichtung einer Brücke über die March – sowie Lajos Horváth, Bürgermeister im ungarischen Bük – er wirkte maßgeblich an einem regionalen Thermen-Cluster mit – die Auszeichnung, 2009 der in Wien geborene Medienunternehmer und Verlagsdirektor Eduard Harant für tschechisch-österreichische Aktivitäten. Weitere Preisträger waren unter anderem Kammersänger Peter Dvorský (2012 für sein grenzüberschreitendes Engagement als Initiator eines Kinder-Singwettbewerbs), Nika Brettschneider und Ludvik Kavik (2013 für ihr Festival ›Mitteleuropäisches Theaterkarussell‹) oder Agnes Katona, der Präsidentin des Kulturvereins ›Internationale Donauphilharmonie‹ (2014).[21]

2008 startete als weitere PR-Maßnahme die im Auftrag der Stadt Wien/Abteilung Stadtentwicklung und Stadtplanung sowie der Planungsgemeinschaft Ost erstellte Ausstellung ›Europaregion – Menschen in Centrope‹ in Wien, die die wirtschaftliche, ökologische und soziale

---

19   Vgl. die anschauliche Präsentation *Centrope – Central European Region* (https://www.wien.gv.at/wirtschaft/eu-strategie/pdf/centrope.pdf; abgerufen am 24.07.2018).
20   *1. CENTROPE-Preis für grenzübergreifendes Engagement verliehen*. In: Rathauskorrespondenz, 19.09.2017.
21   Nähere Informationen bzw. die Presseaussendungen zu den jeweiligen Preisverleihungen sind über die Seite *Centrope-Stiftungspreis* (https://www.wien.gv.at/medien/service/medienarbeit/centrope.html; abgerufen am 24.07.2018) zu beziehen.

Verflochtenheit und Kooperationsmöglichkeiten in der Region thematisierte. Die Wanderausstellung war in den Folgejahren in verschiedenen Städten der Region zu sehen und wurde 2009 von der Österreichischen UNESCO-Kommission ausgezeichnet.[22]

Auf dem Wirtschaftssektor legte das Österreichische Institut für Wirtschaftsforschung für die Jahre 2010 bis 2012 jeweils Entwicklungsberichte für die Region Centrope vor, in denen Stärken und Schwächen, Chancen und Gefahren analysiert wurden (sogenannte ›SWOT-Analysen‹). Die darin geäußerten Empfehlungen sollten als Grundlage für grenzüberschreitende Maßnahmen zugunsten der Region dienen. Als besondere Schwäche hoben die Studien dabei die geringe Mobilität zwischen den Einzelteilen der Region hervor. Als prioritär stuften die Papiere eine grenzüberschreitende Raumplanung, den Aufbau einer ›Wissensregion‹ durch Kooperation der Universitäten und Erhöhung der Forschungskapazitäten sowie die Entwicklung grenzüberschreitender Arbeitsmärkte ein.[23]

Auf dieser Basis beschloss der Centrope-Gipfel im Oktober 2012 das Papier ›Strategie Centrope 2013‹, in dessen Zentrum der Ausbau der Verkehrsinfrastruktur in der Region (darunter die Attraktivierung der Bahnverbindungen zwischen Wien und Bratislava/Pressburg, die Einbindung des Bahnknotens Brno/Brünn in die Transeuropäischen Netze oder der Ausbau der Autobahn zwischen Wien und Brno/Brünn), der Aufbau der ›Wissensregion‹ Centrope (mit Schwerpunktsetzungen in den Bereichen Life Sciences und Biotechnologie, Energie und gemeinsames Standortmarketing), Maßnahmen für einen grenzüberschreitenden Arbeitsmarkt (wie Sprachinitiativen oder grenzübergreifende Jobbörsen) sowie die Forcierung von Kulturaustausch und kultureller Zusammenarbeit (etwa durch eine Centrope Card, gemeinsame thematische Cluster im Fremdenverkehr, ein gemeinsames Tourismusportal usw.) stehen.[24]

Unter den zahlreichen anderen Initiativen ist etwa das Portal ›CentropeMAP‹ zu nennen, ein Geoportal, das Web Map Services aus den Partnerländern vernetzt. Die zur Verfügung stehenden Daten decken alle Gebiete ab, die für Regionalplaner und andere Fachleute von Interesse sein können. Abrufbare Themengebiete sind etwa Natur, Verwaltungsgrenzen, Geländemodelle, Gewässer, Raumplanung, Struktur und Verkehr. Damit verbunden ist das Tool ›CentropeSTATISTICS‹ zur grenzüberschreitenden Visualisierung von Statistikdaten, das es erlaubt, in vielfältiger Weise auf die Darstellung der Daten Einfluss zu nehmen. Damit können nicht nur Karten, sondern auch Diagramme interaktiv erzeugt werden.[25] Ein anderes Portal –

---

22 Ausstellung ›Europaregion – Menschen in Centrope‹ (https://www.wien.gv.at/stadtentwicklung/veranstaltungen/ausstellungen/europaregion/; abgerufen am 24.07.2018).

23 Österreichisches Institut für Wirtschaftsforschung, CENTROPE Regional development report 2012 – Project summary and policy conclusions (Wien 2012), S. 5ff.

24 Centrope, Strategie 2013 (https://www.wien.gv.at/stadtentwicklung/studien/pdf/b008393ao.pdf; abgerufen am 24.07.2018).

25 Planungsgemeinschaft Ost, CentropeMAP – CentropeSTATISTICS (http://www.centropemap.org/index.php?id=3&L=1&type=0; abgerufen am 24.07.2018).

>Mycentrope< – legt den Fokus auf regionale Informationen in den Bereichen Kultur, Freizeit und Tourismus.[26]

Als eines der erfolgreichsten Projekte im Rahmen von Centrope erwies sich der Twin City Liner, eine Schiffsschnellverbindung zwischen Wien und Bratislava/Pressburg, die heute jährlich knapp 150.000 Fahrgäste befördert. Träger ist die Central Danube Region Marketing & Development GmbH, die wiederum eine gemeinsame Tochter der Wien Holding und der Raiffeisenlandesbank Niederösterreich-Wien ist. Diese Gesellschaft beschäftigt sich außerdem mit weiteren Projektentwicklungen in der Region Centrope, insbesondere auf dem Sektor Energiesparen sowie erneuerbarer Energien.[27]

Auch diverse Publikationen sollen die Region enger zusammenwachsen lassen, beispielsweise zum Thema Küche oder ein üppiger Bildband über die Natur- und Kulturschönheiten der Grenzregion.[28]

Bei nüchterner Betrachtung muss konstatiert werden, dass sich trotz herzeigbarer Einzelprojekte die anfängliche Euphorie auch bei den für Centrope verantwortlich zeichnenden Politikern verflüchtigt hat. Einerseits sind grenzüberschreitende Projekte im Rahmen der EU-Förderungsstrukturen heute eine Selbstverständlichkeit geworden, für die es keine eigene Organisation braucht, andererseits geht der Zug der Zeit angesichts des seit mehreren Jahren dominierenden Flüchtlings- und Migrationsthemas eher in Richtung dichter denn offener Grenzen. Nachhaltige Ansätze einer grenzüberschreitenden Identitätsbildung als (erwünschtes) Ergebnis der Kooperation wird man vergeblich suchen.

Fazit: Das >Feuer< für die Sache fehlt

Sowohl die Zentraleuropäische Initiative auf staatlicher wie Centrope auf regionaler Ebene waren ohne Zweifel ambitionierte Gründungen mit dem Ziel, die Kooperation in Mitteleuropa zu vertiefen. In beiden Fällen ist der anfängliche Elan trotz verdienstvoller Einzelmaßnahmen einer gewissen Erstarrung im Pragmatismus gewichen. Wurde die eine Organisation zu groß, um nachhaltiges Lobbying für eine mitteleuropäische Nachbarschaftspolitik zu betreiben, scheint die andere zu klein für den >großen Schwung< zu sein. Generell scheint das nötige >Feuer< für die Sache, das in den Gründungsphasen sehr wohl spürbar war, den Verantwortlichen heute zu fehlen.

---

26 Central Danube Region Marketing & Development, *Mycentrope* – Erlebnis ohne Grenzen (http://www.mycentrope.com/de; abgerufen am 24.07.2018).

27 Ds., *Die Geschäftsfelder der Central Danube* (https://www.centraldanube.at/; abgerufen am 24.07.2018).

28 Vgl. etwa Hans Peter GRANER, *Fließende Grenzen in Centrope – Das >grüne Herz< Mitteleuropas* (Wien 2014).

Den Überlegungen des österreichischen Außenamtes, die Schienen der Nachbarschafts-politik neu zu überdenken und zu bündeln, kann daher einiges abgewonnen werden. Noch zeichnen sich aber keine Ersatzstrukturen ab, dem Vernehmen nach wird aber an Modellen, die schlummernden Potenziale mitteleuropäischer Partnerschaft zu heben, bereits gearbeitet. Die großen Kooperationserfolge auf dem wirtschaftlichen Sektor könnten dabei Vorbild sein.

Commitment

Herbert Vytiska

NOTIZEN ZU EINER POLITISCHEN ZEITENWENDE

Es war im Frühjahr 2017. Die SPÖ lag in den publizierten Umfragen an der Spitze, die ÖVP sogar hinter der FPÖ nur am dritten Platz. In politischen Kreisen wurde bereits offen darüber spekuliert, dass es nach der damals noch erst im Herbst 2018 anstehenden Nationalratswahl zu einer Koalition von SPÖ und FPÖ kommen könnte.

Indessen signalisierten immer wieder kolportierte demoskopische Erhebungen, dass es für die Volkspartei die Möglichkeit eines ›Turnaround‹ geben könnte. Dann nämlich, wenn ihr schon länger als Hoffnungsträger gehandelter Außenminister Sebastian Kurz das Ruder in der Partei übernehmen würde.

In den diversen Zirkeln der Volkspartei, nicht nur bei den altgedienten Politikern und Funktionären, bildete die Diskussion über die Zukunft der Volkspartei einen zentralen Gesprächsstoff. Und dabei ging es vor allem auch um die Frage, ob man denn einem Dreißigjährigen ein solches Amt überhaupt anvertrauen dürfe.

Interessanterweise war es unter anderem die Chefin des Seniorenbundes, Ingrid Korosec, die selbst auf eine lange Karriere zurückblicken kann, die aber trotzdem nicht alten Denkmustern nachhing. Sie gehörte in den Spitzengremien der Partei vielmehr zu jenen, die für Kurz mehr als nur eine verbale Lanze brachen. Und sie hat das in einem persönlichen Gespräch auch glaubhaft begründet. Nämlich, dass die ÖVP jetzt die vielleicht auf lange Zeit letzte Chance hat, den Bundeskanzler zu stellen und eine Regierungsarbeit nach ihren Vorstellungen gestalten zu können.

Um die Situation zu beschreiben, in der sich die ÖVP zu Jahresbeginn 2017 genau genommen befand, muss man nur einen Blick auf die Bundeswahlergebnisse werfen. Seit 1983 gab es bei den Nationalratswahlen eine sogenannte ›bürgerliche Mehrheit‹. Trotzdem gab es seither in den 34 Jahren nur ganze sechs Jahre, nämlich von 2000 bis 2006, einen ÖVP-Bundeskanzler. Nämlich Wolfgang Schüssel.

Keine Frage, Reinhold Mitterlehner, der erst drei Jahre zuvor als Retter an die Spitze der Volkspartei geholt worden war, stand vor einer schwierigen persönlichen Entscheidung. So wie ihm war es früher auch schon anderen Parteiobmännern der Volkspartei immer wieder ergangen. Man fühlt sich dem Druck der veröffentlichten Meinung ausgesetzt, spürt den schwindenden Rückhalt in den eigenen Reihen, ist letztlich allein und weiß, dass man die Weichen der Partei für die Zukunft stellen muss.

Der Glaube an den jungen ›Heerführer‹

Und so geschah es. Die Übernahme der Parteiobmannschaft durch Sebastian Kurz und sein Team war professionell, bis in das kleinste Detail vorbereitet. Die Präzision des Ablaufs machte merkbar, dass dahinter ein entschlossenes Team steht, das wie Pech und Schwefel zusammenhält, alle Kraft in den ›Chef‹ investiert, selbst aber im Hintergrund agiert. Und das bis heute.

Nicht wenige wunderten sich, dass es die Parteigranden zuließen, von dem jungen ›Heerführer‹ gewissermaßen an die Kandare genommen zu werden. Das betraf vor allem sein Verlangen nach einer klaren Führungskompetenz. Von der Auswahl der Persönlichkeiten für Parlament und Regierung ebenso wie für die Schwerpunktsetzung im Regierungsprogramm. In den Teilorganisationen und auch bei den Ländern war man sich damals durch die Bank bewusst, dass die Volkspartei die vielleicht letzte Chance für lange Zeit hat, eine Führungsrolle zu spielen.

Genau genommen hat Kurz das erhalten, was bereits seine Vorgänger bei ihrem Amtsantritt immer verlangt hatten. Nämlich die alleinige Führungskompetenz. Josef Klaus trat 1964 als der große Reformer an und musste spätestens ab 1968 erkennen, dass seine Politik von Bünden wie Ländern nicht mehr mitgetragen wurde. Josef Taus verlangte 1979 die Vollmacht für eine tiefgreifende Parteireform, was ihm verweigert wurde und er daher die Konsequenz des Abschieds zog. Alois Mock hatte 1987 überlegt, nach 17 Jahren den Bundeskanzler für die ÖVP zurückzuholen und ein Bündnis mit der FPÖ zu schließen, doch fand er dafür keine Gefolgschaft.

Auch ›Message Control‹ stand immer, wenn auch nicht so offen wie heute zugegeben, auf dem Wunschzettel. Es war nur nicht so durchsetzbar, was sicher damals mit der starken Rolle der drei Bünde und deren Chefs sowie einiger Landeshauptleute zu tun hatte, die auf ihren Sonderstatus pochten und dies die Parteiführung auch immer wieder spüren ließen. Als die ÖVP 1987 nach 17 Jahren aus dem Oppositionsverließ ins Freie gelangte und wieder in die Regierung einzog, wäre ›Message Control‹ angedacht gewesen, passierte nur nicht. Weil gestandene Politiker Ministerämter bekleideten, die jetzt endlich die Möglichkeit sahen, sich selbst zu profilieren – und dabei auf den Gesamteindruck der Partei vergaßen.

Das, was sich in den Monaten seit dem Frühjahr 2017 in der österreichischen politischen Szene getan hat, kommt einer politischen Zeitenwende gleich. ›Veränderung‹ war mehr als nur ein Titel, der den zentralen Kern des Wahlprogramms betraf, ja sich bis hin zum türkisen Anstrich der Bundespartei durchzieht. Die neue Volkspartei zeichnet im Grunde genommen das aus, was die frühere Volkspartei immer wieder anstrebte, von der ›anderen Politik‹ bis hin zum ›Kurswechsel‹. Jetzt haben wir alles zusammen.

Wenn man heute mit der Parteizentrale oder den Kabinetten der Regierungsmitglieder zu tun hat, dann merkt man an den vielen neuen Gesichtern, was da eigentlich passiert ist. Man kann es in vier Worte kleiden: Jugend an die Macht.

Wohin man blickt, es mit Sekretariaten, Assistenten oder Referenten zu tun hat, es sind junge, gut ausgebildete und ebenso wohlerzogen auftretende Mitarbeiterinnen und Mitarbeiter. Mehr noch, jede und jeder von ihnen identifiziert sich mit dem Bundeskanzler, ›ihrem‹ Sebastian. Ja man wundert sich fast, dass er einen so großen Freundeskreis hat. Fast alle haben den Stallgeruch der Jungen Volkspartei. Die Herkunft aus einer der berufsständischen Teilorganisationen spielt so gut wie keine Rolle. Ein Zeichen für deren Zurückdrängung, was bei den Ländern so nicht zutrifft.

Der Eindruck ist nicht von der Hand zu wischen, dass nicht mehr die drei großen Teilorganisationen bei der Besetzungs- und Personalpolitik den Ton angeben. Vielmehr ist eine neue, weitestgehend junge Generation am Werk.

Und so manche von den älteren Kalibern haben dafür mehr als nur ein Verständnis. Sie finden, dass in einer Zeit des großen Aufbruchs, der Globalisierung und Digitalisierung der Moment gekommen ist, die junge Generation ihre eigene Zukunft gestalten zu lassen. Das kann auch zur Folge haben, dass im Überschwung und Übermut Fehler passieren. Aber auch in der Politik gilt ein Grundsatz: Nur wer nichts tut, kann keine Fehler machen.

Trotzdem gilt es an dieser Stelle kurz inne zu halten und einen Satz in den Raum zu stellen: Die Geschichte beginnt nicht erst mit dem Jahr 2011. Wenngleich wir in der Politik derzeit eine echte Umbruchsituation erleben.

Der Geschichtsunterricht ist nicht die Stärke unseres Bildungssystems. Was sich generell in einer Art Vergesslichkeit dessen ausdrückt, was etwas länger zurückliegt. Das betrifft Namen wie Raab, Figl, Klaus, aber auch Ereignisse wie die Aufstände in den Volksdemokratien und den Eisernen Vorhang. Und das betrifft auch die Geschichte einer politischen Bewegung wie der Volkspartei. Gibt doch erst sie Auskunft über die ideologischen Wurzeln, die programmatischen Entwicklungen und inhaltlichen Auseinandersetzungen. Und das über Jahrzehnte.

Christlich-soziale Spurensuche

Im Mai 2018 gab es vom Verband katholischer Publizistinnen und Publizisten Österreichs eine Veranstaltung zum Thema ›Wie christlich ist die Volkspartei?‹. Die Diskussion ließ die Wogen hochgehen, wie man es sich allein angesichts der laufenden Debatte über die Asyl- und Migrationspolitik durchaus vorstellen kann. Da wurde sogar eine gewisse Entfremdung zwischen katholischen Laien und sich zum katholischem Glauben bekennenden Politikern spürbar. Tatsächlich blieb die Frage unbeantwortet. Auch weil die Zeit konfessioneller Parteien abgelaufen ist und die Äquidistanz der Kirche zu den politischen Parteien gelebt wird. Was aber von der Kirche nicht dahingehend interpretiert werden sollte, sich um klare Antworten zu gesellschaftspolitisch relevanten Fragen zu drücken. Von daher sollte man Kurz beim Wort nehmen, der zu Regierungsantritt versprach: »Als christlich-soziale Partei wollen wir nicht nur einen jährlichen Religionsgipfel mit Vertretern aller anerkannten Religionsgemeinschaften und der Bundesregierung – vielmehr muss ein regelmäßiger Dialog stattfinden.«

Genau genommen hätte man bei der vorhin zitierten Veranstaltung die Frage stellen müssen, nicht wie christlich die Volkspartei ist, sondern wie christlich Politiker der Volkspartei handeln.

Kurz selbst hatte zu Beginn seines Aufstiegs in der Parteihimmel sich öffentlich und persönlich zu einer »christlich-sozialen Politik« bekannt. Was sicher nicht nur ein Lippenbekenntnis war, um ein bestimmtes Wählerklientel ruhig zu stellen. So hatte er auf die Frage, ob es einmal schon vorgekommen sei, dass er ein Stoßgebet zum Himmel gerichtet habe, schlicht geantwortet: »Viele in unserem Team sind gläubig, ich bin es auch, aber das ist Privatsache.« – Das gilt es festzuhalten, wenn man sich auf die Spurensuche ›christlicher‹ Politik bei der neuen Volkspartei begibt.

Die stärksten Reibeflächen haben sich in der Asyl- und Flüchtlingspolitik aufgebaut. Und hier hat sich seit 2015 ohne Zweifel ein Wandel ergeben. Stand doch am Beginn des ›Flüchtlingstsunamis‹ eine durchaus breit aufgestellte Willkommenskultur, die allerdings zunehmend einer Abwehrhaltung Platz machte, je länger der Flüchtlingsstrom anhielt. In der Öffentlichkeit machte sich eine Art Futterneid breit. Siehe etwa den Vorwurf, dass Flüchtlinge und Asylanten Nutznießer eines Sozialsystems seien, in das sie bislang keinen Cent eingezahlt hatten, ja viele es bewusst sogar ausnutzten. Dazu kam noch eine vorgegebene Sorge, dass das sogenannte ›christliche Abendland‹ von den in Massen zuwandernden Muslimen überrannt werden würde.

Trotzdem ist ein Hang, sich vom Flügelschlag der öffentlichen und so mancher vom Boulevard getragenen veröffentlichten Meinung die Richtung der Willensbildung vorgeben zu lassen, nicht zu übersehen. Oder anders ausgedrückt: Wenn es noch in der Bibel heißt, am Anfang steht das Wort, so wird nun der Umfrage allzu sehr das Primat eingeräumt. Gerade auch in der Migrationspolitik.

Zwischen den Postulaten von Barmherzigkeit sowie Solidarität, für die die Kirchen stehen, und der Abwehrhaltung der Regierung, ja mittlerweile der Mehrzahl politischer Bewegungen, hat sich eine Kluft aufgetan, was sich auch in zahlreichen Wortmeldungen niederschlägt. Allerdings darf hier ein Realismus eingemahnt werden, hat sich doch geradezu unter dem Deckmantel der Flüchtlingsbewegung eine Schlepperindustrie und ein Sozialtourismus entwickelt, dem man mit frommen Sprüchen nicht die Stirne bieten kann. Eine von christlich-sozialem Gedankengut getragene Politik wird freilich nicht umhin kommen, zwischen den verschiedenen Positionen den entsprechenden Ausgleich zu suchen.

Eine Causa sui generis ist die Wirtschaftspolitik. Mit dem Zusammenbruch des sozialistischen Planwirtschaftssystems kam es nicht zur Ausdehnung des Erfolgsmodells der Sozialen Marktwirtschaft, das unter anderem wesentliche Anleihen bei den christlichen Soziallehren genommen, Deutschland und Österreich großen wirtschaftlichen Aufstieg sowie sozialen

Wohlstand beschert hatte. Vielmehr machte sich ein Trend zu einer Wirtschaftspolitik breit, die von starken liberalistischen (vielleicht sogar neo-kapitalistischen) Zügen geprägt wird. Die Notwendigkeit, sich mit der Globalisierung auseinanderzusetzen, verstellt den Blick auf grundsatzpolitische Orientierungen sowie die Schaffung entsprechender Leitlinien.

Das Ordnungsmodell einer Ökosozialen Marktwirtschaft, das als eine Weiterentwicklung der Sozialen Marktwirtschaft übrigens federführend von Politikern der Volkspartei wie zum Beispiel Josef Riegler konzipiert worden war, wird nur noch von wenigen Unverdrossenen am verbalen Leben gehalten. Dazu passt auch, dass Fragen, welchen Stellenwert heute die Soziale bzw. Ökosoziale Marktwirtschaft haben, nur noch beiläufig also ohne Verve beantwortet werden. Durchaus bezeichnend ist es, dass sich das Wort ›Marktwirtschaft‹ in dem 182 Seiten umfassenden Regierungsprogramm exakt dreimal findet – einmal als allein stehender Begriff, zweimal mit ›öko-sozial‹, aber das nur sehr lose, in Verbindung gebracht.

Weckruf an die ideologische Rüstkammer

Faktum ist, dass es schon seit langem zum Wesen der Volkspartei gehört, dass sie mehr als eine christdemokratische Partei ist, sich also möglichst breit aufstellt. Und da ist es interessant, in das Jahr 1972 zurückzublicken, wo im Grundsatzprogramm festgehalten wurde, dass die ÖVP offen für Christen und für alle ist, die sich zu einem humanistischen Weltbild bekennen.

Diese Offenheit war übrigens sehr wichtig, als man in den 1970er Jahren begann, ein internationales Parteienbündnis aufzustellen, das imstande ist, der damals stark präsenten Sozialistischen Internationale Paroli zu bieten. Eine wesentliche Schwierigkeit bestand hier unter anderem darin, dass so manche Christdemokraten mit keinen Konservativen im gleichen Boot sitzen wollten. Die ÖVP mit Alois Mock konnte damals aufgrund ihrer Eigendefinition eine wichtige Brückenbauerfunktion zwischen deklarierten Christdemokraten und überzeugten Konservativen wahrnehmen, als es zur Gründung der Europäischen und später der Internationalen Demokratischen Union kam.

Ohne Zweifel bilden die Katholische Soziallehre und die Evangelische Sozialethik das grundsatzpolitische Fundament der alten und der neuen ÖVP. Schon bei der Gründung der Volkspartei im Jahre 1945, der die Gründung der drei Bünde vorausgegangen war, machte sich aber eine Art Aufgabenteilung bemerkbar. Bei allem grundsatzpolitischen Konsens verstanden sich der Wirtschafts- und der Bauernbund in erster Linie als die Interessenvertretung der Unternehmer, Gewerbetreibenden und Landwirte. Sie hatten dort auch geradezu erdrückende Mehrheiten und fast schon ein Alleinstellungsmerkmal. Der Arbeiter- und Angestelltenbund war zwar die Heimstatt der christlich-sozialen Arbeitnehmer, aber in Gewerkschaft und Arbeiterkammer nur in der Minderheit. Der ÖAAB stand gewissermaßen in der ständigen politi-

schen Auseinandersetzung mit der SPÖ. Und er war damit nicht zuletzt auch der eigentliche
gesellschaftspolitische Motor für die Volkspartei. Mehr noch, er war gewissermaßen die ideologische Rüstkammer.

Viele Reformen, das begann schon mit den ersten Gesetzesbeschlüssen zu Beginn der
Zweiten Republik, trugen die Handschrift des ÖAAB, mussten oft in harten Diskussionen
den beiden anderen Bünden abgerungen werden, trugen aber letztlich dazu bei, dass die gesellschaftliche Entwicklung weiter vorangetrieben werden konnte.

Es ist leider schon in den letzten Jahren etwas ruhig geworden um die gestaltende Kraft
des ÖAAB. Die Zeiten, da ein Alois Mock noch proklamierte, die Volkspartei zur natürlichen
politischen Heimat der Arbeitnehmer zu machen, sind Geschichte. Heute spricht man viel lieber von der neuen Mitte, von den Leistungswilligen und Leistungsträgern, um deren Stimmen
man kämpft. Trotzdem – und das ist ein Wesensmerkmal einer Volkspartei – sollte man sich
auch jenen zuwenden, die vielleicht nicht gerade oder nur bedingt in diese Zielgruppe fallen.

Sehr offen gestanden: Nur weil die FPÖ bei den letzten Wahlen zur eigentlichen Arbei-
terpartei geworden ist, sollte man die auch so artikulierte Arbeitnehmerpolitik nicht der FPÖ
überlassen. Das verlangt, dass man dieser Organisation, die sich politisch ÖAAB und gewerk-
schaftlich oft lieber FCG nennt, innerparteilich Spielraum gewährt, sie auch Einwände gegen
die Regierungslinie in der einen oder anderen Frage gewähren lässt und nicht gleich als Quer-
treiber abqualifiziert. Auch das gehört zur Offenheit, zur Toleranz einer modernen politischen
Bewegung.

Noch immer – oder besser gesagt: schon wieder – besteht und entsteht der Eindruck,
dass sich die ÖVP vor allem um die Selbständigen, also Unternehmer und Landwirte küm-
mert, während die Arbeitnehmer in den dazugehörenden Institutionen vor allem von der SPÖ
vertreten werden. Dabei sind die FCG in der Gewerkschaft und der ÖAAB in der Arbeiterkammer viel stärker vertreten als die parallelen sozialdemokratischen Gruppierungen in Wirt-
schafts- und Landwirtschaftskammer. Es liegt auch an den Akteuren von ÖAAB und FCG,
sich in der Volkspartei bemerkbar zu machen und es liegt an der Parteiführung, dies genauso
zu akzeptieren wie so manche Wortmeldung aus der Ecke des freiheitlichen Regierungspart-
ners, die des Koalitionsfriedens wegen mit Schweigen übergangen wird. Nachhaltig bemerkbar macht man sich freilich nicht durch lautstarkes Poltern. Es wären sehr wohl auch wieder
grundsatzpolitische Initiativen, visionäre Ideen angesagt. Also eine Besinnung auch auf die
Rolle einer Denkwerkstatt.

Es ist nur ein Faktum, dass ein gewisser Mangel an Think Tanks besteht. Was auch damit
zu tun hat, dass so manche Vereine im Umfeld der Partei nur noch als Plattformen öffentlicher
Präsentation für die ihnen vorstehenden Politiker dienen. Die Mitglieder sind gefragt, um
Veranstaltungsorte zu füllen, werden aber nicht wirklich in die Meinungs- und Willensbildung
einbezogen. Dabei wäre gerade das Hereinholen von unkonventionellen Ideenlieferanten, das
Erarbeiten von Zukunftsstudien, das Nachforschen in der Geschichte, das offene Diskutie-

ren über verschiedene Möglichkeiten gesellschaftspolitische Impulse und Weichenstellungen vorzunehmen, so wichtig. Um Institutionen, wie etwa dem Kummer-Institut, benannt nach Karl Kummer, einem christlich-sozialen Denker der Nachkriegszeit, ist es zum Beispiel viel zu ruhig geworden. Dabei wäre ein wirtschaftspolitisches Ordnungsmodell ebenso gefragt wie ein Modell zur Vermögensbildung in Arbeitnehmerhand. Oder sich auch mit der Wertigkeit christlicher Sozialpolitik in der heutigen Gesellschaft zu beschäftigen.

Ein gesellschaftspolitisches Modell zum Vorzeigen

Dass es sich bei der Katholischen Soziallehre und der Evangelischen Sozialethik um keine verstaubten Lehren handelt, zeigt der Begriff der Partnerschaft ebenso wie jener der Subsidiarität. Sie haben ihren Ursprung in der Katholischen Soziallehre.

So sehr Subsidiarität ein sperriges Wort ist, so verständlicher ist seine Definition. Handelt es sich dabei doch um das gesellschaftspolitische Prinzip, wonach übergeordnete gesellschaftliche Einheiten (wie etwa ›Brüssel‹, um es einfach zu formulieren) nur solche Aufgaben an sich ziehen dürfen/sollen, zu deren Wahrnehmung untergeordnete Einheiten (wie Nationalstaat und Regionen) nicht in der Lage sind. Gerade davon ist jetzt in Zusammenhang mit der Weiterentwicklung der EU oft die Rede. Es ist zugleich jenes Modell, das übrigens Kurz verfolgt. Und bestätigt so in einem Punkt seine Orientierung an christlich-sozialen Leitlinien.

Vielleicht ist es kein Zufall, dass sich gerade heuer bei zwei großen, aber völlig unterschiedlichen Ideologen der 200. Geburtstag jährt. Am 5. Mai betraf dies Karl Marx, der zusammen mit Friedrich Engels zum einflussreichsten Theoretiker des Kommunismus und Sozialismus wurde. Sah man von China ab, das den geistigen Schöpfer des Marxismus auf und ab feierte, ja sogar seiner Geburtsstadt Trier ein mehr als fünf Meter hohes Denkmal schenkte, übten sich sozialistische und sozialdemokratische Parteien in vornehmer Zurückhaltung. Nur nicht anstreifen, lautete die Devise. Im neuen Programmentwurf der SPÖ findet sich daher weder der Name Marx noch der Begriff ›Klassenkampf‹. Dabei waren zumindest Teile der Partei bis zu Beginn der 1990er Jahre stolz auf die Tradition des ›Austromarxismus‹. Die Krise der Sozialdemokratie in Österreich und Europa hat sicher auch ihren Grund darin, dass ihnen der einstige marxistische Boden mit dem Scheitern des sozialistischen Gesellschaftsmodells entzogen wurde.

Ein Gegenpol von Marx stellt zweifelsfrei Karl Freiherr von Vogelsang dar. Er wurde am 3. Mai 1818 in Schlesien geboren, Karriere machte er ab 1864 in Österreich und wurde hier zum Wegbereiter der katholischen Arbeitnehmerbewegung. Sein Ansatz war das gesellschaftspolitisch erfolgreiche Konzept, postulierte er doch als Kontrapunkt zum Klassenkampf das Prinzip der Partnerschaft als das tragende Element für den Zusammenhalt der Gesellschaft. Es

war der sozialdemokratische Publizist Norbert Leser, der schon vor Jahren die Auseinandersetzung zwischen den politischen Lagern auf den Punkt brachte, indem er feststellte, dass das
Gesellschaftsmodell der Partnerschaft über jenes des Klassenkampfes gesiegt habe. Und genau
darum seien die Volksparteien zu beneiden. Sie wären auch heute gut beraten, das Prinzip der
Partnerschaft im politischen Alltag zu leben. Nachzulesen übrigens im 1972 beschlossenen
Grundsatzprogramm der ÖVP: »Partnerschaft bietet die Basis, Konflikte nutzbar zu machen
und friedlich zu lösen.«

Man kann diesen Satz nicht oft genug lesen, beinhaltet er doch die Wesenselemente einer
Gesellschaft, die um das Finden des gemeinsamen Nenners bemüht ist. Nämlich Gesprächs-
fähigkeit zu beweisen, auch als Erster den Schritt auf den anderen zu wagen, sehr wohl die
sachliche Auseinandersetzung zu suchen, aber schlussendlich konsensfähig zu sein.

Dieses Grundmotiv spielte beim Funktionieren der für Österreich so wichtigen und typischen Sozialpartnerschaft eine tragende Rolle. Daran haben sich die inzwischen von der Bühne abgetretenen Spitzenfunktionäre immer wieder, wenn auch gelegentlich mit Abstrichen,
leiten lassen. Ihre meist jungen Nachfolger (der ÖGB-Präsident bildet da an den Altersringen
gemessen eine Ausnahme) müssen noch in die Schuhe hineinwachsen. Wobei es schon auch
festzuhalten gilt, dass ein Relaunch dieser Institution angebracht ist, um den Erfordernissen
der heutigen Zeit und noch mehr den Anforderungen der Zukunft gerecht zu werden. Sich allein auf die Tradition zu verlassen, nur weil man mittlerweile sogar in der Verfassung verankert
(aber deswegen noch lange nicht sakrosankt) ist, reicht nicht mehr aus.

Die Selbstgefälligkeit so mancher Institution führt fast zwangsläufig zum Ruf nach Veränderung. Dazu gleich ein Beispiel: 2010 – so gut wie unbekannt – wurde der Seniorenrat Teil
der Sozialpartnerschaft. In der Sozialversicherung, wo die Senioren zumindest ein Drittel zur
Versicherungsleistung beitragen, haben sie aber kein Stimmrecht.

Politik muss generationenübergreifend sein

Der Blick zurück in die Geschichte lohnt sich immer wieder. Nicht nur, weil man viele Erkenntnisse aus vergangenen Entwicklungen und Ereignissen ziehen kann, sondern so auch
Zeuge des Wandels in Gesellschaft und Politik wird. So war vor 50 Jahren der damalige Obmann der Jungen ÖVP, Fritz König, bereits 37 Jahre alt, als er erstmals in den Nationalrat
gewählt wurde. Sein Nachfolger als JVP-Obmann, Josef Höchtl, schaffte den Sprung in den
Nationalrat immerhin bereits mit 28. Beide aber hatten damals in der ÖVP noch schwer
zu kämpfen, um auch von den Parteigranden, die alle gesetzten Alters waren, akzeptiert zu
werden. Bis 1972 hatten in der ÖVP nur die Landeshauptleute und die drei Bündeobmänner
das Sagen. Die Jugendbewegung war gewissermaßen nur ein geduldeter Verein, in dem man
gerade einmal Personen für spätere und höhere Parteiweihen heranwachsen ließ. Erst 1972

wurde die Junge ÖVP eine eigene Teilorganisation und kam damit auf Augenhöhe mit dem Parteiestablishment zu stehen.

Allein daran kann man ermessen, welche ›Revolution‹ es für so manche ältere Parteige-folgsleute bedeutete, als Kurz mit noch nicht einmal 30 Jahren am 1. Juli 2017 zum 17. Bundesparteiobmann der ÖVP gewählt wurde. In weiterer Folge kam es auf vielen Ebenen zu einer ›Verjüngungskur‹. Das begann bei der Besetzung der Parteidienststellen, setzte sich bei der Kandidatenaufstellung für die Nationalratswahl fort und fand schließlich seinen Abschluss bei der Personalausstattung der Ministerien und vor allem der jeweiligen Ministerbüros.

Während sich so manches ältere Semester zurück in die sprichwörtliche Loge zog, fand die Wählerschaft an den neuen und jungen Gesichtern Gefallen. Das lässt sich aus den diversen Wahlgängen herauslesen. Während in früheren Zeiten die ÖVP gerade bei der älteren Gene-ration unterdurchschnittlich abschnitt – was übrigens von der SPÖ immer wieder ausgenutzt wurde, um in den letzten Wochen vor einer Wahl mit dem Gespenst der ›Rentenkürzung‹ auf Stimmenfang zu gehen – hat sich der Trend nun umgekehrt. Jetzt sind es die Über-60-Jäh-rigen, die überdurchschnittlich für die ÖVP votieren. Das geschah bei der Nationalratswahl, wo nicht 31,5, sondern 34 Prozent der Senioren für die Kurz-Partie stimmten und traf auch bei den Landtagswahlen zu. So in Niederösterreich, wo nicht 49,6, sondern 60 Prozent, in Tirol, wo nicht 44,3, sondern 68, und in Salzburg wo nicht 37,8, sondern 52 Prozent ÖVP am Stimmzettel ankreuzten.

Es ist durchaus erlaubt zu resümieren, dass der älteren Generation bewusst ist, dass man in unserem Land, um weiterhin einen erfolgreichen Weg zu gehen, nicht im alten Trott weiter-machen darf und dass daher nachhaltige (inhaltliche, strategische und personelle) Reformen notwendig sind.

Trotzdem sollte im Interesse eines funktionierenden Dialogs der Generationen – da spielt wie-der das Leitmotiv der Partnerschaft mit hinein – nicht auch auf einen Ausgleich zwischen den Generationen vergessen werden.

Ein Beispiel ist dafür das Parlament. Die jüngste Abgeordnete ist derzeit 23 Jahre alt. Der älteste der ÖVP 65. Das entspricht übrigens nicht dem Zustand in vielen anderen Parlamen-ten. Dort führen auch noch ältere Politikerinnen und Politiker (man denke nur an den 76-jäh-rigen Wolfgang Schäuble im Deutschen Bundestag) das große Wort.

Es hat aber in Österreich irgendwie Tradition, dass, wenn man das gesetzliche Pensionsalter erreicht hat, sich auch aus dem parlamentarischen Leben mehr oder weniger zurückzieht – was eigentlich nicht ganz einsichtig ist. Nicht nur, weil in der Zweiten Republik die Alterspyramide über den Achtziger hinaus nach oben angewachsen ist, sondern weil man mit 65 noch nicht zum alten Eisen und daher ausrangiert gehört. Es ist auch nicht einzusehen, warum die ältere Generation nicht für sich selbst sprechen sollte, anstatt dieses Mitbestimmungsrecht an die Jüngeren im Vertrauen auf deren Goodwill abzutreten. Mehr noch, gerade in der Politik und im

Parlament, wo mitunter Hitzköpfe für Unruhe und Aufregung sorgen, stellt die Erfahrung, die Besonnenheit, der zeitenübergreifende Überblick einen besonders wichtigen Wert dar.

In so manchen Belangen, bei so manchen politischen Auseinandersetzungen wäre es durchaus wünschenswert, gäbe es den einen oder anderen ›Elder Statesman‹ oder die eine oder andere ›Elder Stateswoman‹. Wobei von diesen Persönlichkeiten nicht nur Nachdenkanstöße, sondern, wenn notwendig, auch mäßigende Wortmeldungen zu erwarten wären – und eine gewisse Zurückhaltung. Denn wenn man einmal aus einem Amt ausgeschieden ist, dann sollte man nicht glauben, nachher plötzlich alles besser zu wissen. Allerdings: Verantwortungsbewusstsein für die Gesellschaft und deren Entwicklung zu zeigen, dies auch zu artikulieren, kennt keine Altersgrenze.

Die Rolle der Generationen trifft ein altes Sprichwort sehr gut: »Die Eltern bringen die Kinder in den Morgen, die Kinder die Eltern in den Abend.« Oder anders ausgedrückt: Politik ist generationenübergreifend.

Viele, die noch die Zahl 19 in ihrem Geburtsjahrgang tragen, wundern sich, wenn man über politische Ereignisse wie den Fall des Eisernen Vorhangs oder den Beitritt zur EU spricht, dass es sich dabei nicht nur um ein Geschehen im vergangenen Jahrhundert, sondern noch mehr im vergangenen Jahrtausend handelte.

Von daher war es eigentlich durchaus an der Zeit, dass 2017 ein Paradigmenwechsel in der österreichischen Politik stattfand, der ja mittlerweile auch Aufmerksamkeit und Nachahmer im europäischen Ausland gefunden hat.

Volksparteien müssen unterscheidbar sein

Vor 50 Jahren lösten Verluste von drei bis vier Prozente bei Wahlen in den davon betroffenen Parteien noch beinahe eine Weltuntergangsstimmung aus. Heute sind Stimmenverschiebungen von zehn Prozent keine Seltenheit mehr. Sie schmerzen, das Leben aber geht weiter. Mit 36 Prozent war 2017 bei der Nationalratswahl der Anteil der Wechselwähler so hoch wie noch nie. Parallel dazu sank die Zahl der Wähler mit deklarierter Parteibindung. Nur noch 34 Prozent fühlen sich gefühlsmäßig an eine bestimmte Partei gebunden, 66 Prozent dagegen frei von Zugehörigkeit.

Die Mobilität der Wählerschaft ist heute das Charakteristikum für eine lebendige parlamentarische Gesellschaft, für die Auflösung politischer Milieus alter Prägung. Sie zwingt die Parteien zum Wettbewerb und verlangt Innovation und Kreativität. Letztlich fördert sie auch die Kraft und den Mut, nicht auf dem Status quo zu beharren, sondern sich zu bewegen, etwas zu verändern.

Diese Mobilität hatten einige Politikberater und Werbeleute in der Vergangenheit zu wörtlich genommen. Sie dienten einmal dieser und später einer anderen Partei. Je nachdem, wo es das lukrativere Angebot gab. Nicht untypisch für eine Gesellschaft, in der sich ideologische Konturen und religiöse Bindungen aufgelöst hatten, eine gewisse Schwammigkeit herrschte, wenn es um die Festlegung auf klare Standpunkte und Grundsätze ging.

Generell gilt es aber schon zu unterscheiden, ob man sich als Wähler die Freiheit nimmt, jene Partei zu wählen, die einem das Optimum an Problemlösekapazität, Sicherheit und Zukunftsvisionen verspricht; oder ob man sich in den Dienst einer Partei begibt, um ein bestimmtes gesellschaftlichen Modell um- und durchzusetzen.

Sich mit einer Partei und einem Programm zu identifizieren ist eine Art ›politisches Glaubensbekenntnis‹. Und das wechselt man nicht wie ein Hemd. Es kann schon sein, dass es Momente und Zeitpunkte gibt, da man sich mit manchen Ansagen und auch Personen nicht unbedingt identifizieren kann. Dann ist der Augenblick gekommen, sich selbst zurückzunehmen oder sich aufzuraffen und für eine Kurskorrektur zu kämpfen.

Unter diesem Gesichtspunkt hat man es heute mit dem ›Team Kurz‹, von der Partei bis hin zu den Ministerien, mit einer sehr entschlossenen Truppe zu tun, die ein Welt- und Gesellschaftsbild vertritt, das auf wesentlichen Teilen der Programmatik jener Volkspartei fußt, die 1945 aus der Taufe gehoben wurde. Die aber gleichzeitig die Notwendigkeit erkannt hat, jetzt die Möglichkeit zu ergreifen, notwendige Reformen zu setzen, um die Republik vorwärts zu bewegen und nicht den Anschluss an die Zukunft zu verlieren. Dazu gehört natürlich auch die Frage, als was versteht sich dieses Europa, welches Europa wollen wir eigentlich?

In den letzten Jahren der Koalition hatte man mitunter schon den Eindruck, es zeitweise mit einer Art Einheitspartei an der Regierung, quasi einer ›SPÖVP‹ zu tun zu haben. Was ja auch die Abwanderung von Wählern, das Schrumpfen der beiden Großparteien, das Entstehen einer bunten Parteienlandschaft zur Folge hatte. Die Unterscheidbarkeit der politischen Bewegungen macht Politik erst spannend und ist das Charakteristikum einer vitalen Demokratie.

Ein Zitat von Alois Mock darf da als Richtschnur gelten: »Stehenbleiben bedeutet den Tod einer politischen Bewegung. Nachahmen ist fast schon halbe Knechtschaft. Dynamik schafft Bewegung und Veränderung, ist Leben.«

Von daher war es fast zwingend notwendig, dass die neue Volkspartei auf Veränderung setzte, sich ein neues Profil, auch ein kantigeres zulegte. Das nicht unbedingt bei allen Parteigängern auf Zustimmung stößt, aber zur Themenführerschaft und Regierungsverantwortung geführt hat. Was nichts daran ändert, dass auch bei einem solchen Transformationsprozess immer wieder Anpassungen notwendig sind.

Die Unterscheidbarkeit der politischen Bewegungen ist unersetzlich für einen kreativen Wettbewerb. Die neue Volkspartei ist eine etwas andere geworden, hat Leben in die Politik gebracht. Der Weckruf ergeht jetzt an die Opposition.

Transparency

Waltraud Klasnic (unter Mitarbeit von Herwig Hösele)

MISSBRAUCH UND GEWALT

Es kann und darf keinen Schlussstrich geben

Als in den ersten Monaten des Jahres 2010 in den Medien verstärkt Reportagen über erschütternde Schicksale von Missbrauchsopfern erschienen, wurde eine Mauer jahrzehntelangen Schweigens und Vertuschens endlich durchbrochen.

Der Vorsitzende der Österreichischen Bischofskonferenz, Kardinal Christoph Schönborn, ersuchte mich daraufhin Ende März 2010, mich der Betroffenen als Opferschutzanwältin anzunehmen. Nach Rücksprache mit Herwig Hösele – mit dem mich schon seit meiner Tätigkeit in der Steiermärkischen Landesregierung in enger Zusammenarbeit bei vielfältigen Projekten verbunden bin und der auch Mitautor dieses Textes ist – habe ich dem Herrn Kardinal damals unter zwei Bedingungen zugesagt: völlige Unabhängigkeit in meiner Aufgabenerfüllung, völlige Unabhängigkeit bei einer von mir zusammenzustellenden Kommission und vorbehaltlose Umsetzung der Empfehlungen und Beschlüsse der Kommission durch die katholische Kirche in Österreich.

Die Dimension der Verbrechen und der furchtbaren Verheerungen, die diese an den Betroffenen anrichteten, war mir bei meiner Zusage nicht bewusst, wurde mir aber bereits in den ersten Monaten meiner Tätigkeit klar. Jedes einzelne Gespräch hat mich zutiefst berührt. Es sind dies keine ›Fälle‹, es sind dies zutiefst betroffen machende Schicksale, für die es nie eine Wiedergutmachung, sondern bestenfalls menschliche, finanzielle und therapeutische Hilfestellungen geben kann.

Auch wenn bewusst ist, dass Missbrauch und Gewalt leider ein gesamtgesellschaftliches Phänomen sind, ist dieses Verbrechen, verübt von kirchlichen Tätern, noch verwerflicher, sind doch die Ansprüche an Ethik und Moral in der katholischen Kirche zurecht besonders hoch und fordert der Umgang mit Kindern ganz besondere Verantwortung.

Mutter Teresa hat es auf den Punkt gebracht: »Jedes Kind ist kostbar. Jedes Kind ist ein Geschöpf Gottes.« Und Papst Franziskus stellte in einer seiner Reden und Predigten fest: »Im Evangelium empfängt Jesus die Kinder, er umarmt und segnet sie. Auch wir müssen unsere Jugendlichen schützen, führen und ermutigen, indem wir ihnen helfen, eine Gesellschaft aufzubauen, die ihres großen spirituellen und kulturellen Erbes würdig ist. Besonders müssen wir jedes Kind als ein Geschenk betrachten, das angenommen, gehegt und beschützt werden muss. Und wir müssen uns um unsere jungen Menschen kümmern und nicht zulassen, dass sie ihrer Hoffnung beraubt […] werden.«

Wenn also durch Untaten katholischer Verantwortungsträger Kinder nicht geschützt und gefördert, sondern missbraucht und geschändet werden, verlangt das klare Konsequenzen.

Parallel zu meiner Ernennung zur Unabhängigen Opferschutzanwältin hielt Kardinal Schönborn in der Karwoche 2010 einen Bußgottesdienst im Wiener Stephansdom. Ein zentraler Punkt dabei war das ›Schuldbekenntnis im Namen der Kirche‹ mit folgenden Kern-Aussagen:

»[...] Ungeheure Schuld ist in diesen Wochen offenbar geworden. Es ist Schuld Einzelner; es ist Schuld geronnen in Strukturen, Verhaltens- und Denkmustern; es ist Schuld aus unterlassener Hilfe und nicht gewagtem Widerspruch.«

»Einige von uns haben das Vertrauen von Kindern ausgenützt und zerstört.«

»Einige von uns sind schuldig geworden am inneren Tod vieler Menschen.«

»Wir bekennen, dass wir die Jugend, die Schönheit, die Lebendigkeit anderer Menschen für uns haben wollten. Einige von uns haben Buben und Mädchen dadurch die Kindheit gestohlen und sie der Fähigkeit beraubt, gelingende Beziehungen zu leben.«

»Wir bekennen, dass wir die Wahrheit nicht erkennen wollten, wir vertuscht und ein falsches Zeugnis gegeben haben. Einige von uns konnten dadurch andere und sich selbst weiter belügen und ihre Verbrechen fortführen.«

»[...] Wir bekennen diese Schuld den vielen, an denen wir als Kirche und einige von uns ganz konkret schuldig geworden sind. [...] Wir sind bereit, unserer Verantwortung für Geschichte und Gegenwart anzunehmen [...] und an der Heilung der Wunden mitzuwirken.«

In diesem Sinne wurden seither viele Maßnahmen gesetzt, etwa auch mit der von der Bischofskonferenz beschlossenen Rahmenordnung mit dem programmatischen Titel ›Die Wahrheit wird Euch frei machen‹. In dieser Rahmenordnung ist auch die Unabhängigkeit der Opferschutzkommission und die Verpflichtung der Kirche verankert, alle ihre Beschlüsse umzusetzen.

So hat im April 2010 die Unabhängige Opferschutzkommission (UOK) ihre Tätigkeit aufgenommen, die sich aus angesehenen und fachlich kompetenten Persönlichkeiten vor allem aus den Bereichen Recht, Psychologie, Medizin, Pädagogik und Sozialarbeit zusammensetzt. Persönlich bin ich jedem einzelnen Kommissionsmitglied für die Bereitschaft zur nunmehr achtjährigen engagierten und ehrenamtlichen Mitwirkung überaus dankbar. Die Kommissionsmitglieder sind:

- Brigitte Bierlein, Präsidentin des Verfassungsgerichtshofes
- Reinhard Haller, Psychiater und Neurologe
- Udo Jesionek, Präsident der größten Opferhilfsorganisation ›Weißer Ring‹
- Ulla Konrad, langjährige Präsidentin des Berufsverbandes Österreichischer Psychologinnen und Psychologen, Vorstand Concordia Privatstiftung
- Werner Leixnering, langjähriger Leiter der Abteilung für Jugendpsychiatrie der Landes-Nervenklinik in Linz

- Caroline List, Präsidentin des Landesgerichts für Strafsachen Graz, Mitbegründerin des ›Forums gegen Sexuellen Missbrauch‹
- Kurt Scholz, langjähriger Präsident des Wiener Stadtschulrates und Restitutionsbeauftragter der Stadt Wien, Kuratoriumsvorsitzender des Zukunftsfonds der Republik Österreich

Bis zu seinem Tod 2017 war auch der Doyen der katholischen Publizistik und Ehrenvorsitzende der kritischen Plattform ›Wir sind Kirche‹, Hubert Feichtlbauer, besonders engagiertes Mitglied der Kommission.

Die Arbeit der Kommission wurde von Anfang an von Herwig Hösele koordiniert; ebenfalls vom Start weg dabei ist die kompetente Büroleiterin Brigitte Dörr.

Unsere Kommission entwickelte unter Federführung von Caroline List noch im Frühjahr 2010 ein ›Entschädigungsmodell‹, das in der Folge von allen Bundesländern und Bundeseinrichtungen übernommen wurde. Den Beginn machte das Land Tirol im Sommer 2010. Eine Reihe unserer Kommissionsmitglieder wirkten und wirken führend in den entsprechenden Kommissionen mit.

Denn bald stellte sich heraus, dass Gewalt und Missbrauch in der katholischen Kirche zwar ein besonders himmelsschreiendes Unrecht darstellt, aber leider in zahlreichen Institutionen verübt wurde und noch immer wird. Kinder- und Schülerheime, Jugend- und Sportvereine bergen und bargen vor allem in den ersten Jahrzehnten nach 1945 ein besonderes Gefahrenpotenzial. Es gab vielfach noch autoritäre Erziehungsstrukturen und geschlossene Systeme, die ein gewalt- und missbrauchsanfälliges Klima förderten.

Es wurden von April 2010 bis Dezember 2017 an die Unabhängige Opferschutzanwaltschaft rund 2.700 Betroffenen-Meldungen herangetragen, von denen 750 entweder eine andere Institution oder Glaubensgemeinschaft betrafen (und wir dies weiterleiteten) bzw. ohne Kommissionsbeschluss bearbeitet werden konnten, weil keine finanzielle oder therapeutische Hilfeleistung erwünscht war. Oft wurde ausschließlich das Gespräch gesucht oder eine Entschuldigung verlangt. Rund 1.800 Meldungen wurden der Kommission vorgelegt, wovon der allergrößte Teil mit finanziellen und/oder therapeutischen Hilfestellungen nach einer groben Plausibilitätsprüfung – im Zweifel für das Opfer – positiv entschieden wurde. Nur bei 64 Meldungen gab es eine abschlägige Entscheidung. Betroffene erhalten daher ohne jede Verjährungsfrist wesentlich sicherer und rascher als in einem potenziellen Gerichtsverfahren – in dem es heißt: im Zweifel für den Angeklagten – Hilfestellungen und es steht dennoch jedem frei, zusätzlich zur freiwilligen Leistung, die durch die Opferschutzkommission zugesprochen wurde, den Gerichtsweg zu beschreiten.

Auch der Leiter des vor einigen Jahren an der Universität Gregoriana in Rom eingerichteten päpstlichen Kinderschutzzentrums, Hans Zollner SJ, hat die österreichischen Initiativen als vorbildlich bezeichnet. So sind z. B. die von uns zuerkannten ›Entschädigungssummen‹ um ein Vielfaches höher als in Deutschland.

1.800 Meldungen sind sehr, sehr viel, aber nur rund die Hälfte der Meldungen, die allein die Gemeinde Wien für ihre Heime verzeichnen musste. Dazu kommen noch die übrigen acht Bundesländer und die Bundeseinrichtungen. Und eine große Dunkelziffer von Opfern, die sich aus verschiedenen Motiven nicht melden oder gar nicht mehr melden können. Und noch eines: Die weit überwiegende Zahl der Übergriffe erfolgt nicht in den Institutionen, sondern im Familien- und Freundeskreis.

Die leider regelmäßig wiederkehrenden Presse-Meldungen über Prozesse gegen Missbrauchs-täter in der Familie, aber auch etwa im Volleyball-, im Tennisklub oder auf Jugendlagern bzw. in Jugendeinrichtungen zeigen in drastischer Weise die Problemstellung auf. Große Schlag-zeilen in den letzten Monaten haben auch Diskussionen über Vorkommnisse im Bereich des Schisports gemacht. Besonders die ›#MeToo‹-Debatte in der Theater- und Filmszene hat 2017/2018 einen weiteren wichtigen Impuls zur Bewusstseinsbildung gegeben.

Gewalt und Missbrauch sind kein österreichisches, deutsches, europäisches, US-amerika-nisches Phänomen, sondern auf allen Kontinenten in den unterschiedlichsten Ausprägungen bittere Realität – von der sexuellen Ausbeutung der Kinder über deren Sklavenarbeit bis hin zu den Kindersoldaten und zur Ausnützung eines Autoritätsverhältnisses im Beruf. Ganz beson-deres Augenmerk ist auf das Internet zu legen. Die im Frühjahr 2018 erschienene Studie des Instituts für Jugendkulturforschung, dass 27 Prozent der Kinder und Jugendlichen zwischen 11 und 18 Jahren schon einmal sexuelle Belästigung im Internet erlebt haben und dass Mäd-chen mit 40 Prozent dreimal häufiger betroffen sind als Burschen ist alarmierend.

So wichtig es in Österreich ist, alles zu unternehmen, den Betroffenen ihre Menschen-würde wieder zurückzugeben, so bedeutend ist auch, die richtigen Lehren für Gegenwart und Zukunft zu ziehen.

Schon in den Jahren 2011 und 2012 haben wir daher in unseren Presse-Informationen über unsere Arbeit festgestellt: »Generell geht es der Unabhängigen Opferschutzanwaltschaft um aufarbeitenden, aktiven und präventiven Opferschutz, wobei sich der Schwerpunkt von der Aufarbeitung immer mehr auf die Prävention verlagert. Es geht darum, nachhaltig ein Klima, Bewusstsein und Strukturen zu schaffen und zu fördern, die Gewalt und Missbrauch präventiv entgegen wirken. Durch die intensive Medienberichterstattung ist ein wichtiger und notwendiger Beitrag zu einer Sensibilisierung und Bewusstseinsbildung einer breiteren Öf-fentlichkeit geleistet worden. Es wurde die Mauer des Schweigens der geschlossenen Systeme durchbrochen. Das notwendige Umdenken von Verschweigen und Vertuschen zum Opfer-schutz und dem offenen und ehrlichen Umgang mit den alarmierenden Fakten ist eingeleitet. Dies ist für die öffentliche Aufklärung, die Prävention und Prophylaxe, die aus der Sicht der Opferschutzkommission sehr wesentlich ist, von entscheidender Bedeutung.«

Nach dreijähriger Arbeit mit Opfern und den daraus gewonnenen Erfahrungen und Erkenntnissen unterbreitete die UOK 2013 folgende Vorschläge:

1. Es gilt, gesamtgesellschaftlich ein unmissverständliches Signal zu setzen, das die Religionsgemeinschaften und sämtliche andere Einrichtungen, in denen Missbrauch stattgefunden hat, einbezieht. Dies sollte ein öffentliches Bekenntnis der verantwortlichen Repräsentanten von Staat, Kirche und Gesellschaft zur Verantwortung gegenüber den Opfern ebenso umfassen wie

- eine angemessene und würdige Veranstaltung mit Opfervertretern,
- klare Entschuldigungen und einen glaubwürdigen Dialog,
- weitere finanzielle Gesten und therapeutische Begleitung für alle Opfer und
- eine breite soziologische, sozialpsychologische, therapeutische, juridische, organisations- und kriminalsoziologische sowie historische Aufarbeitung der Opferfälle.

2. Ebenso wären rasch zukunftsweisende Initiativen zu setzen, um die im Ministerratsbeschluss vom Frühjahr 2012 angedeuteten Absichtserklärungen zu konkretisieren. Die Kommission empfiehlt dazu die Etablierung einer ›Österreichischen Präventionsplattform zum Schutz vor körperlicher, seelischer und sexueller Gewalt‹. Diese Initiative sollte von der Bundesregierung ausgehen und innerhalb eines Jahres alle öffentlichen und zivilgesellschaftlichen Einrichtungen (z. B. Gebietskörperschaften, Sport- und Jugendvereine, Justizverwaltung, Einrichtungen der Altenbetreuung, der sozialen Wohlfahrt etc.) einbeziehen.

In diesem Sinne führten wir vor allem auch bezüglich der von vielen Opfern gewünschten Veranstaltung zahlreiche Gespräche, u. a. auch mit dem damaligen Bundespräsidenten Heinz Fischer, Kardinal Christoph Schönborn sowie Mitgliedern der Bundesregierung und des Nationalrats.

Drei Jahre später, im November 2016 war es dann soweit – das offizielle Österreich und die Kirche setzten auf Einladung der Nationalratspräsidentin Doris Bures im Parlament »eine Geste der Verantwortung für das Unrecht«, das die Betroffenen erlitten hatten. Neben dem Kardinal und der Nationalratspräsidentin sprachen auch der Bundeskanzler, der Vizekanzler, der Bundesratspräsident und der Vorsitzende der Landeshauptleutekonferenz.

Ein Ergebnis dieser Veranstaltung war, dass am 1. Juli 2017 das Heimopfergesetz in Kraft trat, wonach alle bisher von der UOK und den Kommissionen der Länder »anerkannten Betroffenen« auf Antrag eine valorisierte Rente von 300 Euro pro Monat ab Pensionsantritt erhalten können. Betroffene, die sich bisher noch nicht an eine der Kommissionen gewandt haben oder nicht anerkannt wurden, können ebenfalls Anträge stellen, die geprüft werden.

Auch dieses Gesetz ist ein wichtiger Schritt, auch wenn bewusst sein muss, dass wichtige Opfergruppen – also alle, die nicht in Heimen, Internaten oder Pflegefamilien Gewalt und Missbrauch erleiden mussten – nicht erfasst sind. Eine Evaluierung des Gesetzes wird sicherlich noch eine Präzisierung und Ausweitung des Kreises möglicher Antragsteller bringen, aber große Gruppen nicht erfassen. Staat, Kirche und Gesellschaft müssen ehrlicherweise bei allem Bemühen die immer verbleibende Unvollkommenheit aller Aktivitäten und Initiativen einbekennen.

Zugleich ist es der verpflichtende Auftrag, das Menschenmögliche zu tun. Zehn Punkte sollten uns dabei leiten:

- Die gesamtgesellschaftliche Bewusstseinsbildung muss weiter geschärft werden.
- Missbrauch und Gewalt sind keine Kavaliersdelikte, sondern grausame Verbrechen und sind so zu behandeln (inklusive Täter-Therapien!).
- Opferschutz und Kinderschutz müssen absolute Priorität haben.
- Die verbrieften Kinderrechte sind zu beachten.
- Ein kinderfreundliches gesamtgesellschaftliches Klima ist zu fördern.
- Hinschauen und nicht Wegschauen!
- Aufmerksamkeit gegenüber Verhaltensänderungen und Erzählungen von Kindern!
- Ausbildung, Supervision und Weiterbildung von Menschen, die mit Kindern arbeiten – von Pädagogen, Jugendgruppenleitern, Priestern etc.
- wirksames und leicht erreichbares Beratungs- und Meldesystem
- Präventionsrichtlinien in allen Bereichen

Wir werden diese schrecklichen Missbrauchs- und Gewaltfälle nie ganz verhindern können, aber durch ein Paket von Bewusstseinsbildungs- und Präventionsmaßnahmen soll soweit als möglich hintangehalten werden, dass es dazu kommt.

Eines ist ganz sicher: Es kann und darf keinen Schlussstrich geben. Es gilt, alles zu tun, um Betroffenen ihre Menschenwürde wiederzugeben und präventiv für die Zukunft zu arbeiten. Es geht immer um den konkreten Menschen mit seinem Schicksal – der Mensch mit seiner Würde hat im Mittelpunkt zu stehen.

Partnership

Verena Fabris / Daniela Kern-Stoiber

OFFENE JUGENDARBEIT IST WICHTIG!

Lobbying für die Bedeutung des Handlungsfeldes der Offenen Jugendarbeit

Offene Jugendarbeit in Österreich ist ein Handlungsfeld der Sozialen Arbeit und findet in aktuell über 650 Jugendzentren und Einrichtungen der mobilen Jugendarbeit statt. Als dritte Sozialisationsinstanz neben Familie und Schule begleitet und fördert Offene Jugendarbeit Jugendliche auf ihrem Weg in die erwachsene Selbstständigkeit und Mündigkeit.

bOJA – das Bundesweite Netzwerk Offene Jugendarbeit vertritt das Handlungsfeld nach außen. bOJA nimmt die Interessen der im Handlungsfeld Tätigen wahr, sorgt für Vernetzung und Fachaustausch mit angrenzenden sozialen Feldern und betreibt maßgebliches Lobbying für junge Menschen in Österreich und deren Anliegen, vor allem in Bezug auf ihre Rechte auf (Frei-)Räume und Unterstützung durch professionelle Jugendarbeit.

1. Offene Jugendarbeit in Österreich

In Österreich gibt es über 340 Träger mit insgesamt 651 Einrichtungen der Offenen Jugendarbeit (Stand: Oktober 2017). Neben der standortbezogenen Jugendarbeit in Jugendzentren und Jugendtreffs kommt auch der mobilen Offenen Jugendarbeit (in Parks, auf der Straße etc.) eine Bedeutung zu. In den Einrichtungen der Offenen Jugendarbeit sind über 2.500 Fachkräfte beschäftigt, die mit ihrer Arbeit im Schnitt 250.000 Jugendliche im Jahr erreichen.[1]

Offene Jugendarbeit orientiert sich an den Prinzipien Freiwilligkeit, Vertraulichkeit, Parteilichkeit und akzeptierende Grundhaltung. Der Zugang zu den Angeboten ist dabei freiwillig und niederschwellig gestaltet (kein Konsumzwang, geschützter Rahmen, keine Nähe zu politischen Parteien oder Religionsgemeinschaften). Durch diesen offenen Zugang werden auch bildungsferne und sozial benachteiligte Jugendliche erreicht, die von anderen Angeboten der außerschulischen Jugendarbeit nicht oder nicht im selben Ausmaß erreicht werden.[2]

---

1 Vgl. Bundesweites Netzwerk Offene Jugendarbeit, *Offene Jugendarbeit in Österreich* – Facts & Figures (Wien 2016), S. 6.
2 Vgl. ds., *Offene Jugendarbeit in Österreich und Extremismus* – Positionspapier (Wien 2015), S. 1ff.

2. bOJA – Bundesweites Netzwerk Offene Jugendarbeit

bOJA, das Bundesweite Netzwerk Offene Jugendarbeit, wurde 2009 gegründet. Es baut auf einer langjährigen Tradition der Vernetzungsarbeit Offener Jugendarbeit in Österreich auf. Finanziert wird der Verein vom Bundeskanzleramt, Sektion Familien und Jugend, sowie durch eine Vielzahl an Projektförderungen.

bOJA versteht sich als Kompetenzzentrum für die Offene Jugendarbeit in Österreich, als Service- bzw. Vernetzungsstelle, als Plattform für Wissens- und Informationsaustausch sowie als Fachstelle für Qualitätsweiterentwicklung.

Ziele sind:

- Service und Information: Fortbildungsangebote, Beratung, Fachbeiträge
- Koordination und Vernetzung: Mitgliederbetreuung, Aktivitäten zur Vernetzung
- Qualitätsentwicklung: Strukturentwicklungsprozesse, Diskussion von (Mindest-)Standards
- Positionierung und Lobbying: Offene Jugendarbeit als wichtiges und qualitativ hochwertiges Handlungsfeld

Ein 17-köpfiger Vorstand, bestehend aus jeweils 1-2 Vertretungen eines Bundeslands, sorgt für inhaltliche Expertise und Know-how aus den Bundesländern, da die Umsetzung von Offener Jugendarbeit Länder- bzw. Gemeindesache ist.

3. Politische Beratung – die Bedeutung von Lobbying für bOJA

Lobbying für die Interessen der Mitglieder im Sinne der Artikulation von Interessen und der Einbeziehung dieser in gesellschaftliche Belange und Entscheidungsprozesse zählt zu den Hauptaufgaben von Verbänden.[3]

bOJA hat sich in den letzten Jahren als Ansprechpartner für Offene Jugendarbeit bei politischen Entscheidungsträger_innen[4] etabliert. So sagt ein Vertreter des Fördergebers in einem Expert_innen-Interview: »bOJA hat sicher in den letzten Jahren erreicht, dass einzelne Stakeholder Offene Jugendarbeit wahrgenommen haben, auch als Ansprechpartner [...] Ich will

---

3   Vgl. Alexander STRASSNER, *Verbände: Funktionen und Strukturen.* In: Olaf HOFFJANN/Roland STAHL (Hg.), *Handbuch Verbandskommunikation* (Wiesbaden 2010), S. 21-38, hier S. 26ff.

4   Dem ausdrücklichen Wunsch der Autorinnen entsprechend wird in diesem Text im Unterschied zu den anderen Beiträgen der sogenannte ›Gendergap‹ (Unterstrich) verwendet.

überhaupt was machen, weiß aber nicht, wie die jungen Menschen ticken, dann frage ich mal bei der bOJA nach. [...] sich da als jungendkultureller Ansprechpartner platziert zu haben.«[5]

Die Positionierung des Handlungsfeldes der Offenen Jugendarbeit und Lobbying im Sinne der Stärkung des Handlungsfeldes werden von internen und externen Stakeholdern als wichtigste Ziele von bOJA identifiziert.

Eine der Hauptbotschaften in der Kommunikation von bOJA ist die Unterstreichung der Bedeutung des Handlungsfeldes der Offenen Jugendarbeit sowie dessen Professionalität.

bOJA sieht sich nicht nur als Vertreter der Interessen der Mitglieder, sondern insgesamt als Sprachrohr für die Anliegen von Jugendlichen, insbesondere für marginalisierte Jugendliche. Dementsprechend steht bOJA für Chancengerechtigkeit, Teilhabe und Inklusion.

Als wichtigste Zielgruppe von bOJA werden Entscheidungsträger_innen und die Politik gesehen.[6]

bOJA betreibt Lobbying in erster Linie durch die Vertretung in Gremien der Offenen Jugendarbeit und durch Kontakte mit Ministerien. Weitere Lobbyingmaßnahmen sind Positionspapiere und Presseaussendungen.

Auch die jährlichen österreichweiten Fachtagungen können neben ihrer Funktion der Vermittlung von Inhalten und einer Weiterbildung für Jugendarbeiter_innen sowie der Stärkung nach innen, indirekt als Lobbyinginstrument gesehen werden. So werden Themen der Fachtagung in den Bundesländern als Schwerpunkte übernommen bzw. auch von politischen Entscheidungsträger_innen forciert.

Lobbying bezieht sich auf die Ebene der Bundespolitik ebenso wie auf die kommunale Ebene, wo Offene Jugendarbeit als Ansprechpartner in konkreten Fragen und Problemfeldern rund um Jugend zur Verfügung steht. So bieten z. B. einige Dachverbandsstrukturen in den Bundesländern Gemeinden ihre Expertise zu Beteiligungsprozessen von Jugendlichen an.

Lobbying/Politikberatung wird von bOJA nicht als ein einseitiger Beeinflussungsprozess verstanden, sondern vielmehr als ein Austausch von Wissen und Kompetenzen im Gegenzug zur Möglichkeit, politische Entscheidungsprozesse mitzubestimmen. bOJA setzt sich dafür ein, Partizipationsprozesse junger Menschen zu fördern und insbesondere marginalisierten Jugendlichen eine Stimme zu geben und ihnen damit Selbstwirksamkeitserlebnisse zu ermöglichen.

---

5 Robert Lender, 02.06.2017, zit. n. Verena FABRIS, »Ich finde es nicht notwendig, dass man alles gleichschaltet.« – Konzepte Integrierter Kommunikation und deren Anwendbarkeit auf eine dachverbandsähnliche Struktur im NPO-Bereich unter Berücksichtigung der Sicht der Vertreter_innen der Bundesländer am Beispiel bOJA – Bundesweites Netzwerk Offene Jugendarbeit (Masterarbeit; Wien 2018), S. 64.

6 Ebenda, S. 58f.

4. Beispiele erfolgreicher Lobbying-Arbeit/Politikberatung

Im Folgenden werden Beispiele gelungener Lobbying Arbeit von bOJA vorgestellt, um einen Eindruck der Breite der Themen und Methoden zu vermitteln.

Etablierung der Beratungsstelle Extremismus

Erste Pläne eine so genannte De-Radikalisierungsstelle in Österreich einzurichten gab es Anfang 2014. Ursprünglich sollte sie im Innenministerium angesiedelt sein.

Im Mai 2014 verfasste bOJA gemeinsam mit dem Verein Back Bone und anderen Einrichtungen der Wiener Jugendarbeit sowie dem Wiener Kinder- und Jugendanwalt und dem Dokumentationsarchiv des Österreichischen Widerstandes eine Stellungnahme zu den Plänen eine De-Radikalisierungstelle im Innenministerium anzusiedeln, die an das Innenministerium, das Ministerium für Familien und Jugend, das Ministerium für Europa, Integration und Äußeres sowie das Justizministerium adressiert war. bOJA plädierte für eine Verortung der Anlaufstelle außerhalb des Ministeriums, günstigstenfalls in einer NGO im Sozial- und Migrationsbereich. Hingewiesen wurde auf die Kompetenzen der Offenen Jugendarbeit in der Begleitung von Jugendlichen in der Phase der Adoleszenz und bOJA signalisierte die Bereitschaft, seine Expertise einzubringen.

Nach ersten Gesprächen mit den zuständigen Personen im Innenministerium wurde bOJA Ende September 2014 angefragt, die Trägerschaft der Anlaufstelle, als ›Ombudsstelle‹ bezeichnet, zu übernehmen.

In den nachfolgenden Wochen wurde ein Konzept erarbeitet und im Dezember 2014 die ›Beratungsstelle Extremismus‹ gegründet. Die Beratungsstelle Extremismus konnte erfolgreich in der Offenen Jugendarbeit situiert werden und somit auch das Handlungsfeld der Offenen Jugendarbeit gestärkt werden.

In ihrer laufenden Tätigkeit bringt die Beratungsstelle Extremismus ihre Perspektiven und Ansätze in diversen Gremien und Netzwerken auf Bundes- und Landesebene ein. Die Beratungsstelle ist auch aktiv in die Gestaltung der ›Nationalen Strategie Extremismus- und Radikalisierungsprävention‹ eingebunden.

Lobbying für Jugendarbeit in den Kommunen

Offene Jugendarbeit ist ein wichtiger Bestandteil von öffentlicher Infrastruktur für Jugendliche und unverzichtbarer Teil einer zeitgemäßen kommunalen und regionalen jugendpolitischen Angebotsvielfalt. Gerade in ländlichen Regionen gilt Offene Jugendarbeit als wichtiges Angebot für Jugendliche und als die Anlaufstelle für jugendrelevante Thematiken. Aktive kommunale Jugendpolitik gestaltet positive Rahmenbedingungen für die kinder-, jugend- und familienfreundliche Gemeinde. Gelingende Jugendpolitik ist damit eine Querschnittsaufgabe in den Städten und Gemeinden und ein wichtiger ›weicher Standortfaktor‹ für zukunftsfähige Kommunen. Offene Jugendarbeit trägt entscheidend dazu bei, diesem ›weichen Standortfaktor‹ ein Stück näher zu kommen. Die Beteiligung junger Menschen an Gestaltungsprozessen, die Unterstützung ihrer Selbstorganisationsfähigkeit und der Artikulation ihrer Interessen in unterschiedlichen Zusammenhängen (persönliche Interessen, lebensweltspezifische Interessen, gesellschaftliche und politische Interessen) stellt eines der wichtigsten Handlungsprinzipien in der Offenen Jugendarbeit dar.

Offene Jugendarbeit agiert sozialräumlich, vernetzt sich mit Schulen, Vereinen, Betrieben und anderen relevanten Institutionen, um gemeinsam bedarfsorientierte Angebote in den Kommunen zu setzen und um auf die unterschiedlichen Bedarfe gut eingehen zu können.

In einer 2016 gemeinsam von bOJA und dem Österreichischen Gemeindebund durchgeführten Umfrage, an der sich 183 von 2.100 Gemeinden beteiligten, schätzten über 90 Prozent die Bedeutung der Offenen Jugendarbeit für ihre Gemeinde als sehr hoch oder hoch ein.[7]

Erstellung eines Leitfadens zum Umgang mit geflüchteten Jugendlichen
im kommunalen Kontext

Offene Jugendarbeit, die allen Jugendlichen unabhängig von Geschlecht, Konvention oder Herkunft offensteht, beschäftigt sich seit jeher auf unterschiedliche Art und Weise mit den Themen Flucht und Asyl. Die Zielgruppe der Jugendlichen mit Fluchtgeschichte ist für die Offene Jugendarbeit nicht neu – die Quantität der unbegleiteten minderjährigen Jugendlichen ist in den letzten Jahren jedoch erheblich gestiegen und somit hat österreichweit nicht mehr nur die urbane Offene Jugendarbeit, sondern auch Jugendarbeit in ländlichen Gebieten vermehrt mit geflüchteten Jugendlichen zu tun.

Lobbyarbeit für Jugendliche inkludiert auch Lobbyarbeit für geflüchtete Jugendliche und dadurch kann Offene Jugendarbeit wesentlich zur Verbesserung der Situation dieser Zielgruppe in Österreich beitragen, die vielfach von Diskriminierung betroffen ist. Es geht hierbei nicht nur um das Einfordern der Pflichten Jugendlicher, sondern auch um das Aufzeigen ihrer Rechte.

Offene Jugendarbeit ist ein Sprachrohr für alle Jugendlichen, besonders aber für jene, deren Stimmen kaum gehört werden. Gerade in Gemeinden, in denen Jugendliche mit Fluchtgeschichte in organisierten Quartieren (seien es betreute Quartiere für unbegleitete minderjäh-

---

7   Vgl. Bundesweites Netzwerk Offene Jugendarbeit, *Offene Jugendarbeit in Gemeinden* (Wien 2016), S. 7.

rige Flüchtlinge oder Unterkünfte für Familien oder junge Erwachsene) untergebracht sind, kann das Jugendzentrum einer der wenigen Orte sein, wo geflüchtete Jugendliche ohne Konsumzwang auf Gleichaltrige treffen und mit der Unterstützung der Jugendarbeiter_innen rechnen können.

In Zusammenarbeit mit Zebra – interkulturelles Beratungs- und Therapiezentrum in Graz entwickelte bOJA einen Leitfaden für die Arbeit mit jugendlichen Geflüchteten in der Gemeinde. In mehreren Feedbackschleifen mit Jugendarbeiter_innen aus der Praxis gelang ein Leitfaden, der sowohl für die Beschäftigten in der Gemeinde als auch für die Praktiker_innen aus der Offenen Jugendarbeit nutzbar ist.

Der Leitfaden dient als Werkzeug für die alltägliche Arbeit gibt wertvolle Denkanstöße für das eigene Tun und die eigenen Haltungen.

No Hate Speech Komitee

bOJA koordiniert das Nationale No Hate Speech-Komitee, das 2016 auf Initiative des Ministeriums für Familien und Jugend gegründet wurde.

Das nationale No Hate Speech-Komitee will für das Thema Hassreden im Netz sensibilisieren sowie Ursachen und Kontexte thematisieren, um der Akzeptanz von Hassreden entgegen zu wirken und somit Rassismus, Sexismus und Diskriminierung im Netz zu bekämpfen. Jugendliche sollen in ihrem Einsatz für Demokratie und Menschenrechte gestärkt werden, Aktionen gegen Hate Speech im Netz gebündelt werden.[8]

Derzeit erarbeitet das Komitee Empfehlungen für den Umgang politischer Entscheidungsträger_innen mit Hate Speech.

Entwicklung und Erprobung von Beteiligungsformaten für nicht-organisierte Jugendliche zu Europathemen

Ein aktuelles Projekt von bOJA im Rahmen von ›ERASMUS+‹ beschäftigt sich mit der Frage, wie nicht-organisierte junge Menschen für die Mitgestaltung von Jugendpolitik auf EU-Ebene gewonnen werden können.

Im Rahmen des Projekts werden Formate und Rahmenbedingungen erfolgreicher Jugendbeteiligung gesammelt und an fünf Standorten der Offenen Jugendarbeit in Österreich erprobt.

Zu Projektende werden die Ergebnisse politischen Entscheidungsträger_innen präsentiert, gemeinsam Empfehlungen aufbereitet und die verwendeten Methoden zur Verfügung gestellt.

---

8   Vgl. die Website *No Hate Speech Movement* (https://www.nohatespeech.at/; abgerufen am 18.04.2018).

Auszeichnung von Einrichtungen der Offenen Jugendarbeit hinsichtlich ihrer
Gesundheitskompetenz

Jugendliche in Österreich haben generell eine niedrige Gesundheitskompetenz. Im europäischen Ranking liegt Österreich auf dem vorletzten Platz. Vor allem bildungsferne und sozial benachteiligte Jugendliche weisen eine geringe Gesundheitskompetenz auf. Offene Jugendarbeit bietet mit ihren Haltungen und Methoden die ideale Voraussetzung zur Auseinandersetzung mit Gesundheitskompetenz und Schaffung von gesundheitskompetenten Settings.

bOJA entwickelte in den letzten drei Jahren in einem partizipativen Prozess Standards für die organisationale Gesundheitskompetenz in der Offenen Jugendarbeit. Als wissenschaftliches Konzept diente das Wiener Modell für organisationale Gesundheitskompetenz von Pelikan & Dietscher[9], das ursprünglich für Krankenhäuser entwickelt wurde. Die neun Standards beziehen sich auf die Angebote, die Beschäftigten, Vernetzung und die Organisationsstruktur.[10]

Mit fachlicher Unterstützung der Gesundheit Österreich GmbH wird derzeit ein Verfahren entwickelt, das es Einrichtungen der Offenen Jugendarbeit ermöglicht, ihre organisationale Gesundheitskompetenz zu überprüfen und auszeichnen zu lassen. Das jeweilige kommunale Setting und die jugendlichen Nutzer_innen der Organisation werden dabei als wichtige Partner verstanden.

Neben Vorträgen, Gremienarbeit und kommunaler Öffentlichkeitsarbeit stellt auch das von bOJA gegründete Netzwerk ›Gesundheitskompetente Jugendarbeit‹ ein weiteres Forum dar, in dem für das Thema Gesundheitskompetenz in der professionellen außerschulischen Jugendarbeit lobbyiert werden kann.

5. Schlussbetrachtung

Für erfolgreiche Lobbying-Arbeit ist es entscheidend, über relevantes, glaubwürdiges und möglichst exklusives Wissen zu verfügen, welches für die Politik von Interesse ist.[11]

bOJA als Bundesweites Netzwerk der Offenen Jugendarbeit verfügt über spezifisches Wissen über die Alltagsrealitäten von Jugendlichen und jungen Erwachsenen und hat sich in den

---

9   Jürgen M. PELIKAN/Christina DIETSCHER, *Warum sollten und wie können Krankenhäuser ihre organisationale Gesundheitskompetenz verbessern?* In: Bundesgesundheitsblatt – Gesundheitsforschung – Gesundheitsschutz 9/2015.

10   Nachzulesen auf http://www.boja.at/gesundheit.

11   Vgl. Werner LINDNER, *Politikberatung und Lobbying für die Kinder- und Jugendarbeit* – Hinweise für die praxisbezogene Umsetzung. In: Deutsche Jugend – Zeitschrift für Jugendarbeit 60 (2012), Heft 1, S. 18-26.

letzten Jahren spezifische Expertisen erarbeitet, wie zum Beispiel in den Bereichen Extremismus oder Gesundheitskompetenz.

bOJA wird von der Politik als verlässlicher Ansprechpartner für jugendrelevante Themen angesehen, dessen Wissen über Jugendliche, aber auch über erfolgreiche (sozialpädagogische/sozialarbeiterische) Maßnahmen und Interventionen für die Politik einen konkreten Nutzen auf der Suche nach Problemlösungen darstellt.

bOJA wird deshalb in Entscheidungen zu jugendrelevanten Themen, sowohl auf Bundes- als auch auf regionaler Ebene eingebunden. Bundesweit geschieht dies einerseits durch die Teilnahme an relevanten Gremien und Arbeitsgruppen, andererseits durch kontinuierliche Beziehungen zu relevanten Entscheidungsträger_innen.

Die gezeigten Beispiele illustrieren die vielfältigen Lobbying-Aktivitäten von bOJA. Lobbying und Politikberatung von bOJA zielen darauf ab, Wissen und Kompetenzen im Bereich der Offenen Jugendarbeit und der Alltagswelten von Jugendlichen der Politik zur Verfügung zu stellen und im Gegenzug dazu die Möglichkeit zur Mitgestaltung von Politikprozessen zu erhalten. Die Förderung von politischer Partizipation vor allem bildungsferner Jugendlicher steht dabei immer im Fokus.

Literatur:

Bundesweites Netzwerk Offene Jugendarbeit, *Offene Jugendarbeit in Österreich und Extremismus* – Positionspapier (Wien 2015)

Ds., *Offene Jugendarbeit in Österreich* – Facts & Figures (Wien 2016)

Ds., *Offene Jugendarbeit in Gemeinden* (Wien 2016)

Verena FABRIS, *»Ich finde es nicht notwendig, dass man alles gleichschaltet.«* – Konzepte Integrierter Kommunikation und deren Anwendbarkeit auf eine dachverbandsähnliche Struktur im NPO-Bereich unter Berücksichtigung der Sicht der Vertreter_innen der Bundesländer am Beispiel bOJA – Bundesweites Netzwerk Offene Jugendarbeit (Masterarbeit; Wien 2018)

Werner LINDNER, *Politikberatung und Lobbying für die Kinder- und Jugendarbeit* – Hinweise für die praxisbezogene Umsetzung. In: Deutsche Jugend – Zeitschrift für Jugendarbeit 60 (2012), Heft 1, S. 18-26

Jürgen M. PELIKAN/Christina DIETSCHER, *Warum sollten und wie können Krankenhäuser ihre organisationale Gesundheitskompetenz verbessern?* In: Bundesgesundheitsblatt – Gesundheitsforschung – Gesundheitsschutz 9/2015

Alexander STRASSNER, *Verbände: Funktionen und Strukturen.* In: Olaf HOFFJANN/Roland STAHL (Hg.), *Handbuch Verbandskommunikation* (Wiesbaden 2010), S. 21-38

Sachregister

Personenregister

Verzeichnis der Autorinnen und Autoren

Nazanin AGHAKHANI, gebürtige Wienerin mit persischen Wurzeln, Dirigentin und Pädagogin, als Vortragende zum Thema ›Women & Leadership‹ sowie ›Leading without Abuse of Power‹ regelmäßig auf internationalen Bühnen und in Funk und Fernsehen eingeladen; sieht es als besondere Mission – sowohl im symphonischen Genre als auch im Fach Oper – mit Komponistinnen und Komponisten unserer Zeit eng zusammenzuarbeiten und somit auch als Spezialistin der zeitgenössischen Sprache kontinuierlich gewagte Schritte in unbekannte musikalische Reviere zu setzen.

Karl AIGINGER, Hon.-Prof. Dr., Leiter der ›Querdenkerplattform: Wien-Europa‹ (www.querdenkereuropa.at), Professor für Volkswirtschaft an der Wirtschaftsuniversität Wien; 2005 bis 2016 Leiter des Österreichischen Instituts für Wirtschaftsforschung (WIFO), 2012 bis 2016 Koordinator des Projektes ›WWWforEurope‹, das vom WIFO gemeinsam mit 34 Partnern innerhalb des 7. Rahmenprogrammes der EU erarbeitet wurde (http://Synthesis-Summary.foreurope.eu).

Michael AMON, Matura (Handelsakademie), danach politische Arbeit (Bundesvorstandsmitglied bei Verband Sozialistischer Mittelschüler und SJ-Wien), Brotberuf als Leiter eines Rechnungswesens, seit den 1990er Jahren Miteigentümer einer sehr kleinen Zwei-Personen-Steuerberatungsgesellschaft; seit den 1980er Jahren freier Autor, ab 1992 hauptberuflich (Romane, Theaterstücke, Essays, Kommentare); diverse Preise und Auszeichnungen.

Michael BLUME, Dr. phil., Religionswissenschaftler, Wissenschaftsblogger und Buchautor; Referatsleiter für nichtchristliche Religionen im Staatsministerium Baden-Württemberg sowie Beauftragter der Landesregierung gegen Antisemitismus; Forschung zu Fragen des christlich-islamischen Dialoges in Deutschland, zum Zusammenhang von Religion und Demographie sowie zur Entwicklung der Neurotheologie; zuletzt erschien von ihm ›Islam in der Krise – Eine Weltreligion zwischen Radikalisierung und stillem Rückzug‹ (Patmos 2017).

Gernot BLÜMEL, Mag. phil. MBA, Studium der Philosophie an der Universität Wien und der Université de Bourgogne in Dijon sowie an der Executive Academy der Wirtschaftsuniversität Wien; u. a. Vizepräsident der Jungen Europäischen Volkspartei (2008-2010), Generalsekretär und Mediensprecher der ÖVP (2013-2015), Landesparteiobmann der ÖVP-Wien (seit 2015), Stadtrat im Stadtsenat Wien (2015-2017), seit 2017 Bundesminister im Bundeskanzleramt für EU, Kunst, Kultur und Medien.

Alexander BOGNER, Univ.-Prof. Dr. phil., Professor für Soziologie an der Universität Innsbruck und Forschung am Institut für Technikfolgen-Abschätzung der Österreichischen Akademie der Wissenschaften in Wien; Arbeitsschwerpunkte: Wissenschafts- und Technikforschung, Wissenssoziologie und Allgemeine Soziologie; letzte Buchveröffentlichung: ›Gesellschaftsdiagnosen – Ein Überblick‹ (3. überarb. Aufl., Beltz Juventa 2018).

Marco BUSCHMANN, Dr. iur., Studium der Rechtswissenschaft (Promotion an der Universität zu Köln zum Thema ›EuGH und Eigentumsgarantie – Eine Analyse zu Ursprung und Inhalt des Eigentumsrechts der Europäischen Union‹); mehrjährige Tätigkeit für eine internationale Sozietät, seit 2007 als Rechtsanwalt zugelassen; bereits 1994 trat er den Jungen Liberalen bei und betreute seitdem verschiedene Positionen in Nordrhein-Westfahlen und auf Bundesebene, 2014-2017 Bundesgeschäftsführer der FDP und seit 2017 der Erste Parlamentarische Geschäftsführer der FDP-Fraktion.

Hermann DIKOWITSCH, Mag. iur., Jurist, seit 1992 im Amt der Niederösterreichischen Landesregierung, war Geschäftsführer u. a. der Schallaburg Kulturbetriebs GesmbH und operativer Geschäftsführer der NÖ Museum Betriebs GmbH; seit 2016 Gruppenleiter für Kultur, Wissenschaft und Unterricht.

Luis DURNWALDER, Dipl.-Ing. Dr. agr., Studium der Agrarwissenschaften an der Universität für Bodenkultur in Wien; 1964-1965 Vorsitzender der Südtiroler Hochschülerschaft, 1967 Direktor des Südtiroler Bauernbunds, 1973 Mitglied des Südtiroler Landtags und des Regionalrats, 1978 Mitglied der Landesregierung, 1989-2014 Landeshauptmann, 2004-2006 und 2009-2011 zusätzlich Präsident der Region Trentino-Südtirol; 1997-2002 Gründungspräsident der Freien Universität Bozen.

Verena FABRIS, Mag. phil., Studium der Politik- und Kommunikationswissenschaften, Sozialen Arbeit und Sozialwirtschaft; seit vielen Jahren in unterschiedlichen Funktionen im Sozialbereich tätig (Projekte für Jugendliche, für Roma/Romnja, für Migrantinnen und Migranten), langjähriges soziapolitisches Engagement für die Themen Frauenrechte, Armutsbekämpfung, Antidiskriminierung, seit 2014 Leiterin der Beratungsstelle Extremismus, bOJA – Bundesweites Netzwerk Offene Jugendarbeit.

Peter FILZMAIER, Univ.-Prof. Dr. phil., Politikwissenschaftler, Professor für Politische Kommunikation an der Karl-Franzens-Universität Graz, Professor für Demokratiestudien und Politikforschung an der Donau-Universität Krems, geschäftsführender Gesellschafter des Instituts für Strategieanalysen (ISA) in Wien; Arbeitsschwerpunkte: Politik- und Wahlanalysen, Politische Bildung und Partizipationsforschung, Politik und Medien bzw. Internet und Demokratie, ›public goods‹ und öffentliche Kommunikation sowie Vergleich politischer Systeme (insbesondere politisches System und politischer Prozess in den USA).

Maciej GÓRNY, Prof. Dr. hab., Professor am Institut für Geschichte der Polnischen Akademie der Wissenschaften, wissenschaftlicher Mitarbeiter am Deutschen Historischen Institut Warschau, 2011-2012 und 2016-2017 Fellow am Imre Kertész Kolleg Jena; Herausgeber der Zeitschrift ›Acta Poloniae Historica‹, Forschungsschwerpunkte: Historiographiegeschichte des 20. Jahrhunderts, Erster Weltkrieg und Zwischenkriegszeit in Ostmitteleuropa und auf dem Balkan, Geschichte und Kultur Ostmitteleuropas im 19. und 20. Jahrhundert.

Christian GULAS, Mag. phil., Studium der Soziologie und Philosophie an der Universität Wien, arbeitet seit 2001 als Netzwerkanalytiker bei FASresearch in Wien (Arbeitsschwerpunkte: Theorien und Modelle sozialer Beziehungen sowie die Untersuchung von Macht- und Eilitenetzwerken); unterrichtet Soziale Netzwerkanalyse an Universitäten und Fachhochschulen und hält Vorträge.

Herwig HÖSELE, Prof., Berater der Landeshauptleute Krainer und Klasnic, ehemaliger Präsident des Bundesrates (ÖVP-Steiermark) und mit Andreas Khol Initiator des Österreich-Konvents 2003, ehrenamtlich Generalsekretär der Initiative Mehrheitswahlrecht und Demokratiereform, ORF-Stiftungsrat, Präsident des Club Alpbach Steiermark, Koordinator der Reihe ›Geist & Gegenwart in der Steiermark‹, seit 2010 Generalsekretär des Zukunftsfonds der Republik Österreich; Autor und Herausgeber zahlreicher Publikationen zu Fragen der Gesellschaftspolitik, der Demokratiereform und Zeitgeschichte.

Catarina KATZER, Dr., Volkswirtin, Soziologin, Cyberpsychologin, internationale Expertin für die zunehmende Vernetzung von Internettechnologie mit Individuum und Gesellschaft und deren Einfluss auf emotionale und kognitive Prozesse, Entscheidungsverhalten, Ich-Kultur, Gemeinschaftserleben, Politik und Wirtschaft; Schwerpunkte: Aufmerksamkeitsökonomie, negatives digitales Sozialverhalten, Cyberkriminologie, digitale Wirtschaftsethik; Beratungstätigkeit u. a. für den Europarat und den Deutscher Bundestag; 2016 Auszeichnung mit dem International Business Book Award für ›Cyberpsychologie – Leben im Netz‹.

Harald KATZMAIR, Dr. phil., Sozialwissenschaftler und Philosoph, Gründer und Geschäftsführer der FASresearch, einem internationalen Analyse- und Beratungsunternehmen in den Bereichen Social Network Dynamics, Robust Decision Making, Story Telling, Stakeholder Engagement und Participatory Impact Analysis sowie Innovation und Resilienz in Wien; Vizepräsident von Nein zu Krank und Arm sowie im Aufsichtsrat des FWF – Fonds zur Förderung der wissenschaftlichen Forschung, außerdem Gründer des Salons der Pioniere.

Daniela KERN-STOIBER, Mag. MSc, Klinische und Gesundheitspsychologin; Organisationsberaterin, 15 Jahre lang in der gender- und kultursensiblen Gesundheitsförderung tätig, seit 2013 Geschäftsführerin des Bundesweiten Netzwerks Offene Jugendarbeit (bOJA); nebenberuflich Lehrende an der IMC-Fachhochschule Krems im Bereich Gesundheitsmanagement.

Waltraud KLASNIC, 1970 Gemeinderätin in Weinitzen (Graz-Umgebung), 1977-1981 Bundesrätin, 1981 Landtagsabgeordnete, 1983 Dritte Landtagspräsidentin, 1988 Landesrätin für Wirtschaft, Tourismus und Verkehr, 1993 Landeshauptmann-Stellvertreterin, Landeshauptmann der Steiermark 1996-2005; seit 2008 Präsidentin des Dachverbandes Hospiz Österreich, seit 2010 Unabhängige Opferschutzanwältin für Betroffene von Missbrauch und Gewalt im Bereich der Katholischen Kirche, seit 2013 Vorsitzende des Universitätsrates der Montanuniversität Leoben usw.

Thomas KÖHLER, Prof. Dr. phil., Studien der Geschichte und Publizistik, Kommunikations- und Rechtswissenschaften an der Universität Wien; Sprachdiplome der Universitäten Perugia sowie Santiago de Compostela und Salamanca; Psychotherapeut in Ausbildung unter Supervision (www.lebenmitsinn.at); arbeitet wissenschaftlich und kunstschaffend; vielfältige Publikationen zu Geschichte und Politik, Pädagogik und Psychologie; mit Christian Mertens Herausgeber der ›edition mezzogiorno‹.

Ingrid KOROSEC, nach Handelsakademie und einigen Semestern Volkswirtschaft mehrere Jahrzehnte im privatwirtschaftlichen Management tätig; 1983-1986 Gemeinderätin und Abgeordnete zum Wiener Landtag, 1986-1995 Abgeordnete zum Nationalrat, 1991-1995 Generalsekretärin der ÖVP, 1995-2001 Mitglied der Volksanwaltschaft, seit 2001 wieder im Wiener Landtag und Gemeinderat, seit 2016 Präsidentin des Österreichischen Seniorenbundes.

Ulrich H.J. KÖRTNER, Univ.-Prof. Dr. theol., nach Studium der Evangelischen Theologie in Bethel, Münster und Göttingen Assistentenzeit und Vikariat an der Kirchlichen Hochschule Bethel und in Bielefeld, 1982 Promotion, 1987 Habilitation an der Kirchlichen Hochschule Bethel, 1986-1990 Gemeindepfarrer in Bielefeld, 1990-1992 Studienleiter an der Evangelischen Akademie Iserlohn, seit 1992 Ordinarius für Systematische Theologie an der Evangelisch-Theologischen Fakultät der Universität Wien, Vorstand des Instituts für Ethik und Recht in der Medizin der Universität Wien; zahlreiche Publikationen und Auszeichnungen.

Peter LOIDOLT, Prof., Lehre im Schmuckgroßhandel, in der Folge in der Wirtschaft tätig, unter anderem bei drei großen Reedereien; ab 1988 Aufbau der Festspiele Reichenau gemeinsam mit seiner Frau, von ihm stammen auch die Bühnenbilder der Theaterinszenierungen; Träger des Großen Goldenen Ehrenzeichens für Verdienste um das Land Niederösterreich und des Österreichischen Ehrenkreuzes für Wissenschaft und Kunst.

Sabine MATEJKA, Mag. iur., studierte in Wien Rechtswissenschaften und ist seit November 2017 Präsidentin der Vereinigung der österreichischen Richterinnen und Richter; vor ihrer Ausbildung zur Richterin betreute sie 2000 bis 2004 im Rahmen der Beitrittsvorbereitungen EU-Projekte in Osteuropa im Justizbereich, seit 2008 ist sie Richterin an einem Wiener Bezirksgericht.

Christian MERTENS, Prof. Mag. phil., Studium der Geschichte und Politikwissenschaft an der Universität Wien, 1988-1990 freiberufliche wissenschaftliche und journalistische Tätigkeit, 1991-1999 Politischer Referent, seit 1999 wissenschaftlicher Mitarbeiter in der Wienbibliothek im Rathaus (u. a. verantwortlich für Provenienzforschung sowie die Online-Enzyklopädie ›Wien Geschichte Wiki‹); Mit- und Alleinkurator mehrerer Ausstellungen sowie Autor zahlreicher wissenschaftlicher Publikationen; mit Thomas Köhler Herausgeber der ›edition mezzogiorno‹.

Julia ORTNER, Mag. phil., Journalistin und Kolumnistin, 1998-2000 ›Die Presse‹ (Chronik), 2000-2011 ›Falter‹ (Ressortleiterin Stadtleben, Redakteurin Politik), 2011-2015 ORF/Zeit im Bild 2 (verantwortliche Politik-Redakteurin im Kernteam der ZiB2, Moderatorin ORF-Pressestunde), 2015-2017 ›News‹ (stellvertretende Chefredakteurin, Ressortleiterin Politik und Medien); 2017 Publikation von ›Willkommen in Österreich?‹, gemeinsam mit Ferry Maier; aktuell Mitherausgeberin des politischen Podcasts ›Ganz offen gesagt‹ und politische Kommentatorin für die ›Vorarlberger Nachrichten‹.

Stephan OZSVÁTH, Journalist, Autor und NLP-Trainer, Ausbildung in Berlin, Debrecen, Granada und Madrid, 2012-2017 ARD-Hörfunk-Korrespondent für Südosteuropa, lebt und arbeitet in Wien und Berlin; 2017 erschien sein Buch ›Puszta-Populismus. Viktor Orbán – ein europäischer Störfall?‹ (danube books).

Flooh PERLOT, Dr. phil., Politikwissenschaftler, wissenschaftlicher Mitarbeiter am Institut für Strategieanalysen (ISA) in Wien; Arbeitsschwerpunkte: Politik und Medien, Internet und Demokratie, Wahlforschung sowie Datenvisualisierung.

Robert PFALLER, Univ.-Prof. Dr. phil., ist Philosoph und lehrt an der Kunstuniversität Linz; er bekleidete Professuren und Gastprofessuren u. a. in Amsterdam, Berlin, Chicago, Oslo, Strasbourg, Toulouse, Wien, Zürich, Gründungsmitglied der Wiener Forschungsgruppe für Psychoanalyse ›stuzzicadenti‹; ausgezeichnet 2015 mit dem ›Best book award‹ des American Board and Academy of Psychoanalysis (ABAPsa) und 2007 mit dem Preis ›Missing Link‹ des Psychoanalytischen Seminars Zürich (PSZ); zuletzt erschien sein Buch ›Erwachsenensprache – Über ihr Verschwinden aus Politik und Kultur‹ im S. Fischer Verlag.

Daniel RÖDER, Dr. iur., Studium der Rechte in Marburg, Hamburg und Jena, Rechtsanwaltszulassung 2001; 2005 Mitbegründer der Anwaltssozietät Greenfort in Frankfurt am Main, seit 2009 Lehrbeauftragter an der Universität Frankfurt am Main sowie seit 2016 an der Universität Gießen, seit 2013 Richter am hessischen Anwaltsgerichtshof; im November 2016 Impulsgeber zur Gründung der Initiative ›Pulse of Europe‹, einer überparteilichen und unabhängigen Bürgerinitiative mit dem Ziel, den europäischen Gedanken wieder sichtbar und hörbar zu machen.

Katharina von SCHNURBEIN, M.A. M.E.S., Studien der Politikwissenschaft und der Slawistik in Prag, Bonn und Oxford (Master 1997) sowie Master of European Studies am Center for European Integration Studies in Bonn (1999); 2002 Beginn der Arbeit für die Europäische Kommission bei der EU-Delegation in Prag, Sprecherin von EU-Kommissar Vladimir Špidla, fünf Jahre Beraterin von Kommissionspräsident José Manuel Barroso für den Dialog mit Religionen und nicht-konfessionellen Organisationen, seit 2015 erste Koordinatorin der Europäischen Kommission zur Bekämpfung des Antisemitismus.

Gerald SCHUBERT, Mag. phil., Studium der Publizistik- und Kommunikationswissenschaft sowie Theater-, Film- und Medienwissenschaft an der Universität Wien, gleichzeitig absolvierte er mehrere Studiengänge für tschechische Sprache, Geschichte, Politik und Kultur an der Prager Karlsuniversität; von 2001 bis 2015 lebte er in Prag und arbeitete dort zunächst als Redakteur, später als Chefredakteur von Radio Prag, dem Auslandssender des öffentlich-rechtlichen Tschechischen Rundfunks; seit 2015 Redakteur für Außenpolitik bei der österreichischen Tageszeitung ›Der Standard‹.

Jan SÖFFNER, Univ.-Prof. Dr. phil., Inhaber des Lehrstuhls für Kulturtheorie und Kulturanalyse an der Zeppelin Universität Friedrichshafen; Promotion in Italianistik und Habilitation in Romanistik sowie Allgemeiner und Vergleichender Literaturwissenschaft an der Universität zu Köln; weitere Stationen: Zentrum für Literatur- und Kulturforschung in Berlin, internationales Kolleg Morphomata in Köln und Romanisches Seminar der Universität Tübingen; 2016 Lektor und Programmleiter beim Verlag Wilhelm Fink in Paderborn.

Magdaléna VÁŠÁRYOVÁ, Dr., slowakische Diplomatin und Politikerin, Vorsitzende der ältesten slowakischen Frauenorganisation ›Živena‹ und des Instituts für Kulturpolitik; 1990-1993 Botschafterin der Tschechoslowakei in Österreich, 2000-2005 Botschafterin der Slowakei in Polen, 2005-2006 Staatssekretärin im slowakischen Außenministerium, 2006-2016 Mitglied des Nationalrates der Slowakei; Gründerin und 1993-2000 Direktorin der Slowakischen Außenpolitischen Gesellschaft (SFPA).

Herbert VYTISKA, Mag. phil., u. a. fast zwei Jahrzehnte Pressesprecher für Alois Mock als ÖAAB-Ob-
mann, ÖVP-Parteiobmann sowie Vizekanzler; danach engagierte er sich zunächst auf dem Sektor des
Privatrundfunks, um schließlich als Publizist und
Politikberater zu wirken; aktuell Österreich-Korre-
spondent von ›EurActiv‹, einem führenden Online-
Medium für Europapolitik und Generalsekretär des
Vereins zur Dokumentation der Zeitgeschichte.

Susanne WALPITSCHEKER, 1997 Matura (Handelsakademie), 1998-2001 McDonald's-Zentrale für
Österreich und Zentraleuropa, 2001-2002 parlamentarische Mitarbeiterin von Gerhart Bruckmann, ab
2004 Projektkoordination (u. a. ›Denkwerkstatt‹) im
Österreichischen Seniorenbund, 2008 Referentin für
Presse- und Öffentlichkeitsarbeit, 2011-2016 stellvertretende Generalsekretärin, seit 2017 in der Pri-
vatwirtschaft tätig.

Thomas Köhler / Christian Mertens (Hg.)

Jahrbuch für
POLITISCHE BERATUNG
2014 / 2015
Zeit und Geist in Mitteleuropa

edition mezzogiorno

Jahrbuch für politische Beratung 2014/2015
Zeit und Geist in Mitteleuropa

Mit Beiträgen von:

Hannes **Androsch**, Christina **Aumayr-Hajek**, Amina Carla **Baghajati**, Michael **Bubik**, Aart
De Geus, Tamara **Ehs**, Gertrude **Enderle-Burcel**, Martin **Engelberg**,
Karin **Göring-Eckardt**, Michael **Hauer**, Severin **Heinisch**, Markus **Hengstschläger**,
Andreas **Höferl**, Thomas **Köhler**, Christian **Kühn**, Konrad Paul **Liessmann**,
Hans **Mayrhofer**, Christian **Mertens**, Herfried **Münkler**, Heinz **Nußbaumer**, Sigrid **Pilz**,
Cornelia **Primosch**, Manuela **Raidl**, Claus **Reitan**, Claudia **Schwarz**, Christian **Sist**,
Edith **Stumpf-Fischer**, Alfred **Treiber**, Simon **Varga**, Werner **Varga**, Gottfried **Wegleitner**

368 Seiten, Softcover
ISBN 978-3-902838-23-0

Thomas Köhler / Christian Mertens (Hg.)

MANIFEST
Zu Österreichs Dritter Republik

Jahrbuch für politische Beratung
Sonderband 1

edition mezzogiorno

Manifest
Zu Österreichs Dritter Republik

Sonderband 1 des Jahrbuchs für politische Beratung

Mit Beiträgen von:
Matthias **Belafi**, Erhard **Busek**, Daniel **Dettling**, Martin **Falb**, Michael **Fleischhacker**,
Lothar **Höbelt**, Thomas **Hofer**, Herwig **Hösele**, Andreas **Khol**, Thomas **Köhler**, Christoph
Konrath, Maria Luise **Lanzrath**, Karl **Lengheimer**, Hannah M. **Lessing**, Oliver **Marchart**,
Christian **Mertens**, Alfred J. **Noll**, Herbert **Paierl**, Anton **Pelinka**, Fritz **Plasser**, Franz Josef
Radermacher, Claus **Reitan**, Kathrin **Stainer-Hämmerle**, Ruth **Wodak**

320 Seiten, Softcover
ISBN 978-3-902838-30-8

Thomas Köhler / Christian Mertens (Hg.)

Justizpalast in Flammen!
Ein brennender Dornbusch?

Das Werk von Manès Sperber, Heimito von Doderer
und Elias Canetti angesichts des 15. Juli 1927

edition mezzogiorno

Justizpalast in Flammen!
Ein brennender Dornbusch?

Das Werk von Manès Sperber, Heimito von Doderer und Elias Canetti angesichts des 15. Juli 1927

Am 15. Juli 1927 waren die Schriftsteller Manès Sperber, Heimito von Doderer und Elias Canetti – ohne voneinander zu wissen – Augenzeugen des Justizpalastbrandes in Wien. Für alle drei war dieses Ereignis Anstoß, um in ihrem literarischen Werk das politische, gesellschaftlich-wirtschaftliche und kulturelle Umfeld ihrer Zeit zu reflektieren. Aus Anlass des 90. Jahrestages dieses für die österreichische Geschichte, Geschichtpolitik und Politik bis heute prägenden Ereignisses wurde das Ende 2005 erschienene Werk gleichen Namens einer umfangreichen Aktualisierung und Erweiterung unterzogen.

Neben einigen neuen Beiträgen aus geschichts- und literaturwissenschaftlicher sowie politischer Perspektive runden schriftliche Quellen und Bilder das Werk ab.

Mit einem Vorwort von Bundespräsident a. D. Heinz Fischer.

Mit Beiträgen von:
Dieter A. **Binder**, Emil **Brix**, Ernst **Bruckmüller**, Erhard **Busek**, Heinz **Fischer**, Sven **Hanuschek**, Andreas **Khol**, Thomas **Köhler**, Christoph **Konrath**, Christian **Mertens**, Wolfgang **Müller-Funk**, Klaus **Nüchtern**, Oswald **Panagl**, Gerald **Sommer**, Mirjana **Stancic**

336 Seiten, Hardcover
mit vielen zeitgenössischen Fotos und Plakaten
ISBN 978-3-902838-36-0